대환란 제2권
피난처

신학박사 송기호 지음
(송기호 박사 110번째 저서)

정오출판사

머 리 말

아무리 생각해 보아도 장차 다가올 대 환란을 계속 연구한다는 것이 우습기만 하고 도무지 실감이 나지 않습니다.
그러함에도 이 부족한 저에게 이 엄청난 과업을 맡기시사 연구하게 하신 우리 아버지 하나님께 진심으로 감사를 드립니다.
대 환란 제 1권 서막의 머리말에서도 강조 했듯이 본서는 (제 2권) 학자적 입장에서 연구되거나 기술된 것이 전혀 아니고 어디까지나 이 땅위에 있는 기독교인 모두를 위해 기술된 것인 만큼 여러 면에서 중복되거나 미비한 점이 많을 것이지만 끝까지 읽어 주셨으면 합니다.
때가 때인 만큼 시중에 여러 종류의 종말서적들이 나와 있으나 본서는 여러 면에서 전혀 다른 각도로 집필되었음을 양지하시기 바라고 특히 대 환란(전 8권) 자체가 어느 신학교나 목회자 모임 등에서 강론된 것이 아니고 사실은 조그마한 교회에서 주일날과 수요일 저녁에 설교와 공부된(성경공부) 것인 만큼 스케일이나 폭이 그렇게 넓지 못한 것을 양지하시기 바랍니다.

본서는 제 1권과 마찬가지로 신구약 66권 이외에 다른 서적은 처음부터 참조한 것이 전혀 없기 때문에 문체가 심히 단조롭고 여러 곳에서 불안전 한 곳이 있음을 인정합니다.
그러나 다른 사람이 연구한 지적 소유권을 침범이나 훼손치 아니하고 전적 전자 본인의 취향과 인격에 의해 연구되었다는 것이 긍지를 가집니다.

항상 힘과 용기를 주시고 아낌없이 지혜로 인도와 이끌어 주신 주님께 언제나 감사를 드립니다.

 본서를 출판함에 있어서 뒤에서 이름도, 빛도 없이 일생 나를 도와주며 언제나 기도하는 제 아내에게(오영순 목사) 그리고 아빠의 출판을 위해 항상 기도하는 세 자녀들에게(영아, 영주, 영석) 진심으로 감사를 드립니다.

 끝으로 본서가 독자 여러분의 종말론 연구에 다소나마 보탬이 되었으면 고맙겠습니다.

감사합니다.

1990년 6월 9일

서울 동대문구 제기동 정릉천 변에서

저자 송 기 호 목사

먼저 알아 두어야 할 점

    어느 날 저녁 서울 S대 법대와 S신학 대학을 졸업하고 수십 년간 목회를 하고 있는 친구 C목사가 찾아와서 "송 목사 왜 대 환란 제1권 서막 뒤에 참고서적 목록이 없는가?" 라며 노기어린 눈으로 질문한 적이 있었습니다.
    나는 이 C목사와 목회의 동역자로 오래전부터 잘 알고 있는 사이입니다. 나는 그에게 본서는(제 1권) 신구약성서 66권 이외에는 참조나 인조 한 서적이 전혀 없으니 참고문헌이 게재 될 리가 없고, 그리고 신구약 66권을 보니 뒤에 참고문헌이 나오지 않기에 나도 흉내 좀 내느라 그랬노라고 했더니 그만 서먹해하며 돌아가는 것을 보고나니 마음이 심히 괴롭고 아파 견딜 수 없는 무엇을 느낀 적이 있습니다. 그래서 나는 여기서 다시 한 번 밝혀 두고자합니다.

    ① 본서의 뒤에는 참고서적의 목록이 역시 나오지 아니하니 이점을 유의해 주셨으면 합니다. 그 이유는 본서를 집필하기 위하여 오래 동안 기도와 신구약 66권을 읽고 연구는 했으나 여기에 관련된 제반의 서적은 단 한권도 읽지 못한 것은 고사하고 참조마저 하지 아니했기에 후미에 참고 서적이 나오지 않습니다.
    ② 본서는 거듭 강조하지만 신구약 66권만 참조한 것임을 분명히 밝혀둡니다.
    ③ 본서는 교회의 성서공부와 설교에서 강론되었던 것인만큼 신학과 철학적으로 집필된 것은 못됩니다. 먼저 이점을 이해하여 주셨으면 고맙겠습니다.
    ④ 본서를 한 장씩 읽어보시면 아시겠지만 본서는 논설 집

도, 논문집도 아닌 평범한 성서연구에 불과하기에 이 땅 위 기독교인들을 위해 집필되었음을 알립니다. 그러므로 왜 이런가 라는 용어 따위는 필요치 아니합니다.

⑤ 본서에는 어느 책 인조나 책명이 전혀 나오지 아니하고 어느 학자 소개도 전혀 없으며 다른 사람의 지적 소유권은 호리만큼도 침범한 것이 없음을 알립니다. 고로 남의 책은 반줄의 절반도 도적질을 해서 넘은 것이 없습니다.

⑥ 본서 안에는 저 자신뿐 아니라 어느 누구의 예화나 간증 따위를 고상히 편집해서 넣은 것이 전혀 없으며 꿈이나 환상 따위 역시 넣은 것이 없습니다.

⑦ 본서에 대하여 성서학자나 신학자, 목회자로서 비판이나 반대를 하고 싶은 자가 있으면 나는 그들에게 먼저 비판과 중고를 해둡니다. 당신 자신이 먼저 "종말론 연구"를 집대성해서 출간하라고 말입니다. 그렇게 하면 그것이 바로 본서에 대한 비판서적이 될 수가 있을 것이니 말입니다.

감사합니다.

1990년 6월 일

저자 송 기 호

<차 례>

제 4 편 이스라엘 회복기 ······ 11

제 1장 복음의 온 세상 전파와 이스라엘 회복 ······ 17
1. 복음의 온 세상 전파 ······ 18
2. 복음전파에 대한 우리의 견해 ······ 23
3. 이스라엘 회복의 약속성취 ······ 27
4. 이스라엘 회복에서 유의할 점 ······ 30
5. 주어진 복음이 온 세상에 전파되었으니 ······ 33
6. 복음이 예정된 대로 유대로 다시 돌아오면(돌아가면) ·· 35
7. 이스라엘의 통일국가 건설 ······ 40
8. 돌아온 이스라엘을 징치함 ······ 44
9. 이스라엘이 돌아오면(선민이 돌아오면) ······ 47
10. 돌아올 이스라엘에 대한 경고 ······ 50
11. 회복된 조국에서(?) ······ 55
12. 에스겔 골짜기의 뼈들 ······ 59
13. 에스겔 골짜기의 뼈들이 군대가 됨 ······ 61
14. 에스겔 골짜기의 뼈들이 언제 살아날 것인가? ······ 64
15. 에스겔 골짜기의 뼈들이 왜 일어나야 하는가? ······ 67
16. 지금의 상태는(현실) 어떤 때인가? ······ 71

제 2장 이방인의 때와 유대인의 구원 ······ 75
1. 이방인의 때는 언제까지인가? ······ 77
2. 이방인의 구원은 언제까지 지속이 될 것인가? ······ 81

3. 성령이 유대에로 돌아간 연후에는 어떻게 되는가? ·· 86
  4. 성령이 이스라엘에 돌아오면 이방에 있을 때와 같은
     현상이 나타날 것인가? ··· 90
  5. 이방인의 때에도 유대인의 구원은 계속되는가? ······· 94
  6. 이방인의 때에 구원을 얻는 이스라엘 ······················ 96
  7. 지금도 유대인의 구원은 계속이 된다 ······················ 98
  8. 한정된 이방인의 때 ··· 102

제 3장 이방인의 구원과 그 수효 ···················· 106
  1. 이방인의 구원 얻는 수효 ······································ 109
  2. 유대인의 구원 수효와 이방인의 구원 수효 ············ 112
  3. 이방인 구원의 유의할 점 ······································ 114
  4. 대 환란시의 순교자의 수효(?) ······························ 119
  5. 이방인의 구원 얻는 수효가 차게 되면? ················· 122

제 4장 예루살렘에 여호와의 전을 건축함
       (제 4성전) ·· 136
  1. 하나님의(예루살렘)성전은 반드시 건축되어져야 한다 · 141
  2. 예루살렘 성전건축 예고 ······································· 145
  3. 예루살렘의 이방 신전파괴 ···································· 148
  4. 예루살렘 성전은 어디에 세울 것인가? ·················· 154
  5. 예루살렘 성전은 누가 세울 것인가? ····················· 157
  6. 성전 건축 시 주위 환경 ······································· 162
  7. 예루살렘 성전이 건축되는 상황 ····························· 164
  8. 예루살렘 성전이 건축되는 과정 ····························· 166
  9. 예루살렘 성전 건축의 때(시기) ····························· 169

10. 예루살렘 성전건축의 설계도면(설계도안) ············ 175
11. 예루살렘 성전 건축후의 제사 ·················· 177
12. 예루살렘 성전건축 이후 ····················· 181
13. 예루살렘 성전 문이 닫힐 것 예고 ··············· 186
14. 예루살렘 성전과 기독교회당들의 문이 닫히는이유 · 192

제 5장 성령이 이스라엘로 귀환함 ············ 202
1. 성령이 이방으로 나간 이유 ··················· 205
2. 성령이 이 방에서 하는 일 ···················· 209
3. 성령이 유대에로 왜 돌아가는가? ·············· 213
4. 성령이 유대로 돌아가면? ···················· 220
5. 성령의 약속 ······························· 226
6. 성령이 유대에로 다시 돌아갈 시기(시간) ········ 231
7. 성령은 누구에게 임하는가? ··················· 237
8. 성령이 유대로 돌아가서 해야 할 일들 ··········· 240
9. 성령이 임하는 이유 ························· 245
10. 엇갈린 성령의 역사 ······················· 248
11. 성령은 어디서부터 내리는가? ················ 253

제 5 편 피난처 ······················ 261

제 1장 피난처는 성서적임 ·················· 269
1. 피난처가 있다는 것은 아주 성서적임 ············ 270
2. 피난처의 본질 ···························· 273
3. 피난처로 가는 것은 무엇과 같은가? ············ 276
4. 피난처가 있다는 증거 ······················ 280

5. 피난처에 있는 자 (피난처에 보내어 지는 자) ······· 283
6. 피난처로 보내어지는 자의 축복(임하는 축복) ······· 288

제 2장 잘못된 피난처관 ···················· 291
1. 피난처가 하늘의 별들 가운데 있는가? ············· 297
2. 에덴동산이 피난처인가? ····························· 299
3. 우주가 피난처인가? ································· 301
4. 장차 한국 땅이 피난처인가? ······················· 303
5. 한국의 산들이 피난처인가? ························ 307
6. 대형화한 교회들이 피난처인가? ··················· 311

제 3장 피난처는 과연 있는가? ················ 316
1. 성서는 피난처가 있음을 가르침 ··················· 316
2. 피난처에 준비된 음식물들 ························· 320
3. 피난처를 채우실 때까지의 보호 ··················· 324
4. 여호와가 피난처를 조성하심 ······················· 326
5. 피난처에서의 보장 ································· 328

제 4장 피난처는 어떤 곳일까?(어떤 식일까?) ·· 322
1. 피난처는 숨겨진 비밀의 장소일 수도 있음 ········· 333
2. 광야도 피난처로 선택이 되심 ······················· 335
3. 피난처는 어디든지 있다. ··························· 340
4. 피난처는 이런 지역에도 있다. ····················· 342
5. 피난처는 어떤 식일까? ····························· 344

제 5장 피난처를 여호와께서 준비하신 이유 ···· 348
1. 피난처를 준비하신 이유 ···························· 350

2. 피난처와 순교자 ················· 354
3. 피난처와 환란 통과자들 ············· 356
4. 피난처와 배도자들 ················ 359

제 6장 피난처에 들어갈 수가 없는 자들 ········ 365
1. 피난처에는 마귀가 들어가지 못함 ········· 366
2. 피난처에는 불신자들이 들어가지 못함 ······· 368
3. 피난처로는 먼저 죽은 자가 들어가지 못함 ····· 370
4. 피난처로 순교자들은 들어갈 수가 없음 ······· 372
5. 생명책에 그의 이름이 기록되지 않은 자는
   피난처로 못감 ·················· 374
6. 잘못된 신앙꾼들은 피난처에서 제외가 됨 ····· 376
7. 피난처에는 대 환란을 통과해야할 자는
   들어가지 못함 ·················· 380

제 7장 피난처에로 인도함을 받는 자들
   (받을 자들) ···················· 383
1. 생명책에 그의 이름이 기록된 자가 피난처로
   인도함을 받음 ·················· 384
2. 피난처로는 하나님이 사랑하시는 자들이 인도를 받음 ·· 388
3. 믿음의 인내를 가진 자가 피난처에로 인도를 받음 ·· 391

제 8장 피난처에는 언제 들어가는가? ············ 395
1. 두 증인이 나타날 때인가? ············· 397
2. 대 환란이 시작되면서 피난처로 가는가? ······ 400
3. 피난처에는 장막을 치실 때 들어가게 되는가? ····· 402

4. 피난처에는 대 환란 전반의 중반쯤에도
   가게 되는가? ·· 406
5. 피난처에는 대 환란이 지나가기 이전에
   가게 될 것인가? ·· 408

제 9장 피난처에는 무엇이 준비되어 있는가? ·· 411
1. 피난처에는 천상의 음식물들이 예비
   되어 있는가? ·· 412
2. 피난처에도 이 지상의 음식물들이
   준비되어 있는가? ·· 414
3. 피난처에는 만나도 준비되어 있는가? ··················· 418
4. 피난처에는 감람유도 준비되어 있는가? ················ 421
5. 피난처에는 포도주도 준비되어 있는가? ················ 423
6. 피난처에는 밀도(식량) 준비되어 있는가? ············ 427
7. 피난처에는 보리도 준비되어 있는가? ···················· 430
8. 피난처에는 각종 나무가 준비되어 있는가? ··········· 432
9. 피난처에는 주리거나 목마름이 없도록
   준비되어 있는가? ·· 434

제 4 편
이스라엘 회복기

제 4 편 이스라엘 회복기

"내 백성이여 내 교훈을 들으며 내 입의 말에 귀를 기울일지어다. 내가 입을 열고 비유를 베풀어서 옛 비밀한 말을 발표하리니 이는 우리가 들은 바요 아는 바요 우리 열조가 우리에게 전한바라"(시편 78:1~ 3)
 또한 성서는
"사람이 마음으로 자기의 길을 계획할지라도 그 걸음을 인도하는 자는 여호와시니라"(잠언 16:9)
 이제 우리는 그렇게도 지루하고 우리의 마음을 괴롭히고 짓눌리며 신앙에 엄청난 회오리와 충격과 파문을 일으키던
"제 3 편 대 환란을 전후해서 임하는 하나님의 징벌"에 대한 문제를 마감하고 제4편에 들어가게 되었습니다.
 무엇보다 앞의 제 3편과 같은 사건과 현실은 영원히 이 역사위에서 사라지고 다시는 이런 징벌이 없어야겠다는 것을 깨닫게 되었습니다. 대 환란을 전후한 하나님의 징벌은 우리들 모두가 생각하거나 믿는 것 조차 싫은 것이지만 그럼에도 그것이 빠른 속도로(스바냐 1:14) 점점 다가오고 있는 현실이고, 그것이 이 땅을 향한 하나님의 도전행위라고 정의할 때 이를 피할 수 없는 것임도 유념해야 합니다.
 어떤 이는 종말이란 인간에게 기를 죽이고 풀을 꺾기 위한 하나의 고도로 숙달된(고차원적) 한 수작이 아닐까고 의심까지 하는가 하면, 어떤 이는 마지막 때란 어디까지나 성서에 기술된 하나의 추상적 사건이지 역사적이고 실제적이며 현실적 사건과 사실이 되어서는 안 되고 될 수도 없는 것이 아닌

가고 반문을 합니다만 그것은 대단히 잘못된 선입관념이고 모순된 것입니다. 이방인 된 우리의 입장이나 관점에서 보면 하루라도 더 늦게 이 세상의 마지막이 오고 그리스도의 재림이 늦어졌으면 을 소원합니다. 그러나 예수께서 마지막 때를 강론하실 때 "이스라엘의 독립"을 밝히셨는데 그것이 바로 세계역사와 마지막 때에 일어날 사건의 한 핵심이 되기 때문에 (마태복음 24:32~33) 보다 더 늦게 일어난다는 것도 신빙성이 없고 조금 일찍 일어난다는 것도 전혀 신빙성이 없습니다. 그리스도의 재림이나 대 환란의 시작은 분명 주어진 때가 있습니다. 그때를 기준해서 일어나고 오실 것입니다.

세례요한도 자기의 때를 귀히 여기셨듯이(마태복음 3:12) 예수께서도 자기의 때를 무엇보다 귀히 여기셨습니다(요한복음 7:6~8). 성서에 보면 모든 만사는 때가 있기 마련입니다(전도서 3:1~8). 그러니 대 환란이 임할 때가 있고 그것이 마칠 때도 있고 그럼과 동시에 그리스도께서 다시 오시는 때도 있다는 것입니다.

먼저 우리는 제 1권 제 2편에서 이스라엘 회복의 제 1기를 상고했기에 여기 제 4편에서는 제 2기를 상고해 보려합니다. 이스라엘 회복을 연속해서 상고하지 않는 그 이유는 시대사에 어느 정도는(다소) 맞추어서 상고해야 되기 때문에 무엇보다 여기서도 이 시대사를 중히 여긴 탓 때문입니다. 제 1권 제 2편의 이스라엘 회복 제 1기는 유대의 독립과 밀접하게 관계된 사건들이였고 여기 나타나는 제 2권의 제 2기는 이미 유대가 독립이 되고나니 그 다음서부터 시작되고 일어나는 사건들 가운데 그 하나하나를 여기서 상고하는 것이 원리이므로 이를 주지하는 것이 바람직합니다.

우리는 이스라엘 회복의 제 1기에서는 제 1장으로 부터 7

장까지를 상고했고 여기 제 2기에서는 "복음의 온 세상 전파와 이스라엘 회복"으로부터 시작해서 "성령이 이스라엘로 귀환됨"까지 만을 상고하려고 하므로 먼저 이점을 유의하시기 바랍니다. 그리고 이 라운드 안에 예루살렘 성전 건축이 포함되고 있음도 유의했으면 합니다. 이스라엘 회복 제 2기가 끝나면 제 2권 제 5편에서 "피난처" 문제가 거론이 되는데 여기서부터 본격적인 대 환란 앞으로 한 발짝씩 가까이 가게 됩니다.

무엇보다 우리가 여기서 유념해 두어야할 것은 바로 이스라엘이 AD.1948년 독립이 되기 이전만 해도 우리는 세계사를 중심으로 신앙생활을 하면서 오고갔으나 일단 이스라엘이 독립이 되므로 세계사 중심의 신앙에서 완전히 벗어나서 이스라엘(예루살렘) 중심의 신앙으로 회귀되고만 것을 알아야 합니다. 이제 남겨진 세계역사는 세계의 각 나라들에게 그 키가(지분) 주어진 것이 아니고 모든 열쇠는 이스라엘에 있고 성도 예루살렘과 연관이 되어져 있기에 이에서 벗어나서는 대 환란이나 그리스도의 재림을 도무지 검토할 수가 없습니다. 그러므로 그리스도의 재림이나 대 환란 모두가 이스라엘과 직접적으로 관계가 있고 된 것이고 이스라엘 역사와 철저한 한 관계개념 안에 있기에 누구도 이에서 벗어날 수는 없는 것입니다.

지금 우리가 살아가고 있는 이 시기가(로마서 13:11) 바로 이스라엘 회복의 제 2기에 속해 있습니다. 이스라엘 회복의 제 2기 안에서 우리가 살아들 가고 생활하기 때문에 보고 느끼고 깨닫는 바가 심히 많고 큽니다. 현 시점에서 이스라엘의 역사와 현실이 세계의 역사와 현실 그 자체이기에 세계의 초점이 이스라엘에 집중되어져 있는 것은 부정할 수가 없습니다. 성서의 전달과 외침을 보십시오. 지금의 이 시기가 어느 때이고 어디에 예속이 되어져 있는지를 말입니다. 이스라엘 회복의 제 2기에 접어들면 세계사는 어떻게 되고 이방에 있는 기독교회들은 어디로 가고 또한 어떻게 되는 것인지를 눈이 있는 자는 보고 성서를 읽는 자는 깨닫게 될 것입니다(마태복음 24:15하반절).

이스라엘 회복 제 2기에서 우리가 가장 주시하고 비상한 관심을 가지고 보아야 할 것은 바로 예루살렘에 여호와의 성전을 건축하는 것과 이방으로부터 성령을 거두어서 유대에로 돌아가게 하는 사건 그것입니다. 이 양자는 어느 것을 보아도 심각한 우려와 국면에 접하게 됩니다. 예루살렘 성전건축은 세계적으로 널리 퍼져있는 약 7억의 회교도들에 게는 공개적 선전포고가 될 것이고 그럼과 동시에 이방에 있는 성령께서 그것을 신호로 해서 유대에로 완전 돌아가 버리면 이방에 있는 그리스도의 교회들과 그리스도인들에게는 일대 치명타와 놀라움과 파괴를 의미시킴이기에 이 양자 중 그 어느 것도 결코 호락호락하거나 만만한 것이 없다는 것도 잊어서는 아니 됩니다.

그런가하면 이스라엘 회복 제 2기의 초두에 접어들면 이방으로 나간 그리스도의 교회가 세워진 유사 이래 최대의 부패와 타락상을 입고 보이게 되기에 이로 인한 큰 파문이 있게 될 것입니다. 그러므로 이스라엘 회복 제 2기 다음에는 제 5편에서 피난처의 문제와 그 뒤를 이어서는(제 6편) 이방에 있는 그리스도교회의 타락상을 하나하나 나열하고 상고하지 아니하면 안 됩니다. 이런 것은 걱정과 염려할만한 우려를 남기고 있습니다. 그러면 우리는 아래에서 이스라엘 회복의 제 2기를 상고해 보기로 하십시다.

제 1장 복음의 온 세상 전파와
이스라엘 회복

 "전에는 내가 그들로 사로잡혀 열국에 이르게 하였거니와 후에는 내가 그들을 모아 고토로 돌아오게 하고 그 한 사람도 이방에 남기지 아니하리니 그들이 나를 여호와 자기들의 하나님인줄 알리라. 내가 다시는 내 얼굴을 그들에게 가리우지 아니하리니 이는 내가 내 신을 이스라엘 족속에게 쏟았음이니라. 나 주 여호와의 말이니라"고(에스겔 39:28~29).

 원래 복음은 누가 무엇이라 해도 유대에서 그 시작이 됩니다. 사도와 선지자들도 그곳에서, 말씀을 기록한 것이나 보존한 이들도 그곳 사람들입니다. 이들은 어떤 고난과 역경 속에서도 여호와의 말씀을 보존하고 여호와만 오직 하나님이심을 믿어 의심치 아니했습니다. 이들은 앗수르나 바벨론에 의해 비록 나라가 짓밟힌 후 역사의 뒤안길로 사라졌지만 여호와의 율법과 선지자들의 말씀을 고이 간직하면서 언제인가는 예언된바 그대로 메시야께서 오시어서 자기들을 구원하고 건져주실 것을 믿고 있었습니다. 바울 사도의 고백에서도 나타났듯이 하나님께서 "자기 백성을 버리셨는가?"란 질문에서(로마서 11:1상반절) 결코 그럴 수 없다고 선언하며(로마서 11:1상반절) 여호와는 "미리 아신 자기 백성을 버리지 아니하셨다"란(로마서 11:2) 답안을 내리며 하나님께서 원 가지인 이스라엘을 이렇게 하신 것은 이방인에게 하나의 교훈을 주시기 위함인 것을(로마서 11:21) 고스란히 밝히고 있습니다.
 유대의 회복과 복음의 온 세상 전파를 무엇보다 잘 조화있게 연구하기란 결코 쉽지 않으나 그럼에도 이를 보다 더

진실하고 참되게 밝히는 것이 우리의 일과 일진데 어찌할 것입니까?

1. 복음의 온 세상 전파

성서의 기술과 예언대로는 대 환란과 그리스도의 재림이 있기 이전에 이스라엘이 먼저 회복이 되어야합니다. 이스라엘의 독립이란 회복이 되어도 그때는 아직 세상의 끝이 온 것은 아닙니다. 왜냐 하니 뒤이어지는 역사가 있고 다가올 대 환란을 위해서는 후속조치가 하나하나 이루어져야 하기 때문입니다.

AD.1948년도에 이스라엘이 독립이 되었는데 그 당시만 해도 세계적으로 기독교회가 들어가지(전파) 아니 한 나라들이 더러 있었기에 복음이 온 세상에 전파되었다고 규정하기란 약간 이른 편이였으나 이스라엘은 독립이 되었습니다.

선민 이스라엘이 독립이 되고 보니 뒤이어 부수적으로 나타나야할 과제물들이 하나 둘 아닙니다. AD. 1948년도부터 약 반 여세기가 지나가고 있지만 아직은 대 환란의 시작 때도 아니고 그리스도의 재림의 때도 아닌 것만은 사실입니다. 오직 그때를 향하여 부지런히 지금은 전진해가고 무르익어 가는 때라고 정의해야할 판입니다.

분명 예수께서도 그리스도의 복음이 모든 민족에게 증거되기 위하여 온 세상에 전파되리니 그제야 끝이 오리라고 했습니다(마태복음 24:14). 이것은 어느 면으로 보나 우리들 모두에게 청순함과 새것을 제공하고 있습니다. 왜냐 하니 예수께서는 인간들에게 세상의 마지막 때에 나타날 가장 정확하고 바른 징표로서

① 복음이 온 세상에 전파 되는 것(마태복음 24:14)
② 무화과나무가(유대)잎이 피는 것(독립)(마태복음 24:32~33)
이 두 가지임을 밝혔습니다. 예견한대로 AD.1948년도에 유대는 약 2600여 년 만에 독립이 되었습니다. 그 후 약 반 여 세기가 지나가니 기독교의 복음도 온 세계 모든 백성들에게 골고루 전달이 되었습니다. 성서에 기록된바 대로는 이제 거의가 이루어 졌습니다. 그리스도교의 복음이 이스라엘로부터 제 1세기 중반에 이방으로 나간이후 20세기 말엽에 이르러서는 이방인에게 주어져 있는 각종 예언이나 기타는 거의 완벽할 정도로 이루어졌기 때문에 우리의 양식이나 신앙 양심상 성서를 통한 이방을 보아야할 아무런 근거나 이유 그리고 미련이 없게 되었습니다. 이방에 대한 성서의 가르침이나 예언이 이제 완벽에 가까울 정도로 이루어져 버렸으니 이 시점에서 이방에 있는 교회들이 여전히 시끄럽고 요란한 것은 결코 바람직한 처사가 못됩니다. 이 시점에서 이방의 교회들이 시끄럽고 요란한 것은 이방인들의 몸부림과, 마지막 때를 맞이한 이방의 교회들의(이방 신자를) 발광에 불과한 것입니다.

성서가 지적하는(예언) 그대로 이미 유대가 독립이 되었습니다. 그러므로 이제부터의 세계역사는 구약 때와 마찬가지로 유대를 중심해서 항해하고 있습니다. 이미 구약 성서에서도 천국복음이 이방화 할 것이(시편 67:1~7) 예고되고 있으나 시기적으로 보아 이방화 될 그런 때는 이미 지나가려는 순간에 와서 있습니다.

사실 예수께서 돌아가시기 직전이나(마태복음 24:14) 부활 하신 이후나 승천하시면서 복음이 먼저 천하에 전파되어야 한다는 것을(마태복음 28:19, 마가복음 16:15) 누누이 강조했기에 그리스도교에서는 이것이 하나의 슬로건과 신앙

신조화 되었습니다. "땅 끝까지 복음"을 이란 용어나 제목들은 그리스도교 사회에서 몇 년 전까지만 해도 자주 듣고 즐겨 쓰던 용어들이지만 근래에 와서는 누구에 의한 명령이나 지시가 없었음에도 불구하고 흔적조차 없이 사라진 것은 시대감각이 무척 빨라져서 그런 것이 아니고 이미 그런 세대는 지나갔고 다가오고 있는 세대는 그리스도의 재림과 대 환란의 때란 것을 그리스도교나 그리스도인들 스스로가 익히 알고 있는 현실이기에 자연적 현상에서 땅 끝까지 복음을 이란 슬로건이 무색해서 사라져 버린 듯합니다.

땅 끝까지 복음을 전달하기 위해 수많은 박해와 고난을 겪었고 엄청난 순교자를 냈습니다. 타 종교와는 달리 그리스도교의 복음전파에는 유독 박해와 추방이나 죽임까지(순교) 따라와서 엄청난 순교자를 소유하고 있기에(계시록 6:9~10) 어떤 이는 그리스도교를 피의 종교 또한 순교의 종교라고 까지 말합니다. 피의 종교요 순교의 종교가 되면서, 또한 땅 끝까지 복음이 전파되기가 무섭게 이제는 성서의 역사가 점차 이방에서 보따리를 사서 유대에로 돌아가려는 채비를 하고 있는 것을 볼 때 이를 두고 갑자기 딴 세상이 되어간다고 해야 할 듯합니다.

이방에 이미 복음이 전파되었고 수많은 순교자도 내었으니 이제에서는 유대에로 그리스도교의 복음의 핵심이 귀의하는 것은 잘된 순리이며 이방에 있던 성령이 유대에로 돌아가는 것 역시 당연지사가 아닌가 싶습니다. 그래야 올 것이 오게 되므로 보낼 것은 보내고 받을 것은 받고 해서 세상의 종지부를 찍게 되기 때문입니다.

땅 끝까지 복음을 전파해야 한다라는(사도행전 1:8) 지상명령의 덕택에 한국에도 그리스도의 교회가 전래되어 들어온

지 어언 한 세기를 넘어 제 2세기에 접어들었습니다. 그러나 이제는 이미 반세기 전에 유대가 독립이 되었기에 한국 교회들뿐 만이 아니고 이방에 있는 세계의 모든 교회가 커다란 위기를 맞고 접한 것임은 누구도 부정할 수 없는 사건입니다. 우리가 아는 바로는 예수께서 복음이 만국에 전파되게 되면 "그제야 끝이 오리라"고(마태복음 24:14하반절) 하셨고 유대가 독립이 되거든(마태복음 24:32~33상반절) "인자가 가까이 곧 문 앞에 이른 줄 알라"고(마태복음 24:33하반절) 명하셨으니 이것이 문제입니다. 위의 이 양자를 주시해 보면 유대의 독립은 이미 반세기 전에 되었고 그리스도교의 복음은 이미 세계를 지배한 이후입니다.

그렇다면 어느 면으로 보나 지금 당장 그리스도께서 오셔도 이방에는 전혀 하자가 없고 이방에 대한 성서의 가르침과 외침 역시 전혀 하자가 없습니다. 이제에서 남은 것은 오직 오시는 그리스도와 유대에의 관계만 남아 있습니다. 고로 이 시점에서 성서적 이방인의 역사는 완결 지어진 상태이므로 인봉을 하게 되고 남겨진 모든 역사는 유대와 관계가 있고 되는 것뿐입니다. 이방을 향한 성서의 예언이 다 이루어졌다고 할 때 더 이상 지체할 아무런 이유나 근거가 없을 것입니다.

그렇다면 이제에서 가장 심각한 문제는 이방 땅에 있는 그리스도인인 바로 우리들 자신입니다. 우리는 이 시점에서도 그리스도인의 노릇을 하고 전도와 기도도 하고 말씀도 강론하고 각종집회도 인도합니다. 또한 여기저기에서는 신과 흥이 나게들 교회당 건물의 건축 붐에 열을 올리며 건축에 여념이 없습니다. 어떤 이들은 자기들 교회당이 다시 오시는 그리스도에게 드려지거나 바치려는 심산과 일념에서 갖은 수고와 노력을 다 경주합니다. 그러면서도 유대가 독립이 되고,

그리스도교가 온 천하에 전파되었기에 이제 남겨진 것은 순식간에(불원) 성령께서 유대에로 되돌아가는 일과 유대인들이 속전속결로 예루살렘에 있는 회교 신전을 파괴시키고 여호와의 전을 짓는 일과(예루살렘 성전) 세계에로 흩어져 있는 유대인들의 단계적 귀환(미가 2:12~13) 그리고 뒤이어서 대 환란 진입이 있은 후 그리스도의 재림이 숨 가쁘게 이루어진다는 것에 대하여는 전혀 관심이 없으니 이것이 바로 종교적 악한 병적 과제입니다.

지금의 상태에서 솔직히 말해 너와 나는 모두 이방인 입니다. 이방인 된 우리의 입장에서 그리스도교적 초 관심사는 도대체 무엇입니까? 선민이라는 이스라엘인들의 눈에 비취는 말기적 이방인의 발악과 발광 따위들이 아닙니까? 아니면 유대의 독립과 복음의 세계정복 그리고 그 후속 조치 또한 뒤이어서 단행될 성령의 거두심과 이방 교회당들의 완전한 황폐화 등을 보고 가슴치고 통곡하는 그것입니까? 당신은 지금 이방인으로서 예수를 믿어 기존의 교회당에 잘 다니고 있는 현자라고(성도) 가정합시다. 그렇다면 당신이 바라는 바는 당신이 출석하는 그 교회당이 보다 더 크고 넓게, 웅장하고 그럴듯하고 초호화스럽게 다시 짓는 바로 그런 것과 교회당 안에 많은 사람들을 끌어 모으는 대 작업 그것들입니까?

솔직히 지금의 상태에서는 바로 이런 것들이 굉장한 종파적 성공사례이고 출세한 목회자상을 이루는 것이 됩니다만 일보전진해서 내어다 보면 당신은 이미 고상히 착각한 자로서 없어져가고 사라져가는, 있으나마나한 교회당 건축구조물에 얽매여 자신을 버리고 망가뜨리는 종교적 고등병신이 육갑떠는 자가 아닐런지 눈여겨 보아야 합니다. 착각은 언제나 금물입니다만 자본주의화한 기독교회를 보지 말고 성서적 기독교회를 보아야 합니다.

 어느 누구도 지금의 상태에서 자기는 어느 기존의 교회당에 출석을 하니깐 교회당이나 목회자나 신자를 두둔 하거나 보아주는, 옹호하는 따위의 독선과 선입견을 철두철미 벗어 던져야합니다. 그런 것은 그리스도교 안에다 우상숭배를 양성화하려는 잘못되고 악한 병이므로 버릴 것은 버리고 책망과 비판할 것은 가차 없이 하는 것이 상책입니다. 왜냐 하니 이미 이방인의 때가 지나가려하고 유대인의 때가 다시 시작되려는 순간에서 이방을 향한 미련은 버려야 합니다. 복음이 온 세상에 전파되었다 하는 그것 하나만으로도 이방에 세워진 교회는 자각하고 각성할 때가 된 것입니다. 뒤에서 나타날 것이지만 지금은 이방에서 성령을 거두어 유대에로 되돌려드려야 할 바로 그 순간이기 때문에 정신을 차릴 때입니다.

2. 복음전파에 대한 우리의 견해

 흔히들 그리스도교회를 서양종교라 하거나 서양철학도 라고도 합니다. 그럼에도 그리스도교는 서양종교가 아닙니다. 나사렛 예수는 얼굴빛이 흰 서양인이 아닙니다. 예수는 외형이 오늘날의 유대인과 같은 사람은 아닙니다. 분명 예수는 유대인입니다. 그러나 현금당대 유대인과 같은 현실적 상태의 유대인은 아니란 것입니다. 지금의 상태 그대로 실례를 들어 보십시다. 한국인으로서 미국으로 1960년대에 이민을 간 자들이 앞으로 500년이나 1000년이 지난 후 또는 그 이상이 지난 후 과연 1960년대에 미국으로 이민을 간 그들의 조상들과 생긴 면이나 얼굴색이 같을 수 있느냐 하는 그

것입니다. 결코 같다고 볼 수는 없을 것입니다. 토양이나 기후 음식 기타 모두가 한국과 다르기에 수 천 년이 지나고 나면 그들은 모두가 미국인도 아니고 한국인도 아닌 그 중간 상태이거나 아니면 미국인 쪽에(백인) 훨씬 더 가까이 가서 있을 것입니다.

　이와 같이 지금의 유대인들이 수천 년 동안 이질화 현상을 서구에서 일으켜 옛날 유대에 살 때의 유대인과는 현격한 차이가납니다. 그 한 실례가 구약의 요셉과 그 가족을 생각하게 됩니다. 요셉과 그 가족은 애굽에(이집트) 내려갔으나 그곳 사람들과는 별반 차이가 없었는데 지금의 유대인과 애굽인과는(이집트인) 대개가 상당한 차이를 보이고 있습니다. 혹 비슷한 이도 있으나 극소수입니다. 이렇게 볼 때 비록 유대인들이 서구사회에서 수천 년 동안 살기는 했으나 그들은 어디까지나 동양인이지 서양인은 아니었습니다.

　유대인은 셈의 자손이지 함이나 야벳의 자손이 아닙니다. 이렇게 본다면 기독교는 서구종교가 아니고 철저한 동양종교입니다. 이 동양종교가 서방의 로마화 하면서 그만 동양에서는 자취를 감추고 서구화되고 말았습니다. 특히 그리스도교회가 로마 카톨릭에 의해 더욱더 서구화 되었는데, 동양종교로서 저들이 주장하는 데로 제 1대 교황이 베드로라 한다면 연이어서 동양인이 로마교황의 자리를 고수하고 차지해야 함에도 제 1대만 치켜 올려놓은 후 제 2대 때부터는 약 2000여 년간 저들 서구인들이 완전 독과점하고 말았습니다. 이로 인하여 그리스도교의 본산은 유대와 예루살렘이 아닌 교황청이 있는 서구 곧 로마가 암암리에 되었으므로 그리스도교를 서양종교라 하는 어처구니없는 헛소리가 여기저기에서 나오고 있으나 그럼에도 그리스도교는 동양 종교입니다.
　이 동양종교가 힘이 있다고 자부하는 서구인들에 의해 바통이 서구로 넘어 가기는 했으나 그럼에도 어디까지나 그 발상지는 동양이지 서양은 아님으로 문제가 점차 이제에서 생기고 있습니다. 이제는 그리스도교를 서구 종교가 아닌 동양 종교로 불러야하니 말입니다.

　어떤 이들은 옛 구습에서 벗어나지 못하여 캐나다나 호주 미국인에 의해 그리스도교회가 한국에 전래되었으니 이 얼마나 고마운가고 하나, 기실에 있어서 한국 천주교회는 자생적으로 출발했으며 개신교는 미국이나 캐나다 등지에서 선교사들이 이 땅에 들어오기 이전에 이미 중국 등지로부터 전달을 받아 신약 성서의 4복음서들은 번역이 되어져 있는 상태였기에 적어도 서구지역의 선교사들이 한국선교를 위해 들어오기 최소는 십 수 년 전이고 최고는 수십 년 전에 복음이 전래되고 선교가 확산되어진 상태였음에도 못된 서구 선교사들과 외색과 종교적 종속성을 좋아하고 반기는 사대주의 몰이꾼들에 의해 기독교 역사가 마음대로 뜯어 고쳐지고 축소되다 보니 사실이 왜곡되고만 것입니다.

　어떤 일이 있어도 사실은 사실화해야 합니다. 그리고 서구 선교사들이 이 땅에 복음을 전파하기는 해도 그것이 하나님의 명령을 받듬이지(마가복음 16:15, 사도행전 1:8) 다른 뜻은 아닐 것입니다. 사마리아 수가성의 한 여인이 수가성을 전도했으나(요한복음 4:5~30, 39~40) 그럼에도 그들은 전도한 그 여인에게 당신의 공로와 공덕을 찬양한다며 그를 앞세운 것이 하나도 없고(요한복음 4:39~42) 저들이 친히 보니 그가 하나님의 아들이기에 그를 믿게 된 것임을(요한복음 4:42) 강조하고 있습니다. 그럼 이것은 무엇을 의미하는 것입니까? 한국에 그리스도의 교회가 미국의 선교사나 캐나다나 호주 등지의 선교사들에 의하지 아니해도 역사의 현실과 현장 그리고 그리스도의 복음이 땅 끝까지 전달된다는(마태복음 24:14) 그 원칙의 규정에 의해 지금의 상태와 같은데 까지 능히 이룰 수 있다는 결론입니다. 만사는 때가 있는 것 아닙니까?(요한복음 7:6~8, 전도서 3:1~8)

그럼에도 이 땅의 그리스도교회가 여전히 서구적 종교의 종속성에서 벗어나지 못하고 갈팡질팡하는 것을 봅니다. 이제에서 우리는 나사렛 예수 그리스도를 서구화 상태에서 동양화해 드려야 하고 완벽한 이방화에서 유대화 시켜드려야 합니다. 또한 기독교의 서구적 강세에서 유대적 강세에로 돌려드리도록 노력해야 합니다. 각종 성화나 캘린더 등에서 서구화된 예수 그리스도를 동양화시켜 드려야하고 각종 카드나 각종 예식이나 성탄절 따위도 서구화와 자본주의화에서 유대적이고 동방적 현실에 돌려드려야(놓아야)합니다. 이제는 이미 유대가 독립이 되었으므로 이방적 세계사는 자연 사라져가고 유대의 역사만 돋보이게 되어져 있습니다.

그래야 성령도, 구원도, 역사와 능력 기타 모두가 유대에로 금의환향하게 될 것입니다. 기독교의(개신교) 본산도 유대에로, 로마 카톨릭교의 본산도 로마에서 이제는 유대에로, 모든 교파들의 본산도 자연 유대에로 돌려드려야 합니다. 모든 것을 돌려드려야 그리스도의 재림이나 대 환란이 쉽게 나타날 것 아닙니까? 이방이 심히 요란하고 모든 것을 싹쓸이해서 거머쥐고 있는데 어찌 환란과 그리스도의 재림이 있을 것입니까?

　유대가 AD. 1948년도에 회복된 후 이미 반여 세기에 이릅니다. 그 사이 이미 이스라엘 회복의 제1기는 점차 지나가게 되고 이제는 이스라엘 회복의 제 2기에 접어든 것은 기정 사실인데 언제까지 이방으로 나가있는 그리스도교가 서구화 되어 있고 로마화나 헬라화 되어서 그것에서 한 발짝도 비켜나지 못하고 있을 것인가 하는 것입니다.

　이스라엘의 회복은 저들이 성서에 이미 기록된 그대로 돌려받을 것은 하나씩 하나씩 돌려받겠다는 심산입니다. 예수께서는 이스라엘이 회복되면(마태복음 24:32~33) "인자가 가까이 곧 문 앞에 이른 줄 알라"(마태복음 24:33하반절) 하셨는데 성서 연대법계산 그대로면 이미 그리스도는 재림을 하셔야 되는 것 아닙니까? 그럼에도 불구하고 아직은 다소의 시간적 여유가 있는 듯한 인상을 풍기는 것은 무엇 때문입니까? 그것은 바로 독립된 유대가 이방으로부터, 이방교회로부터 넘겨받아야 할 각종 키들을 완전 넘겨받지 못한 탓이 아닌가 합니다. 이왕 넘겨 주어야할 것들 이라면 불원장래에 성령을 위시해서 모든 것을 완벽하게 넘겨주는 것이 이방인의 마땅한 자세설정이 될 것입니다.

　3. 이스라엘 회복의 약속성취.

　이스라엘 백성들이 이방으로 나간 것은 범죄행위에 대한 보복인 만큼 누구도 여기에 대하여 왈가왈부할 수가 없습니다(스바냐 3:18~19). 이스라엘 백성이 이방 땅으로 흩어져서 각기 살지만 결코 소멸되어 없어지지는 아니한다고 성서는 이미 예고하고 있습니다(말라기 3:6). 이미 예고된바 그대로 유대인은 세계로 흩어졌으나 완전히 사라지지는 아니했기에 다시 회생케 됩니다. 저들이 세계로 흩어져 있는 그 사이 그리스도의 복음은 쉴 새 없이 확장되고 전파되어 온 천하 만민에게까지 퍼졌는데 그것이 성서의 약속입니다.

이방 땅에 흩어져 있는 이스라엘이 회복을 위해 피눈물 나는 노력과 수고를 하는 사이 그리스도교회는 이방인의 구원을 위해 쉬지 않고 수고를 했습니다. 사실 복음이 이방으로 나가게 될 것을 성서는 이미 구약에서도 예고했고(말라기 1:11, 시편 67:1~7) 그렇게 되어야 만이 이방인들 가운데서 구원을 얻는 수효가 차게 된다는 것도 알렸습니다(로마서 11:25). 복음이 온 세상에 전파만 되면(마태복음 24:14) 이스라엘이 회복된다 라는 슬로건을 내걸고 이방인들은 아낌없이 수고와 노력을 경주 했습니다. 그러면서 하나님은 언제나 유대를 돌아보신다는 일념에서 벗어나지를 못했습니다. 페일언하고 이방땅에 일단 복음이 전파된 것은 "이스라엘의 하나님께서 자기 백성을 돌아보사 속량하시는"(누가복음 1:68) 것임을 알게 됩니다. 저들이 1948년도에 독립이 된 것은 이미 구약의 예언을 고스란히 이루시기 위한 것이였기에 성서를 보면

"내가 내 백성 이스라엘의 사로잡힌 것을 돌이키니 저희가 황무한 성읍을 건축하고 거하며 포도원을 심고 그 포도주를 마시며 과원들을 만들고 그 과일을 먹으리라"고(아모스 9:14)

이는 무엇을 의미합니까? 이스라엘에 내렸던 여호와의 진노를 거치시고 자기백성의 회복을 뜻하는 것 아닙니까? 돌아가서 무너진 성읍을 건축하며 일으켜 세우고 포도나무도 과

원들도 옛날과 같이 세우시겠다는 것은 무엇을 예고함입니까? 이는 여호와가 이스라엘 위에 은총을 베푸시겠다는 의지를 보임이 아닙니까? 뒤이어지는 성서를 보십시다.

"내가 저희를 그 본토에 심으리니 저희가 나의 준 땅에서 다시 뽑히지 아니하리라. 이는 네 하나님 여호와의 말씀이니라"고(아모스 9:15).

또한 성서는

"여호와가 말하노라 그러나 그 날 후에 내가 이스라엘 집에 세울 언약은 이러하니 곧 내가 나의 법을 그들의 속에 두며 그 마음에 기록하여 나는 그들의 하나님이 되고 그들은 내 백성이 될 것이라"고(예레미야 31:33).

또한 성서는

"주 여호와의 말씀에 내가 이스라엘 자손을 그 간바 열국에서 취하며 그 사면에서 모아서 그 고토로 돌아가게 하고"라고(에스겔 37:21).

여기서는 여호와께서 이스라엘을 이방에 흩으셨으나 다시 옛 고토 곧 본토에 돌아오게 하셔서 끝까지 돌보신다는 의지를 확인시킴입니다. 그러니 AD. 1948년에 독립을 이루심이나 년차 적으로 자기 땅으로 저들이 돌아가는 일을 하고 있는 것이 성서의 예언 성취입니다. 이스라엘 회복의 역사는 단 일회적이지만 계속되는 고국에로의 귀환은 연이어집니다. 그것이 성서의 핵심적 가르침입니다. 왜냐 하니 저들은 고토로 돌아오되 한 사람도(에스겔 39:28) 이방 땅에 남기지 아니함으로서 한 나라를 이루되(에스겔 37:22) 완벽한 나라를 이룰 것입니다. 성서는 이스라엘이 고토로 돌아올 때 "그들의 왕이 앞서 행하며 여호와께서 선두로 행하시리라"고 하여(미가 2:13 하반절) 여호와가 저들 앞에서 귀환하니 옛 출애굽

을 연상케 함으로서 성령께서 유대에로 돌아가는 것은 이미 시간문제임을 밝히고 있는 것입니다

4. 이스라엘 회복에서 유의할 점.

성서에서 이스라엘의 독립을 예고한다해서(에스겔 37:14, 마태복음 24:32~33) 하루아침에 회복이 이루어지는 것은 아닙니다. 한 나라가 망하여 쓰러지는 것은 쉬워도, 쓰러져서 없던 나라가 다시 세워진다는 것은 결코 쉬운 일이 아닙니다. 애굽으로 내려갔던 이스라엘이 그곳에서 한 민족을 형성해서 가나안으로 다시 돌아올 때를 유추해 보십시오. 한 나라를 세우거나 세워지는 나라를 건설하기란 결코 쉬운 것이 아닙니다. 이미 한 국가와 민족을 형성해서 살고 있는 기존의 백성을 내어 쫓거나 잡아 가두거나 죽인 후 완전 새로운 국가를 건설해야 하는데 그것이 결코 쉽지는 않습니다.

이스라엘이 세계 열방에 흩어져 있어서 함께 모이는 것부터 심히 어려운 난제였음에도 이들은 기필코 돌아와야 할 땅으로 돌아옴에 있어서 우리가 유의해야 할 점들이 많습니다. 이것을 성서는 이미 예고하기를

"이스라엘이여 네 백성이 바다의 모래 같을지라도 남은 자만 돌아오리니"고(이사야 10:22).

또한 성서는

"그 날에 주께서 다시 손을 펴사 그 남은 백성을 앗수르와 애굽과 바드로와 구스와 엘람과 시날과 하맛과 바다 섬들에서 돌아오게 하실 것이라. 여호와께서 열방을 향하여 기호를 세우시고 이스라엘의 쫓긴 자를 모으시며 땅 사방에서 유다의 이산한 자를 모으시리니"입니다(이사야 11:11~12).

그러므로

① 이스라엘이 세계로부터 유대로 돌아오기는 하지만 애굽에서의 귀환 시 마냥 일시에 고국으로 돌아오지 아니한다는 것입니다. 이들이 일시에 모두 고국으로 돌아와서도 아니 되겠지만 고국이 회복된다고 해서 모두가 돌아오지 못하는 것이 여호와 하나님의 역사와 섭리라는데 우리는 무엇보다 유의해야 합니다.

② 이스라엘이 여호와에 의해 또는 예언 성취에 의해 회복이 되었으나 선민들은 온 세계로부터 일시에 귀국하는 것이 아니고 성서의 역사와 가르침 그대로(미가 2:12~13) 년차적으로 고국에 돌아가게 됩니다. 이는 누구도 막을 수가 없는 예언의 성취입니다. 여기에 우리는 귀를 기울려야 합니다. 이들은 일시보다 성서의 예언을 위해 년 차적으로 고국에 돌아오게 되므로 먼저 온 이와 나중 온 이들이 있게 됨을 알 것입니다.

③ 이스라엘의 회복이라 해서 일시에 모든 백성들이 고국으로 돌아오게 되면 조국의 건설도 문제이지만 그보다 누가 그 배후에서 모든 일을 처리해주고 누가 주변 국가와의 싸움에서 싸울 것입니까? 민족의 결집을 위해 민족이 함께 모이는 것도 중요하지만 그보다 어느 한 기간까지는 배후에서 용이 주도 하게 일하는 것도 그 못지않게 중요합니다. 그래서 먼저 귀국한 선민들은 오직 조국의 건설에 박차를 가하면서 뒤에 돌아올 이웃들을 위해 제반의 일을 정리하고 동시에 터전을 닦고 있습니다만 돌아오지 아니하고 있는 이웃들은 돌아갈 준비에 여념이 없습니다.

④ 이스라엘 백성들은 누구도 그냥은 고국으로 돌아가지 아니합니다. 저들이 출애굽 할 때 그 어려운 환경과 역경 속

에서도 닥치는 대로 주위나 국가의 것들을 하나라도 더 가지고 나왔지 빈손으로는 나오지 아니했습니다. 이것은 구약의 예언이기도 합니다(창세기 15:14하반절). 이와 같이 순차적으로 저들이 돌아가는 것은 빈손으로 돌아가지 아니하고 온 세계의 것들을 세계제패와 지배를 위해 그리고 오시는 메시야를 위해 가져가야하니 연차적 귀환밖에 다른 방법이 없습니다.

⑤ 근본적으로 유의할 것은 이스라엘이 애굽에서 나와 가나안까지 들어가는 데에는 실제적 거리로는 얼마 안되나 그럼에도 40년이나 걸렸습니다(신명기 34:7, 여호수아 5:6, 사도행전 7:30).

이와 같이 1948년에 유대가 독립이 되었으나 그때 마냥 시간이 걸리려면 1948+40=1988년이 됩니다. 이미 1988년도는 지나갔습니다. 그럼에도 제 1권 제 2편 제 4장 년대법 계산에서도 밝혔지만 AD. 1988년은 그리스도의 재림년도의 제 1설에 해당되는 때임을 알게 됩니다. 그렇다면 여기에는 담겨진 여호와의 어떤 섭리가 있는 것임이 분명합니다. 그러므로 여기서는 1988년도가 지난 지금의 시점에서 유대인 모두의 귀환문제 그 자체가 어느 한 시점이 이미 지난만큼 비상한 관심사로 등장하고 있습니다. 특히 동구권의 현실과 소련의 민주화는 유대인 귀국에 결정적 이슈가 되고 있습니다. 지금의 상태에서 이방인 된 우리는 독립된 유대와 세계로 흩어져있는 유대인들과 그리고 특별히 시오니즘의 활동에 대해 무엇보다 면밀히 주시치 않으면 아니 됩니다.

5. 주어진 복음이 온 세상에 전파되었으니

오늘에서 사는 우리에게 볼 수 있는 눈이 있거든 이방 땅에 세워진 교회당 안들을 보십시오. 목사 장로 권사 집사 전도사들이 이방인으로서 기독교인 된 자기 확대와 도취경에 젖어서 헤어나지 못하고 허우적거리며 이방적 큰 병앓이를 하고 있는 것을 말입니다.

이방 땅 모두에 예수 그리스도의 가르침 그대로 복음이 전파되면 어찌됩니까?(마태복음 24:14, 마가복음 16:15, 사도행전 1:8) 그렇게 되면 세상의 종국이 오는 것 아닙니까? 누구보다 이 사실을 저들 모두가 잘 알면서도 여기에 대한 대비책이 전혀 없고 무감각하여 교회당에 나와 목사 장로 전도사 권사 집사가 되었다고 하는 바로 그것 하나에 도취되어 기고만장하고 안하무인격이니 어찌합니까?

그러니 더 이상 바랄 것이 없는 상태입니다. 유대의 독립과 온 세상에 복음전파 그리고 유대인의 본국귀환과 성령의 유대에로의 귀환 따위는 현금당대에서 관심 밖이니 말입니다. 먹고 마시고 예배나 드리고 기도와 찬송, 그리고 쉬며 오고 갈 수 있다라는 그것의 현실적 찬란한 우상에 사로잡히고 얽매여 교회당 건축구조와 교인 수효에서 자본주의적 현장 파악과 동태 등에만 관심이 집중되고 신경 쓸 뿐이기에 이방에 있는 그리스도의 교회와 성령 모두가 점차 유대에로 돌아가는 것이 아니라 이방화되고 있다는 그것에 찬란한 문제가 생깁니다. 이는 무엇을 의미합니까? 이방에 있는 교회당과 목회자와 신자들에 의해 성서와 유대가 가리워져서 돌아가야 할 성령의 역사가 혼돈되고 있는 것이므로 아무리 보아도 이는 심각한 우려를 자아내고 있는 것입니다.

이미 복음은 온 세상에 전파되었으니 어떻게 다음차례가 전개될 것입니까? 성서적으로 온 세상에 복음이 전파되면
① 이미 성서에 예고된바 모두를 이루게 됩니다. 예수께서

예언한 그 예언이 이루어져서 이 세대에 경종을 울리며 이미 이방인의 때는 지나가고 유대인의 때가 들어설 순간에(찰나) 이르렀으므로 이를 외쳐야 할 때입니다.

② 복음이 온 세상에 전파되면 더 이상 복음이 이방에는 나갈 곳이 없다는 것을 의미함입니다. 온 세상에 복음이 전파되었으니 이제는 땅 속으로도 공중으로도 복음이 나갈 수 없는 상태이므로 자연 다음 동작이 나타나게 될 뿐입니다.

③ 복음이 온 세상에 찾으니 나사렛 예수란 그 이름이 널리 전파된 이후이므로 이제는 원상으로 회복이 되어 유대에로 돌아가게 될 것임을 의미시킴입니다. 지구가 둥글듯이 복음이 돌고 돌아서 처음 시작된 유대와 예루살렘으로 다시 돌아갈 것을 예고하는 것입니다.

④ 복음이 온 세상에 전파되는 데에도 사람의 수고와 노력보다 성령의 역사와 힘이 더 크고 중했기에 2000여 년 만에 온 세상에 복음이 전파된 것입니다. 그러나 이제는 성령이 고국으로 돌아갈 준비까지 완료한 상태이니 놀라울 뿐입니다. 성령께서는 이제 자기에게 주어진 일이 끝났으니 유대에로 돌아갈 그 순간입니다. 성령이 이방에서, 이방에 세워진 교회당에서, 이방에서 예수를 믿는 가정과 개인 모두에게서 떠나고 나면 이방에, 이방의 교회당에, 이방인 가정과 개인에게 과연 남는 것이 무엇일 것입니까?

그러므로 이제는 이방인들이 신앙이란 것을 앞내 세워서 자기 확대경에 빠지거나 자기도취병에 걸려서 허우적거릴 그런 시간적 여유를 가지고 있지 못합니다. 유대가 독립이 된 지금에서 이방 땅에다 교회당 얼마를 짓고 교인을 많이 끌어모으고 도처에 개척을 하고 기도처를 장만하고… 하는 것도 중요하지만 그 못지않게 마지막 때에 일어날 현실을 바로 직시해서 마지막 때의 나팔을(요엘 2:1, 스바냐 1:16) 정직하게 불어주는 것이 보다 더 급선무입니다.

 세계를 그리스도에게로 라는 슬로건 그대로 지금 "세계는 그리스도에게로"입니다. 세계가 지금 그리스도에게로 이니 현실적 입장에서 그리스도의 복음은 이제 다시 "유대에로" 입니다. 고로 이제는 기독교의 복음이 세계에게로 가 아니고 바뀌어져서 "복음은 유대에로"가 됩니다. 지금의 우리는 복음이 세계에로에서 유대에로 바뀌려는 그 순간과 그 사이에 끼여서 곤욕과 오욕 두려움과 전율을 느끼고 있습니다.
 대 환란과 그리스도의 재림이 임박한 이때에 전 복음의 슬로건이 "유대에로"가 될 때 이방에 세워진 교회당들은 어찌되고 무엇이 되며 이방인으로서 그리스도교인이 된 자는 어찌 될 것입니까? 성서의 지적대로 생명책에 이미 기록된 자는 제외가 된다지만(계시록 13:8, 17:8) 이는 이만저만의 문제가 아닙니다.
 성서를 보십시오.
 "소제와 전제가 여호와의 전에 끊어졌고"(요엘 1:9상반절).
 또한 성서는
 "기름 부음을 받은 자가 끊어져 없어질 것이며"(다니엘 9:26상반절).
 이렇게 될 것이 명약관화이기에 이방인 된 우리의 가야 할 길과 해야 할 일이 과연 무엇일 것입니까?

 6. 복음이 예정된 대로 유대로 다시 돌아오면(돌아가면)

 복음이 예정된 대로 유대에로 돌아가는 것과 성령이 유대에로의 귀환은 어차피 이루어지고 나타날 하나의 과정들입니다. 예수께서 전달하신바 그대로 유대가 독립이 되면(마태복음 24:32~33) 또한 온 세상에 기독교의 복음이 전파 되고 나면 그 뒤를 이어서 이방의 교회시대는 끝이 나고 이방에로 나갔던 성령이 거두어져서 유대에로 돌아가고, 유대의 수도 예루살렘에는 여호와의 성전이 새로 세워져서… 하는 것은 이미 성서의 기술 그대로요, 예정되어진 순리와 순번대로의 코스입니다. 누구도 여기에 대하여 왈가왈부를 해서는 아니 되고 이렇게 또는 저렇게 순서를 바꾸어 보려 해서도 결코 안 되는 이미 고정된 순서들입니다.

그러므로 이방인 된 우리가 그리스도를 믿어 그리스도인이 되었다고 단언해도 우리는 처음부터 이방인이지 선민은 아닙니다. 선민이 아니기에 구원에서도 유대적 구원에는 들지 못하고 이방인의 구원 얻는 수효에만 듭니다(로마서 11:25). 그리고 이방에 세워진 교회들이나 기타의 모두도 역시 그러합니다. 평화시에는 모든 것들이 원상이고 원래 그대로이고 정상적입니다만 대 환란의 날이 가까이 오고 유대가 독립이 되고 복음이 온 세상에 전파되다보니 벌써 이방적 말기현상이 기독교회에 나타나고 교회당이나 신자들에게서 이방적 자본주의 냄새와 이방적 속물근성 냄새가 마구 풍기며 언제부터인지는 알 수 없으나 이미 이방교회와 유대교회의 차이를 향해 양자가 깊이 나뉘어지려는 순간에 와 있으니 우리 자신도 모르는 사이에 목회자이고 교회의 지도자들이면서도 교회 안이나 현실현장에서 천국적 냄새와 현실감각을 느끼지 못하고 하나의 직업적 의식과 직장적 하모니에 젖고 빠져드는 것은 어쩌할 도리가 없는 현상입니다. 이미 복음의 핵심이 이방으로 마구 뻗어나가든 슬로건이 무색해짐으로 회전원칙에 의해 180도를 돌려 이제에는 복음이 유대에로 돌려진 만큼 이방에 있는 우리는 최선을 다하는, 믿음 안에서 유대를 직시해야 할 시점에 이미 다 달았습니다. 어떤 형태로든 복음의 초점이 이방에는 점차 흐려져 가고 이방에 있는 그리스도교의 신자의 수가 점차 줄어드는 추세를 보이는 가운데 복음이 유대에로 다시 돌아간다면 이방교회와 이방인으로서 기독교 신자가 된 우리에게 과연 어떤 현상이 나타난다고 보아야 합니까?

참 감람나무의 가지도 아끼지 아니하시고 여지없이 자르시며(로마서 11:17~18) 자기의 원가지들도 아끼지 아니하셨는데(로마서 11:21) 접붙임을 입음으로서 한 가지가 된 이방인이야(로마서 11:17~19) 정로에서 벗어났을 때 아끼지 아니 하거나(로마서 11:21) 찍힌바 되는 것은(로마서 11:22) 별것이 아닙니다. 이방에 복음이 전파된 것은 이스라엘을 아무쪼록 시기 나게 함인만큼(로마서 11:11~14) 이방인 된 우리가 그리스도교를 주도하거나 지배하려는 사고는 이방인의 어리석은 작태요 악하고 야비한 지랄병입니다. 그런다고 해서 접붙임을 입은 가지가 원기둥이나 뿌리를 보전하는 것은 아닙니다(로마서 11:18).

그러므로 그리스도교가 지금에서 원가지인 그들에게로 돌아간다고 해서(로마서 11:24) 접붙임을 입은 가지로서의 우리가 무슨 말을 할 수 있습니까? 이방인 된 우리에게 아름답고 좋은 소식을(로마서 10:15) 전달해 주신 그것만으로 감지덕지일 뿐입니다. 여기서 우리는 성서의 외침에 귀를 기울려야 합니다.

"누가 주의 마음을 알았느뇨 누가 그의 모사가 되었느뇨"

(로마서 11:34)
　또한 성서는
"이 사람아 네가 뉘기에 감히 하나님을 힐문하느뇨?"(로마서 9:20상반절)
　또한 성서는
"토기장이가 진흙 한 덩이로 하나는 귀히 쓸 그릇을 하나는 천히 쓸 그릇을 만드는 권이 없겠느냐?"고(로마서 9:21).
　이와 같은 현실이 나타난다면(나타나면)
　① 이방의 그리스도 교회는 뒤죽박죽이 될 것이 명약관화인데 이때 그리스도의 교회는 어찌됩니까? 목회자와 평신도들이 공히 여기에 비상한 관심을 가지면서도 제 1세기에 성령이 유대를 떠나 이방으로 나감으로서 예루살렘 성전과 회당들이(교회당) 황폐케 되고 93~94퍼센트 정도의 선민들이 떼죽음 당한 것을 잊고 있으니 큰일입니다.
　② 이방에 있는 그리스도교인들은 이때에 어찌될 것입니까? 여기에 대한 대답은 제 1항과 같습니다. 부르심을 받아 나왔지만(로마서 9:25) 찍히느냐? 아니면 남느냐의 문제만(로마서 11:21~22) 남아 있는 것입니다.
　③ 성령이 이방에서 유대에로 돌아가고 없는 교회당에 과연 교인이 모여들 것인지는 의문입니다. 여기에 대한 해답은 어느 누구도 내릴 수가 없습니다. 그래서 로마서 11:20하반절의 말씀이 나오게 됩니다.
　④ 수천 년 동안 여호와 하나님께서 선민 유대를 버려두었듯이 이때 이방의 그리스도교와 성도들을 내버려 둘 것 아닙니까?(로마서 11:17~21) 특히 로마서 11:17절과 21절을 보면 능히 그럴 가능성이 농후하고 로마서 11:22절과 24절을 보면 이를 뒷받침하고 있는 것 아닙니까?

⑤ 이렇게 되면 기독교의 키는 이방 땅에서 사라질 것 아닙니까? 당연히 그러하다고 보는 것이 합법과 합리가 될 것입니다.
⑥ 이런 경우 기독교의 키포인트가 유대에서 나타날 것이 아닙니까?
어떻게 보면 이것이 성서의 가르침일 듯합니다.
이렇게 된다면 오늘의 교회당 안에서 큰 소리를 치는 목사는 누구이며 무엇을 하게 될 것이고 오늘의 교회당 안에서 가졌다고, 좀 있고 배웠다고 해서 큰 소리를 치고 좌지우지하는 장로나 권사나 집사는 누구이고 무엇을 하며 그들이 과연 교회당에 나오게 될 것인지? 또한 목숨을 내던져서라도 교회들을 사수하며 교회의 제단 앞에서 매를 맞고 갇히고 죽는다 해도 믿음의 정조를 지킬 수 있을 것인지 그것이 이 시대적 의문투성이들입니다.
사실 믿음이란 값싼 비지떡이 아닙니다. 믿음이란 언제나 자기의 생명과(목숨) 바꿀 수 있는 것이어야 함에도 여의치 못해 버리거나 떠난다는 것은 결코 반갑거나 선한 것은 아닙니다. 솔직히 말해서 이스라엘 회복의 제 2기 마지막 부분쯤에는 점차 기독교의 박해가 세계도처에서 거세게 나타나고 이방에 있는 교회에는 성령도 사랑도 은사도 없어진 연후라서 냉정하고 사나우며, 형식과 외형 외식만 판치게 될 것인데 그 때 과연 우리의 신앙 상태는 어찌될 것인지 먼저 이를 심사숙고해 보고 사는 길, 생명을 구하는 길을 선택해야할 판입니다. 우리는 여기서 다음의 성서에 귀를 기울여야 합니다.
"각각 공력이 나타날 터인데 그 날이 공력을 밝히리니 이는 불로 나타내고 그 불이 각 사람의 공력이 어떠한 것을 시험할 것임이니라"고(고린도 전서 3:13).

7. 이스라엘의 통일국가 건설.

이스라엘은 제 3대 왕인 솔로몬의 극심한 타락 현상에 의해(열왕기 상 11:1~8상반절) 여호와 하나님의 징계 대상이 되어(열왕기 상 11:9하반절~13) 나라가 양분되도록 되지만(열왕기 상 11:11~12) 솔로몬 왕 그 시대에는 여호와가 일단 피하시고 그 아들 르호보암 때에(열왕기 상 11:43~) 가서 나라가 양분되게 했는데 남쪽은 유다라 국호를 칭하고 그 임금에는 솔로몬의 아들 르호보암이 되고 여기에 예속된 지파는 12지파가운데 두지파로서 "유다와 베냐민"이였습니다. 그러나 북조는 국호를 이스라엘이라 칭하고 그 임금에 솔로몬왕의 심복이였던 느밧의 아들 여로보암이(열왕기 상 11:26) 왕이 되었는데(열왕기 상 12:20) 여기에 소속된 지파는 이스라엘의 12지파 중 10지파였습니다.

북조 이스라엘은 수도를 사마리아로 정했고 남조 유다는 예루살렘으로 정하여 몇 백 년 동안 서로가 반목하면서 지냈습니다. 그러다가 북조 이스라엘은 BC. 722년에 대국 앗수르에게 망했고 남조 유다는 BC. 606년에 대국 바벨론에게 패망했습니다.

이때부터 이스라엘은 나라 없는 나그네의 신세가 되었고 세계도처를 유리방황하기 시작합니다. 바벨론에 포로가 되어 끌려가기도 했고 그리스도 당시에는 그런대로 명맥만 유지했으나 국호는 사용하지 못했고 오직 로마의 예속국에 불과했습니다. 그러다 AD. 70년 로마 장군 디도에 의해 유대와 예루살렘 모두가 완전 패망했고 전체 인구 가운데 93-94퍼센트에 가까운 인명피해를 내는 참극을 초래했습니다. 이로 인하여 유대와 예루살렘은 흔적도 없이 사라지게 되지만 그럼에도 이 지상에 남겨진 유대인들은 다시 예루살렘 주변에서 이스라엘의 회복을 위해 노력했지만 역부족이였다가 AD. 637년에 아라비아의 마호멜교도 들에 의해 예루살렘이 다시 점령당한 후 이곳 예루살렘이 마호멜교의 제 2성도로써 제 1성도인 아라비아의 메카와 함께 회교의 양대 성도로 AD. 1948년 유대가 독립이 될 때까지 쌍벽을 이루며 지내왔습니다.

그러던 중 AD. 1948년 유대가 독립이 됨으로서 회교의 제 2성도인 예루살렘이 상당한 타격을 입게 되었고 AD. 1967년 이후부터 회교의 제 2신전이 있는 예루살렘은 이상한 기류에 빠져들고 있습니다. 왜냐 하니 예루살렘은 이미 회교권에서 벗어나 유대권에(선민) 예속이 되어있는 것과는 대조적으로 회교의 제 2신전이란 예루살렘 신전은 아직도 회교권에 예속이 되어져 있으니 여러 면에서 이 양자가 불합리한 상태에 처해 있는 것은 사실입니다.

왜냐 하니 이스라엘이 AD. 1948년에 회복됨과 동시에 예루살렘뿐만이 아니고 회교신전을 포함해서 모든 것이 이미 회교권을 벗어나 유대권에 예속이 되었기 때문입니다. 이렇게 되니 유대와 회교권이 이 예루살렘 신전 하나를 두고 서로 밀고 당기는 가운데 상당한 문제점을 노출시키고 세계의 시선은 유대가 신앙이나 사상 그리고 여호와를 향한 결단력과 자세와 결의와 열의로 보아 언제까지 예루살렘이라는 저 특수지역 안에 회교신전을 그냥 그대로 놓아 둘 것이며 언제 이 회교신전을 파괴시키고 여호와의 제 4성전을 건축할 것인지가 지대한 관심사 가운데 그 하나입니다.

이스라엘 회복의 제 1기에서도 이 문제가 거론된 적이 있지만 이미 예루살렘은 그 도시 자체가 회교권 국가의 관할도 땅도 아닙니다. 이미 선민의 땅이요 여호와께서 때가 차매 그 땅을 자기 백성들에게 주신 것입니다. 그러므로 이제에서 예루살렘을 회교권 국가에서 왈가왈부할 처지가 못 됩니다. 그렇다면 자기 땅이요 저들 국가의 수도인 예루살렘에 이방 신전이 그것도 여호와의 전이 있던 그 장소에 버젓이 세워져 잇는 것은 결코 바람직하지 못합니다. 이방인 된 우리보다 선민 된 유대인들이 이를 잘 알고 있습니다. 이제에서 긴급히 요청되는 것은 어떻게, 또는 무슨 방법으로 이 회교신전을 파괴시키고 예루살렘에 명실 공히 여호와의 성전을 짓느냐? 여기에 따라 이스라엘이 완전한 독립과 통일국가의 완벽성을 기할 수 있느냐가 달려있습니다.

 AD. 1948년에 독립이 되는 과정에서 이스라엘의 12지파 가운데 10지파는 북조 이스라엘을 세워야하고 남조 유다의 2개 지파는(유다와 베냐민) 남조 유다를 세우는 것이 원래적인 입장에서 원칙임에도 이들 12지파는 패망할 때 북조 이스라엘과 남조 유다 따위를 따지거나 생각지 아니하고 우선 성서의 의로운 소리와 예언을 따르기로 했기에 독립과 동시에 "이스라엘"이란 한 나라를 형성하여 통일국가 건설의 기틀을 만들었습니다.

 성서를 보십시오. 성서는 북조 이스라엘과 남조 유다가 독립이 될(회복) 때 하나가 된다고 예언하고 있습니다. 구약성서 에스겔 37:17절을 보면 "막대기들을 서로 연합하여 하나가 되게 하라. 네 손에서 둘이 하나가 되리라"고 했는가 하면 에스겔 37:19절을 보면 "이스라엘 지파들의 막대기를 취하여 유다의 막대기에 붙여서 한 막대기가 되게 한즉 내 손에서 하나가 되리라"고 했습니다. 이는 무엇을 의미하고 있는 것입니까? 북조 이스라엘과 남조 유다가 독립이 될 때에는 둘이 하나가 되게 하신다는 예언이 아닙니까?

그런가하면 다음의 성서를 보십시오.
"그 땅 이스라엘 모든 산에서 그들로 한 나라를 이루어서 한 임금이 모두 다스리게 하리니 그들이 다시는 두 민족이 되지 아니하며 두 나라로 나누이지 아니할찌라"고(에스겔 37:22)

또한 성서는
"여호와가 말하노라 그날 그 때에 이스라엘 자손이 돌아오며 그와 함께 유다 자손이 돌아오되 그들이 울며 그 길을 행하며 그 하나님 여호와께 구할 것이며 그들이 그 얼굴을 시온으로 향하여 그 길을 물으며…"라고(예레미야 50:4~5).

이는 바로 나그네 된 이스라엘 자손이 유대로 돌아오게 될 때 남조와 북조가 함께 돌아올 것과 또한 하나가 될 것을 예고한 예언입니다. 여호와의 말씀을 존중하는 이스라엘 자손들이 이에 입각하여 10지파와 2개 지파가 따로 나누이지 아니하고 12지파 모두가 하나이 되어 한 나라를 이루게 된 것은 다행스럽고 잘한 예언완성입니다. 그런다고 해도 완벽한 통일국가 건설은 아직 될 수가 없는 것입니다. 그것은 바로

① AD. 1948년도에 이루어진 독립은 12지파에 속한 자들 가운데 일부가 돌아오기는 했으나 그것은 아직까지 6분의 1밖에 안 된다는 것입니다.

② 독립이 된 지 약 반여세기에 가까왔지만 이스라엘 백성들은 아직까지 이방 땅에 6분의 5가 남아있으므로 이들이 돌아와야 완전한 통일국가 건설이 이루어진다는 것입니다.

③ 예루살렘 도성 안에 있는 이방 신전이 파괴가 되고 여

호와의 성전이 건축되어야 합니다.
 ④ 이방으로 나갔던 성령이 폐일언하고 유대에로 다시 돌아온 연후라야 완벽한 통일국가가 건설이 될 것입니다.
 ⑤ 성령의 휘파람을 불어서(스가랴 10:8) 원방에 흩어져있는 이스라엘 백성들을 자기 땅으로 일단 모아야한다는 것입니다.
 ⑥ 흩어진 전 유대인들이 돌아오려면 선결조건으로 지금까지 이방 땅이던 길르앗과 레바논이 유대로 거의가 편입되어져야 하나(스가랴 10:10) 그래도 땅이 모자랄지도 모릅니다. 이때 앗수르 땅과 남쪽의 일부로도(스가랴 10:11) 유대가 땅을 넓히게 될 듯합니다. 왜냐 하니 열국으로 흩어진 이스라엘을 고토로 돌아오게 하되 그 한 사람도 이방에 남기지 아니하기 때문입니다(에스겔 39:28).
 ⑦ 이때 이스라엘은 세계의 막강한 군사와 경제 정치 등의 대국화의 길을 가게 될 것입니다. 왜냐 하니 그것이 바로 다가올 사태를 대비한 미연의 방지책이니 말입니다. 이렇게 된 후 예루살렘 성전에 전 유대인들이 함께 모여 여호와께 제사를 드리게 되고 오신 예수 그리스도가 바로 저들이 이제까지 기다리던 메시야였기에 이를 받아들임으로서 통일국가로서의 절정을 이루게 될 것입니다.

8. 돌아온 이스라엘을 징치함.

 달리는 말에게 채찍을 가하라고 하듯 여호와의 징치는 미운 자보다 자기가 사랑하는 자를 더하십니다(히브리서 12:5,6,7, 잠언 3:11~12). 여호와의 벌은 회개하는 자에게 입하고 내립니다(고린도 후서 7:11중반절). 그래서 성서는 회개하는 자에게 "얼마나 벌하게 하였는가"고 질문하고 있습니다.

선민 이스라엘이 열방으로부터 돌아온다고 해도 그냥 용서하고 무조건적으로 덮고서 받을 수는 없기에 돌아온 저들을 징치한다고 선언합니다(예레미야 46:28). 사람의 심장을 감찰하시는 만군의 여호와께서(예레미야 11:20) 분명 각자에 따라서 징치하실 것입니다.

성서를 보면 복음이 이방으로 나갈 것임이 구약의 예언에 이미 나타나 있기에(시편 67:1~7, 말라기 1:11) 이 예언이 먼저 성취되어져야 합니다. 우리 주 예수 그리스도께서도 이 문제를 강조했고(마태복음 24:14) 승천하시기 직전에도 (마가복음 16:15, 사도행전 1:8) 이를 부탁하신 것이 나타나기 때문에 그대로 이루어져야 했습니다.

현 시점에서 우리의 믿음이 엄청난 힘을 가졌습니다. 그럼에도 여기서의 문제는 복음 그 자체가 이방에 전달된 것은 의로우나 선민들 모두가 돌아갈 그때에는 이미 이방인의 모든 때는 지나가고 선민에게로 성령도 그리스도의 몸 된 교회도 넘기고 나니 자연 이방이 왜소해지고 문제가 되는 것은 도리가 없을 것입니다.

이렇게 되면 이스라엘은 회복이 되고 선민을 향한 여호와의 애절한 사랑이 계속 넘치게 되고(요엘 3:17~18) 저들은 계속해서 고국에로의 귀환이 이루어질 것입니다. 저들이 고국으로 돌아오면 저들의 이제까지의 범죄행위에 대하여 또는 오신 예수를 믿거나 받아들이지 아니한 것에 대한 징치를 하시게 될 것입니다. 이 징치는 어느 정도의 유대인들이 귀환하게 되면 실시할 것인지 아니면 전 이스라엘이 완벽하게 돌아오면(에스겔 39:28, 아모스 9:9) 그 여죄를 물을 것인지에 대하여는 보다 더 연구와 검토가 요구됩니다.

수천 년 동안 이스라엘의 여죄를 묵과나 묵인치 아니하시고 언제나 법대로 다스리시겠다는 여호와의 단호한 의지를 여기서 우리는 실감 있게 유념해 볼 수 있겠습니다. 그래서 성서는

"나 여호와가 말하노라. 내 종 야곱아 내가 너와 함께 하나니 두려워 말라 내가 너를 흩었던 그 열방은 다 멸할지라도 너는 아주 멸하지 아니하리라. 내가 너를 공도로 징책 할 것이요 결코 무죄한 자로 여기지 아니하리라"고(예레미야 46:28).

또한 성서는
"너희를 인도하여 열국 광야에 이르러 거기서 너희를 대면하여 국문하되 내가 애굽 땅 광야에서 너희 열조를 국문한 것 같이 너희를 국문하리라. 나 주 여호와의 말이니라"고(에스겔 20:35~36).

또한 성서는
"내가 공도로 너를 징책할 것이요 결국 무죄한 자로 여기지 아니하리라"고(예레미야 30:11하반절).

이는 무엇을 의미합니까? 개인이나 가정 국가나 민족이 범죄 할 때 그래도 용서하실 것은 용서하시되 징치하실 것은 공도로 징치해야 한다는 의지를 표명하고 있는 것입니다. 다시 말해서 선민이라 해서 범죄 한 것을 덮어놓고 용서할 수는 없는 것 아닙니까? 따질 것은 따지고 징책 할 것은 징책하고 용서할 것은 용서하시는 것이 여호와의 공의입니다. 이 때 여호와가 징책 하시는 것이 어떤 것인지에 대하여는 알 길이 없으나 공의에 의해 하신다는 것은 이미 예고된 것인바 그대로 이루실 것입니다. 이미 회복되어 돌아오는 이스라엘 백성들 모두는 이런 것은 각오된 바일 것입니다.

9. 이스라엘이 돌아오면(선민이 돌아오면)

성서를 보면
"주 여호와의 말씀에 내가 너희를 만민 가운데서 모으며 너희를 흩은 열방 가운데서 모아내고 이스라엘 땅으로 너희에게 주리라 하셨다 하라"고 합니다(에스겔 11:17).
또한 성서는
"내가 또 내 신을 너희 속에 두어 너희로 살게 하고 내가 또 너희를 너희 고토에 거하게 하리니 나 여호와가 이 일을 말하고 이룬 줄을 너희가 알리라. 나 여호와의 말이니라"고 (에스겔 37:14).
상술한 성서는 하나같이 열방으로 흩어진 이스라엘이 반드시 돌아올 것임을 예고한 것입니다. 어느 면으로 보나 이는 예시하는 바가 많고 크며 기독교인들과 선민들에게 의미시키는 바가 큽니다. 그러나 이스라엘이 이방으로 흩어져 있는 동안
"내 거룩한 이름이 그들로 인하여 더러워졌나니"(에스겔 36:20상반절).
또한 성서는
"이스라엘 족속이 들어간 그 열국에서 더럽힌 내 거룩한 이름을 내가 아꼈노라"고(에스겔 36:21).
여기서부터 문제는 심각해집니다. 이스라엘이 고국 고토에로 돌아오기는 하나 그들에 의해 이방에서 여호와의 이름이 이미 더러워졌기 때문에 저들이 고국으로 돌아옴과 동시에 저들에 의해 더러워진 여호와의 이름도 깨끗하고 거룩하게 씻어야 하지만 그보다도 먼저 해야 할 일은 이미 더러워져 있는 자기백성들을 하나같이 씻어주지 아니하고 서는 구원을

얻게 할 수가 없기 때문에 여호와는 돌아오는 자기백성 모두를 맑은 물로 깨끗이 씻어주실 것입니다. 그렇지 아니하고서는 이 더러워진 자들을 자기백성이라 규정할 수가 없을 것이고 그럼과 동시에 자기 땅에(요한복음 1:11) 넣으시고 함께 살 수는 없을 것입니다.

그래서 성서는
"내가 너희를 열국 중에서 취하여 내고 열국 중에서 모아 데리고 고토에 들어가서 맑은 물로 너희에게 뿌려서 너희로 정결케 하되 곧 너희 모든 더러운 것에서와 모든 우상을 섬김에서 너희를 정결케 할 것이며"라고(에스겔 36:24~25)

또한 성서는
"또 새 영을 너희 속에 두고 새 마음을 너희에게 주되 너희 육신에서 굳은 마음을 제하고" 라고(에스겔 36:26)

또한 성서는
"내가 그들에게 일치한 마음을 주고 그 속에 새 신을 주며 그 몸에서 굳은 마음을 제하고 부드러운 마음을 주어서" 라고(에스겔 11:19)

또한 성서는
"그들에게 한 마음과 한 도를 주어 자기들과 자기 후손의 복을 위하여 항상 나를 경외하게 하고"(예레미야 32:39)

또한 성서는
"그 날에 죄와 더러움을 씻는 샘이 다윗의 족속과 예루살렘 거민을 위하여 열리리라"고(스가랴 13:1)

위의 성서는 하나같이 이스라엘 백성들이 고국 고토로 돌아오면 그냥 내버려두지 아니하고 저들을 맑은 물로 씻고, 새 영이신 새 신을(성령) 저들에게 주어서 굳은 마음을 제하고 부드러운 마음을 주어(성령을 주어) 항상 여호와를 경외케 하고 모든 우상에서 벗어나게 한다는 것이 성서의 예고와 예시 사항입니다. 돌아온 이스라엘을 맑은 물로 씻고 새 영이신(에스겔 36:26상반절) 성령을 흠족히 내려 주셨으니
"그들이 그리로 가서 그 가운데 모든 미운물건과 가증한 것을 제하여 버릴지라"고(에스겔 11:18)
그런 연후에 저들은 성서가 이미 예고하고 있는바 그대로
"내가 그들을 그 범죄 한 모든 처소에서 구원하여 정결케 한즉 그들은 내 백성이 되고 나는 그들의 하나님이 되리라"고(에스겔 37:23)
이런 결과가 나타날 것입니다. 예고된 그대로 이스라엘이 돌아와서 이렇게만 되면 이스라엘과 여호와 사이에서 새로운 언약이 나타날 것입니다.
그래서 성서는
"나 여호와가 말하노라 보라 날이 이르리니 내가 이스라엘 집과 유다 집에 새 언약을 세우리라"고(예레미야 31:31)
이스라엘과 여호와 사이에 새운 이 새 언약은(예레미야 31:32 상반절) 보통 또는 통상적인 언약이 아닙니다. 그래서 예레미야 31:33~34절을 보면 여호와께서 이스라엘을 향한 열정이 나타나고 그럼과 동시에 "작은 자로부터 큰 자까지 다 나를 앎이니라 내가 그들의 죄악을 사하고 다시는 그 죄를 기억치 아니하리라"라고(예레미야 31:34하반절) 기술하고 있습니다. 이는 돌아온 이스라엘에 대한 여호와의 보살피심과 보호의 망입니다.
이스라엘이 회복되어 돌아오면 탕자가 돌아온 것보다(누가복음 15:11~24) 여호와는 더 즐거워하고 반기며 저들이 원하는 것은 무엇이든지 더해주고 싶은 심정일 것입니다. 그럼에도 이미(1948년) 유대는 독립이(회복) 되었으니 다가올

사태 하나하나가 불안의 요소를 지녔기에 초조할 수밖에 도리가 없습니다. 이와 같은 상태가 되면 이스라엘에 대한 여호와의 특별은총이 임하게 될 것입니다.

그래서 성서는
"내 율례를 좇으며 내 규례를 지켜 행하게 하리니 그들은 내 백성이 되고 나는 그들의 하나님이 되리라"고(에스겔 11:20)

또한 성서는
"또 내 신을 너희 속에 두어 너희로 내 율례를 행하게 하리니 너희가 내 규례를 지켜 행할 지라" 고(에스겔 36:27)

또한 성서는
"그들은 내 백성이 되고 나는 그들의 하나님이 되리라"고 (에스겔 37:23하반절).

이런 여호와의 특별한 은총을 받고나면 그들은, 모두가 하나같이 새로워집니다. 이들이 이때에 모두 새로워진다고 하는데 그러면 이들이 어떻게 새로워집니까? 그것은 바로 성서가 지적하는 데로입니다.

"그들에게 다 한 목자가 있을 것이라"고(에스겔 37:24중반절).

또한 성서는
"내가 너희 열조에게 준 땅에 너희가 거하여 내 백성이 되고 나는 너희 하나님이 되리라"고 입니다(에스겔 36:28).

10. 돌아올 이스라엘에 대한 경고.

성서는 돌아올 이스라엘에 대하여 막연한 칭찬이나 축복만 하려는 것이 아니고 그들이 돌아온 후 잘못된 시행착오가 예루살렘 성전건축을 위시해서(미가 3:10) 이것저것에 연이어

나타날 것임으로 그것에 대한 엄청난 징벌의 경고가 내려져 있음을 보고 있습니다. 돌아올 이스라엘에 대해 상당한 기대를 하고 긍지와 웅지를 모아보는 것도 바람직하나 그보다 먼저 엄밀한 경고가 내려져 있음을 있어선 아니 됩니다.

열국의 수욕을 저들이 듣지 않거나 만민의 비방을 다시 받지 아니하려거나 넘어뜨림을 당하지 아니하려면(에스겔 36:15) 무엇보다 여호와께서 성서를 통하여 제시하는 바를 바로 직시하는 안목과 능력과 힘이 있어야 합니다.

이스라엘은 열방에 흩어져서(에스겔 36:19, 11:16) 살았으므로 저들이 이방에서 산 그 기간은 고사하고 살았다는 그 자체를 성서는 "에스겔 골짜기의 앙상한 뼈들"로(에스겔 37:1~2) 비유하고 있습니다. 에스겔 골짜기의 뼈와 같은 생과 삶을 영위하며 살았기 때문에 "뼈가 심히 많고 아주 말랐지만"(에스겔 37:2하반절) 그래서 도무지 살 가망이 없었지만(에스겔 37:3) 그럼에도 그들 속에 힘줄을 두고 살을 입히고 가죽으로 덮고 그 속에 생기를 두니(에스겔 37:6) 살아나는 것은(에스겔 37:6하반절, 10) 정한 이치가 되었습니다.

이스라엘이 이방으로 흩어져 열국 가운데에서 오래도록 살아간 것은 아무리 보아도 그것은 기적이므로 무덤 속과 같은 생활임을 알게 됩니다. 그래서 성서는

"내 백성들아 내가 너희 무덤을 열고 너희로 거기서 나오게 하고 이스라엘 땅으로 들어가게 하리라"고(에스겔 37:12)

또한 성서는

"내 백성들아 내가 너희 무덤을 열고 너희로 거기서 나오게 한 즉 너희가 나를 여호와인줄 알리라"고(에스겔 37:13)

솔직히 무덤 속과 같은 이방 땅에서 자기 백성들을 고토로

돌아오게 하신 것은 전적 이스라엘의 하나님 여호와의 은총과 역사와 경륜이었음을 알게 됩니다. 그래서 성서는 이 문제를 확실하게 해두기 위하여

"너희를 너희 고토에 거하게 하리니 나 여호와가 이 일을 말하고 이룬 줄을 너희가 알리라. 나 주 여호와의 말이니라"고 합니다(에스겔 37:14하반절).

이는 어느 면으로 보나 정확하고 확실한 보장을 여호와께서 하고 계심임을 알게 됩니다. 그럼에도 저들이 정신을 차리지 못하고 어떤 이들은 우상을 섬기게 되고 동방 태양신을 숭배케 될 것임을 예고하는 것은 슬픈 일입니다.

성서를 보십시오.

"너희 열조에게 옛적에 주어 영원히 있게 한 그 땅에 거하리니 너희는 다른 신을 좇아 섬기거나 숭배하지 말며 너희 손으로 만든 것을 인하여 나의 노를 격동치 말라"고(예레미야 25:5~6)

또한 성서는

"그러나 미운 것과 가증한 것을 마음으로 좇는 자는 내가 그 행위대로 그 머리에 갚으리라. 나 주 여호와의 말이니라"고(에스겔 11:21)

이는 이들이 고국에 돌아온 후 이방 땅에 머무를 때 그곳에서 배운 각종 우상들을 저희 중에서 섬기는 자가 생기는가 하면 경우에 따라서는 여호와가 가장 싫어하는 태양신 숭배까지 나타날 것임을 경고하고 있음입니다. 그래서 성서는

"여호와의 전을 등지고 낯을 동으로 향하여 동방태양에 경배 하더라"고(에스겔 8:16하반절)

저들 가운데 동방 태양신을 숭배하는 자가 도처에 생길 것이니 어찌 그것을 보고 여호와가 격노하지 아니하며 여호와

의 진노와 징벌이 저들 위에 임하지 아니할 것입니까? 그래서 성서는

"네가 보았느냐? 유다 족속이 여기서 행한 가증한 일을 적다하겠느냐. 그들이 강포로 이 땅을 채우고 또 다시 내 노를 격동하고 심지어 나뭇가지를 그 코에 두었느니라"고(에스겔 8:17)

또한 성서는

"그러므로 나도 분노로 갚아 아껴보지 아니하고 긍휼을 베풀지도 아니하리니 그들이 큰 소리로 내 귀에 부르짖을지라도 내가 듣지 아니하리라"고(에스겔 8:18)

여호와 하나님께서 자기 백성을 사랑하시사 저들을 "모든 더러운 것에서와 모든 우상을 섬김에서 너희를 정결케 할 것이며(에스겔 36:25) 그리고 새 영 곧 성령을 주어서 저들의 육신에서 굳은 마음을 제하고 부드러운 마음을 주시지만(에스겔 36:26) 그럼에도 저들은 이 엄청나고 놀라운 여호와의 은총을 배도 배신한 후 각종 악을 행하니 그것이 말기적 현상 악이 되어 여호와의 노를 사게 된다는 것이니 아연실색할 지경입니다.

그런가하면 저들은 하나같이 나타날 메시야 왕국에 지나치리만큼 집착을 하고 관심과 신앙을 집중시킨 나머지, 밝은 빛보다 빨리 오시고 계시는 그리스도의 재림과 그리고 빨리 임하고 있는(스바냐 1:14) 요셉의 대 환란을 전혀 준비치 아니하고 있으니(아모스 6:6) 그것이 이만저만의 현실문제의 악함이 아닐 수가 없습니다. 그렇다보니 여호와의 성전이 불원간 예루살렘 도성 안에 세워지기는 하지만 결국

"시온을 피로 예루살렘을 죄악으로 건축하는도다"와(미가 3:10)

또한 성서는
"두령은 뇌물을 위하여 재판하며 그 제사장은 삯을 위하여 교훈하며 그 선지자는 돈을 위하여 점치면서… 재앙이 우리에게 임하지 아니 하리라 하는도다"고(미가 3:11) 하는 것을 불이해하니 문제가 심각해진다는 것입니다. 그렇게 되니 결국에 가서 여호와의 징계를 당하는 것은 당연지사이며 그것 외에는 바랄 것이 없게 됩니다. 그럼에도 저들이 정신을 아직 차리지 못하고 성전이나 회당(교회당)등에서 이상한 작태를 다시 연출하게 될 것인데 그것이 바로 성서에 예고된 바

"대저 너희가 마음과 몸에 할례 받지 아니한 이방인을 데려오고 내 떡과 기름과 피를 드릴 때에 그들로 내 성소 안에 있게 하여 내 전을 더럽히므로 내 언약을 위반케하는 것이 되었으며"(에스겔 44:7)

또한 성서는
"너희가 내 성물의 직분을 지키지 아니하고 내 성소에 사람을 두어 너희 직분을 대신 지키게 하였느니라"고(에스겔 44:8)

여호와 앞에서 이런 못된 일을 범하니 어찌 여호와가 가만히 보시고만 계실 것입니까? 폐일언하고 이런 경우는 이들에게 "그 행위대로 그 머리에 갚는 것"이(에스겔 9:10) 성서의 뜻이요 여호와 하나님의 섭리입니다. 여호와께서 가장 싫어하시는 것이 바로 우상숭배가 아닙니까?(스가랴 13:2) 그래서 성서는

"만군의 여호와가 말하노라 그 날에 내가 우상의 이름을 이 땅에서 끊어서 기억도 되지 못하게 할 것이며 거짓 선지자와 더러운 사귀를 이 땅에서 떠나게 할것이라"고(스가랴 13:2) 합니다.

선민이나 기독교인은 마지막 때에 정신을 차려야 합니다. 2600여 년 만에 독립도 되고, 고국으로 자기백성이 돌아도 왔는데 그들에게 이런 경고를 하시는 여호와께서 돌감람나무에 불과한 이방인들이야(로마서 11:7) 오죽할 것입니까? 여기서 우리는 여호와가 이스라엘에 대해 경고한 다음의 성서에 귀를 기울려야 될 듯합니다.

"네가 자기 까닭으로 열국의 목전에서 수치를 당하리니 나를 여호와인줄 알리라"고(에스겔 22:16)

또한 성서는

"내가 네 신들의 집에서 새긴 우상과 부은 우상을 멸절하며 네 무덤을 예비하리니 이는 네가 비루함이니라"고(나훔 1:4 하반절)위의 성서를 기억하고 명심해야 할 것입니다.

11. 회복된 조국에서(?)

성서의 예고대로 유대는 이미 회복이 되었으므로 장차 열방에 흩어져 있던 저들이 다 돌아오게 되면 지금의 유대와는 여러 면에서 상당한 차이점이 나타날 것입니다. 경제면이나 외교 군사 문화 예술문제만이 아니고 종교에서도 말입니다. 전후 사정을 돌아보면 돌아온 선민들에게 여호와는 옛 야곱에게 주었던 그 땅을 주었고 주실 것입니다(에스겔 37:25).

이것은 이미 저들의 조상인 야곱과의 약속된(계약된) 땅이니 왈가왈부가 더 이상 필요치 아니할 것입니다. 이 과정에서 우리는 이미 여호와가 그렇게 하실 것을 믿고 현실적으로도 그렇게 이루어져 가고 있습니다. 땅만 옛적 야곱에게 주신 그곳이 그대로 저들의 땅이 되는 것만은 아닙니다. 예루살렘의 동편 감람산에 여호와의 전이 세워질 것도(에스겔

37:26~28) 예고된 것인 만큼 반드시 그렇게 될 것임을 믿고 확신합니다.
　그럼에도 상술한 것들과는 달리 상당한 의문점을 제기케 하는 부분들이 있는데 그것을 상고해보면
　① 통일된 조국에서 과연 12지파 가운데 유다 지파의 선택이(시편 78:68) 다시 이루어질 것인가 하는 그것입니다. 유다 지파가 다시 선택이 된다고 가상하면 문제는 상당히 달라집니다. 왜냐 하니 유다에게는 홀이 떠나지 아니하는(창세기 49:10) 영광된 축복이 이미 야곱에 의해 이루어지고 있으니 자연 유다지파의 재 선택 문제는 상당한 의미를 제공하고 지니게 됩니다.
　② 세계 열방으로 흩어져 있던 선민 가운데 약 6분의 1이 지금까지 고국으로 돌아와서 유대에 거하면서 나라를 형성하고 나머지 6분의 5는 해방된 조국에 아직 돌아오지 아니하고 여전히 이방 땅에 남겨져 있는데 저들이 돌아오면 유대는 과연 모든 면에서 어떻게 변모하느냐가 비상한 관심을 가지게 합니다. 솔직히 말해 지금은 각 나라가 정당정치와 다당제와 의회민주주의 제도를 선호하고 있지만 옛적에는 대개가 왕정국가였습니다. 유대가 왕정국가를 선택하게된 것은 백성들의 요구사항이기도 했으나(사무엘 상 8:4~6) 여호와는 만민의 왕이심을 보여주기 위한 것이였습니다. 그럼에도 다시 모여 통일국가를 이루는 이스라엘이(에스겔 37:22) 장차 조국으로 돌아올 자들과 연합하여 지금의 다당제에서 다시 왕정국가로 여호와의 말씀에 입각하여 귀의할 것인지는 의문입니다.
　성서에 보면
"나 여호와가 말하노라 보라 때가 이르리니 내가 다윗에게

한 의로운 가지를 일으킬 것이라 그가 왕이 되어 지혜롭게 행사하며 세상에서 공평과 정의를 행할 것이며"(예레미야 23:5)라 하여 어딘지 모르게 이는 그리스도에 대한 문제를 영적으로 논함과 동시에 뒤이어 예레미야 23:7~8절을 보면 장차 나타날 현실을 의미시키고 있는 것 등을 보아서 상당한 의문을 제기하고 있습니다. 그렇다면 예레미야 23:5~6절에 나타난바 그대로 유다지파와 장차 다가올 왕과의 관계가 범상치 아니함을 알게 됩니다.

또한 예레미야 33:14~17절을 보십시오. 여기서도 때가 되면 다윗의 한 의로운 가지가 나오게 되고 그가 이 땅에 공평과 정의를 실행할 것임을(예레미야 33:15) 밝혀서 다윗의 후손들 가운데 장차 이스라엘 위에 앉을 자가 나타날 것임을 암시하고 있습니다. 사실 이는 외형상 초림의 그리스도와 재림의 그리스도와 전혀 관계가 없는 것은 아니지만 그럼에도 그것이 또 다시 다가올 유대의 통일 국가와 관계가 있다고 정의할 때 의미 있는 선언입니다. 유대가 통일국가로서 예루살렘에 여호와의 성전을 짓게 되면 레위사람들 중에 제사장이 되어 끊어지지 아니할 것도 사실이지만(예레미야 33:18) 과연 이때가 오면 어떤 형태의 나라로 탈바꿈 되느냐도 흥미 있는 일입니다. 이때가 되면 "그들은 내 백성이 되고 나는 그들의 하나님이 되리라"고(에스겔 37:23하반절) 성서는 예고하고 있지만 그럼에도 어떤 형태의 나라가 될 것인지에 대하여는 비상한 관심사일 뿐 이렇다거나 저렇다고 규정할 수는 없는 것입니다.

그럼에도 성서를 보십시오.
"내 종 다윗이 그들의 왕이 되리니 그들에게 다한 목자가

있을 것이라"고(에스겔 37:24)

또한 성서는
"내가 내 종 야곱에게 준 땅 곧 그 열조가 거하던 땅에 그들이 거하되 그들과 그 자자손손이 영원히 거기 거할 것이요 내 종 다윗이 영원히 그 왕이 되리라"고(에스겔 37:25)

또한 성서는
"나 여호와는 그들의 하나님이 되고 내 종 다윗은 그들 중에 왕이 되리라 나 여호와의 말이니라"고(에스겔 34:24)

또한 성서는
"때가 이르리니 내가 다윗에게 한 의로운 가지를 일으킬 것이라 그가 왕이 되어 지혜롭게 행사하며 세상에서 공평과 정의를 행할 것이며"라고(예레미야 23:5).

상술한 바들을 보면 공히 통일된 조국에서는 다윗이 그 왕이 된다고 예고하고 있습니다. 그렇다면 회복된 지금의 유대는 정당정치와 의회민주주의 국가이지만 여전히 열방으로부터 돌아오지 아니하고 있는 저들이 돌아오면 다시 왕이 다스리는 나라로 탈바꿈하되 다윗 곧 유다지파에 소속이 된 다윗과 솔로몬의 후손에서 이스라엘을 다스릴 왕이 나오게 될 것인가 하는 것이 하나의 비상한 관심사임에는 분명합니다.

구약성서 에스겔 37:26~28절 여기를 보면 이는 장차 다가올 사건임을 알게 됩니다. 지금은 예루살렘에 여호와의 성전이 없으나 장차에는 여호와의 성전이 그 가운데 세워져서(에스겔 37:26~27) 거하게 될 것을 예고한 것인 만큼 분명 새로운 사실이 아닐 수 없습니다. 분명 두고 볼 과제이기는 하나 성서 상으로는 유대가 왕정국가로 탈바꿈할 소지를 다분히 지니고 있는 만큼 지금의 우리 입장에서는 성서와 유대를 예의 주시케 됩니다.

   12. 에스겔 골짜기의 뼈들.

   성서는 이미
"이 묵시는 정한 때가 있나니 그 종말이 속히 이르겠고 결코 거짓되지 아니하리라. 비록 더딜지라도 기다리라 지체되지 않고 정녕 응하리라"고 합니다(하박국 2:3).
   이는 무엇을 의미합니까? 이미 성서 안에서 예고된 바로는 그것이 어떤 것이든 간에 그대로 이루어진다는 것을 고스란히 알리는 대목입니다. 세상만사가 심히 급변하고 질서가 심히 요동되고 혼돈 한다고 해도 묵시는 반드시 응합니다. 그것이 응하지 아니한다면 말씀의 계시가 못됩니다.
   그 실례로 여기 에스겔 골짜기를 보십시오.
   "여호와께서 권능으로 내게 임하시고 그 신으로 나를 데리고 가서 골짜기 가운데 두셨는데 거기 뼈가 가득 하더라"고 (에스겔 37:1).
   또한 성서는 이어서
"나를 그 뼈 사방으로 지나게 하시기로 본즉 그 골짜기 저 면에 뼈가 심히 많고 아주 말랐더라"고(에스겔 37:2) 여기에 나타나는 뼈는 무엇을 의미하고 있느냐가 문제입니다. 상당수의 사람들은 이 뼈는 오늘의 이방적 기독교회를 의미한다고 단도직입적으로 말하는 이도 있으나 그러나 원래적 원리는 이스라엘을 의미하고 있는 것입니다. 이는 이스라엘이 (유대) 주전 606년을 시발로 해서 나라가 망했는데 그때부터 그들의 생활방식이나 양식 기타 모든 면이 흡사 에스겔 골짜기의 뼈들과 같다는 것입니다.

에스겔 골짜기에 뼈들이 즐비하게 늘려있듯이 선민 이스라엘이 에스겔 골짜기인 세계 열방에 죽 늘려져서 살아가되. 나라도 민족도 그리고 여호와의 성전도 없는 가운데 있으니 그것이 바로 에스겔 골짜기의 뼈들과 같다는 것임을 알립니다. 성서는 유대가 이방의 나그네 생활을 할 그 때를 가리키며
"너희가 불붙는 가운데서 빼낸 나무 조각 같이 되었으나 너희가 내게로 돌아오지 아니 하였느니라"고(아모스 4:11).

그러니 어찌합니까? 나라도 잃고 성전도 없는 가운데 흩어져서 유리방황하게 된 것을 말입니다.

그래서 성서는
"그들과 그들의 조상이 알지 못하던 열국 중에 그들을 헤치고" 라고(예레미야 9:16상반절).

또한 성서는
"내가 그들을 세계 열방 중에 흩으리라"고(예레미야 15:4)

또한 성서는
"내가 벌을 네게 내리고 너희 중에 남은 자를 다 사방에 흩으리라"고(에스겔 5:10하반절)

또한 성서는
"너희를 그 성읍 가운데서 끌어내어 타국인의 손에 붙여 너희에게 벌을 내리리니"(에스겔 11:9)

또한 성서는
"주 여호와의 말씀에 내가 비록 그들을 멀리 이방인 가운데로 쫓고 열방에 흩었으나 그들이 이른 열방에서 내가 잠간 그들에게 성소가 되리라 하셨다"고(에스겔 11:16)

또한 성서는
"내가 너를 열국 중에 흩으며 각 나라에 헤치고 너의 더러운 것을 네 가운데서 멸하리라"고(에스겔 22:15)

또한 성서는
"그들을 그 행위대로 심판하여 각국에 흩으며 열방에 헤쳤더니"라고(에스겔 36:19)
또한 성서는
"전에는 내가 그들로 사로잡혀 열국에 이르게 하였거니와"라고(에스겔 39:28상반절)
여기에 성서는 이스라엘 백성이 에스겔 골짜기의 뼈들 마냥 세계 열방으로 흩어질 때에 보기에도 흉하고 힘과 능력과 소생의 가망성이 전혀 없기에, 있으나마나한 것 같았기에 자연 사람들의 비웃음거리가 된 것은 도리가 없었다고 합니다. 그래서 성서는
"그러므로 내가 너를 이방의 능욕을 받으며 만국의 조롱거리가 되게 하였노라"고(에스겔 22:4하반절)
또한 성서는
"네가 자기 까닭으로 열국의 목전에서 수치를 당하리니 나를 여호와인줄 알리라. 하셨다 하라"고(에스겔 22:16)
분명 에스겔 골짜기에 흩어져 있는 뼈들은 아무리 보아도 소생의 가망이 전혀 없기에 이는 바로 열국으로 흩어진 이스라엘을 의미하고 있지만(에스겔 37:11) 여기에 여호와 하나님께서 자기 백성을 지키고 보호하신다는 의미가 주어지고 담겨져 있는 것입니다.

13. 에스겔 골짜기의 뼈들이 군대가 됨.

전후 관계를 따질 것 없이 이는 유대의 독립과(회복) 직접적인 관계가 형성되어 있는 것임은 사실입니다. 에스겔 골짜기에 늘려져 있는 뼈들이라고 해서 언제까지나 그대로 있거

나 방치할 수가 없기에 이들이 일어날 것임을 예고하고 있습니다.

성서를 보십시오.

"그러므로 너는 대언하여 그들에게 이르기를 주 여호와의 말씀에 내 백성들아 내가 너희 무덤을 열고 너희로 거기서 나오게 하고 이스라엘 땅으로 들어가게 하리라"고(에스겔 37:12).

또한 성서는

"내 백성들아 내가 너희 무덤을 열고 너희로 거기서 나오게 한즉 너희가 나를 여호와인줄 알리라"고(에스겔 37:13).

상기의 성서는 하나같이 이스라엘이 무덤을 열고 무덤 안에서 나오게 됨을 의미시킴입니다. 다시 말해서 에스겔 골짜기의 뼈들이 가득 차 있는 세상 곧 무덤 속과 같은 세상의 문을 열어 제치고 그곳에서 나와서 여호와의 군대 화 할 것임을 알리고 있습니다.

다시 말해서 통일국가 건설을 위해 세계로 흩어져서 힘도 맥도 없던 이스라엘 백성들이 고국으로 모두 돌아오게 될 것임을 알립니다. 에스겔 골짜기에 있는 뼈들은(에스겔 37:12) 아무리 보아도 유야무야하고 전혀 가망이 없는 뼈들이지만 그럼에도 불구하고 여호와께서 저들에게 힘을 주시니 저들이 기사회생케 됨을 예고하고 있습니다. 그래서 성서는

"인자야 이 뼈들이 능히 살겠느냐 하시기로 내가 대답 하되 주 여호와여 주께서 아시니이다"고(에스겔 37:3).

상기의 질문에 여호와께서 친히

"이 뼈들에게 말씀하시기를 내가 생기로 너희에게 들어가게 하리니 너희가 살리라. 너희 위에 힘줄을 두고 살을 입히고 가죽으로 덮고 너희 속에 생기를 두리니 너희가 살리라 또

나를 여호와인줄 알리라하셨다 하라"고(에스겔 37:5-6)
 이는 이미 에스겔 골짜기의 뼈들이 단합하고 일어나게 될 것임을 알리고 있습니다. 그래서 성서는
 "주 여호와의 말씀에 내가 너희를 만민 가운데서 모으며 너희를 흩은 열방 가운데서 모아내고 이스라엘 땅으로 너희에게 주리라 하셨다 하라"고(에스겔 11:17)
 또한 성서는
 "능한 손과 편 팔로 분노를 쏟아 너희를 열국 중에서 나오게 하며 너희의 흩어진 열방 중에서 모아내고"라고(에스겔 20:34)
 또한 성서는
 "너희 사면에 남은 이방사람이 나 여호와가 무너진 곳을 건축하며 황무한 자리에 심은 줄 알리라. 나 여호와가 말하였으니 이루리라"고(에스겔 36:36).
 이는 무엇들을 의미합니까? 성서는 언제나 여호와의 섭리 속에서 이스라엘이 다시 일어날 것임을 알리고 있습니다. 에스겔 골짜기에 뼈로 가득 채워졌으나 그것들이 여호와에 의해 일어나 여호와의 큰 군대가(에스겔 37:10) 되는 것은 시간 문제였기에 어찌할 도리가 없습니다.
 뼈에 불과하던, 골짜기 지면에 가득한 뼈들이지만 여호와의 허락하심이 이루어지면 그들은 다시 일어나 모일 것이고 모여서 여호와의 군대가 될 것입니다(선민). 이런 역사는 이미 AD. 1948년도부터 시작이 되고 있지 않습니까? 그래서 성서는 이를 염두에 두고
 "그들에게 이르기를 주 여호와의 말씀에 내가 이스라엘 자손을 그 간바 열국에서 취하며 그 사면에서 모아서 그 고토로 돌아가게 하고 그 땅 이스라엘 모든 산에서 그들로 한 나

라를 이루어서 한 임금이 모두 다스리게 하리니 그들이 다시는 두 민족이 되지 아니하며 두 나라로 나누이지 아니 할지라"고(에스겔 37:21~22).

또한 성서는
"내가 그들을 그 범죄 한 모든 처소에서 구원하여 정결케 한즉 그들은 내 백성이 되고 나는 그들의 하나님이 되리라"고(에스겔 37:23하반절).

위의 성서에서 예고된바 그대로 유대는 2600여 년 만에 독립이 되었고 독립된 유대는 점차 여호와의 군대가 되기 위하여 빠른 속도로 탈바꿈을 하고 있음을 봅니다. 그렇게 될 것을 이미 에스겔 골짜기에서 여호와가 예고하고 있지 않습니까?

"주 여호와께서 이 뼈들에게 말씀하시기를 내가 생기를 너희에게 들어가게 하리니 너희가 살리라"고(에스겔 37:5).

또한 성서는
"너희 위에 힘줄을 두고 살을 입히고 가죽으로 덮고 너희 속에 생기를 두리니 너희가 살리라 또 나를 여호와인줄 알리라 하셨다 하라"고(에스겔 37:6).

이는 참으로 의미 있는 선언입니다. 에스겔 골짜기의 뼈들이 다시 생기를 받아 살아나듯이 흩어진 이스라엘이 생기를 얻어 다시 고국 고토로 돌아오게 되는 행운을 얻은 것은 주어진 섭리도 있지만 여호와의 은총이 주요했음을 알게 됩니다.

14. 에스겔 골짜기의 뼈들이 언제 살아날 것인가?

성서를 보십시오.
"이에 내가 명을 좇아 대언하니 대언할 때에 소리가 나고 움직이더니 이 뼈 저 뼈가 들어맞아서 뼈들이 서로 연락 하더라"고(에스겔 37:7).

이는 무엇을 의미합니까? 에스겔 골짜기의 뼈들이 다시 살아서 일어날 것임을 알리고 있는 것 아닙니까? 움직임에는 그 무엇도 소리가 나기 마련인데 어찌 여호와의 큰 군대가 움직이는데 그 소리가 나지 아니할 것입니까?

그래서 성서는
"야곱아 내가 정녕히 너희 무리를 다 모으며 내가 정녕히 이스라엘의 남은 자를 모으고 그들을 한 처소에 두기를 보노라 양떼 같게 하며 초장의 양떼 같게 하리니 그들의 인수가 많으므로 소리가 크게 들릴 것이며"라고(미가 2:12).

여호와의 군대 곧 이스라엘 전 백성들이 움직이니 큰 군대일 수밖에 도리가 없습니다. 그럼 이 뼈들이 언제 다시 살아날 것입니까? 성서대로는 반드시 다시 살아난다고 하는데 말입니다.

성서는
"그 뼈에 힘줄이 생기고 살이 오르며 그 위에 가죽이 덮이나 그 속에 생기는 없더라"고(에스겔 37:8).

생기가 없는데 다시 살아난들 무엇을 합니까? 그러므로 여호와께서 다시 생기에게 명하여 "사망을 당한 자에게 불어서 살게 하라"고 명하시게 됩니다(에스겔 37:9하반절). 결국 생기가 그들 속에 들어가니 그들이 곧 살아 일어나니 큰 군대가 되었는데(에스겔 37:10하반절) 이는 여호와의 군대 곧 선민들입니다.

그럼 언제 이들이 다시 살아날 것입니까? 이들 여호와의 군대가 다시 살아나는 시기는 성서에 기술한 바 그대로 "길을 여는 자가 그들의 앞서 올라가고 그들은 달려서 성문에 이르러서는 그리로 좇아 나갈 것이며 그들의 왕이 앞서 행하며 여호와께서 선두로 행하시리라"고(미가 2:13).
　또한 성서는
"나 여호와가 말하노라 그 날 그 때에 이스라엘 자손이 돌아오며 그와 함께 유다자손이 돌아오되 그들이 울며 그 길을 행하며 그 하나님 여호와께 구할 것이며"라고(예레미야 50:4).
　또한 성서는
"나 여호와가 말하노라 내 종 야곱아 두려워 말라 이스라엘아 놀라지 말라 내가 너를 원방에서 구원하고 네 자손을 포로 된 땅에서 구원하리니 야곱이 돌아와서 태평과 안락을 얻을 것이라 너를 두렵게 할자 없으리라"고(예레미야 30:10).
　또한 성서는
"나 여호와가 말하노라 보라 날이 이르리니 내가 이스라엘 집과 유다 집에 새 언약을 세우리라"고(예레미야 31:31).
　위의 성서는 하나같이 에스겔 골짜기에 있던 뼈들이 다시 살아날 것임을 밝히고 있습니다. 사실 다시 살아난다고 되는 것은 아닙니다. 사람이 바람을(중풍) 맞고 넘어졌을 때 의식상실증이나 기억상실증 환자가 되면 그가 비록 일어났다고 해서 모든 것은 끝이 나는 것은 아닙니다. 기억과 의식이 다시 돌아와야지 그것이 아닐 때 살아 있으나 죽은 것 보다 못하고 유야무야한 것이 되고 맙니다. 그래서 성서는 살아나는 것도 중요하지만(에스겔 37:5~8) 그보다는 생기가 더 중요하다는 것을 알립니다(에스겔 37:6,8,9,10). 생기가 다시 살아난 골짜기의 큰 무리에게(뼈들) 들어가니 그들은 여호와의 큰 군대가 되었습니다(에스겔 37:10하반절).
　그래서 성서는

"내가 생기로 너희에게 들어가게 하리니 너희가 살리라"고 (에스겔 37:5).

또한 성서는

"힘줄을 두고 살을 입히고 가죽으로 덮고 너희 속에 생기를 두리니 너희가 살리라"고(에스겔 37:6).

또한 성서는

"생기가 그들에게 들어가매 그들이 곧 살아 일어나서 서는데 극히 큰 군대더라"고(에스겔 37:10하반절).

에스겔 골짜기에서 마른 뼈화 한 이스라엘 온 족속들이(에스겔 37:11) 소망 없이 지냈지만 저들은 AD. 1948년도에 독립 국가를 건설하므로 서 다시 살아나게 되고 그 뒤를 이어 이스라엘 백성들이 예루살렘에 있는 이방신전을 파괴하고 (에스겔 36:25, 37:23) 예루살렘의 동편 감람산에 여호와의 전을 짓게 될 때에 (에스겔 37:26~28) 살아난 뼈들이 여호와의 큰 군대로서 큰일들을 담당하게 됩니다. 성서적으로 보면 에스겔 골짜기의 뼈들은 예루살렘에 여호와의 성전이 세워질 그 전 후를 해서 다시 살아나게 되어져 있습니다.

15. 에스겔 골짜기의 뼈들이 왜 일어나야 하는가?

에스겔 골짜기에 늘려있는 뼈들의 역사는 누가 무엇이라고 해도 대 환란 이전의 역사임을 알게 됩니다. 장차 나타날 대환란의 역사 이전인 만큼 이때는 무엇보다 먼저 이방인의 때가 차야하고 유대인의 때가 시작되어져야 합니다. 분명한 것은 이방인의 때가 차면 자동적으로 유대인의 때도 시작이 될 것입니다.

이리 저리 흩어져있는 뼈들임에도 불구하고 그 뼈들이 저들의 때가 되니 생기를 얻어 소생의 대 역사를 가져 오는데 그때는 언제이며 왜 에스겔 골짜기의 뼈들은 다시 살되 생기까지 얻는지 그것이 이방적 의문입니다. 그럼 본 과제에서 가장 이슈화되는 생기란 무엇을 의미하는 것입니까? 생기는 (에스겔 37:5,6,8,9,10) 무엇보다 마지막 때에 나타날 성령을 의미 하는데 문제이고

① 이 생기는 언제 받느냐와 어떻게 받느냐 하는 것인가?
② 이 생기를 받으면 어떻게 되는가? 하는 것들이 상당한 문제점으로 등장하고 있습니다. 그럼 제 2절부터 먼저 상고하여 보기로 하십시다.

여호와의 백성들이 늘어져 잠자고 죽었던 곳으로부터 생기가 저들에게 주어짐으로 어떤 역사와 현실이 이 땅 위에 나타날 것인지를 주시해 보십시오. 성서는

"이에 내가 그 명대로 대언하였더니 생기가 그들에게 들어가매 그들이 곧 살아 일어나서 서는데 극히 큰 군대더라"고 (에스겔 37:9~10).

이는 바로 불원장래에 이스라엘이 여호와의 도우심을 입고 막강한 여호와의 군대로 화할 것도 아울러 전달하는 것인데 이는 결코 우연히 될 수가 없는 사건들입니다. 그러면 언제 이들에게 성령의 대 역사가 다시 일어나고 그 것이 언제 어느 때에 나타납니까? 여기에 대한 성서의 외침을 다시 주시해 보십시다.

"여호와의 전에서 샘이 흘러 나와서 싯딤 골짜기에 대리라"고(요엘 3:18하반절)

또한 성서는

"내가 그들에게 일치한 마음을 주고 그 속에 새 신을 주며

그 몸에서 굳은 마음을 제하고 부드러운 마음을 주어서 내 율례를 좇으며 내 규례를 지켜 행하게 하리니 그들은 내 백성이 되고 나는 그들의 하나님이 되리라"고(에스겔 11:19~20)

또한 성서는

"또 새 영을 너희 속에 두고 새 마음을 너희에게 주되 너희 육신에서 굳은 마음을 제하고 부드러운 마음을 줄 것이며" 라고(에스겔 36:26).

또한 성서는

"또 내 신을 너희 속에 두어 너희로 내 율례를 행하게 하리니 너희가 내 규례를 지켜 행할 지라 내가 너희 열조에게 준 땅에 너희가 거하여 내 백성이 되고 나는 너희 하나님이 되리라"고(에스겔 36:27~28).

또한 성서는

"내가 또 내 신을 너희 속에 두어 너희로 알게 하고 내가 또 너희를 너희 고토에 거하게 하리니 나 여호와가 이 일을 말하고 이룬 줄을 너희가 알리라 나 여호와의 말이니라 하셨다하라"고(에스겔 37:14)

또한 성서는

"내가 다시는 내 얼굴을 그들에게 가리우지 아니하리니 이는 내가 내 신을 이스라엘 족속에게 쏟았음이니라 나 주 여호와의 말이니라"고(에스겔 39:29)

위에서 성서는 하나같이 여호와가 능력과 새 영 곧 성령을 자기 백성 이스라엘 위에 단비마냥 부어주심으로서 에스겔 골짜기의 뼈와 같아서 도무지 가망이 없던 백성이 소생함을 얻고 일어남으로서 극히 큰 여호와의 군대가(에스겔 37:10 하반절) 될 것임을 알리고 있습니다. 이는 은총의 대 역사요 돌보심에의 대 변혁이며 이 지상에 임하는 여호와의 엄청난 초능력임을 알게 됩니다.

여호와께서 힘과 능력과 은총과 성령을 물 붓듯이 부어주시니

"소리가 나고 움직이더니 이 뼈 저 뼈가 들어맞아서 뼈들이 서로 연락하더라"고(에스겔 37:7).

또한 성서는

"또 내게 이르되 인자야 너는 생기를 향하여 대언하라. 생기에게 대언하여 이르기를 주 여호와의 말씀에 생기야 사방에서부터 와서 이 사망을 당한 자에게 붙어서 살게 하라 하셨다 하라"고(에스겔 37:8~9).

이렇게 명하게 되니 그 다음의 동작이 바로

"이에 내가 그 명대로 대언하였더니 생기가 그들에게 들어가매 그들이 곧 살아 일어나서 서는데 극히 큰 군대더라"고(에스겔 37:10).

이것은 바로 무엇을 의미하고 있는 것입니까? AD. 1948년도의 유대의 회복 곧 유대의 독립과 나라건설의 대 역사와 관계가 있고 되는 말씀이기에 이방인 된 오늘 우리의 바른 이해와 지식이 요구될 뿐입니다. 이미 에스겔 골짜기의 뼈들은 모두 일어나기 시작을 했습니다. 저들이 일어나기 시작했으므로

"전에는 내가 그들로 사로 잡혀 열국에 이르게 하였거니와 후에는 내가 그들을 모아 고토로 돌아오게 하고 그 한 사람도 이방에 남기지 아니하리니 그들이 나를 여호와 자기들의 하나님인줄 알리라"고(에스겔 39:28).

이런 대 역사가 이미 나타났고 또한 계속해서 나타날 것입니다. 그럼에도 여기에 심각한 문제가 대두되는 것은 저들 모두가 고국의 해방과 건국으로 인하여 돌아가는 대 역사는

나타나지만, 그것은 어디까지나 에스겔 37:7~8절의 역사는 되지만 여전히 "그 속에 생기는 없기에" 이것이 바로 문제입니다. 그 속에 생기의 역사가 나타나려면 이방에 나가 있는 성령이 유대에로의 귀환이 우선 이루어져야 하기 때문에(에스겔 11:19, 36:26~27, 37:14, 스가랴 12:10) 여기에 상당한 난문제와 우려할만한 문제가 나타나게 됩니다.

어느 면으로 보나 이는 이방에 대한 경고요, 이방에 있는 기독교인들에 대한 확실한 성서의 도전행위요 여호와의 다이너마이트인 것입니다.

16. 지금의 상태는(현실) 어떤 때인가?

유대가 AD. 1948년도에 독립이 되기 이전만 해도 저들 선민들은 에스겔 골짜기의 앙상한 뼈와 같은 때였으나(에스겔 37:12) 지금은 완전히 그 판도가 달라졌습니다. 아무리 보아도 저들이(뼈) 이리저리 흩어져서 도무지 가망성이 없었으나 제 2차 세계대전의 역사를 통하여 유대는 다시 살아서 일어나는 대 역사적 반혁기를 마련케 된 것입니다.

이미 제 1권 제 2편 유대의 회복 제 1기에서도 밝혔고 제 1편 대 환란의 서막에서도 밝힌바 있거니와 제 2차 세계 대전 가운데 독일의 히틀러를 통하여 에스겔 골짜기에 흩어져서 도무지 일어날 엄두를 내지 못하고 있는 그 뼈들에게 활력소를 불어 넣어서 그들이 이 역사 속에서 다시 일어나게 하는 원동력과 계기를 마련 하게한 것은 누구도 부정할 수가 없습니다.

제 2차 세계대전의 와중에서 저들 선민들은 언제까지나 에스겔 골짜기의 뼈들로 마냥 머물러 있어서는 안 된다는 것을 깨달은 나머지 하나씩 일어나게 되었고 그로 인하여 세계는 유대국 건설의 필요성을 뼈저리게 느낀 것입니다. 유대는 이때 600여 만 명의 희생자를 내긴했으나 골짜기의 뼈들이(에스겔 37:1) 일어나는 계기가 마련되었으니 희생보다 더 큰 대 역사의 은총을 맞은 것입니다. 유대는 제 2차 세계대전의 와중에서

"주 여호와께서 이 뼈들에게 말씀하시기를 내가 생기를 너희에게 들어가게 하리니 너희가 살리라" 함과(에스겔 37:5)
  또한 성서는

"너희 위에 힘줄을 두고 살을 입히고 가죽으로 덮고 너희 속에 생기를 두리니 너희가 살리라 또 나를 여호와인줄 알리라 하셨다 하라"고(에스겔 37:6).

  위의 이 예언이 성취되었으므로 제 2차 세계대전이 끝나기가(AD. 1945) 무섭게 AD. 1948년도에 독립을(회복) 이루게 된 것입니다. 그러니 이때의 유대는

"소리가 나고 움직이더니 이 뼈 저 뼈가 들어맞아서 뼈들이 서로 연락하더라. 내가 또 보니 그 뼈에 힘줄이 생기고 살이 오르며 그 위에 가죽이 덮이나 그 속에 생기는 없더라"고(에스겔 37:7~8).

  이런 상태가 되었습니다. 그들 속에 여호와의 생기는 없으나 그들은 그 뼈에 힘줄이 생기고 살이 오르며 그 위에 가죽이 덮이는 대 역사를 맛보게 되었습니다. 저들은 AD. 1948년 이후부터는 계속해서 고국 귀환이 이루어집니다. 저들이 계속해서 고국으로의 귀환이 이루어지는 것은 그들 속에 성령의 역사가 나타나고 성령이 임하게 되면(에스겔 36:26~27) 저들은 하나같이 여호와의 대 군대가 될 것이기에(에스겔 37:10) 여기에 바로 여호와 하나님께로부터 임할 비밀계시

역사가 담겨져 있다는 것입니다.

　선민이면서도 이방에 의해 시기 나게 하시기 위하여(로마서 11:11) 또한 구원 섭리에 의해 이스라엘의 더러는 완악하게 하신다는 약속 이행에 의해(로마서 11:25~26) 유대는 성령도 이방에 고스란히 빼앗기고(사도행전 10:44~48) 흩어져서 나그네 생활을 하게 되는 비극적 신세가 되었지만 또한 그것이 바로 성서가 지적하는 그대로 "무덤" 속과 같은(에스겔 37:12) 삶이고 생활이였지만 무덤을 열고 나오는 은총의 역사를 맛보게 되었으니 놀라울 수밖에 없습니다. 그래서 성서의 예고는
"주 여호와의 말씀에 내 백성들아 내가 너희 무덤을 열고 너희로 거기서 나오게 하고 이스라엘 땅으로 들어가게 하리라"고(에스겔 37:12).
　또한 성서는
"내 백성들아 내가 너희 무덤을 열고 너희로 거기서 나오게 한즉 너희가 나를 여호와인줄 알리라"고(에스겔 37:13).
　이는 바로 이스라엘의 현실적 실정을 고스란히 반영하는 말씀입니다. AD. 70년 이후부터 유대는 독립이 될 그 때까지(AD. 1948년) 저들은 어디를 가나, 어느 나라에서 살든지 간에 에스겔 골짜기의 뼈들이였고, 무덤속의 삶이였습니다. 그럼에도 저들의 고국 고토가 예언대로 독립이 됨을 통하여 에스겔 골짜기는 뼈들이 사라지게 되는 행운을 얻었고 무덤 속은 텅 비어지는 한 역사를 맛보게 된 것이지만 아직까지 남겨진 문제가 있는데 그것이 바로
"또 내게 이르시되 인자야 너는 생기를 향하여 대언하라 생기에게 대언하여 이르기를 주 여호와의 말씀에 생기야 사방

에서부터 와서 이 사망을 당한 자에게 붙어서 살게 하라 하셨다 하라"고(에스겔 37:9) 하는 그것입니다.

   왜냐 하니 지금 이스라엘은 건국이 새로이 되었고(독립) 세계로 흩어졌던 자기 백성들이 속속 고국으로 돌아오고 있지만 하나같이 생기이신 "성령"이 없습니다. 저들에게 아직 성령이 없으니 이 또한 심각한 문제라 아니할 수 없습니다. 골짜기의 뼈와 무덤 속생활과 삶을 이제 청산을 한다고 해도 생기가(성령) 없으니 저들은 외형인 가죽과 뼈뿐입니다. 이를 두고 영적으로 살았다거나 아니면 여호와의 군대라고(에스겔 37:10) 규정지을 수는 없는 것 아닙니까? 지금의 유대가 바로 이런 상태에 처하였기에 애매모호하나 이것은 결코 오래가지 못합니다. 이미 구약성서 에스겔 37:7~8절의 말씀과 37:9~10절의 말씀을 보면 이런 역사는 결코 오래갈 수가 없게 되어져 있습니다. 이것이 성서와 하나님의 섭리와 뜻입니다.

제 2장 이방인의 때와 유대인의 구원

우리는 이제 이방인의 때에 대한 문제와 유대인의 구원에 대한 문제를 논하게 되었으니 감격해집니다. 유대에서 벗어나 이방에 있고, 선민의 괄호밖에 있고, 할례 받는 백성의 그라운드에서 벗어나고 떠나있고 쫓겨나 있는 우리가(이방인) 여호와의 부르심과 그리스도의 은총의 승리에 의해(십자가의 승리) 말씀과 복음에 함께 동참자가 된다는 것이 얼마나 고마움인지 모를 일입니다.

이방인에게는 이방인에게 주어지는 때가 있고(로마서 11:25) 유대인에게는 유대인에게 주어지는 때가 있습니다(로마서 11:26~27). 오랜 세월의 관습인 구약 때에는 수천 년 간 모두가 유대인 저들의 때였습니다. 이때의 이방은 저들에게 개나 돼지에 불과했고 독생자이신 그리스도께서도 이를 고스란히 인정하시고 계셨습니다(마태복음 15:26).

여기에 대해 성서를 보면 이방인들도 "이를 고스란히 받아들이고 있을 뿐"(마태복음 15:26) 속수무책입니다. 그럼에도 그리스도의 복음과 성령이 유대에서 이방으로 넘어가면서(사도행전 10:44~48, 11:19~26) 유대인에게 주어진 때에서 완전히 벗어나 이방인의 때를 맞았고 이때부터 이방인의 제 1차적 때는 바로 유대가 2600여 년 만에 독립이 되던 AD. 1948년까지였고 그 뒤를 이어서 주어지는 제 2차적 시기는 AD. 1948년으로부터 시작해서 예루살렘 성 안 동편 감람산에 여호와의 성전이 세워지고 이방에 있던 성령이 유대로 돌아가는 그때까지가 되겠습니다(에스겔 11:19, 18:31, 36:26~27, 37:14).

장차 여호와의 전이 예루살렘에 건축이 되면서 이방으로 나갔던 성령이 2000여년 만에 다시 돌아와 예루살렘과 성전, 각 회당들 그리고 이스라엘 전역에 임할 때와 그 전후는 분명 여호와 하나님께서 한 때를 자기 백성들에게 주신 때라고 보는 것이 가합니다. 그러함에도 여기서 논란의 여지가 다분히 있는 것은 바로 이방인의 때를 예루살렘에 세워진 이방교도의 신전인 회교신전이 파괴되기 직전까지인가? 아니면 이를 완전 파괴시키고 그 뒤를 이어 속전속결로 건축(신축) 되는 예루살렘 성전건축 이후까지나, 성전건축 시작까지인가 하는 대목 그것입니다.

제 3차로 이방인의 때가 오는데 그 때가 바로 이방에의 대적들이 다시 예루살렘성과 전을(누가복음 21:24, 계시록 11:2, 에스겔 44:12) 포위한 후 새로 건축된 성전에 불을 지르고 성전기물과 각종 조각품들을 불태우고 도끼와 철퇴로 쳐서 부수고(시편 74:4~7) 이방 땅에 있는 각 회당 곧 교회당들은 불에 태워지고(시편 74:8) 교회의(전) 표적 곧 종탑과 십자가 교회당의 간판이나 성서와 찬송가등이 곤욕을 치룬 후 없어져 버리며(시편 74:9) 그리고 선지자들과(시편 74:9) 제사장들도(시편 78:64) 칼에 엎드려져서 사라지고 주의 종들과(시편 79:2하반절) 주의 성도들의(시편 79:2하반절) 시체가 길거리나 여타 지역에 즐비하기에 그들을 매장하는 자가(시편 79:3) 없는 바로 그런 때도 이방인의 때일 것이니 이 이방인의 때를 제 3기로 나뉘어 보는 것도 현명한 듯합니다. 이때는 기독교회의 문이 온 세계적으로 닫히므로(계시록 15:8) 들어갈 자가 없게 됩니다(에스겔 44:12). 이때는 기독교회들이 도살장화와 감옥화 할 것입니다(마태복음 24:9, 마가복음 13:9).

그럼에도 여기서 유의할 것은 적그리스도는 유대인일 것이지만 이 적그리스도의 때인 42개월은(계시록 11:2, 13:5) 어디까지나 하나님께서 이방인에게 주신 절호의 찬스임을(계시록 11:2) 역시 잊어서는 아니 됩니다.

혹자는 이 유대인의 때를

① 창세로부터 유대가 망하던 BC. 606년까지가 제 1기이고.

② AD. 1948년도부터 예루살렘에 있는 이방신전 파괴와 그 후 성전건축이나 아니면 두 증인의 때가 올 때까지가(계시록 11:36) 제 2기이고.

③ 대 환란의 후반인 적그리스도의 마지막 때로부터 대 환란이 지나가고 불의 전쟁도 끝이나고(계시록 9:15~18) 그리스도가 재림할 그 시기까지를 제 3기라 할지도 모릅니다.

이방인의 때와 유대인의 때가 약간씩 차이를 남기면서 각기 정확한 때를 가지고 있기에 무엇보다 성도들의 바른 이해가 요구됩니다.

또한 우리가 여기서 먼저 유의하고 넘어가야 할 것은 이방인의 때에도 구원을 얻는 유대인이(개인적으로) 얼마든지 있다는 사실입니다. 이는 바로 저들이 이방으로 흩어져있는 동안에도 여호와는 저들을 버리지 아니하시고 "저들의 성소가 되셔서"(에스겔 11:16) 보호하셨다는 것과 여호와는 결단코 자기 백성을 버리지 아니하신다는 약속에서도(로마서 11:12) 잘 나타나고 있는 것입니다. 이는 무엇보다 장려되고 돋보일 만한 대 역사입니다. 그러면 이를 본 과제에서(아래) 상고해 보기로 하십시다.

1. 이방인의 때는 언제까지인가?

분명한 것은 유대인의 제 1기가(제 1차적 때) BC. 606년에 성도 예루살렘과 유다가 바벨론에 의해서 망할 그때로서 끝이 났고 제 2기는 이스라엘이 회복된 AD. 1948년으로부터 시작이 되는 것인지 아니면 AD. 1948년도에 해방은 (독립) 되었으나 그럼에도 하나님의 성전이 수도 예루살렘에 세워지지 아니하고 텔아비브에 임시로 세워진 상태에서, 그리고 AD. 1948년도에 조국이 회복되었음에도 불구하고 예루살렘 도성에는 이방인의 신전 곧 회교의 제 2신전이 아직도 버티고 있는 상태인 만큼 지금에서 이미 유대인의 때가 시작되었다고 규정할 수 있을 것인지는 역시 의문입니다.

   상술한 바에 의할 것 같으면 이방인의 때 측정 문제는 사뭇 달라지기 마련입니다. 왜냐하면 이방인의 때는 북조 이스라엘이 BC. 722년에 앗수르에, 남조 유다가 BC. 606년에 바벨론에 의해 망함으로서 시작이 되었는데 2600여 년이 지난 후 유대가 독립이 된 지금의 상태에서 과연 이방인의 때는 지금도 연속이 되는 것인지 아니면 이방인의 때는 이미 끝나고 유대인의 때 속으로 모두가 흡수되어 들어가고 있는 것인지 이것이 바로 문제입니다.
   AD. 1948년도에 유대가 독립이 되었으니 이때부터 이미 "유대인의 때" 속으로 세계는 들어갔다라는 결론이 나와도 하는 수가 없고 그럼과 동시에 AD.1948년도에 유대가 2600여 년 만에 독립은 되었다고 하나 이스라엘의 수도요 여호와의 성도인(성읍) 예루살렘 도성 안에 여전히 이방신전이 도사리고 있어서 여호와의 전을 아직 건축하지 못하고 있는 상태에서, 그것은 고사하고 회교 신전에서 우상을 섬기고 여호와가 아닌 것에 제사를 드리고 있음에서 과연 지금을 유대인의 때라 규정할 수 있을지 의문입니다.
　이방인의 때는 BC. 606년으로부터 시작이 되어 AD. 1948년까지라고 해야 할 것인지 아니면 지금도 여전히 계속되고 있다고 정의해야할 것인지, 지금도 이방인의 때가 계속되고 있다고 한다면 이방인의 때는 예루살렘에 있는 회교신전이 파괴가 되고 여호와의 성전이 예루살렘에 건축이 되는 그 때까지가 될 것입니까? 그렇게 본다면 이는 의미심장한 사건입니다.

　성서나 하나님은(그리스도) 때를 무엇보다 중히 여기십니다. 그리스도의 오심도 때의 중요성에서 볼 때, 오실 때에 오신 것이고 그리스도의 죽으심이나 다시 오심의 문제 역시 오실 때에 오실 것이고 죽으신 것입니다. 그래서 그리스도는 세상에 계실 때 누구보다도 때를 강조했습니다(요한복음 7:6,8). 그렇다면 여기 본 과제에서 이방인의 때는 정말 귀한 것이고 고마운 것입니다. 분명 유대가 AD. 1948년에 독립이 된 이상 이미 이방인의 때는 지나가고 유대인의 때가 되었다고 정의하는 것과 AD. 1948년에 독립은 되었으나 성전건축이 여전히 안 되고 미루어지는 가운데 여전히 회교도의 신전이 예루살렘 도성 가운데 있다는 것은 아직까지는 이방인의 때이지 유대인의 때가 아니라는 것에서 엄청난 차이점이(시각) 나타나게 됩니다.
　성서적으로 이방인의 때는 둘인데
　① BC. 606년으로부터 AD. 1948년 또는 예루살렘에 있는 회교도의 신전이 파괴되는 그 날 까지가 그 하나이고.
　② 다른 하나는 예루살렘에 다시 여호와의 성전이 세워진 후(건축) 얼마 되지 아니해서 성전 문이 닫힘과(에스겔 44:1~2,

계시록 15:8) 동시에 시작이 되어 곡과 마곡의(계시록 20:7~8, 에스겔 38:1~6) 대 전쟁이 끝날 때까지인데 이 이방인의 때에는 전자와는 다른 현상이 나타날 것인데, 전자에서는 그래도 그리스도의 교회가 AD. 30년에서 AD. 1948년 또는 AD. 30년에서 회교신전이 예루살렘에서 파괴가 되는 그 날까지는 이방에 머물러 있게 되고 그곳에는 성령이 함께 계셔서 성령의 열매와 각종 은사의 대 역사까지 나타나게 되는 때임에 반하여 장차 나타날 이방인의 때에는 유대와 이방 모두에 성전과 교회당들이 사라지고 파괴와 불태워지고 주의 종들과 선지자들과 제사장들의 대개가 교회당 또는 성당 안에서 죽임을 당하고 성도들은 흩어져 버리든가 죽임을 당하든가 하는 때임으로 상당한 차이점이 나타나게 됩니다. 이런 문제는 제 5권 "이스라엘 회복의 제 4기"를 참조하시기 바랍니다.

이방인의 때에 대하여는
① 천국복음이 모든 민족 곧 온 세상에 전파되는 것과 관계가 있게 되며(마태복음 24:14)
② 유대나라의(무화과) 잎사귀를 내는 것과도(독립이 되는 것) 상당한 상관관계가 있는 것이고(마태복음 24:32~33)
③ 예루살렘이 이방인의 때에서(누가복음 21:24) 벗어나게 되는 것과도(예루살렘 회복) 상당한 관계가 있게 되며
④ 이방인의 구원 얻는 숫자와도 상당한 관계가 있게 되는 것입니다(로마서 11:25).
이방인의 때를 연구 검토하거나 분석하려면 먼저 이런 정도는 세부적으로 연구 분석 검토가 되어야 하지만 여기서는 시간상 생략하려고 합니다. 어찌되었거나 간에 위의 이 4가

지 사항은 큰 의미를 우리에게 제공해 주고 있습니다. 우리가 알기로 이방에 사는 우리로서는 이방인 된 표나 티를 내려는 것이 아니고 이방인의 때가 하루라도 빨리 끝나 세계의 종말이 앞당겨지기보다 하루라도 더 연장이 되어 우리가 그리스도의 이름으로 찬송과 감사와 영광을 여호와 하나님께 더 돌릴 수 있었으면 하는 것입니다. 그러나 우리의 여하한 염원도 여호와 하나님의 절대적 섭리와 역사 그리고 경윤하신 때를 번복하거나 없이할 힘은 못됨을 알아야합니다.

유념할 것은 앞에서 이미 지적했듯이 AD. 1948년도에 유대가 회복이 되었으니 그것이 BC. 606년부터 시작된 이방인의 때의 마지막이라 한다면, 그럼 이제는(1948년도 이후) 이미 유대인의 때에로 접어들어 가는 과정이라 할 수 밖에 없는데 이렇게 되면 이방에 사는 우리의 입장에서 보건데 문제는 완전 달라지고 심각해집니다. 유대가 AD. 1948년도에 독립은 되었으나 예루살렘에 있는 회교신전 파괴의 문제가 아직 그대로 남아 있다면 아직까지 이방인 된 우리에게는 얼마간의 시간적 여유가 남아 있다는 것인데 이때는 회개하고 구원을 얻을 철두철미한 준비를 해야 할 그 때임을 명심해야 합니다.

2. 이방인의 구원은 언제까지 지속이 될 것인가?

구약성서를 보면 이미 이방인의 구원섭리가 예고되어 있습니다(시편 67:17, 예레미야 46:27). 그리고 예수께서도 이를 이미 강조했으며(마태복음 24:14, 마가복음 16:15~18) 그것이 역사의 현장에서 사실화 되었습니다.

믿음은 이미 온 세상에 전파된 것이 사실이고(로마서 1:8) 이것은 어느 누구도 부인할 수 없는 현실입니다. 이미 이방에는 사도들의 때로부터 교회가 주어졌고, 믿음이 주어졌으며 성령이 임했습니다(사도행전 11:44~48). 그러다보니 누구든지 마음으로 믿어 의에 이르고 입으로 시인하여 구원에 이르게 되었습니다(로마서 10:10). 그래서 사도 바울은 "누구든지 주의 이름을 부르는 자는 구원을 얻으리라"고(로마서 10:13) 선언하고 있습니다.

성서에는 이방인 가운데 구원을 얻는 숫자가 충만하게 된다는 것을 알리고 있습니다(로마서 11:15). 이방인의 구원 얻는 수효가 충만하게 되어져야 하는 것이라면 그때가 오기까지는 누구도 기다리지 아니할 수가 없습니다. 솔직히 말해 구원을 얻지도 못할 우부우녀를 구원의 반열에로 끌어올려 놓고서 세계역사의 종지부를 찍을 수는 없는 것 아닙니까? 아무리 이방인이라 규정한다지만 그래도 구원 얻을만한 자를 선택하시사 구원을 얻게 해야 하나님의 공의가 돋보이고 살아나고 설 것이 아닙니까?

그렇다면 언제까지 이방인에게 주어지는 구원섭리가 지속될 것인가 하는 것이 과제입니다. 구원은 인간의 공로나 공덕 따위로 얻어지는 것이 아니고 전적 하나님의 은혜로(로마서 11:6) 구원을 얻는 것이니 그것이 비록 이스라엘로 시기나게 하는 것이라 해도(로마서 11:11) 여기에 문제가 있는 것입니다. 분명한 것은 언제인가 각각의 공력이 나타날 것입니다. 성서를 보십시오.

"각각 공력이 나타날 터인데 그 날이 공력을 밝히리니 이는 불로 나타내고 그 불이 각 사람의 공력이 어떠한 것을 시험할 것임이니라"고(고린도 전서 3:13).
또한 성서는 뒤이어서
"만일 누구든지 그 위에 세운 공력이 그대로 있으면 상을 받고 누구든지 공력이 불타면 해를 받으리니"(고린도 전서 3:14~15)입니다.
초대 그리스도의 교회가 사도들에 의해 확장되는 것을 심히 우려한 나머지 종교의 지도자들이 크게 핍박함으로서(사도행전 8:13) 유대와 사마리아 등지로 신자들이 흩어지게 되고 얼마 후에는 사도 바울에 의해 이방인의 도시 안디옥까지 복음이 전파되고(사도행전 11:19~26) 여기에 최초로 이방인의 교회가 세워짐으로(사도행전 11:24~26) 이때부터 이방에 본격적인 교회들이 진출된 후(주후)(제 1세기중엽) 그리스도교는 예루살렘과 유대에서 벗어나 이방으로 나갔는데 1900여 년이 지난 지금에서도 이방인의 종교가 되고(서양종교화) 있다는 것은 아이러니한 일입니다.

일단 예루살렘으로부터 그리스도의 교회가 이방인에게와 이방 땅으로 나아간 이상 이방 땅에는 성령의 대 역사가 나타나고 뒤이어서 각종 은혜와 은사도 나타나는가 하면 구원의 역사가 그 무엇보다 돋보이게 나타납니다. 그러나 이방이니 어디까지나 범주와 한도가 있는 만큼 주어져 있는 교회도 역사도 은사도 능력도 심지어 성령도 원주인이나 원가지들에게(유대) 돌려주어야 할 입장과 처지에 놓여 있습니다(로마서 11:12하반절, 15:17~19). 교회와 역사, 은사와 능력, 성령 등은 어느 누구의 반대급부에도 불구하고 반드시 원상으로 돌아갑니다. 그리스도와 영광, 힘, 진리, 복음등도 역시 자기 땅 자기 민족에게로(요한복음 1:11) 반드시 돌아가게 되어져 있습니다. 누구도 이를 막지 못하며 무슨 힘으로도 이를 막거나 제지하지를 못합니다. 다만 모든 것이 원상대로 회복이 되고 돌아갈 그 때까지는 이방인의 구원은 지속이 될 것입니다.

이 시점에서 이방인의 구원 역사는 언제까지 지속이 될 것인가 함에서 우리가 가장 알고 싶어 하는 것은

① AD. 1948년 자기 민족이(선민) 회복된 그 이전까지인가 하는 것과.

② 장차 다가오고 있는 대 환란의 시작 이전까지인가 하는 것과.

③ 대 환란 때에도 이방인의 구원이 계속되는가? 하는 것으로서 이는 오랜 세월동안 상당한 의문점으로 남겨진 것입니다.

제 2절의 "대 환란 이전까지인가"에서도 대 환란 시작 전까지와 두 증인이(계시록 11:3~6) 나타나서 일을 하므로 전반의 1260일이(계시록 11:3) 끝나는 그때까지인가 하는 것은 의문입니다. 전반의 1260일이 끝나고 나면 후반의 42개월이(계시록 11:2, 13:5) 시작되는데 말입니다.

이방인의 구원역사는 반드시 이방에 구원을 얻는 수효가 차기까지 지속될 것입니다(로마서 11:25). 그러면 누가 질문하기를 이방인의 구원 얻는 수효가 언제 찰 것인가라는 질문을 한다면 그것에 대한 명쾌한 대답은 하기가 심히 곤란하지만 그럼에도 불원간에 그 수효는 차게 될 것입니다. 그럼에도 반드시 유의할 것은 이는 어디까지나 우리의 권리나 권한에 속한 문제가 아니고 전적 여호와 하나님께 속한 문제이기 때문입니다.

그럼에도 우리가 이 문제를 상고하는 과정에서 아는바
① AD. 1948년에 유대가 독립이 되기 이전에 여호와는 이미 이방인의 구원 얻는 수효를 제1차 최대로 모았을 것이고(제 1차 확증)
② AD. 1948년도로부터 계속해서 유대인들의 귀환이 완전 이루어지고(에스겔 39:28) 회교신전이 파괴되어(에스겔 11:18) 사라진 후 예루살렘에 성전을 건축하는 그 때까지 모을 자를 제 2차로 모을 것입니다.
③ 유대인의 성전인 예루살렘 성전의 문이 닫힐 때(에스겔 44:12, 시편 79:1, 74:3~8, 계시록 11:2) 이방에 있는 모든 교회당들도 역시 문이 닫히고(시편 74:8, 다니엘 7:21,8:11, 계시록 15:8) 목사나 장로… 등은 기존 교회당 안에서 죽임을 당하게 되고(순교)(마태복음 24:9, 마가복음 13:9, 시편 74:9, 78:64, 79:2, 다니엘 9:26상반절) 성도들은 성도들대로 죽임을 당하거나(시편 78:63, 79:2~3, 에스겔 9:5~7, 다니엘 7:21, 8:24) 산속이나 깊은 곳으로 도망을 치거나 피난처에로 가거나 해서… (이사야 2:10, 19, 21, 히브리서 11:37~38) 이때에 구원을 얻을 성도를 제 3차로 모을 것입니다.

그러다보니 이방인의 구원은 지금도 여전히 계속되고 있습니다. 이방인의 구원역사는 구원을 얻을 수효가 완전 차기까지 계속될 것인 만큼(로마서 11:25) 하나님의 나라에 있는 생명책에 기록된 자는(누가복음 10:20, 출애굽기 32:32, 다니엘 12:1) 악한 자들이 성도들의 피와 예수의 증인들의 피에 취할지라도(계시록 17:6) 또한 저들이 칼을 들어서 성도들이 우상과 적그리스도를 섬기지도 경배하지도 아니한다고 해서 닥치는 데로 죽인다 할지라도(계시록 13:15) 그래서 창세 이후로 녹명되지 아니한(계시록 13:8, 17:8) 자들이 이 엄청난 고통과 고난과 환란(박해) 앞에서 모두가 다 넘어지고 쓰러진다고 해도(다니엘 11:30, 32, 12:2하반절, 계시록 13:8~10) 성도의 믿음과 인내를 보이면서(계시록 13:10, 14:12) 끝까지 승리할 것입니다. 흡사 그리스도가 세상을 이기었듯이 말입니다(요한복음 16:33).

3. 성령이 유대에로 돌아간 연후에는 어떻게 되는가?

본 과제는 신자들 뿐 만이 아니고 불신사회에서도 하나의 비상한 관심사임에는 분명합니다. 상당수의 목회자와 신자들은 말하기를 과연 이런 일이 있을 수가 있는가와 정말 또는 아예 고개를 흔들어버린 후 이런 끔찍스러운 일들은 이 시점에서 생각조차 하기가 싫은 것들이라며 함구해 버리기도 합니다. 솔직하게 말해서 이해가 되고 갑니다. 그럼에도 이는 노아 때에 여호와가 세계의 인구를 다 죽이셨다는 것과 소돔과 고모라 성 사람들을 롯과 두 딸을 제외시키고 다 죽이셨다는 것은(창세기 19:1~28) 미쳐 깨닫거나 이해치 못한 처사입니다.

오늘의 기독교회를 보십시오. 눈과 귀와 신앙과 양심이 있는 자는 오늘의 기독교가 성서적 기독교가 아닌 자본주의적(맘몬) 기독교라 할 것입니다. 기독교가 자본주의 화하니 성서가 믿겨지지 아니하고 다가올 대 환란이나 각종 징벌들이 믿겨지지 아니합니다. 그러니 자연 내세보다 현세를, 그리스도의 재림보다는 현실의 안정과 안주를, 대 환란보다는 현실

영구화를 꿈꾸고 기다리고 환영할 수밖에 없습니다.
 어떤 이들은 성령이 불원 유대에로 원상회복 되어 돌아가 버리고나면 이방에는 성령께서 아예 계시지 아니하는데 그럴 경우 이방은 과연 어떻게 될 것인가에 대하여 비상한 관심사를 나타내 보이거나 아니면 심히 당혹해하고 두려워하기 까지 하는 것을 보게 됩니다. 사실상 있을 수 있는 고통과 괴로움과 두려움들입니다.

 성령께서 유대에로 회복되어 돌아가고 나면 이방에는
 ① 지금의 교회당 수효에서 당장에 상당한 수가 줄어들 것은 기정사실로 받아들여야 할 때가 될 것입니다. 어쩌면 대환란에 들어가기 이전에 기존의 교회당들의 수효에서 최소는 절반가량이 최대는 5분의 4나 3분의 2가 사라져 버릴듯합니다. 그 이유는 성령이 없는 나라와 민족에게 나타나는 정상적인 현상이 그것이니 당연지사입니다. 누가 나셔서 기존의 교회당 숫자를 줄이자거나 늘리자고 해서 늘어나고 줄어드는 것은 아니지만 이때는 지금의 교회 수효에서 눈에 보이게 줄어들 것입니다. 그 한 가지 교육으로 초대교회에서 성령이 유대에서 이방으로 떠나가니 유대 땅 전역의 성전과 회당들이(교회들) 고스란히 하나도 남지 않고 사라져 버렸으니 더 이상 바랄 것이 없습니다.
 ② 지금의 교회들과 신자들로부터 성령이 유대에로 돌아가고 나면 지금의 교인 수효에서 마저 엄청난 피해가 와서 현저하게 줄어들 것입니다. 지금은 성령께서 역사하고 은사와 능력이 비 오듯이 내리고 나타나고 있음에도 불구하고 신자들 모두가 교회당에 나오기가 싫거나 억지로 또한 겨우 나오는 자들이 절대 다수인데 성령이 이방에서 회복되어 원상으

로 돌아가면 어찌됩니까? 그러니 대개는 말없이 뒤돌아서고 말 것입니다. 그러다보니 지금의 수효에서 최대는 3분의 2이상 또는 5분의 4정도가 떨어진다고 보는 것이 가하고 최소는 절반정도가 떨어진다고 보아야 합니다. 대개는 교회당에 다니기가 싫다거나 나가고 싶지가 아니하다거나 하나님이 나를 버린 모양이라며 믿는 것을 포기하고 말 것입니다. 여기에는 어느 누구란 것이 없고 하늘에 있는 생명책에 이미 이름이 기록된 자냐 아니냐 하는 그것에 따라 판가름이 나게 될 것입니다. 그런고로 지금에서 기독교회는 먼저 자본주의 기독교를 탈피해야 하고 머리 수효에 최선을 다하기보다 성령께서 불원 유대에로 돌아간다는 것을 깨닫고 여기에 대한 대비책을 우리 모두가 세워야 합니다. 뭐니 해도 기독교회의 전무후무한 적은 자본주의란 것을 잊어서는 아니 됩니다.

③ 이때에는 이방 땅에 있는 각종 신학교들의 절대다수 또는 완벽할 정도가 그 문을 닫고 말 것입니다. 신학을 전공해서 목사가 되겠다고 지망하는 자들이 고스란히 사라지고 없어집니다. 왜냐 하니 이때에 신학을 다니거나 목회자가 되는 것은 스스로 배고픔과 고난과 고통, 심지어는 스스로 죽음의 길을 향해 달려가는 지름길 선택인데, 그것이 눈에 훤히 보이는데 누가 그 길과 현실을 가려할 것입니까? 각종 신학교에서 누가 무엇을 가르치려할 것입니까? 그들에게도 배고픔과 고통, 심지어는 칼의 위협이, 죽음의 그림자가 다가오고 있는데 말입니다.

④ 성령이 유대에로 되돌아가게 되면 이방 땅에 세워진 모든 기도원들이나 수양관, 수도원들 따위는 하나같이 사라져 가고 폐허화해 버립니다. 그때는 아무도 기도원이나 수도원

등을 찾지 아니하고 멀리할 것입니다. 기도원 등지를 찾아오는 이가 없으니 기도원 등지는 자연 문들이 닫히게 됩니다. 성령께서 지금은 역사하시니, 마지막 때의 대 역사라며 특별 은사와 능력, 이적과 병 고침, 귀신제어 등으로 해서 사람들이 기도원 등지를 찾아가지 그렇지 않고 성령이 유대에로 떠나고 나면 그날부터 사람들의 발자국 소리가 끊어지고 황무화와 황폐화되고 마는 것은 현실화일 것입니다. 그래서 지금의 기도원, 금식기도원, 수도원, 수양관 등지는 여기에 대한 대비책을 세워야합니다.

⑤ 절대다수의 교회당들은 이때에 교회당 간판을 내리게 됩니다. 설령 교회당 간판을 내리지 아니한 교회당이 남아있다고는 하나, 그리고 교회당에 나오는 신자들은 있다고 하나 그럼에도 성령이나 각종 은사와 은혜 등이 없으니 하나의 형식과 의식과 외식 등이 난무케 되고 각종 힘과 은사가 끊어지니 방언도 그치고 예언도 끝나며 직통 향기 환상 투시 통역 입신 진동 진언… 등이 완전히 사라져 버리니 교회당에 나가도 그만 나가지 아니해도 그만 그래서 교회당 안이 황무와 삭막해지는 때가 옴으로 이때에 힘이 없고 연약하고 믿음이 없는 자는 스스로 교회당에서 멀어져서 떠나갈 것입니다. 성령이 이방에서 떠나 유대에로 돌아가면 기독교회와 신자와 기도원들 그리고 주위의 환경은 급전직하와 경색과 급 변화를 가져오게 되지만 그럼에도 이방에 대한 여호와 하나님의 구원역사와 섭리는 계속해서 나타나고 이루어집니다. 왜냐하니 이때에는 생명책에 기록이 된 성도들이 얼마든지 있기 때문입니다. 그래서 오늘의 기독교회는 여기에 대한 대비책을 세워야 합니다.

그렇다면 이방에서 이 구원의 대 역사는 언제까지 지속될 것입니까?
① 그리스도가 다시 오실 그 때까지입니다.
② 순교자의(이방인으로서 순교자) 수효가 찰 때까지입니다(계시록 6:11).
③ 이방인의 구원을 얻는 그 수효가 찰 때까지입니다(로마서 11:25).
위의 이 세 가지는 이방에 나타난 성서의 삼대원칙입니다. 이방에 성령은 사라져 버리고 없으나 이 세 가지 원칙은 계속 이어질 것입니다.

어떤 이는 말하기를 그렇다면 이방에 성령이 떠나고 없는데 과연 순교가 가능할까와 통과가(계시록 15:23) 가능할까를 질문하나 가능합니다. 인간에게는 자유의지가 주어져 있고 그리고 하나님의 예정섭리가 주어져 있으며 과거 자기가 하나님을 믿던(성령이 있을 때) 믿음과 방법이 있기 때문에 그대로 나아갈 것이고 그리고 하나님 나라에 있는 생명책에 그의 이름이 기록 되었을 뿐 아니라 그 기록에 그가 순교자의 반열에 들어가 있으면 반드시 순교자가 되도록 주께서 인도하실 것이고 통과를 해야 할 성도는 그렇게 되도록 섭리와 역사할 것입니다. 어느 누구도 이방을 향한 하나님의 이 섭리와 역사와 은총을 파괴하거나 망가뜨리지는 못합니다. 이 때에 여호와가 이 일을 담당하실 것인데 그럼에도 문제는 교회를 다니지만 기존적 신앙 구경꾼과 신앙 응원단원은 아무런 혜택이 주어지지 못할 것입니다.

4. 성령이 이스라엘에 돌아오면 이방에 있을 때와 같은 현상이 나타날 것인가?

우리는 구약 성서에서 수천 년 동안 하나님의 역사와 섭리와 은총이 전적으로 이방에 보다 유대에 임한 것을 보았습니다. 그러다가 유대가 여호와께 범죄 했을 때 하나님은 그들을 용서치 아니하시고 징치하신 것을 보고 있습니다.

믿음의 조상 아브라함이 하나님께 제사를 드리면서 참새 한 마리를 쪼개지 아니하고 제사를 드림으로서(창세기 15:9~11) 하나님은 그것을 열납치 아니하시고 그의 후손이 이방인의 객이 될 것임을 명하심으로(창세기 15:12~13) 그 후 그의 후손들이 애굽땅에서 400여 년 간이나(창세기 15:13, 사도행전 7:6) 객이 되고 노예가 되어 고통과 고난을 겪게 하신 것을 보았습니다. 그러나 그들이 회개하고 하나님께 부르짖는 그 소리를 들으시고(출애굽기 3:7~8) 모세라는 선지자를 세워서 애굽으로 부터 구원해 주신 대 역사를 보았습니다.

그럼에도 저들이 하나님의 위엄과 힘 하나님의 크신 공의를 잊어버리고 여호와가 아닌 남쪽의 애굽과 북쪽의 앗수르를 더 의지하므로 북조 이스라엘은 BC. 722년에 남조 유다는 BC. 606년에 망하는 것을 보았습니다. 예수 그리스도의 당시만 해도 그런대로 메시야를 기다리면서 저들은 지냈으나 오신 메시야를(그리스도) 십자가에다 달고 죽이는 이 어처구니없는 범죄 행위로 말미암아 AD. 70년에 나라와 성전이 함락되고 무너졌으며 국민의 약 93~94퍼센트 정도가 떼죽음을 당한 사실을 우리는 역사를 보아서 압니다. 제 1세기 중엽부터 이방에 그리스도의 교회당들이 세워지면서 구원의 역사나 성령의 역사가 유대에는 잔인할 정도로 냉정했고 전적 이방에 물 붓듯이 내려서 주의 복음이 온 세계 점령을 위해 땅 끝까지 나가는 위력을 보인 것은 사실입니다.

지금은 이방인의 때가 거의 막바지에 다다라 있고 유대인의 때가 도래할 순간에 이르렀으니 망정이지 그렇지 아니하다면 유대인의 피해는 날이 갈수록 더 크고 엄청났을 것입니다. 그 이유는 이방인의 시 건방과 아집과 교만이 여호와의 문턱까지 찼으니 말입니다. 유대를 보십시오. AD. 70년에 전인구의 약 93~94퍼센트가 죽음을 당했는데 1900여년이 지난 제 2차 세계대전 당시 나치 독일에 의해 또 다시 600여 만명 이상이 죽임을 당하는 수모를 겪었으니 이런 수난의 국민이 어디에 또 있습니까?

아무리 보아도 성령이 유대를 떠난 이후 유대의 역사는 살상과 황폐, 황무 그것뿐이었습니다. 그럼에도 때가 되니 AD. 1948년에 독립을 하게 된 것입니다. 유대가 독립이 되므로 성령께서 유대에로 돌아갈 채비를 의미하고 있으며 유대의 그 엄청난 살상 역사도 거의 종지부를 찍게 되고 하나님의 선민으로서의 나라 형성이 점차 가시화 되어져 가고 있는 것을 봅니다.

문제는 이제까지 유대에 성령께서 계시지 않으시니, 떠나고 없으시니 그들을 보호해줄 자가 없습니다. 그런고로 저들은 살상을 연속적으로 당하면서도(BC. 722년, BC. 606년, AD. 70년, AD. 637년, 제 2차 세계 대전시) 속수무책이었듯이 이제 얼마 후면 이방으로 나가 있는 성령이 떠나서 유대에로 돌아가게 되는데 그렇게 되면 성령이 떠나고 이방에는 없을 때, 이미 유대가 당하고 겪었던 여호와의 잔인함과 보복을 이방이 다시 당하고 겪어야 하는 것인지 그것이 의문입니다만 솔직히 신앙인의 입장에서 거의 그렇다고 보아야 할 듯합니다.

잠시이기는 하나 성령께서 유대를 떠나고 난 뒤 유대가 겪은 것 마냥의 잔인함을 이방인들이 겪는다고 가정(생각) 할 때 몸서리치고 이는 심히 우려할 만한 일이요 문제가 아닐 수 없는 것입니다. 성령이 떠나고 나면 잔인함과 보복이 나타날 것은 명약관화입니다. 누구도 정지를 시키거나 만류치를 못할 것 입니다. 왜냐 하니 이 모두가 여호와의 보복과 징벌과 진노이니 말입니다.

선민 된 자기 백성도 범죄 했을 때 성령을 떠나게 하시면서 일대 보복을 단행했듯이 이방에 성령을 물 붓듯이 부어주었음에도 믿는 자 보다 믿지 아니한 자가 더 많고 믿는다고 하여 교회에 나오기는 하나 대개가 잘못 믿고 있으니 여기에 대한 가혹한 징벌이 이스라엘 회복의 "제 2기와 제 3기" 사이에서와 제 4기에서 반드시 나타나야할 것 입니다. 어쩌면 그것이 하나님의 공의로우신 뜻일 것입니다. 그럼에도 현시점에서 이방에 있는 교회들과 지도자들이 여기에 대하여는 솔직히 감추고 안정하다와 평안하다만을 외치고(미가 3:11, 아모스 9:10, 에스겔 13:10, 예레미야 14:15) 축복과 성령 충만 만을 외치고 강조하니 그 무지와 고집도 알만한 것 입니다. 솔직히 이런 경우 성령이 이스라엘로 떠나게 되면 그 이후에는 속수무책일 것임이 명약관화하고 그 어떤 것도 받고 당해야하니 식상할 지경입니다.

이런 상태에서 과연 성령이 떠나간 이방교회들과 목회자들과 신자들의 상태와 현실이 어떨지 그것이 궁금하다기보다 암담과 참담하고 처량하기까지 할 것임을 잊어선 안 됩니다. 당신은 만약 지금의 상태에서 성령께서 당신을 떠나 유대에로 돌아가 버린다면 어떻게 하시렵니까?(에스겔 11:19, 36:26, 37, 37:9~10, 14, 이사야 60:21) 성령도 없고 안 계시는 교회당에 나가실 것입니까? 아니면 그만 교회당에 나가는 것을 포기하실 것입니까? 이는 오늘에서 믿는다고 큰 소리치고 자부하는 우리들 모두에게 던져지는 신의 다이너마이트로서 각성과 깰 것과 예비를 요구하고 있는 것입니다.

5. 이방인의 때에도 유대인의 구원은 계속되는가?

이는 유대인만의 질문이 아니고 우리들 모두의 질문이기도 합니다. 불원 다가올 유대인의 때에도 이방인에 대한 구원은 계속되는 것과 같이 이방인의 때에도 유대인의 구원은 계속되는 것이 하늘의 뜻입니다. 이 문제에 대하여 성서의 기술을 보십시오.

"이스라엘을 지키시는 자는 졸지도 아니하고 주무시지도 아니 하시리로다"고(시편 121:4).

이방인의 때에는 구원의 역사가 이방인에게 이른 것은 사실이지만 이스라엘로 시기 나게 한 때인 만큼(로마서 11:11) 완전하게 이스라엘을 버리신 것은 아닙니다. 성서를 보면 이방인의 때에도 유대인에게 구원이 있음을 강조하고 있습니다. 성서는

"그러므로 내가 말하노니 하나님이 자기 백성을 버리셨느뇨. 그럴 수 없느니라. 나도 이스라엘인이요 아브라함의 씨에서 난 자요…"라고(로마서 11:1).

또한 성서는

"이는 곧 내 골육을 아무쪼록 시기케 하며 저희 중에서 얼마를 구원하려 함이라. 저희를 버리는 것이 세상의 화목이 되거든 그 받아들이는 것이 죽은 자 가운데서 사는 것이 아니면 무엇이리요"라고(로마서 11:14~15)

또한 성서는
"또 한 가지 얼마가 꺾어졌는데 돌 감람나무인 네가 그들 중에 접붙임이 되어 참 감람나무 뿌리의 진액을 함께 받는 자가 되었은즉 자긍하지 말라… 뿌리가 너를 보전하는 것이니라"고(로마서 11:17~18)

또한 성서는
"산들이 예루살렘을 두름과 같이 여호와께서 그 백성을 지금부터 영원까지 두르시리로다"고(시편 125:2).

위에 나타난 성서는 모두가 이방인의 때에도 이스라엘 백성 가운데 구원을 얻는 사람들이 있다는 것을 가르친 것입니다. 엘리야는 이스라엘이 바알과 앗세라 등의 신들을 숭배하고(열왕기 상 18:19, 19:14) 하나님을 향한 자는 오직 엘리야 자신만 남은 줄로 알았으나(로마서 11:2~3, 열왕기 상 19:14) 그럼에도 여호와는 바알에게 무릎을 꿇지 아니한 자 7,000명을 남긴 것이 나타납니다(열왕기 상 19:18, 로마서 11:4). 그럼에도 그는 이를 이해하지 못한 것 마냥 비록 수천 년간 이방인의 때가 연속이 된다고 해도 이스라엘 가운데 구원을 얻을 자는 상당수임을 강조합니다. 그런다고 해서 전 민족적 구원을 말하는 것은 아닙니다. 구약 시대는 선민 된 민족적 구원의 역사가 강했으나 이방인의 때에는 완전 다릅니다.

이방인의 때에는 유대인의 구원이 오직 개인적으로만 나타나게 됩니다. 왜냐 하니 이때는 구약 때 마냥 성부 시대가 아닌 성령의 시대인 만큼 예수를 그리스도로 받아들여 믿는 자들만 구원을 얻게 되는 개인적 구원의 시대임을 명심해야 합니다. 그리고 이방인의 때가 지나가고 다시 유대인의 때가 오면 그때는 전과 같이 민족적 구원이 이루어질 것입니다.

이방인들을 구원해야할 때임에도 불구하고 유대인의 구원이 계속되고 있다면 장차 유대인의 때가 오면 그때 유대인에게는 "내가 이제 내 거룩한 이름을 위하여 열심을 내어 야곱의 사로잡힌자를 돌아오게 하며 이스라엘 온 족속에게 긍휼을 베풀지라. 그들이 그 땅에 평안히 거하고 두렵게 할 자가 없게 될 때에 부끄러움을 품고 내게 범죄 한 죄를 뉘우치리니"라고(에스겔 39:25~26).

또한 성서는
"여호와의 말씀에 내가 비록 그들을 멀리 이방인 가운데로 쫓고 열방에 흩었으나 그들이 도달한 열방에서 내가 잠깐 그들에게 성소가 되리라"고(에스겔 11:16).

이는 지금 열방에 있는 유대에 긍휼을 베풀게 된다는 예고입니다. 그렇다면 이방인의 때가 계속되는 가운데에도 하나님은 자기 백성을 버리거나 떠나지 아니하셨고 구원을 얻는 이스라엘이 있었음을(로마서 11:14) 단말마적으로 밝힌 것입니다. 이것이 어쩌면 선민에 대한 여호와 하나님의 사랑과 도우심인지도 모를 일입니다.

6. 이방인의 때에 구원을 얻는 이스라엘

여호와께서 "내가 내 백성 아닌 자를 내 백성이라, 사랑치 아니한 자를 사랑한 자라 부르리라 너희는 내 백성이 아니라 한 그곳에서 저희가 살아계신 하나님의 아들이라 부름을 얻으리라"(로마서 9:25~26, 호세아 2:23) 고한 성서에 귀를 기울이면서 그런즉 우리가 무슨 말 하리요 의를 좇지 아니한 이방인들이 의를 얻었으니 곧 믿음에서 난 의라는(로마서 9:30) 이 말의 진의를 우리는 바로 알아야(파악) 합니다.

분명 이방인의 때에 유대인에게는
① 한정된 구원이 나타날 것입니다. 이방인에게 주어진 때 인만큼 이방인 중에 구원을 얻는 수를 채우려하다 보면 유대인에게는 한정된 범위가 돌아 갈 수밖에 없고 그렇게 함으로서 유대인보다는 이방인의 구원 얻는 수효에 보다 더 관심을 기울이게 될 것이지만 그런다고 해서 유대인에게 전혀 구원이 없는 것은 아닌 만큼 이를 일컬어 한정된 범위 내에서의 유대인 구원이라 규정해야할 것입니다.
② 이방인 가운데 구원 얻을 그 수효가 다 차게 되면 어찌됩니까? 그렇게 되고나면 그 뒤를 이어서 유대인의 구원이 거국적과 거민족적이 되고 숙명적이 될 것입니다(스가랴 12:10~14,13:1, 로마서 9:26~27). 이때 이스라엘에 임하는 구원은 거국적이고 거민족적이 되기 때문에(예레미야 31:33~34) 남은 유대인의 구원이 이루어지게 될 것입니다. 이때는 누구도 그 무엇도 이 구원의 대 역사를 가로막지 못하며 장애물은 어디서도 존재하지 못할 것입니다.

성서를 보십시오.
하나님이 얼마나 이스라엘과 예루살렘을 사랑하시는지를 말입니다. "이스라엘에게는 평강이 있을찌어다"고(시편 125:5 하반절)

또한 성서는
"예루살렘을 위하여 평안을 구하라 예루살렘을 사랑하는 자는 형통 하리라"고(시편 122:6)

여호와가 자기 백성을 이렇게도 사랑하십니다. 여호와가 자기 집과(시편 127:1) 자기 땅을 세우셨는데(요한복음 1:11) 누가 이에 대하여 왈가왈부할 것입니까? 그러니 여호와가 시온의 포로를 돌이킬 때에(시편 126:1) 꿈꾸는 것 같음은 자명한 것입니다.

　유대인은 처음부터 이방인과는 모든 면에서 완전 다릅니다. 애굽에서의 400년과 광야에서의 40년을 보십시오(창세기 15:13, 사도행전 7:6, 여호수아 5:6~7). 이방인들 같았으면 애굽에서의 생활과 광야에서의 생활에 염증을 느끼고 모두 어디론가 도망을 치고 말았을 것이지만 그럼에도 이들은 여호와의 선민이라는 긍지 하나로 끝까지 참고 견디었습니다. 어디 그것뿐입니까? BC. 722년과 BC. 606년에 남북조가 공히 망했는데 성서의 예언 그대로 2600여 년 만에 독립을 저들이 쟁취하는 것 등을 보니 저들은 선민 된 긍지를 이만저만 가진 것이 아님을 알게 됩니다.

　어디 그것뿐이겠습니까? 비록 저들은 수천 년간 버려져 있으면서도 메시야께서 오시면 전 민족적 구원뿐 아니라 이스라엘 회복과 동시에 세계를 지배하고 다스린다는 거대한 희망을 안고 있기에 저들의 바람이나 소망이 대단합니다.

　이방인의 때임에도 구원을 얻는 이스라엘이 있다는 것은 이스라엘 때에도(선민) 구원을 얻는 이방인이 있다는 것을 역설적으로 알림이니 이 문제를 보다 더 심사숙고해야 할 듯합니다. 지금은 유대가 독립이 된 이후인 만큼 유대인과 이방인의 접촉점이거나 아니면 유대인의 때 또는 이방인의 남은 때이든 간에 유대에도 이방에도 구원을 얻는 자가 있다는 것을 감안해서 적극적인 사고의 신앙 소유자가 되도록 노력해야 할 듯합니다. 그것이 성서가 요구하는 바입니다.

7. 지금도 유대인의 구원은 계속이 된다.

　전후좌우와 위와 아래를 예의주시해 보나 지금은 자다가

깰 때이지 잠잘 때는 이미 아닙니다(로마서 13:11). 지금은 성도 예루살렘이 유대인의 수중으로 완전 들어와 있기 때문에 언제 어느 때 여호와 하나님의 역사와 구원섭리가 옛날마냥 유대에 임할런지 모릅니다. 그러므로 지금에서는 이방인의 세계사를 내어다 보기보다 유대적 현실에 보다 더 귀를 기울려야 합니다. 이방인 된 우리는 높은데 마음을 두지 말아야하고(로마서 12:16) 누구에게도 선을 행하면서 하나님의 온전하신 뜻이 무엇인지 분별하도록 노력해야 합니다(로마서 12:2). 이것이 이방인 된 우리의 투철한 사명입니다.

눈을 들어 성서와 유대를 보십시오. 우리의 구원되시는 그리스도께서 다시 오실 그 때가 한발씩 점점 가까이 오고 있습니다. 이미 유대가 반여세기 전에 독립이 되므로서 성서의 역사와 기류가 이미 유대를 향해 급진전된 상태인 만큼 성서의 예언 가운데 남겨진 것은 이제 이방인의 땅이나 사회에는 지분이 거의 없습니다. 성서의 예언가운데 아직도 남겨진 것은 오직 유대를 향한 예언들 뿐입니다. 그렇다면 지금 이방에 있는 그리스도의 교회와 신자들은 이제까지 세상을 향하고 보던 눈을 돌려서 성서와 그리스도에게로 일보씩 계속 전진해야할 참입니다. 누구를 위해서라기보다 자기 자신을 위해서 말입니다.

사실 유대가 AD. 1948년에 독립이 되기 이전까지만 해도 저들은 약 1900여 년간 나사렛 예수를 저들 민족적 차원에서 믿거나 받아들이지를 아니했습니다. 하나의 이단자나 목수, 목수의 아들, 반란자 정도로 취급을 했으나 독립이 된 이후 얼마 못가서 이미 나사렛 예수가 이단자도 목수도 목수의 아들도 아닌 하나님께서 그 시대에 보내신 선지자로 받아들였기 때문에 지금에 와서는 예수를 욕하거나 누구도 반대치 아니합니다. 이것은 이미 지금에서도 유대인의 구원역사가 결코 끊이지 아니하고 계속해서 이어지고 있다는 것을 단적으로 증거하는 계기 마련이 됩니다. 또한 이는 저들이 불원 선지자 예수를 그리스도로(메시야) 받아들일 것임을 예고하는 진리입니다.

 이미 세계의 저울은 이방에서 벗어나 점차 유대에로 기울어지기 시작했습니다. 하나님의 섭리나 종말사적인 때의 지분이 이방에는 이미 있지를 아니하고 때가 된 만큼 점차 유대에로 향하고 있기 때문에 유대인의 구원역사가 과거보다 급속히 늘어나는 추세를 보이고 있습니다. 이미 유대인들 가운데 나사렛 예수를 그리스도로 받아들여 믿는 자가 생겨나고 또한 저들 가운데 기독교의 목사가(부흥사) 배출되고 있는 것은 수십 년 전만해도 감히 상상할 수 없는 사건이지만 이미 1948년도에 유대가 독립이 된 이후부터는 눈에 보이게 유대의 역사가 현저하게 달라지고 현실 역시 판도가 변하고 있음을 봅니다.

 이 시점에서 유대인의 구원속도가 굉장히 빨라지고 많아진다고 해서 이방인의 구원이 늦추어 지거나 그 수효가 적어지는 것은 결코 아닙니다. 유대인들 가운데 구원의 수효가 따로 있고 이방인들 가운데 구원의 수효가 따로 있기에 상호 아무런 상관관계는 없지만 그럼에도 유대인의 구원이 빨라지고 저들 가운데 구원을 얻는 자가 많아지고 있다는 것은 그만큼 대 환란의 시기와 그리스도의 재림의 때가 임박해 오고 있다는 징조를 보임이기에 반갑다기보다 답답하고 초조해지는 것은 숨길 수 없는 이방인 된 우리의 현실감각입니다. 이는 어느 누구의 탓도 아닙니다.

 이 시점에서 이방인 된 우리는 하나님의 은총과 섭리에 의해 예수 그리스도를 믿게 되었다고 해도 자긍하거나 교만해서는 아니 됩니다. 성서는 이방인으로서 그리스도를 믿는 자를 향하여 언제나 경고하고 있음을 찾아봅니다(로마서 11:17~21). 여기서 하나님은 이방인들에게 여호와는 자기 백성 이스라엘을 버리셨듯이 너희도 언제나 버릴 가능성이 있다는 것을 밝히고 있습니다. 그래서 하나님의 사랑과 공의를 착각하지 말라고 전달하고 경고합니다.

지금의 이스라엘과는 달리 성령께서 유대에로 돌아가서(에스겔 11:19, 36:26~27) 예루살렘에 여호와의 성전을 건축하게 되면 유대인의 구원문제에서
① 소수의 구원인가?(개인적 구원인가?)
② 전적 구원인가?(전 민족적 구원인가?)

하는 문제가 앞에서 대두될 것이지만 그것은 어디까지나 여호와께서 알아서 처리하실 문제이므로 이방인과는 상관없는 일이지만 그럼에도 여기에 비상한 관심이 집중되는 것은 무엇 때문입니까? 유대가 독립이 되기 이전보다 이후에 구원을 얻는 수효가 분명 늘어나고 있는 것은 점차 이방을 시기나게 하려는 의도일 것이기에(로마서 11:11~14절 참조) 지금에서 이방 땅에(한국 땅에) 교회당이 하나 더 세워지거나 교회당에 다니는 교인이 하나 더 많아지거나 어느 교회당이 점차 확대되고 더 커져서 대형화 되었다거나 하는 것 등에는 이미 관심이 없어졌습니다. 그런 것에 세계의 기독교회가 신경 쓰고 관심을 기울일 그런 때는 이미 지나갔고 이제에서의 기독교적 큰 관심사는 폐일언하고 이미 유대가 독립이 된 만큼 언제부터 대 환란의 나팔을 불고 그것이 시작되느냐 함과 언제 무엇에 의해 예루살렘의 회교신전이 파괴되고 그 자리에 여호와의 성전이 세워지느냐 하는 그것이 남아

있을 뿐입니다.
  그럼에도 이방인 된 오늘의 신자들은 이 원리와 그리스도교의 성서적 원칙에는 관심이 별반 없고 자본주의적 기독교의 우산아래서 자위하고 축복과 은혜만 받으면 그만이라니 당혹할 일입니다. 이렇게 하다 삽시간에 대 환란이 닥치면 준비 없는 이방인들이 과연 무엇을 어떻게 대처하고 나갈 것인지 그것이 오직 의문일 뿐입니다.

8. 한정된 이방인의 때

  성서를 보십시오.
"호세아의 글에도 이르기를 내가 내 백성 아닌 자를 내 백성이라 사랑치 아니한 자를 사랑한 자라 부르리라. 너희는 내 백성이 아니라 한 그곳에서 저희가 살아계신 하나님의 아들이라 부름을 얻으리라함과 같으니라"고(로마서 9:25~26, 호세아 2:23)
  또한 성서는
"저희의 넘어짐으로 구원이 이방인에게 이르러 이스라엘로 시기나게 함이니라"고(로마서 11:11)
  또한 성서는
"저희의 넘어짐이 세상의 부요함이 되며 저희의 실패가 이방인의 부요함이 되거든 하물며 저희의 충만함이리요"라고(로마서 11:12)
  또한 성서는
"제사하는 처음 익은 곡식 가루가 거룩한즉 떡덩이도 그러하고 뿌리가 거룩한즉 가지도 그러하니라"고(로마서 11:16)
  또한 성서는

"그 가지들을 향하여 자긍하지 말라 자긍할지라도 네가 뿌리를 보전하는 것이 아니요 뿌리가 너를 보전하는 것이니라"고(로마서 11:18)

상술한 성서를 보면 하나같이 하나님께서 유대를 완전히 버리신 것이 아님임을 알게 되고, 이방에 은총을 베푸시기는 하나 뿌리까지 뽑아버린 상태에서 은총을 베푸신 것이 아닌만큼 앞과 뒤를 종합하여 상고해 보면 이는 어디까지나 이방인의 때와 구원섭리가 한정된 범주 안에 머물고 있다는 것을 알게 됩니다. 그럼과 동시에 유대가 없는 이방인의 구원역사는 생각할 가치조차 없다는 것을 알리고 있습니다.

그렇다면 문제는 한정된 범주 안에서 이방인의 구원역사가 시작되고 마칠 것인데 이방인은 자긍하거나 교만해서는 아니된다는 것을 알리고 있습니다. 성서는 처음부터 이방인의 구원역사보다 유대인의 구원역사를 더 나타내고 밝힙니다. 그러므로 구원의 사역과 마지막 사건에서는 처절하게도 이방인의 한정된 구역과 구원사역을 맛보게 되며 한정된 구역과 구원역사에서 벗어날 수가 없다는 것도 깨닫게 됩니다.

성서를 보면
"저희를 버리는 것이 세상의 화목이 되거든 그 받아들이는 것이 죽은 자 가운데서 사는 것이 아니면 무엇이리요"라고(로마서 11:15)

또한 성서는
"하나님이 원 가지들도 아끼지 아니하셨은즉 너도 아끼지 아니하시리라"고(로마서 11:21)

또한 성서는
"그렇지 않으면 너도 찍히는바 되리라"고(로마서 11:22하반절)

위의 성서는 하나같이 이방의 구원역사는 어디까지나 한정된 범주 안에 있고 모든 역사의 원리와 귀추는 유대를 향하고 있음을 알리고 있습니다.

성령과 성령의 역사가 이방에 있음에도 그러한데 성령이 유대에로 돌아가고 나면 어찌될 것입니까? 바울은 자신이 이방인을 위한 전도자임을 먼저 고백을 하면서도(갈라디아 1:15~16) 구원의 역사는 유대에 있고 이방인은 접붙임을 받은 한 가지에 불과하기에(로마서 11:17~19) 자긍치 말라고 경고한 성서에 (로마서 11:18) 귀를 기울여야 합니다. 우리는 이 악한 세대에서(갈라디아 1:4) 악하고 음란한 세대에서(마태복음 12:39) 진흙 한 덩이에 불과하다는 것도 기억해 두어야 합니다.

여호와의 백성이 아니면서도 여호와의 백성이 된 것을(로마서 9:25) 어디까지나 감사를 해야 되고 세상에서 소망도 없고 하나님도 없던 자로서(에베소서 2:12) 그리스도를 믿게 되어 그의 안에 있게 된 것을 감사해야 하며 허물과 죄로 죽었던 자임에도 (에베소서 2:1) 그리스도 안에서 우리를 선택하여 주신 것을(에베소서 1:3~4) 감사해야 하고 이 세상 풍속을 좇으며 불순종의 자식 이였음에도 불구하고(에베소서 2:2) 우리의 마음의 눈을 밝히신 것을(에베소서 1:8) 감사해야 하고 본질상 진노의 자녀 이였음에도 불구하고(에베소서 2:3) 천국의 시민권을 갖게 하신 것을(빌립보서 3:20) 진심으로 감사해야 합니다. 그럼에도 이방인의 구원 역사는 한정된 범주 안에서 이루어진다는 것을 먼저 감안해야 됩니다.

지금은 한정된 범위 안에 있는 이방인의 때인 만큼 이방인의 구원역사 역시 한정되어져 있을 수 밖 에 없습니다. 그럼에도 불원 예루살렘에 있는 이방인의 신전이(회교 신전) 파괴가 되고 그 자리에 여호와의 성전이 세워질 것인데 이 때를 전후하여 분명 성령은 이방에서 철수하여 유대에로 돌아가게 될 것입니다. 성령이 유대에로 돌아가고 나면 이방에 세워진 교회들은 어찌되고 기존의 목회자는 어떻게 될 것이며 이방에 있는 신자들은 어찌되는 것입니까? 이것이 하나의 비상한 관심사임에는 분명합니다. 그러나 이 모든 것 역시 처음부터 한정된 범주 안에 있던 것인 만큼 속수무책일 것입니다.

그러함에도 불구하고 이방에 세워진 교회들과 목회자들과 신자들이 자기 미신과, 기분과 감정에 들떠서 기고만장해지고 자기 신앙적 확대경과 도취경에 얽매이고 사로 잡혀서 교회당적 우상숭배에 빠지는 것은 어처구니없는 일입니다. 지금은 시기적으로 보아 한정된 이방인의 때마저 거의 다 사라져가고 소멸될 위기의 찰나에(순간) 이른듯합니다

지금은 우리 모두가 티나 주름 잡힌 것이(에베소서 5:27) 있어서는 아니되고 신앙적 안주와 단잠에서 마저도 깨어 일어나지 아니하면 안 됩니다. 이래서 성서는 우리에게
"잠자는 자여 깨어서 죽은 자들 가운데서 일어나라. 그리스도께서 네게 비취시리라 하셨느니라"고(에베소서 5:14) 하십니다.

이것은 이방인 된 우리 모두에게 하나의 경고요 책망이 아닐 수 없는 것입니다. 지금의 교회들과 목회자는 열매 없는 어두움의 일에 참예할 생각을 말고(에베소서 5:11) 이방인의 때가 다 지나가기 이전에 구원에 대한 확고한 제시를 그리스도인 모두에게 반드시 해야 할 것입니다. 이것이 바로 말기적 현상이 나타나는 이 세대에서 무엇보다 필요한 과제물들입니다.

제 3장. 이방인의 구원과 그 수효

"형제들아 너희가 스스로 지혜있다 하면서 이 비밀을 너희가 모르기를 내가 원치 아니하노니 이 비밀은 이방인의 충만한 수가 들어오기까지 이스라엘의 더러는 완악하게 된 것이라"고(로마서 11:25).

　유대인의 때도 문제이지만 그 못지않게 이방인의 때와 그들 가운데 구원을 얻는 수효도 상당히 문제입니다. 성서를 보십시오. 예수께서 지적한 양대 마지막 나팔은 유대인의 독립과(마태복음 24:32~33) 그리고 복음의 온 세상 전달이 아닙니까?(마태복음 24:17) 그렇다면 현실을 보십시오. 현실상은 이미 이 양대 나팔의 끝이 난 상태입니다. 이미 다아시다시피 유대가 AD. 1948년도에 독립이 되었으니 벌써 반세기에 가까와 오고 있으며 복음의 만국정복도 국가적 차원에서는 거의 끝나있는 상태입니다.
　성서적 감각이나 역사의식으로 보면 지금은 이미 대 환란의 나팔소리가 들려져서(요엘 2:1) 온 세계가 환란의 속으로 휘말려 들어가야 할 바로 그 시기입니다. 그럼에도 아직까지 대 환란에 접어들지 아니하고 있는데 그 이유는 무엇입니까? 반드시 지금쯤은 대 환란에 접어들어서 지상은 이미 온통 난장판화 되어져야 하고 지금쯤은 엄청난 재해와 가뭄 기근과 지진 온역 등에 의해 세계도처로부터 아우성의 천둥이 지상을 뒤흔들어야 하고 도시나 시골, 농어촌 할 것 없이 인구의 줄어듬이 하루가 다르게 달라져야 하는 인간백정과 식인화의 때가 되어져야 함에도 불구하고 왠지 조용한 저의는 무엇이고 어디에 있습니까?

많은 그리스도인들이 말하기를 성서에 보니 이미 이방인의 때는 거의가 다 지나간 것 같고 유대인의 때에 접어든 것은 고사하고 아무리 보아도 성서 역사적 배경에서는 지금쯤은 대 환란의 전반부에 접어들어야 하는데 시대사의 현실적 동향을 보면 아직은 전혀 그런 것 같지가 아니하는데 그 저의는 무엇이냐고 질문을 하는 자를 자주 봅니다. 나는 이들의 질문이 타당하고 옳다고 봅니다. 그럼에도 대 환란의 때가 아직은 오지 아니하고 약간의 시간적 여유가 있는 것은 무엇 때문입니까? 여기에 대하여 구구한 억척과 해석이 있습니다만 이것은 어디까지나 본론 적으로 말하면 "이방인의 구원과 그 수효"에 달려있다는 것입니다.

거두절미하고 유대가 독립이 되거나 복음이 만방에 전파되었다고 해도 이방인의 구원 얻는 수효가 차지 아니한다면 여기에 문제가 있기 때문에 모름지기 이방인의 구원 얻는 수효가 찰 그때까지는 하는 수 없이 기다릴 수밖에 도리가 없습니다. 예수 그리스도의 지적은 유대가 독립이 되면 그리스도의(인자) 재림이 가까이 곧 문 앞에 이른 줄 알라고 전했는데(마태복음 24:33) 유대의 독립은 이미 AD. 1948년도에 되었으므로 이미 약 반여세기에 가까와 오고 있습니다.
혹 잘못 오해하면 이는 이율배반적 행위가 아닌가하는 지적도 나올 법합니다. 또 다시 예수는 복음이 온 세상에 전파되면 그제야 끝이 온다고 했는데(마태복음 24:14) 그렇다면 과연 끝이 온 것이냐 함입니다. 국가적 차원에서 보면 그리스도의 복음은 전파되지 아니한 곳이 없습니다. 민족적 곧 부족적 차원에서 보면 시간문제로 남아있는 곳이 있을지도 모릅니다. 그렇다면 국가적, 민족적, 성서적 차원에서 종합해 보면 폐일언하고 그리스도의 재림이 시간문제로 다가온 것은 사실인데 여러 가지 세계 정황이나 유대의 동향을 보면 오늘과 내일 당장 대 환란에 접하는 것은 아닌 만큼 여기서 이질화 현상이 나타난다는 것입니다.
 그렇다면 왜 성서적 역사나 국가와 민족적 차원에서 보면 그리스도의 재림이 바로 우리의 문 앞이어야 하나 현실적 상황이나 차원은 왠지 그렇지 아니하는 저의는 무엇입니까? 여기에 대한 성서적 해답은 바로
 "이방인의 구원과 그 수효"
 에서 이방인의 구원 얻는 그 수효가 이미 차 있는가? 아니면 지금에서도 차고 있는 것인가? 아니면 아직도 시간적 여유가 충분히 있는가 하는 것이 열쇠입니다. 이방인의 구원 숫자를 어거지로해서 채우거나 강압적으로 채울 수는 없는 것 아닙니까? 우부우녀를 마구잡이로 인치시사 구원 얻는 수효에 넣을 수도 없는 것 아닙니까? 그러니 성서의 예언이 다 이루어졌다고 해도 이방인의 구원 얻는 숫자는 쉽게 채워지지 아니하지만 그런다고 해서 마냥 시간을 낭비할 그런 성질의 것도 아닌 줄 압니다. 왜냐 하니 우리가 익히 알다시피 이미 유대는 반세기 가까이 전에 독립이 되었고 계속해서 선민들의 고국귀환이 이루어지고 있는데 마냥 뒤로 미룰 수는 없는 것입니다.
 또한 우리가 여기서 유의해 두어야할 것은 아무리 어느 한 국가에 신자가 많고 교회당 수효가 많고 목회자가 많다고 해도 그 한 나라에서 그것도 그 한 세대에 구원을 얻을 수효를 다 채울 수는 없는 것입니다. 2000여 년의 기독교 역사를 보면 제정 러시아교회는 국교로서 1000여 년이 넘도록 지내왔지만 그것이 그럼에도 넘어지는 것을 보니 흡사 속과 밑이

썩은 고목나무 쓰러지듯 넘어지는 것을 보지 아니했습니까? 그래서 구원 얻는 신자는 어느 한 나라나 민족에게 치중 될 수가 없기 때문에 이점을 유의하고 신앙적 어리석음의 작태나 싹쓸이 병은 오늘의 기존 교회당들이나 목회자와 신자들이 고스란히 버리는 것이 바람직합니다. 우리는 종종 잘못된 종교 습성에 의해 어느 한 교단이나 교회당, 어느 유명 목회자에게 예속된 자를 구원섭리에서 보다 더 구원할 것이 아닌가 하는 인간적이고 자본주의적 속물근성에서 탈피하지 못하고 생각하거나 보는 것은 누구에게도 이롭지 못합니다.

폐일언하고 대 환란이나 그리스도의 재림은 일단 이방에 상고해 보기로 하십시다. 구원을 얻을 그 수효가 차야 됨을 명심하고 아래의 몇 항을 상고해 보기로 하십시다.

1. 이방인의 구원 얻는 수효

구약에서는 이방인의 구원을 거의 기대하기가 어려웠습니다. 구약에서도 이방인이 구원을 얻지 못한 것은 아닙니다. 모세의 아내나 룻, 그리고 기생 라합 같은 여인은 결코 구원을 얻지 못했다고 보지는 아니합니다. 이들이 예수 그리스도의 족보에도 몇은 들어가 있는 것을 보아서도 말입니다(마태복음 1:5).

이미 구약에서도 신약시대에 와서 이방에 복음이 전파 될 것을 예고한 것을 보면(시편 67:17) 이방에 구원의 역사는 만세전 그리스도 안에서임을 알게 됩니다(에베소서 1:4~6).

신약에서는 이방으로 기독교의 복음이 나간 이유와 목적을 여러 곳에서 나타내고 밝힙니다. 그러나 근본적 이방인의 구원역사는 그리스도의 승천 이후로 잡아야 합니다. 그리스도가 승천하신 이후부터 이방세계에 복음이 전파되고 도처에 그리스도의 몸된 교회가 세워지기 시작했습니다. 그 후 그리스도교는 점차 확대 되었고 온 세계에로 퍼져 나가게 되었습니다.

그럼에도 여기서 문제가 되는 것은

① 이방인의 그 구원의 시기를 그리스도의 승천이후부터 시작해서 이스라엘이 독립된 AD. 1948년까지로만 잡는가 하는 것입니다. AD. 1948년은 유대가 2600여 년 만에 독립이 된(회복) 해였으니 말입니다. 누가 무엇이라 해도 유대교적 입장에서와 그리스도교적 입장에서는 AD. 1948년도의 이스라엘 독립을 외시하거나 벗어나서는 성서해석이나 대 환란과 그리스도의 재림의 시기 문제를 결단코 논할 수가 없는 처지이기 때문입니다.

② 이방인의 구원은 그리스도의 승천으로 부터(AD. 30년) 시작해서 예루살렘에 회교신전을(이방신전) 폭파시키고(에스겔 11:18, 37:23상반절) 여호와의 성전을 짓는 그때까지 지속될 것인지? 아니면 AD. 1948년까지 "제 1차"로(AD. 30~AD. 1948년) 회교신전 파괴와 예루살렘 성전건축 까지를 "제 2차"로 잡는 것인지도 문제입니다. 그렇지 못해서 마냥 그 자리에 놓아둘 수는 없는 것 아닙니까?

③ 그렇지 아니하면 그리스도의 승천으로부터 시작해서 (AD. 30년) 두 증인이 나타나는(계시록 11:6) 대 환란의 시작 그때까지를 일컬어서 이방인의 때라 하는지도 의문입니다.

만약 여기에 나타난바 대로 이방인의 구원이 어떻게 이루어지는지의 여하에 따라서 이방인의 구원 얻는 수효도 이렇게 또는 저렇게 차이가 나게 될 것입니다. 왜냐 하니 이방인

의 구원을 얻는 수효에 대하여는

① 그리스도의 승천(AD. 30년) 이후부터 AD. 1948년까지 이방인의 구원 얻을 수효를 모두 채울 것인가 함입니다. 그러니 유대가 독립되기 이전에 이방인의 구원 얻는 수효를 채운다거나 채워야한다고 생각하는 경우는 여기에 상당한 비중을 두게 될 것입니다.

② AD. 1948년 까지만 이방인의 구원을 이룰 것인가(종결) 하는 것도 난제입니다. 다시 말해서 그때까지 이방인을 모두 채울 것인가? 아니면 제 2차로 예루살렘 성전이 건축될 그때까지 계속 지속될 것인지가 문제 말입니다.

③ 그럼에도 이 지상의 성전이나 모든 교회당들의 문이 닫힐 때 역시 이방에도 구원 얻을 무리가 있다는 것이 확인됩니다. 이때에 순교자를 위시해서 여러 가지 측면에서 나타나게 될 것이기 때문입니다(계시록 6:11, 17:6).

이렇게 본다면 이방인으로서 구원을 얻을 수효가 상당하다는 것입니다. 지금에서도 그리스도의 재림의 신호와 나팔이 늦어지는 것은 이방에서 구원을 얻을 수효가 차지 않고 있기 때문입니다. 이방인의 때는(누가복음 21:24) 정말 지루하고 짜증스러우나 일단 그 수효가 채워지면(로마서 11:25) 되는데 그 수효는 너무나 많아서 능히 셈하기가 심히 어려울 지경입니다.

그래서 성서를 보십시오.

"각 나라와 족속과 백성과 방언에서 아무라도 능히 셀 수 없는 큰 무리가 흰옷을 입고… ,(계시록 7:9)라 하는데 이들은 대개 큰 환란에서 나오는 자들이니(계시록 7:14) 실제로 구원을 얻는 수효는 엄청날 것입니다.

2. 유대인의 구원 수효와 이방인의 구원 수효

　이것은 어느 면으로 보나 하나의 비상한 관심사임에는 분명합니다. 전자는 한 민족임에 반하여 후자는 전 세계 다민족이며 전자는 그 인구가 적은데 반하여 후자는 그 인구가 엄청납니다. 지금의 입장에서 보면 전자는 2500~2600여만 명이고 후자는 53억이 좀 넘습니다. 그 중에도 기독교인이 약 15억에 가깝습니다. 이 15억의 인구와 2500여 만의 인구 가운데 구원의 역사에서 어느 편이 과연 더 많을 것인가 하는 것은 대단한 관심사 중에 그 하나입니다. 성서를 보면 이방인보다 언제나 유대가 먼저 나옵니다(고린도 전서 12:13, 갈라디아 3:28). 성서가 유대인이나 헬라인이나 구원에는 차별이 없다고 하나(로마서 10:12) 그럼에도 차별이 나타나고 있는 현실에서는(로마서 11:30, 고린도 전서 1:24) 어찌할 것입니까? 분명 성서에 보면 이방인의 구원 얻는 수효가 충만함이 나타나는 것과(로마서 11:25) 대조적으로 온 이스라엘의 구원이 나타남으로서(로마서 11:26) 쌍곡선을 이루고 있는데 이는 이 양자 가운데 어느 편의 구원 수효가 많고 적음의 문제를 인간이 알지 못하는 비밀의 섭리 속에 놓아두려는 것이 아닌가 합니다.

　구약에서는 거의가 이스라엘 민족 저들만의 구원이었습니다. 그중에는 혹시 낙오가 되거나 떠남으로서 민족적 구원에서 떠나고 멀어지고 도외시 되는 자들도 있었습니다만 대개는 그대로였기 때문에 구원역사는 전적 저들이 독식하다시피 했음을 잊어서는 아니 됩니다.
　그러다보니 지금에서 어떤 이들은 그럼

① 유대인들의 구원을 얻는 수효가 많은가?
② 이방인들의 구원을 얻는 수효가 많은가?
를 질문하면서 상반된 지적을 합니다. 어떤 이는 그래도 첫 번째가 선민인데 유대인의 구원수효가 이방인 된 우리보다 더 많이 이루어질 것이 아닌가고 지적합니다. 어떤 이들은 이방인 된 우리들 모두가 예수를 믿는 것을 보면서 저기 유대인들의 여호와관을 좀 보고 바로 믿으라고 권고도 합니다. 유대인들의 여호와 관념은 사생결단입니다. 그러나 이와는 반대로 이방인은 너무나 대조적임으로서 근성적이고 수수방관적이니 구원문제에서 대개가 애매모호합니다. 찬 것도 아니고 더운 것도 아니므로(계시록 3:15~16) 어느 누구는 구원을 얻을 것이라고 단정하기란 결코 쉬운 문제가 아니니 큰일입니다.

폐일언하고 상당수의 사람들은 이방 땅에 아무리 교회당 수효가 많다고 하지만 여러 가지 여건으로 미루어보아 구원문제에서만은 선민인 유대인이 더 많지 아니할까 하며 이방인의 구원문제에서 막상 의문을 제기하는 것도 봅니다. 여기에는 의미가 다분히 있고 일리가 있는 것입니다. 지금의 한국교회당 안들을 자세히 살펴보십시오. 하나님 앞에서 어느 누구는 꼭 구원을 얻을 것이다거나 누구는 생명책에 반드시 기록되었을 것이다고 규정할 수 있는 사람이 극소수의 소수이고 어떤 교회당 안을 보니 도무지 알쏭달쏭하고 묘해서 함구할 수밖에 없는 형편을 현실적으로 보기도 합니다. 왜 그렇게 될 수밖에 없는 종교적 형편에 도달했는지 개탄할 수밖에 없습니다.
작금의 기독교회상을 보십시오. 라인선을 이미 침범한 자본화가 되고 자본주의적(맘몬) 속물근성이 교회당 안을 고스란히 침범들을 하고 있기에 교회들은 하나같이 먹자 주의와 놀자주의판 입니다. 교회들이 점차 노아의 홍수 시대화하고 소돔과 고모라화로 질주하고 있으니 구원에서 이방보다 유대가 마지막 때 까지는 더 많을 것이란 관측은 당연지사일지도 모릅니다. 유대인들은 어디를 가나 자기 백성을 누구도 침범치 못하도록 갖은 작전을 다 짜고 있습니다. 그 이유는 무엇이고 어디에 있는 것입니까?

어떤 이들은 그래도 그리스도의 교회가 예수께서 승천하신 이후부터 이방으로 넘어가 약 2000여 년 되었고 성령의 무궁한 역사가 이방에 나타났는데 설마하니 구원을 얻는 수효가 유대인 보다야 적겠는가고 반문을 하나 아무리 보아도 이런 소리는 전혀 신빙성이 없는 것 같아서 담아둘 물건은 못 되는 듯합니다. 여기서 바로 이방인 된 우리의 비극이 싹트고, 자본주의적 속물근성을 교회 안에서 마저 벗어 던지지 못하는 이방인의 고질적 악한 병은 어찌할 길이 없는 것인 듯합니다.

3. 이방인 구원의 유의할 점

이방인 된 자들의 구원문제에서 우리는 무엇보다 경각심을 갖지 아니하면 안 됩니다. 선민 된 유대인과 이방인 된 우리는 근본질 적으로 상당한 차이가 납니다. 솔직히 자본주의적 기독교와 성서적 기독교는 천양지차가 나듯이 유대와 이방인의 차이 역시 그러합니다. 그러므로 우리가 교회에 다니고 예수 그리스도를 구주로 받아들였다고 해도 그것은 그렇게 큰 비중을 차지하지 못함을 봅니다.

어리석게도 우리는 종종 구원의 척도를 계시된 여호와의 말씀에 그 근거와 근본을 두는 것이 아니라 기존 교회당 안의 어느 목회자나 어느 교인에 두거나 아니면 어처구니없게도 그 개인의 인격과 안목에 두고 있기 때문에 불안의 요소가 완전히 가미된 상태에 놓여 있고 그 어느 것 하나 정확하지도 못하고 정의롭지도 못합니다.

성서는 이방인들을 향하여 두렵고 떨리는 마음으로(빌립보 2:12) 구원을 이루라고 경고하나 오늘의 현실을 보면 호들갑을 떨면서 얼굴에 웃음을 띤 상태에서 구원을 이루고 있습니다. 기존의 교회당이 흡사 천국지상 예매소화가 되고 그 목회자는 천국지상 예매소 소장화했고 교회당의 장로나 집사 권사는 천국지상 예매소의 직원화 했기에 저들은 모두가 하나같이 자기들 수중에 천국에 들어갈 예매표라도 넣고 있는 양 행동을 하고 일반교인들 역시 천국에 가려면 천국지상 예매소 직원들에게와 천국지상 예매소장에게 잘 보이고 그의 마음에 들면 천국 티켓을 얻어 소유하는 양 모름지기 알고 있으니 현세적 기독교의 변질 뉴스는 보기조차 흉한 꼴임을 보게 됩니다.

어떤 이는 그리스도의 몸이신 교회와 예배당 건물을 완전 착각한 나머지 나는 서울시내 어느 교회당에 다니고 우리 교회 목회자는 누구인데 그가 대단한 인기와 능력과 힘이 있으니 우리는 분명 구원을 얻을 것이라는 기존 교회당적 프리미엄을 염두에 두기도 하고 자기는 어느 교파(교단) 교회당에 다니는데 그 교파는 보수요 정통이며 상당한 전통을 익히 자랑하고 있으니 구원의 티켓을 얻어 놓은 것 마냥 은근히(의식적) 믿거나 생각하며 처신하는 것들을 보면 구토증과 멀미가 나오고 종교적 오열과 현기증과 기독교회당적 알레르기를 일으키는 이유는 무엇이고 어디에 있는 것입니까?

이 지상에의 기존 교회당들은 어느 것도 천국지상 예매소가 아니고 못됩니다. 기존 교회당의 목회자는 천국지상 예매소의 소장도 아니고 단순한 메신저일 뿐입니다. 될 수도 없고 되지도 못하는 것을 되는 양 오도하고 자세를 취하는 것은 불법과 타락입니다. 지금에서 어느 구구는 자기들의 교회당에 나왔으니 구원을 얻는다라는 임의전단자적 자세와 행동은 마귀적이고 세상적입니다. 누구는 어느 교회의 목사요 이름과 권위가 있는 부흥사요 한국 교회당에서 익히 알려진 대표적인 사람이니 그 만은 구원을 얻지 아니할까고 생각을 하거나 마음을 가지는 그것 자체는 미신적이고 마술적이며 악귀적입니다. 그런 성서는 사실 신구약 그 어디에도 없는 것입니다. 이 지상에의 교회당은 천국지상 출입소도 전혀 아닌 만큼 그곳으로 들어오는 자 모두에게 무료입장이나 유료입장 시켜주는 것 마냥의 언동은 누구도 삼가야합니다. 이런 것은 "네 아래 함정을 베푸는 것"과 같기에(오바댜 1:7하반절) 대단히 슬픈 일입니다.

성서가 이미 마지막 때에는 "백성이나 제사장이나 일반이라"고 한다지만(호세아 4:9) 목회자나 교회당들은 교인이나 세상을 향하여 "새 잡는 자의 그물 같은 것을 쳐서는 아니됩니다"(호세아 9:8). 새 사냥꾼의 올무는(시편 91:3) 삼가는 것이 우리 모두를 위하여 바람직한 것입니다.

성서를 보십시오.

"제사장들아 이를 들으라. 이스라엘 족속들아 깨달으라. 왕

족들아 귀를 기울이라. 너희에게 심판이 있나니 너희가 미스바에서 올무가 되며 다볼 위에서 친 그물이 됨이라"고(호세아 5:1) 이것이 눈에 이미 기이하고 보이지 아니 하십니까? 성서는 이미 이 문제에서 깨닫지 못하는 자는 멸망하는 짐승과 같고(시편 49:12, 20) 패망하는 자와 같다고 할 때(호세아 4:14) 이것은 의미하는바가 많고 큽니다.

성서는 제시합니다. 대 환란이 가까워지면 제사장들에게 "너희는 굵은 베로 동이고 슬피 울지어다"고 말입니다(요엘 1:13상반절). 그럼에도 지금은 그 정반대로서 목회자들이 먼저 기존의 유행 감각에 익숙해야 선구자요 제사장이니 구원역사의 척도가 완전히 뒤바뀐 상태이므로 심각합니다. 그러므로 구원의 척도는 교회당안의 기존 목회자나 어느 교회당의 예수 잘 믿는다고 자타가 공인하는 장로나 권사가 전혀 아닌, 오직 여호와의 말씀 그 자체가 핵심이라고 정의할 때 바른 자세설정과 철두철미한 자기반성이 무엇보다 현실에서 요구되고 있습니다.

이미 성서가
"누구든지 여호와의 이름을 부르는 자는 구원을 얻으리니"라고(요엘 2:32상반절).
한다지만 그런다고 해서 아무에게나 다 구원의 티켓을 가져다 줄 수는 없는 것 아닙니까? 구원은 값싼 비지떡이 아닙니다. 잘못된 선전에 의해 주변으로부터 "천당보다 만당"이 더 낫지 아니하냐하는 비웃음과 냉소가 나오고 기존의 교회당에만 나오면 구원을 얻어 천국에 간다고 외치니 옆에서 이미 천국은 초만원 사례가 되어 지금부터 오는 이는 여호와가 지옥으로 보낸다더라 라는 비아냥과 조소거리가 판치는 현실은 분명 슬프고 괴로운 양극현상입니다.
　성서가 이미 "사람이 마음으로 믿어 의에 이르고 입으로 시인하여 구원에 이르느니라"고 하지만(로마서 10:10) 그럼에도 여호와의 원 백성이 아닌 자들로서 여호와의 백성이 되었다고 자부하는(로마서 9:25) 자들을 보면 왠지 자본주의 신앙화 되고 있음이 어처구니없는 일입니다. 이방인의 구원역사에서는 자기 목숨과 구원을 교환할 힘과 능력이 먼저(우선) 있어야 합니다.

　모름지기 여호와 하나님께서 나사렛 예수를 죽은 자 가운데서 살리신 것을 네 마음에 믿으면 구원을 얻는다고 하나(로마서 10:9) 입술로의 믿음과 마음과 행동으로의 믿음은 차이가 나는 것을 어찌할 것입니까? 이방인이 예수를 믿어서 의를 얻었다고는 하나(로마서 9:30) 나 자신부터 자기를 도무지 믿기 어려우니 어찌할 것입니까? 내가 나를 믿지 못하고 있는데 누가 누구의 구원을 책임질 것이며 언제나 눈과 마음 한 구석에 종교적(교파적) 프리미엄과 개교회적 프리미엄을 꿈꾸고 있는 판국인데 과연 구원의 역사에 자신이 있느냐 하는 그것입니다.
　특히 대 환란이 임하기 전에 주이신 "그리스도를 믿으면 부끄러움을 당하지 아니하리라"고 하나(로마서 10:11) 대 환란이 오면 교회당들이 어느 날 갑자기 믿는 자들을 잡아 죽이는 도살장과 감옥화 할 것인데(마태복음 24:9, 마가복음 13:9, 누가복음 21:12~16) 지금에서 이방에 있는 교회당과 신자들이 여기에 대한 아무런 대비책이 없으니 심각한 우려를 남기고 있는 것입니다.

4. 대 환란시의 순교자의 수효(?)

다가오고 있는 대 환란의 날에는 엄청난 순교자를 그리스도의 교회들은 반드시 내고 말 것입니다. 어느 누가 순교를 당하고 싶어서 당하는 것은 결코 아닙니다. 누구도 여호와 하나님의 예정섭리에 의해 당하는 것뿐입니다.

성서를 보면 대 환란 시에 당하는 순교자도 상당수인데 이 순교자의 수효에 유대인(선민) 순교자도 포함을 시켜야하는 것인지 아니면 독자적으로 그 수효를 셀 것인지에 대하여는 정확하지 아니합니다. 이방인의 때와 유대인의 때, 이방인의 구원 얻는 수효와(로마서 11:25) 유대인의 구원을 얻는 수효를(로마서 11:26) 성서가 따로 두고(비교) 있는 것을 보면 순교자의 수효에도 이방과 유대를 따로 두는듯하나(취급) 알 수는 없습니다.

우리가 아는 바로는 대 환란 때에는 이 지상에 엄청난 피를 흘리게 될 것입니다. 전반부인 1260일 동안에는(계시록 11:3) 다른 형태로 전 세계 인구가운데 3분의 1이 죽임을 당하지만 후반부인 42개월에서는(계시록 11:2,13:5) 엄청난 순교자가 나타나고(계시록 13:7~9, 15~16, 다니엘 8:24~25) 성도들의 피에 취하기까지 할 것입니다(계시록 17:6). 특히 적그리스도는 대 환란의 후반부에 나타나 우상과 자기를 경배하지 않거나 섬기지 아니하는 자는 몇이든지 다 죽이는(계시록 13:15) 망나니들의 세상화 되므로 생명책에 녹명되지 아니한 자는(계시록 13:7~10) 이때에 모두 넘어지고 녹명된 자는 죽임을 당하는 불상사를 초래케 됩니다. 그러나 이와는 다른 각도에서는 대 전쟁에 의해 세계인구의 3분의 1이 죽임을 당하게 될 것입니다(계시록 9:15, 18, 스가랴 13:8, 계시록 19:18, 20~21).

　이때에는 기독교회의 제사장된 목회자들이 칼에 엎드려질 것이요(시편 78:64) 그 시체들을 공중의 새에게 밥으로 주기위해(시편 79:2) 산이나 들 기타 등지로 내던져질 것이고 "저희 청년들은 불에 살라지고"(시편 78:63) 주의 성도들의 육체를 땅 짐승에게 주는(시편 79:2) 이 비극을 무엇으로 막을 것입니까? 교회당 안이 늙은 성도들의 시체더미로 시작이 될 것인데(에스겔 9:5~7) 젊은이들은 어디서 어떻게 피할 것이며 제단과 교회당이 성도의 피난처가 아닌 도살장과 시체 무덤더미로 화할 것인데(에스겔 9:6하반절~7, 11:6~9) 공동묘지가 따로 있을 이유가 없는 것 아닙니까? 성서를 보십시오.
　"그가 또 그들에게 이르시되 너희는 성전을 더럽혀 시체로 모든 뜰에 채우라 너희는 나가라 하시매 그들이 나가서 성읍 중에서 치더라"고(에스겔 9:7).
　성서는 이 모든 것을 하나도 빠뜨리지 아니하고 일목요연하게 하나하나를 기술하고 있는데 말입니다.
　성전과(시편 74:5~7) 그리고 교회당들이(회당) 불에 타거나 망가지거나 파괴되는 판국에(시편 74:8~9) 주의 종들이 없어지고(시편 74:9) 신자가 떼죽음을 당하고(시편 79:2 하반절~3) 목회자들이 교회당 안에서 죽음을 당하는(시편 79:2상반절) 판국인데 그것이 성서의 예정인데(마태복음 24:9) 과연 교회당이 있으면 대 환란 때에 무엇이 유익하고 목회자와 신자가 옆에 있으면 무엇 하며 어떤 유익을 제공할 것입니까? 당장 대 환란이 온다고 생각해 보십시오. 지금 우리의 눈에 보이는 것은 사람이거나 물건이거나 집이거나 교회당이거나 간에 그것들은 어느 것 하나도 무용지물입니다. 이런 것을 일컬어서 예수께서는 세상에 계시면서 "삯군"이라 했습니다(요한복음 10:12). 삯군은 멀리 있는 것이 아닙니다. 삯군은 언제나 나의 가까운 곳에 있으면서 나를 지켜주고 보호하는 척 하다가 죽음이란 이리가 오면 언제나 나 자신만을 버리고 도망을 치는 그것들입니다.

여기서 예수는 죽음을 이리라 비유합니다. 죽음의 이리가 내게 다가오면 목회자도 교회당도, 이웃도 형제도 아내와 남편도 자녀도 나를 버리고 다 도망을 칩니다. 결국 찾아온 죽음 앞에서는 나 하나뿐입니다. 그럼에도 선한목자 되신 주님은 나를 대신하여 죽어 주십니다. 그것도 십자가상에서 말입니다. 그러므로 성도는 죽음을 위해서나 대 환란을 위해서 준비할 것은 해야 됩니다. 대 환란 시에는 목회자와 청년 평신도등 상당수가 순교를 당하게 되는데 그 수효는 누구도 정확하게 알 수가 없기에 말을 할 수도 없는 것입니다. 그것은 오직 아버지 하나님의 경륜 속에 감추어졌고 예속되어 있을 뿐입니다.

그래서 성서를 보면
"아직 잠시 동안 쉬되 저희 동무 종들과 형제들도 자기처럼 죽임을 받아 그 수가 차기까지 하라 하시더라"고 합니다(계시록 6:11).

여기서는 대 환란의 때에 순교자의 수효가 있다는 것을 밝힘으로서 구원을 얻는 수효와 함께(로마서 11:25) 쌍벽을 이루고 있습니다. 여기서 우리는 순교자도 그 수효가 있다는 그것만을 확인했지 그 수에 대하여는 여전히 알 길이 없습니

다. 그것에 대하여만은 성서가 여전히 함구를 하고 있으니 말입니다. 그럼에도 유의할 것은
 "이일 후에 내가 보니 각 나라와 족속과 백성과 방언에서 아무라도 능히 셀 수 없는 큰 무리가 흰 옷을 입고 손에 종려 가지를 들고 보좌 앞과 어린 양 앞에 서서"라고(계시록 7:9)
 또한 성서는
 "그가 나더러 이르되 이는 큰 환란에서 나오는 자들인데 어린양의 피에 그 옷을 씻어 희게 하였느니라"고(계시록 7:14)
 여기에 나타난 양 성서는 대 환란 가운데 나오는 자들이니 순교자들임을 밝힙니다. 이때 순교자는 그 수가 엄청난다고 지적합니다. 이 순교자들의 수효는 아무라도 능히 셀 수 없을 정도이니 장관이고 놀라울 뿐입니다. 여기에 나타난 이 순교자의 수효에 이스라엘 백성도 포함이 되는 것인지는 알 수가 없습니다.

5. 이방인의 구원 얻는 수효가 차게 되면?

 이방인의 구원 얻는 수효가 지금이라도 차게 되면(로마서 11:25) 이때에는 어느 누구도 장담을 못하게 되고 그 다음의 사건을 예측하기 어렵게 됩니다.
 현실에서 이방인의 구원 얻는 수효의 문제가 그리스도교의 최대 이벤트인데 그 수효가 차게 되면 모든 것은 어찌되는 것입니까? 그 수효가 차게 되면 대 환란에 돌입하게 되는 것은 정한 이치가 아닙니까? 어느 누가 위로부터 임하는 이 하늘의 대 징벌을 감당하거나 이길 능력이 있을 것입니까? 우리는 이미 알고 있습니다. 다음의 두 가지가 먼저 이루어져야 함을 말입니다.

① 유대국의 독립국가 형성
② 온 세상에 그리스도의 복음이 전파되는 것등

 그럼에도 이 두 가지는 우리들 세대에서 이미 이루어져 버렸습니다. 그럼에도 불구하고 이제까지 이방 땅에 기독교의 복음과 성령이 떠나지 아니하고 계시는 것은 아직 이방인의 구원 얻는 수효가 차지 아니한 그것 하나 때문인데 지금이라도 이방인의 구원 얻는 수효가 차게 되면 그때는 모든 것이 완전하게 달라지게 됩니다. 그때는 세계의 역사가 심히 바쁘게 돌아가서 눈코 뜰 사이가 없게 됩니다. 왜냐 하니 이때는 이미 역사의 종지부를 찍고 하늘을 닫으면서(계시록 11:6) 대 환란에 돌입해야 되기 때문에 지상에 남겨진 것은 그것이 무엇이거나간에 속전속결로 끝맺음을 해야 되므로 일의 전말이 이상하게 돌아가 버립니다.
 우리는 압니다. 이방인 가운데 그 구원 얻는 수효란 어디까지나 하루나 이틀에 이루어지지 아니 한다는 것을. 왜냐 하니 그것이 이방인의 역사적 현장이였으니 말입니다.

 이방인의 구원 얻는 수효가 이제에서 차기 보다는 먼저
① 이방 땅에 있는 유대인의 고국귀환이 무엇보다 많이 이루어져야 합니다.
② 예루살렘 도성 안에 있는 이방인의 신전인 회교신전이 먼저 파괴가 되고 없어져야 합니다.
③ 예루살렘 도성 안에 있는 여호와의 옛 성전터에 성전을 새로이 건축을 해야 합니다.
④ 전 세계로 흩어져있는 유대인의 귀환이 완전 이루어져야 합니다.

⑤ 이때에는 이방으로 나갔던 성령이 유대에로 완전히 돌아가야 합니다.
　⑥ 현재의 유대국토가 너무나 협소하기에 이미 예정된바 그대로 이웃인 길르앗과 레바논 땅의 상당부분이 이스라엘 땅으로(스가랴 10:10) 귀의 되어져야 합니다.
　⑦ 돌아온 유대인들 모두가 예루살렘 산헤드린 회의에서 (랍비회의) 결정하는바 나사렛 예수를 오실 메시야로 받아들여야 합니다(제 5권 유대회복 제 3기 참조할 것).

　이렇게 되면 모든 역사는 끝이 나게 되고 뒤이어서 이스라엘에는 통곡소리가 천지를 진동하게 됩니다(스가랴 12:10~14). 그럼과 동시에 회개의 대 역사가 나타나고 자기들의 조상들이 십자가에다 죽이신 나사렛 청년 예수가 하나님께서 보내어서 오신 메시야임을 깨닫고 통곡을 하게 되며 이제까지 저들이 그를 믿지도 받아들이지도 아니한 그것을 원통하고 억울해 하면서 심히 울게 될 것입니다. 이때 성령의 역사에 의해 유대는 국가적이고 국민적 구원의 역사가 나타나고 이루어지게 될 것입니다. 이때가 되면 비로소 이방인의 구원 얻는 그 수효는 꽉 차게 될 것입니다. 이때가 되면 순교자의 수효도 역시 차게 될 것이고 말입니다.

　순교자의 수효는 대 환란이 일어난 후의 전반전 보다 후반전에 대개가 나타나게 될 것이지만 이는 그 수효가 그때 나타나는 것이지 사실상의 결정은 대 환란이 일어나기 이전에 완전 결정 나게 됩니다. 그래서 이를 뒷받침하기 위하여 신약성서 계시록 13:8절에 보면 "죽음을 당한 어린양의 생명책에 창세 이후로 녹명되지 못하고 이 땅에 사는 자들은 다

짐승에게 경배하리라"고 기술하고 또한 계시록 17:8절에서는 "창세 이후로 생명책에 녹명되지 못한 자들이… 짐승을 보고 기이히 여기더라"고 하는 것 등은 대 환란 이전에 이미 구원을 얻을 자의 명단이 작성되고 순교자의 명단도, 피난처로 보내어질 자들의 명단도 작성이 되는가 하면 대 환란 이전에 하나님 나라로 가게 될 자들도 모두 그 명단이 작성 된다는 의미를 보이고 있는 것입니다.

이방인 가운데 구원 얻을 수효가 아직 차지 아니했다면 지금이 바로 이방인 된 우리가 믿음으로 최선을 다하여 구원 얻는 그 수효에 들어가야 할 그때입니다. 여기에다가 우리는 사생결단을 걸어야할 참입니다. 예수의 지적과 같이 "천국은 침노를 당하나니 침노하는 자가 빼앗느니라"고(마태복음 11:12) 하는 이것이 원리입니다. 이 경우 누구를 돌아보거나 누구를 위할 필요가 조금도 없습니다. 사태가 이와 같이 시급하다면 현금당대 이 지상의 교회들 모두가 총동원되어 구원 문제에 사생결단을 낼 수 있는 터전을 마련해야 합니다. 그렇지 못하고 어벙한 상태에서 하루하루를 지나고 나면 삽시간에 대 환란이 우리에게 임할 때 자기의 살을 자기가 먹게 되고 자기의 피를 자기가 마시게 되는 통한을 남기게 됩니다.

이방인의 구원 얻는 그 수효가 언제까지 지연이 되고 그것이 차게 될 것인지는 알 수가 없지만 - 내일일지 모레일지를 - 그 수효가 차기 이전에 우리는 모두가 사생결단을(단판) 내어서 사는 길을 선택하고 모색해야 합니다.

눈이 있는 자는 보고 귀가 있는 자는 이를 들어보십시오. 예수께서 말씀하신 유대의 회복은(마태복음 24:32~33) 우리에게 엄청난 충격파를 가한 것입니다. 유대는 AD. 1948년에 이미 독립이 되었고 독립된 이후에 계속되는 작업을 하나하나 시작하고 있습니다(에스겔 36:36). 유대가 이미 독립이 된 상태에서는 결코 가만히 있지 않습니다. 독립이 된 이후에 저들이 조용히 있는 것 같은 착각을 이방인들은 의식이나 피부로 느끼고 있는가 하면 이방에 있는 기독교회는 여호와의 뜻과 섭리를 외면하고는 까불고 요사스럽게 호들갑을 떨고 망령된 일을 자행하지만 또한 흡사 구원이 이방 땅에 있는 어느 교회당 어느 목회자나 누구에게 있는 것 마냥 성경을 개조하여 가르치거나 성서를 거꾸로 보고 날뛰고들 있는데 그럼에도 선민들은 이미 이 시점에 서서한다는 말이 저런 것들은 주시해 볼 아무런 값어치도 없고 못되는 이방인들의 광증 또는 광기라고 매도하면서 이는 어디까지나 이방인의 말기적 열악한 발광증세가 외부로 발산되는 것이라고 규정하면서 성령이 유대에로 완전 되돌아 갈 것을 아는 자들의 바로 직전적 슬픔과 비애를 그대로 노출시키는 것으로 취급해 버립니다. 그러니 양자의 상반된 현실에서 무엇을 느끼고 맛보아야 할 것입니까?

 사실 유대가 회복된 이후 거의 반세기 동안 단 한 시간도 저들은 성서에서 벗어난 일을 아니했습니다. 저들은 성서 안에 있는 그대로의 틀을 지키고 스스로 일을 찾아서 하려 했습니다. 그것만이 아니고 예루살렘 성전 건축의 문제를 한 번도 잊어본 적이 없습니다. 그러므로 이제에서 이방 땅 어느 동리에 있는 어느 교회당에 지금 몇 십억 원을 들여서 어떤 형태의 교회당을 짓는다거나 지었다는 것 따위에는 이미 하등의 관심이 없고 가지 않고 있습니다. 이미 선민이나 기독교의(성서) 핵심부분은 이방의 어느 동리 어느 교회당에 교인이 수천, 수만 명이 모였다고 하는 것 등에는 이미 관심이 없습니다. 어느 교회당은 조그마한 기존의 교회당을 헐어 버리고 새로이 큰 교회당을 지으려 한다거나 누구는 자기들 교회당을 짓기 위하여 헌금 얼마를 드렸다고 하는 것 등도 큰 관심을 끌지 못하고 있습니다. 그것은 어디까지나 그 국가나 그 개인이나 그 교회당적 차원에서 따질 일의 하나일 뿐입니다. 그런 것은 어느 국가 안에서 지엽말단적 사고와 현실과 역사이지 원 그리스도교적 차원에서는 그것이 그렇게 중요하지 아니합니다. 왜냐 하니 유대가 이미 독립국이 되었기 때문입니다.

일천년이 넘도록 기독교가 국교였던 제정 러시아의 십 수만 교회당들과 약 8000여만 명에 가까운 기독교 신자들이 삽시간에(1910년대~1920년대에) 여호와 하나님에 의해 버려진 산 역사를 보면 놀랍고 어처구니없는 일입니다. 역시 중국의 모든 교회당들과 신자들을 버리신 하나님을 보아야 합니다. 38선 이북의 수천 교회당들과 신자들을 버리신 여호와를 보고 있습니다. 일신의 안일과 죽음이 두려워서 남쪽으로 도피해온 도덕적 신앙의 타락상을 보인자들도 있습니다만. 그리고 소아시아와 기타 지역에서도 여호와께 버림받은 기독교회를 보고 있습니다.

그러므로 지역적이고 지엽말단적 역사와 현실을 원 기둥적 그리스도 앞에 내세우는 어리석은 인간의 갖은 작태는 찬란한 현대적 고등 악임으로서 단말마적으로 버리지 아니하면 아니 됩니다. 구원에서 자기와 자기 가정과 자기가 출석하는 교회당의 목회자와 교인들만의 구원을 생각하고 바라는 것은 기독교적 찬란한 이기주의 우상들이므로 한 세기 전에 이미 버리고 내동댕이쳤어야 했을 신주단지 부스러기들입니다. 이미 유대가 AD. 1948년도에 독립을 쟁취한 만큼 그리스도교회는 지엽말단적 이기주의 탈에서 벗어나야 하고 이방의 기독교회적 잠꼬대와 몽롱병적 허우적거림에서는 철저히 벗어나야 할 것입니다.

　이제 기독교회는 대국적이고 대승적 차원에서 전진하고 발전하며 나아가야 합니다. 기독교회가 이방나라의 이방인들을 전도하고 구원한다는 일념이 잘못 오도되면 이방적 군것질과 더덕더덕 주변에 달라붙어있는 군살과 잡초와 이끼만개로 근본적 정의와 믿음은 보이지 아니하는 그런 순간은 아닌지와 주어와 형용사를 바꾸어 놓고 동사와 부사를 살짝 체인지해 놓았기에 원리가 다른 곳으로 굴러가고 있는 것이 아닌지 그것도 의문입니다. 지금에서 어느 개 교회당이나 교인들, 목회자등에 얽매이거나 사로잡히게 되는 모순의 함정에서도 반드시 벗어나야 합니다. 동시에 여호와가 화내는 일을 해서는 아니 됩니다.
　성서는 여태까지 이방나라가, 이방인이 예수를 믿어 구원을 얻는 그것 하나만으로 만족하게 섭리하고 계시지 이방에 있는 어느 교회당에 교인이 얼마 모인다거나 교회당이 어떻게 지어졌다거나 교회당에서 선교를 국제적으로 얼마를 한다거나 하는 것 등에는 솔직히 별반 관심도 없을 뿐 아니라 그것은 어디까지나 그 개 교회당적 말단 역사이지 그리스도교적 주된 핵심역사는 아니란 것입니다. 왜냐 하니 기독교의 장자는 그 어디도 아닌 철저히 유대이지 이방은 아니기 때문입니다.
　이제는 이방의 기독교인들이 철저히 자중할 때이지 자긍하고 나타나고 돛대마냥 내세울 때는 아니며, 이방인으로서 그간 예수를 믿어 오고간 그것을 고맙고 감사해야 하고 성령께서 불원 유대에로 완전 돌아가기 이전에 한 사람이라도 더 회개케 하는 그것이 고마와 감격해 하면서 겸손하고 낮아지는 그것이 급선무일 뿐입니다. 여기서는 조금도 내세울 것이 없습니다. 그럼에도 이방인의 교만이 선민 유대를 앞지르니, 이방인으로서 기독교회의 현실적 지도자들은 대개가 모세의 자리에 앉아버렸으니(마태복음 23:2) 이만저만 문제가 아닙니다. 지금은 이방에 있는 기독교회가 다시 태어나는 아픔을 맛보면서 회개하고 대 환란을 준비해야할 차례입니다.

 그럼과 동시에 지금은 어느 금식기도원이니 어느 유명 기도원이니 하는 곳으로 돌아다닐 그런 시간적 여유도 거의 없는 때입니다. 또한 어느 오장이 뒤틀린 자들 마냥 기존 종교적 슈퍼스타란 자들을 찾아다니며 축복기도나 안수 안찰이나 받을 그런 시간적 여유도 없는 급박한 때입니다. 어느 이방 땅에 누구란 자가 어떤 교회당을 어떻게 또는 얼마의 돈을 들여서 짓는다라는 그런 저차원적 저질 구상이나 개수작 따위에 현혹될 그런 시기는 지나가고 있으며, 여하한 이유에서든 간에 개 교회당적 사고와 한 역사현실은 고스란히 지나들 가고 있기에 모름지기 아무런 의미가 없는 것에 집착하거나 사로잡힐 이유가 없습니다. 그런다고 해서 교회당을 짓지 말라거나 헌금을 하지 말라는 것은 아닙니다. 자기의 물질뿐 아니라 목숨 바쳐서 교회당을 지을 수도 있으니 그럼에도 이런 것은 지엽말단적이고 그 개 교회적이고 하나의 보잘것없는 소그룹의 개념적 한 형태를 나타냄일 뿐이란 것입니다.
 왜냐 하니 이미 유대가 회복이 되었고 그리스도는 이미 문 앞에 도착해 있기 때문입니다(마태복음 24:33, 계시록 3:20 상반절). 이 시점에서 그리스도의 교회가 예의 주시해야할 과제는 극동지방의 한국이라는 조그마한 나라 그것도 어느 지역에서 목회를 하는 목회자가 자금 얼마를(기천 만원이나 수억 원 정도를) 동원해서 어느 기도원이나 교회당을 개척하거나 건물을 짓거나 사택이나 수양관, 수도원 등을 짓거나 하는 것 따위는 그것이 전적 그 개 교회당적 외형세와 말단 사고일 뿐이지 그것이 그리스도교적 주시나 주지의 대상은 이미 아니고 못되며 그것을 나타내고 선전할 그런 대상에서도 완벽하게 벗어난다는 것입니다. 솔직히 그리스도교의 처음과 나중적 핵심과 정의와 법은 오직 그리스도의 이름 하나 그것뿐입니다.

그리스도교적 원래적 핵심은 이미 이방에서 유대로 넘어가고 있습니다. 왜냐 하니 그리스도는 유대가 독립이 되면 그리스도의 재림이 손에 닿을 만큼 가까이 왔다는 것을(마태복음 24:33) 강조했는데 이미 유대가 독립된 지 반여 세기에 가까와 옵니다. 그렇다면 여기에 문제가 다분히 있는 것 아닙니까?

성서의 기록상으로 보면 이미 이시대가 대 환란의 전반부에 들어가 있어야하고 하늘은 닫혀서 비 한 방울이 떨어지지 아니해야하고 세계 인구의 약 3분의 1정도 가까이가 이미 떼죽음을 당해야 하는 것이 성서의 본래적 역사 기술이어늘 그럼에도 아직까지 현세는 대 환란에 접어들지 아니하고 아직 평화와 안녕의 기반위에 있는 그 이유는 도대체 무엇인가 하는 것입니다. 우리는 다음 장에서(제 4장) 예루살렘의 성전건축 문제를 다루어야 하지만 아직까지 이방 땅이 가만히 있고 이방에 있는 교회당들이 조용한 이유가 무엇인지 그것을 의심할 정도입니다. 솔직히 이방 땅에 있는 기독교회나 신자들, 목회자들이 하는 꼴을 보면 지금 당장 대 환란에 들어가서 여호와가 타작하시는 것을 보여주어야 할 것임을 깨닫게 됨에도 불구하고 아직도 그렇지 아니한 이유는 과연 무엇인가 하는 그것입니다.

그렇다면 여기에는 하나님 아버지의 특별한 은총이 주어져 있는 것이 아닌가합니다. 그럼에도 우리는 익히 압니다. 불원 유대의 수도 예루살렘에 여호와의 성전이 세워질 것을 말입니다. 그리고 그 즈음이면 이방에는 엄청난 시련이 오고 특히 이방교회는 종이쪽이 말리는 것과 같은 현상이 나타나며 성령께서는 이방에서 개선가를 높이 부르며 고국 유대로 돌아가게 될 것임을 말입니다. 이때쯤이면 이방에 있는 기존의 교회당들은 대 환란에 들어가기도 전에 거의가 문을 닫은 후 스스로 넘어지고 말 것입니다.

그럼 왜 이방에 이와 같은 대 시련이 기다리고 있음에도 이방에 있는 그리스도의 교회들과 교인들은 하나같이 정신을 차리지 못하고 있습니다. 그럼 그 이유는 무엇입니까? 그것은 바로 유대적 역사와 현실에 이방 교회와 교인들이 완전 휩말려 들어서 정신을 차리지 못했기 때문입니다. 다시 말해서 유대가 AD. 1948년도에 회복은 되었음에도 약 반여 세기동안 조용하기만 하니 이방의 기독교신자들이 내심으로 그럭저럭 지나가는구나 또는 아무것도 아니로구나… 하는 심리적 불안에서 벗어나 안정세로 돌아서 버리니 구태 의연해지고 대범해지니 될대로 되라입니다. 또한 성령이 유대로 돌아가기 이전에 종교화만 이루어지면 기독교회는 이방에도 존재할 것이고 불교나 유교 마호멜교 마냥은 될 수가 있는 양 단단히 오해하기에 어처구니없는 역 현실성을 노출시킵니다. 이 경우는 그리스도의 교회가 이방의 타 종교와는 달리 말씀의 종교란 것을 고스란히 잊고 있으니 도리가 없는 것입니다.

유대가 회복이 된 후, 약 반여 세기동안 일하지 아니하고 가만히 쉬고 있는 것은 결코 아닙니다. 그런다고 해서 이방인들 마냥 호들갑을 피우거나 떠는 것도 아닙니다. 저들은 외형이 조용하나 굉장히 어쩌면 가장 바쁜 민족임에 분명합니다. 왜냐 하니 이방신전을 파괴시키고 여호와의 성전을 세울 준비와 성령을 받아들일 준비를 해야 되니 보통 바쁜 민족이 아닙니다. 그럼에도 저들은 철두철미 선민 된 긍지를 가지고 결코 서둘지 아니하고 하나씩 성서에 입각해서 일을 진행해 왔습니다. 그리고 앞으로도 성서에 입각해서 하나씩 진행해 나갈 것입니다.

　저들이 반여 세기동안 일한 것들을 주시해 보십시오.
　① AD. 1948년도에 독립이 될 때 예루살렘이 구약 성서의 예언 그대로 이루어져서 동서가 갈라졌는데(스가랴 1:16) 그들은 그동안 동 예루살렘을 AD. 1967년에 점령을 하고 하나로 만들었습니다.
　② AD. 1948년도에 독립이 될 때에는 수도를 텔아비브로 정했으나 1967년도에 한주일 전쟁에서 동 예루살렘을 점령한 후 속전속결로 세계의 반대급부에도 불구하고 굴하지 아니하고 수도를 텔아비브에서 예루살렘으로 옮겨다 놓은 일입니다. 세계인의 입장에서 그것은 반대와 전쟁의 불씨라 할지 모르나 유대적 입장에서 보면 그것은 아주 잘한 업적이며 오시는 여호와를 맞아들이기 위한 전초작업이니 대단한 일이 될 것입니다.
　③ 구약성서 미가 2:12~13절의 예언을 성취시키기 위해 먼저 고토로 귀환을 하는 자들도 있지만 순차적으로 귀환하는 무리가 있기에 지금까지 순차적 본국 귀환에 최선을 다하고 있다는 것입니다.

④ 구약성서 아모스 9:14절의 예언을 이루기 위해 귀국한 이후 성서에 나타난 각 고성들 가운데 "황무한 성읍을 건축하고" 동시에 포도원을 심고 각종 과수원을 만들고… 하는 일을 해왔고 뒤에 고국으로 귀환할 이웃들을 위해 먼저 온 자들이 도로를 내고 국토를 아름답게 꾸미는 선구자적 일을 부지런히 해오고 있습니다. 동시에 저들은 에스겔 36:36절의 예언을 이루기 위해 무던히도 노력하고 있습니다.

⑤ 시편 59:14절의 성서의 예언 그대로 저들은 역사의 저문 때에 돌아온 것을 누구보다 잘 알고 있습니다. 저물었으니 모든 것은 심히 바쁘다는 것을 알기에 매사에 최선을 다해 일을 어린아이나 어른이나 간에 공히 하고 있습니다. 그럼에도 여기서 가장 힘이 드는 일은 바로 저들은 선민인 만큼 이방인들이 지금까지 살면서 베고 묻고 한 우상의 집들 곧 이방인들이 살던 집에서는 살지 아니하기에 과거의 것들은 헐어버리고 대개 새로 지어야 하니 그것이 가장 힘든 일이었을지도 모릅니다.

⑥ 에스겔 39:28절의 예언을 이루려면 먼저 귀국한 저들이나 장차 귀국할 자들이나 간에 모두가 공히 그 만반의 준비를 하지 아니하면 안 되기에 이방 땅에 있는 자들은 돌아갈 준비를 모두가 암암리에 하고 있고 고토에 먼저 귀국한 자들은 이방 땅에 있는 선민들이 돌아오면 그들을 맞을 준비를 해야 하니 지금까지 저들은 심히 바쁘게 돌아간 것이 사실입니다.

⑦ 저들은 유대에 있거나 이방에 있거나 간에 장차 온 이스라엘 백성이(에스겔 39:28) 한 자리에 모일 것에 대비하여 성서의 예언대로 예언된 땅 "레바논과 길르앗"을(스가랴 10:10) 어떻게 점령하느냐와 또한 어느 쪽을 차지하느냐 하는 문제

를 심각하게 다각적으로 논의하고 있습니다.

⑧ 유대에(고토) 있는 자나 이방에 있는 자들이나 간에 공히 생각하는 것은 예루살렘에 있는 회교신전을(이방신전) 파괴해 버릴 운동전개입니다. 저들은 수십 년 동안 신전파괴와 (에스겔 11:18~21) 동시에 예루살렘 성전건축을 위한 만반의 준비를 해 왔습니다. 지금도 이 두 가지는 계속해서 연구와 검토 분석이 되고 있습니다. 위로부터 지금이라도 명령만 내리면 순식간에 폭파되어야할 것은 폭파시키고 건축이 되어야할 것은 속전속결로 건축이 될 것인데 그렇기 위해서는 경제나 정치 그리고 군사적 측면에서 상대성이 있으므로 이제까지는 이 일을 위한 사전준비에 몰두해 왔습니다. 왜냐하니 오늘밤이라도 여호와께서 이방신전을 파괴하라는 명령이 내리면 속전속결로 그것을 파괴시킬 것인데 그렇게 되면 세계는 어찌되고 이방에 세워진 기독교회들은 어찌 될 것입니까? 뒤돌아서서 예루살렘 성전건축이 시작 될 것이고 그럼과 동시에 이방으로 나갔던 성령께서는 유대에로 돌아가 저들이 성전을 건축하는데 전적 도와드릴 것 아닙니까? 이방신전 파괴나 예루살렘 성전건축 모두가 속전속결로 끝이 날 것인데… . 사실 이런 경우는 이방신전 파괴보다 예루살렘 성전건축이 더 어려울 것임은 명약관화한데 과연 완성을 시킬 수가 있느냐함도 과제입니다. 그러니 저들은 이를 위해서 사전 준비가 철두철미할 것입니다.

⑨ 유대가 AD. 1948년도에 독립이 된 이후 약 반여 세기 동안 일한 업적 가운데 성서적인 면에서 최대의 업적은 역시 나사렛 예수를 저들이 "선지자"로 인정하고 받아들인 그것입니다. 유대인들은 그리스도 당시로부터 약 2000여 년 동안 나사렛 예수를 이단시하고 멀리했습니다. 버린 자, 이단자,

반란자, 혁명에 실패한자 등으로 낙인을 찍었음에도 회복된 이후 저들의 랍비회의에서 예수를 "하나님이 보내신 선지자"로 받아들이고 선포함으로서 전 유대인은 나사렛 예수를 적대시 하던 사상과 신앙에서 벗어나 이미 선지자로 받아들였다는 사실입니다. 이는 저들이 예수를 장차 그리스도로 받아들이기 전의 전초적 작업으로서 진일보한 것이며 이미 성서에 예언된 바를(신명기 18:15) 이루어 드린 것입니다. 그러니 이 얼마나 위대한 과업입니까? 유대인들이 이제 나사렛 예수를 선지자로 받아들여 믿게 되었으니 언제인가 다시 한 번 모여 나사렛 예수는 오실 그리스도 곧 메시야였다는 것을 받아들이게 되면 그만입니다. 고로 지금의 유대는 약 반세기여 동안 알게 모르게, 눈으로 보이게 보이지 않게 피나는 일을 해왔고 엄청난 업적을 남기에 되었습니다.

그럼에도 이방인 된 우리는 너무나 당돌해져서 선민 유대가 이미 독립이 되었고 다가올 사태를 면밀히 파악한 후 지금 그 하나하나에 대처하고 있는 것을 잊어버리고 기도원이다 광장이다 강변이다 대운동장이다 하는 곳에서 대형집회를 연다며 각종 슬로건을 내세우는데 그것을 보면 국가를 구하자, 전 민족을(국민) 그리스도에게로 인도하자 하던가? 아니면 유대로 돌아가야 할 성령을 아직도 정신을 차리지 못한 가운데 볼모로 붙잡아 두려는 의도들을 보이고 있습니다. 지금은 어떤 면으로 보나 그렇게 한가한, 신선이 도끼자루 썩는 것도 모르는 그런 때는 이미 지나갔으니 정신을 차릴 때입니다. 회개하면서 이미 다가오고 있는 대 환란과 그리스도의 재림을 맞도록 철저히 준비해야할 시기입니다.

제 4장 예루살렘에 여호와의 전을 건축함 (제 4성전)

"내가 그들과 화평의 언약을 세워서 영원한 언약이 되게 하고 또 그들을 견고하고 번성케 하며 내 성소를 그 가운데 세워서 영원히 이르게 하리니 내 처소가 그들의 가운데 있을 것이며 나는 그들의 하나님이 되고 그들은 내 백성이 되리라. 내 성소가 영원토록 그들의 가운데 있으리니 열국이 나를 이스라엘을 거룩케 하는 여호와인줄 알리라 하셨다 하라"고(에스겔 37:26~28).

성서에 나타난바 그대를 대 환란을 전후해서 임할 이 지상의 최대 이슈는 누가무엇이라고 해도 역시 성도 "예루살렘에 여호와의 전을 건축"하는 문제 바로 그것입니다. 이는 우리들만의 문제가 아니라 선민들의 문제이기도 합니다. 그러다보니 상당수의 사람들이 말하기를
　① 과연 성도 예루살렘에 여호와의 전을 세울 수 있을 것인가?
　② 현재 예루살렘 도성 안에 있는 마호멭교의 제 2신전을 어떻게 처리할(파괴)것인가?
　③ 어떻게 예루살렘 성전을 세울 것인가?
　④ 언제 예루살렘 성전을 세울 것인가?
　⑤ 누가 이 엄청난 대업을 앞장서서 처리할 것인가?
하는 이런저런 의문들은 솔직히 이야기해서 마지막 때를 당한 전 세계 모든 인에게와 특별히 이방에 아직까지 머물고 있는 이스라엘 백성들과 유대에 있는 백성들에게 하나의 엄청난 과제이며 그럼과 동시에 이방인으로서 기독교인이 된 우리 모두에게도 하나의 남겨진 역사적 과제가 아닐 수 없는

것입니다.

성서의 연대계산법과 여호와의 섭리에 의해 유대가 A.D. 1948년에 독립은 되었으나 그것은 어디까지나 외형적이지, 그것을 보고 지금에서 유대가 성서적으로 완전한 독립을 이루었다고 보기는 심히 어렵습니다. A.D. 1948년에 유대가 독립은 되었으나 예루살렘에는 이방신전인 회교 제 2신전이 여전히 그대로 남아있어서 이방인들이 예루살렘 도성 안을 오고 가면서 제사를 드리고 있는 실정입니다. 이런 일들은 회복되기 이전은 몰라도 이후에는 아니 됩니다. 그럼에도 여전하니 어쩌됩니까?

여호와의 성도 예루살렘에서는 날마다 우상의 제물들이 오고가는 것은 고사하고 우상을 숭배하려는 자들의 행렬이 항상 줄을 이어서 있습니다. 그러므로 여호와의 도성 예루살렘이 세계의 우상숭배자들의 요새화가 되었고 그들이 오고가는 더럽고 추함의 소굴로 탈바꿈 되었는데 이것을 옆에서 날마다 보면서도 선민 된 저들이 어찌 울분과 분통을 터뜨리지 아니할 것이며 이방인으로서 그리스도교인이 된 지금의 우리 역시 어찌 분통을 터뜨리지 아니하고 가만히 보고만 있을 것인가 하는 것입니다.

A.D. 1948년도에 유대가 독립은 되었으나, 그리고 A.D. 1967년도에 둘로 나뉘어져 있던 예루살렘의 동편을 점령하여 명실 공히 하나로 통일은 시켰으나 이방신전이 동 예루살렘에 여전히 남아 있기 때문에 여호와의 성전을 세우지 못하고 텔아비브에다 임시 성전을 짓고 여호와 하나님께 제사를 드리는 처지이니 이 어찌된 일입니까? 이 부끄러움과 몰골을 무엇으로 가리 울 것입니까?

우리는 무엇보다 날마다 저들의 눈앞에서 우상을 섬기려

오고가는 것을 보고 있는 선민 유대의 입장과 현실을 먼저 생각해야 합니다. 수도를 처음에는 텔아비브에 정했다가 다시 예루살렘으로 옮겨서 정했고 여호와의 성전도 임시로 텔아비브에 세워놓고 있으니, 그럼에도 아직까지 예루살렘으로 옮겨갈 엄두를 못 내고 있는 실정이니 난감합니다. 그럼에도 현금당대에서 그리스도 교인이 되었다고 자부하는 이방인들은 저희들끼리 선교와 단합을 한답시고 부지런히 오고 가거나 세계의 기독교회가 하나가 되어야 한다면서, 친교 하는 입장과 처지이면서도 선민과 예루살렘을 위해서는 전혀 관심도 감각도 없으니 큰일이 아닙니까? 그래도 되는 것인지 오히려 궁금합니다.

성서를 보십시오.

"예루살렘을 위하여 평안을 구하되 예루살렘을 사랑하는 자는 형통하리로다"고(시편 122:6)

또한 성서는

"너희는 내가 사로잡혀 가게 한 그 성읍의 평안하기를 힘쓰고 위하여 여호와께 기도하라. 이는 그 성이 평안하므로 너희도 평안할 것임이니라"고(예레미야 29:7).

성서는 이렇게 하여 이방인들도 성도 예루살렘의 안녕을 위하여 기도하라고 명하지만 이방인의 어리석은 고집과 무지에 의해 우리들 스스로가 기도하기는커녕 오히려 예루살렘의 회복에 대하여는 배타적입니다. 이방인 된 우리의 솔직담백한 신앙고백은 될 수 있으면 예루살렘에 이방신전이 하루라도 더 지속되기를 바라면서 이방에 있는 자기들 개 교회당이 누가 무엇이라 해도 커지고 웅장하며 고상해지기를 갈망하고 원합니다. 그것은 고사하고 어처구니없는 것은 예루살렘에 이방신전이 세워져 있거나 말거나, 여호와의 성전이 그곳에 세워져서 있거나 아니면 세워지지 아니했거나 간에 그런 것 따위에는 전혀 관심이 없고 오직 현재를 마지막 때이니 그리스도의 재림이 가까운 때이니를 외치고 있으니 이 얼마나 이율배반적 입니까? 하나같이 성서의 지식이 무식한 것인지 아니면 지나치게 유식하고 유능해서 그런지는 모르지만 마지막 때에는 성도 예루살렘에 여호와의 성전이 세워져야함에도 불구하고 아직 여호와의 성전은 그곳에 없고 오직 이방신전만이 세워져 있는 상태에서 마지막 때라고 이방교회당 안에서 소위 지도자란 자들이 외치고 있으니 이런 어처구니없는 일이 어디에 또 있습니까? 그러다보니 이방 땅에는 못된 짓들과 일들만 나타나 주위의 이맛살을 찌푸리게 만드는 것을 보기도 합니다.

요즘 여기저기에서 들려오는 각종소리는 이미 대 환란이 시작되었다느니 앞으로 몇 년 안으로 시작이 된다느니 또한 상당수의 사이비 종교 지도자들은 1992년에 심지어 예수 그리스도의 재림이 있다고 외치는가 하면 어떤 이들은 내일이나 모래 당장에 또는 내년에 그리스도가 다시 오시는 것과 같은 착각의 모형을 스스로 파고 있기에 이런 것은 전혀 근거나 출처마저 불분명한 것임을 결단코 잊어서는 아니 됩니다. 도무지 근거가 전혀 없는 해괴망측한 소리들이 마구 들려오지만 이런 것은 결코 반가운 것들이 못됩니다.

그럼에도 이 시점에서 우리가 반드시 유의해야할 것은 이런 소리는 처음부터 마귀의 소리요 이방인들의 말기적 발악 증세이지 성서적 전달은 결코 아님을 명심해야 합니다. 만사에는 그 일의 순서가 분명하고 확고해야 합니다. 마지막 대 환란은 더욱더 순서가 분명하고 정의가 확실하고 규칙이 질서정연해야 합니다. 순서와 절차를 밟지 아니하거나 무시한 가운데 누가 환상이나 계시, 입신 등에서 보니 언제 어떻게 또는 몇 년도 쯤에 대 환란과 그리스도에서 재림을 하시게 된다하더라 하는 이 어처구니없는 망언과 망설을 듣고 보는데 이런 것은 기필코 지양되고 시정되어져야 합니다. 그리스도의 재림이나 대 환란을 이런 보잘것없는 따위로 재거나 측정을 하거나 논하려 해서는 결단코 아니 됩니다. 어른이나 아이나 간에 각종 간증 따위에 의해, 입신에 의해, 여러 날씩 죽었다가 일어나는 그런 것 등을 통해서 천국이나 지옥 그리고 장차 도래 될 나라와 사건이 전달되는 것은 철저히 버리고 배격해야 합니다. 그것은 철저히 신화적이고 동방적 샤머니즘에 완벽하리만큼 젖고 동화된 것인 만큼 이를 참고해야 합니다.

성서를 보십시오.

"내 백성이 지식이 없으므로 망하는도다. 네가 지식을 버렸으니 나도 너를 버려 내 제사장이 되지 못하게 할 것이요"라고(호세아 4:6)

또한 성서는

"나의 백성이 무지함을 인하여 사로잡힐 것이요"라고(이사야 5:13)

이는 바로 여호와의 백성일수록 말씀에 대한 지식이 있어야 할 것임을 알리고 있는 것입니다.

성서에 보면 장차 나타날 대 환란이나 그리스도의 재림 역사가 모두 기록이 되어져 있습니다. 성서 밖에서 구원이나 그리스도의 재림이나 대 환란을 찾으려는 것은 모순이고 무리이며 악입니다. 이방인 된 우리가 대 환란을 직시하려면 무엇보다 먼저 성도 예루살렘에 여호와의 성전이 건축되느냐 아니 되느냐하는 그것부터 직시해야 함에도 불구하고 여기에는 하등의 관심들이 없고 이방에 있다는 다른 것에만 보다 더 큰 관심이 있는 것은 어처구니없는 일입니다.

 분명 다가올 마지막 사태와 대 환란 그리고 그리스도의 재림과 마지막 대 전쟁 등을 위해서는 예루살렘 성전건축이 필연적인 사건입니다. 어느 누구도 감히 이를 부인이나 부정을 할 수가 없습니다. 그렇다면 어떻게 예루살렘에 여호와의 성전을 세울 것인가 하는 것이 우선의 과제물입니다. 그러기 위해서는 먼저 성서의 전달과 외침에 귀를 기울이지 아니하면 안됩니다. 예루살렘 성전건축은(제 4성전) 필연적이고 성서의 필연적 숙원 사업이고 과제라 해도 모든 것은 그 때가 되어야하고 철저한 여호와의 승낙이 있어야 하는 것입니다. 여호와의 승낙이 없을 때 오히려 역현상과 부작용이 많다는 것도 명심해야 합니다.

1. 하나님의(예루살렘)성전은 반드시 건축되어져야 한다.

 지금 이 시점에서 기독교회의 지상 최대의 이슈는 무엇입니까? 여기에 대한 답변은 두 가지로 나타날 것인데 하나는 유대적인 것이고 다른 하나는 이방적인 것입니다. 이방인의 자세 설정에서는 이방적 이기심과 각종 우상에서 철저히 벗어나지 못하고 있기 때문에 이방에 있는 기존의 자기들 개 교회당 하나 큼직하게 짓고 교인의 숫자를 늘리고 모아서 평안하게 목회를 하거나 아니면 주위의 교회당들과 교인들에게 자기적 과시욕과 교회당적 과시욕을 발산만하면 그것이 큰 성공이고 출세인양 알기 때문에 문제입니다.

고로 세계적으로 성공한 교회들과 또는 한국에서 성공했다는 교회들을 따지고 비교연구 해보며 또한 한국의 10대 교회당들과 세계의 100대 교회들을 비교하고 따지고 앞내세우는 무지를 보이고 있습니다. 그러나 그런 것이 과연 무엇에 필요하고 요구되는 것입니까? 성령이 유대에로 돌아가고 예루살렘에 성전이 세워지면 상술한 것들은 모두 가만히 두어도 몇 달 못가서 저절로 무너져버릴 보잘 것 없는 것들입니다. 지금에서 세계적 큰 관심사는 어느 나라 어느 지역에 대형 교회당들을 몇 개를 더 짓는다거나 아니면 수만 명이 모이는 교회당들을 몇 개 더 짓는다거나 교인이 전년도 보다 수십만 명이 더 늘어났다는 것 등이 아니고 세계적 현실 핫이슈는 바로 언제 어느 때에 누가 어떻게 하여 예루살렘 도성 안에 있는 이방신전을 파괴시키고 여호와의 전을 건축하느냐 하는 그것입니다. 이미 유대는 반세기 가까이 전에 독립이 되었고 유대인은 고국 귀환이 연이어지고 있습니다(미가 2:12~13).

그럼에도 아직까지는 예루살렘에 있어야할 가장 값지고 귀한 것이 도성 안에는 있지 아니합니다. 그 이유야 어디에 있던 간에 심각한 문제점임에도 사실입니다. 솔직히 있어야할 성전은 없고 이방인의 신당이 있으며 여호와의 전은 없고 임시 막사가 텔아비브에 있어서 그곳에서 여호와에게 제사를 드리고 있습니다. 이것은 어느 누구를 위해서든 간에 또한 무엇을 위해서도 결코 바람직한 처사가 아니고 못 됩니다. 유월절이나 기타 모든 절기를 예루살렘이 아닌 다른 장소에서 드려진다는 것은 결단코 있어서는 아니 될, 또한 바람직하지도 못한 처사와 정의롭지도 못한 행위임을 잊어서는 아니 됩니다. 이는 유대인을 위해서나 이방인을 위해서도 바람직하지 못하기에 유대인과 이방인 모두를 위해 예루살렘에 성전은 반드시 세워져야 하고 다가오고 있는 대 환란이나 그리스도의 재림을 위해서도 성전 건축은 바람직한 처사입니다.

그럼에도 아직까지 이방인 된 우리는 이방 땅에다 교회당 하나를 더 짓는 데에만 전심전력을 기울이고 관심을 집중 시키고 있으며 신자 하나를 더 늘리는 데에만 급급하고 보다 더 관심이 있는데 반하여 예루살렘 성전건축에 대하여는 전혀 무관심한 이유는 무엇이고 어디에 있는 것입니까? 이 시점에서 이방인 된 그리스도인들은 예루살렘 성전건축을 위하여 과연 기도드리고 있는 것입니까? 그렇지 않으면 이방에 있는 자기들 교회당 하나를 위하여 보다 더 기도를 하십니까? 그럼 예루살렘 성전과 이방에 있는 자기들 교회당 가운데 어느 것이 보다 더 필요로 하고 중요한 것입니까? 한번쯤은 우리 모두가 여기에 대하여 생각들을 해보고 넘어가야할 것입니다.

성서를 보십시오.
"내 성소를 그 가운데 세워서 영원히 이르게 하리니"(에스겔 37:26하반절)

또한 성서는
"내 처소가 그들의 가운데 있을 것이며 나는 그들의 하나님이 되고 그들은 내 백성이 되리라"고(에스겔 37:27)

또한 성서는
"내 성소가 영원토록 그들의 가운데 있으리니"라고(에스겔 37:28상반절).

그럼 왜 여호와의 제4성 전이 예루살렘 동편에 세워져야 하는 것입니까? 그것은 바로 성전이 그곳에 장차 세워 져야

① 유대인들의 본국귀환도 빨리 이루어질 것이고.
② 유대에로 성령의 귀환도 역시 빨리 이루어질 것이고
③ 이방인의 때도 차게 될 것이고
④ 이방인의 구원 얻는 수효도 그때 차게 될 것이고
⑤ 유대인들이 예수 그리스도를 메시야로 받아들임이 이루어질 것이고
⑥ 예루살렘을 위시하여 이스라엘 전역에서 통곡 소리가 일어나게 될 것이고
⑦ 그럼과 동시에 예루살렘이나 유대에 두 증인이 나타나게 될 것이고
⑧ 두 증인의 때가 지나면 짐승의 때가(적그리스도) 나타나게 될 것이고(적그리스도는 국적이 유대인임)
⑨ 대 환란에 의해 엄청난 피해를 입게 될 것이고
⑩ 대 환란의 후반부인 적그리스도의 시대가 되면 성전과 지상의 모든 교회당들의 문들이 완전 닫히게 될 것이고
⑪ 제사장들과 선지자들과 주의 종들이 떼죽음을 당하고 성도들도 떼죽음을 당하는 때가 오게 될 것이고
⑫ 기타 등등입니다.

이런 것들 하나하나가 연이어서 이루어져야 되기 때문에 예루살렘에 성전 건축은 반드시 시작이 되어야 합니다. 이런 경우 이방에 대하여는 조용히 두고 볼 수밖에 없습니다. 이방에는 교회당 수도 많고 교인의 수효도 많으나 그것은 이방에 구원을 얻는 수효를 채우시기 위함과(로마서 11:25) 이방인의 때를 매우기 위함임을(누가복음 21:24) 잊어서는 아니 됩니다. 이방에 크고 작은 교회당들이 우후죽순처럼 많아진다고 해도 그것은 어디까지나 구원 얻는 수와 이방인의 때

를 채우기 위함이라고 할 때 우리는 이방 땅에 헌금당대에서 교회당 하나를 더 세웠다고 하며 큰 소리를 치거나 뽐내거나 자랑을 할 것이 하나도 없습니다. 그럴수록 오히려 낮아지고 겸손해져서 두렵고 떨림으로 구원을 기다려야 합니다(빌립보 2:12). 교회당에 다니는 교인이라고 해서, 교회당에 다니면서 감사와 헌금을 타인보다 좀 많이 한다고 해서, 자기가 헌금해서 교회당을 지었다고 해서 교만하거나 뽐내거나 자랑할 것이 하나도 없습니다. 그럼에도 우리는 여전히 철저한 이방인이고 그래도 이방 땅에서 살아야하고 살 수 밖에 없는 속성의 소유자들 입니다. 교회당 역시 이방에 있는 것일 뿐입니다.

만물의 마지막이 가까이 온다고 외치면서도(베드로 전서 4:7) 자본주의적 속물근성에서 여전히 기독교회가 벗어나지를 못해 교회당에 나가나 어느 신자를 만나나, 기도원을 가나 자본주의의 물에서 허우적거리고 있음을 봅니다. 그럼에도 성서와 그리스도교의 숙원사업 가운데 하나인 예루살렘 성전이 건축되면 이방의 자본화 된 교회당들은 하나같이 문을 닫게 되므로 다가올 세대의 하나하나에 눈을 들어 주시해야 될 것입니다.

2. 예루살렘 성전건축 예고

여호와의 제 4성전이 예루살렘에 건축되는 것은 이미 성서가 수천 년 전부터 예고하는 바입니다. 이방에 그리스도의 교회당이 세워지는 예언 성취보다 성전이 예루살렘에 건축된다는 것은 더 큰 의미를 지니고 있습니다. 예루살렘에 성전이 건축되는 것은 유대인이나 유대 종교만을 위해서가 아닙니다. 유대인과 유대 종교의 유익만을 위한 것 역시 아닙니다. 이것은 어디까지나 철저히 그리스도교와도 관계가 있고 세계의 마지막과도(종국) 관계가 있고 되는 것입니다.

　이스라엘 회복이(마태복음 24:32~33) 이미 예고되었기에 예고된바 그대로 이스라엘은 회복된 것입니다. 이스라엘 회복 제 1기에서 강술한바 그대로 이스라엘 회복은 전적 여호와에 의한 것이고 이미 구약의 예언을 성취하기 위한 것이었습니다.

　이와 같이 예루살렘에 세워진 이방인의 신전이(회교 제2신전) 송두리째 파괴되고 여호와 하나님의 성전이 그 자리에 세워지는 것은 이미 예언된 말씀이기에 여기서는 왈가왈부가 조금도 필요 없으며 언제 어떻게 하나는 파괴가 되고 다른 하나는 세워져서 여호와의 영광이 나타나게 하느냐 하는 것만이 한 과제로 남겨진 것입니다. 그러므로 이 시점에서 성도 예루살렘에 여호와의 전이 건축된다고 해서 그것이 결코 새롭거나 이상한 것은 아니며 남의 터 위에 세워져서 일천수백 년 간이나 재미를 보고 우상을 섬기는 일에 집착한 이방의 신전이면 이제 그 탈을 벗어 던지고 그 자리에서 물러날 시기가 되었으면 조용히 그리고 어서 속히 물러가는 것이 성서의 요구사항 완성입니다. 이것은 마호멜교에는 치명타일지 몰라도 성서와 유대 그리고 그리스도교회에는 당연한 귀결이고 현실이 될 것입니다.

　그래서 성서는
　"내 성소를 그 가운데 세워서 영원히 이르게 하리니"라고 (에스겔 37:26하반절) 합니다.

　또한 성서는
　"오직 유다지파와 그 사랑하시는 시온 산을 택하시고 그 성

소를 산의 높음 같이 영원히 두신 땅 같이 지으셨으며"(시편 78:68~69)

라고 하여 성도 예루살렘을 시온산 위에 건축하신 것과 성전을 그곳에 세우실 것을 강조하고 있습니다. 어디 그것뿐이 아닙니다. 구약성서 아모스 9:14절을 보면 "포도원들을 심고 포도주를 마시게 할 것이다"고 합니다. 이런 성서의 예고는 장차 성전을 그곳에 지으실 것과 일맥상통한 진리입니다(이사야 5:2).

누가 무엇이라 해도 누구의 반대에도 불구하고 예루살렘에는 여호와의 성전이 불원간에 세워집니다. 그것은 이미 성서의 요구사항이기도 하지만 하나님 아버지의 만세전 뜻이기도 합니다. 그래서 성서는

"여호와께서 그 거하시는 온 시온산과 모든 집회 위에 낮이면 구름과 연기 밤이면 화염의 빛을 만드시고 그 모든 영광 위에 천막을 덮으실 것이며 또 천막이 있어서 낮에는 더위를 피하는 그늘을 지으며 또 풍우를 피하여 숨는 곳이 되리라"고(이사야 4:5~6).

또한 성서는

"내가 나의 사랑하는 자를 위하여 노래하되 나의 사랑하는 자의 포도원을 노래하리라 나의 사랑하는 자에게 포도원이 있음이여 심히 기름진 산에다 땅을 파서 돌을 제하고 극상품 포도나무를 심었도다. 그 중에 망대를 세웠고 그 안에 술틀을 팠도다"고(이사야 5:12상반절).

또한 성서는

"여호와께서 장차 유다를 취하여 거룩한 땅에서 자기 소유를 삼으시고 다시 예루살렘을 택하시리니 무릇 혈기 있는 자들이 여호와 앞에서 잠잠할 것은 여호와께서 그 성소에서 일

어나심이니라 하라"고(스가랴 2:12~13).
  또한 성서는
  확고부동하게 강조하시기를 "내가 긍휼히 여김으로 예루살렘에 돌아왔은즉 내 집이 그 가운데 건축되리니"라고(스가랴 1:16중반절)
  상술한 바를 하나하나 검토해보면 예루살렘 성전건축은 이미 성서에 예언된 바이고 성전을 지으라는 것이 이미 내려진 명령이라면 믿음으로 그것을 고스란히 받아들이고 이스라엘이 이에 응하면 그만입니다. 여기서 왜라거나 아니오라는 부정사는 언제나 철저한 금물입니다. 이미 하나님의 영광이 예루살렘위에 내리고(스가랴 1:14,17, 2:12, 3:2) 밤에도 낮에도 보호하시는 것은 성전 건축에 대한 여호와 하나님의 돌보심이 나타난 것입니다. 이때 예루살렘 성전은 이 지상에서 최대의 극상품 포도나무로서(이사야 5:2 상반절) 돋보일 것임도 알립니다.
  우리가 알기로 예루살렘 성전이 불원 건립되어 나타난다고 할 때 앞과 뒤에 나타날 여러 가지 부수적이고 난해한 점들이 많을 것이지만 그러나 성전건축 이후에 나타날 여호와의 영광을 생각해서라도 반드시 건축이 되어져야 합니다. 예루살렘 성전건축에서는 이미 각오해야 할 것들이 하나둘이 아닙니다. 그럼에도 이를 각오해야 하고 이방에 있는 기독교회들도 모두가 예루살렘 성전건축을 위하여 기도하면서 동참의식을 가지지 아니하면 안 됩니다.

3. 예루살렘의 이방 신전파괴.

  "누가 지혜가 있어 이런 일을 깨달으며 누가 총명이 있어 이런 일을 알겠느냐 여호와의 도는 정직하니 의인이라야 그 도에 행하리라 그러나 죄인은 그 도에 거쳐 넘어지리라"고 (호세아 14:9).

성도 예루살렘에 여호와 하나님의 전을 건축하라는 명령과 예언을 동시에 이루고 수행하려면 먼저 예루살렘 도성 안에서 제거되어야 할 과제인 이방신전이 없어져야 하는 것은 두 말할 나위가 없습니다. 예루살렘에 이방인의 신전이 세워졌다는 것은 여호와 하나님의 허락과 묵인이(섭리) 있었을 것이고 이를 통하여 나타내시고자 하시는 뜻과 섭리가 주어져 있었을 것이지만 그럼에도 그것은 처음부터 무리수이고 도저히 용서나 용납이 될 수 없는 것이었습니다.

솔직하게 이야기해서 원래부터 하나님의 도성인 예루살렘에 이방인의 우상 신당이 세워진다는 것은 이해가 안 되는 사건입니다. 아브라함이 이삭을 여호와에게 제사로 드리던 그 장소에 감히(창세기 22:1~14, 역대 하 3:1) 이방인의 신당이 세워진다는 것은 도저히 용납지 못할, 불쾌한 일이고 부끄러운 사실인 만큼 이는 하나님의 노와 징계를 받아 마땅한 사건입니다.

아무리 자기들이 점령한 땅이라지만(AD. 637년) 남의 땅 그것도 오랜 세월동안 여호와를 섬기는 성전이 있던 그 장소에다 자기들 이방신당을 세운다는 그것 자체가 불쾌한 일입니다. 그럼에도 막무가내면서 남의 나라 성전 터를 자기들의 신당 터로 삼아 신전을 건축한 것은 말도 안 되는 사건입니다. 그럼에도 이렇게 해서 일천 수백 년 동안 아무 탈 없이 내려온 것은 오히려 이상함입니다. 그동안 여호와께서는 왜 그것을 보시고도 그대로 놓아둔 것인지? 아니면 여호와로부

터의 뜻과 섭리였는지 모를 일입니다. 만약에의 경우 여기에 여호와의 뜻이 있다면
　① 자기 백성에 대한 진노가 끝나기 까지 그냥 두신다는 것.
　② 자기 백성이 독립(회복) 될 때까지 그냥 두신다는 것.
　③ 자기 백성이 돌아와서 그것을 파괴시킨다는 것.
　④ 자기 백성이 강해지고 강대국이 된 연후에 파괴시킨다는 것 - 그때 까지는 그냥 두신다는 것.
　⑤ 이방인의 때가 찰 때까지 그냥 두신다는 것.
　⑥ 이방인의 구원 얻는 수효가 어느 정도 찰 때까지 놓아 두신다는 것.
　⑦ 유대가 성전을 속전속결로 지을 수 있는 저력이 있을 때까지 그냥 두신다는 것.
　⑧ 이방신전이 예루살렘에서 헐리게 될 때는 대 환란이 거의 시작되기 직전이니 대 환란 직전까지 두신다는 것 등일 것입니다. 또한 여기에는 하나님의 뜻과 섭리가 주어져 있기도 하고.

그러나 문제가 되는 것은 이스라엘이 회복되기 이전까지에는 이방신을 섬긴 이방인 자기들끼리 오고가며 살고 있었으니 예루살렘 신전이 그렇게 문제가 크지를 아니했습니다. 그러나 팔레스타인 사람들이 그곳에서 물러나고(쫓겨남) 이스라엘 백성들이 고토로 돌아와서 살게 되니(에스겔 36:24, 37:14, 21, 39:28) 이때부터 예루살렘의 이방신전은 심각한 문제로 비화되게 됩니다. 당연히 여호와 하나님의 성전이 세워져 있어야 할 그 장소에 여호와의 성전은 없고 이방신을 섬기는 우상의 전당이 세워져 있으니 또한 세계 도처로부터 그 이방신을 섬기는 자들이 이방신께 드릴 예물을 가지고 밤낮을 가리지 아니하고 예루살렘 한 가운데를 활보하고 있으

니 그것을 보신 여호와께서 어찌 진노치 아니할 것입니까?
 우상의 제물을 들고 여호와의 도성 거리를 활보하는가 하면 우상의 제물을 예루살렘 신전에다 놓고 이방신께 제사를 드리니 여호와께서 어찌 가만히 두실 것입니까? 그것을 파괴시키고 이방신을 섬기는 자를 요절내시는 것이 가장 합리적 방법이 아니겠습니까?(에스겔 11:21) 유대가 2600여 년 만에 해방이 될 때에는 힘이 없었기 때문에(AD. 1948년) 성도 예루살렘이 동과 서로 나누워지는(스가랴 1:16) 수모를 받았으나 이에 AD. 1967년에 동서가 하나가 되고 이스라엘의 수도로 이미 예루살렘이 사용되고 있음에도 불구하고 아직까지 예루살렘에 성전이 세워지지 아니하는 것은 여호와의 뜻이 있기는 해도 문제가 다분한 것입니다.

 성서를 보면 이미 3000여 년 전에 예루살렘에 이방신전이 세워질 것을 예고하고 있습니다. 아무리 예언이라고 해도 예루살렘이 마호멜교도들에 의해 AD. 637년에 점령을 당했는데 도성이 이방인에게 점령되기 1000여 년 전에 장차 이방신전이 도성 안에 세워질 것이 예언되었다는 것은 놀라운 일입니다. 일천 수백 년 전에 세워져서 내려오는 예루살렘의 이방신전이 마지막 때에 가서 헐리게 되고 그곳에 여호와의 성전이 다시 세워진다는 것의 예언도 놀라운 것 가운데 하나입니다.
 성서는
"그들이 그 우상들과 가증한 물건과 그 모든 죄악으로 스스로 더럽히지 아니하리라"고(에스겔 37:23상반절).
 이는 무엇을 의미합니까? 장차 선민들이 고국으로 돌아와 예루살렘을 점령하면 그곳에 있는 우상의전과 가증한 물건을 헐고 파괴시켜 버리기에 과거와 같이 우상 따위로 여호와에게 범죄하지 아니 하시겠다는 의지를 표명함입니다. 성서가 예루살렘의 이방신전을 헐어버릴 것을 묵시적으로 예고하면서 이를 미사어구로 돌려놓고 있음에 감탄하지 아니할 수가 없습니다. 여호와의 성전 자리에 있는 이방신전을 헐어버림으로서 과거 솔로몬과 같은(열왕기 상 11:1~8) 우상숭배의 범죄는 하지 말아야 하기에 여기서는 회복되어 돌아온 이스라엘 백성들은 제일 먼저 우상의 전당을 헐어버린다는 것입니다.

또한 이 문제에서 성서는
"만군의 여호와가 말하노라 그 날에 내가 우상의 이름을 이 땅에서 끊어서 기억도 되지 못하게 할 것이며 거짓 선지자와 더러운 사귀를 이 땅에서 떠나게 할 것이라"고 합니다(스가랴 13:2).

또한 성서는
"주 여호와의 말씀에 내가 너희를 만민 가운데서 모으며 너희를 흩은 열방 가운데서 모아내고 이스라엘 땅으로 너희에게 주리라 하셨다 하라"고(에스겔 11:17)

이는 이스라엘의 본국귀환의 약속입니다. 그런 후에 돌아온 자기 백성이 이방신당을 헐고 성전을 건축할 것을 성서는 예고하고 있습니다.

그래서 성서는
"그들이 그리로 가서 그 가운데 모든 미운물건과 가증한 것을 제하여 버릴지라. 내가 그들에게 일치한 마음을 주고 그 속에 새 신을 주며 그 몸에서 굳은 마음을 제하고 부드러운 마음을 주어서"라고(에스겔 11:18~19).

여기서 우리는 무엇을 얻고 배웁니까? 이스라엘이 회복된 이후 여호와는 예루살렘과 유대에 있는 우상들을 다 쓸어버리고 다시는 그 이름이 기억되지 못하게 하신다는 것 아닙니까? 어디 그것뿐이 아닙니다. 스가랴 13:2상반절은 이미 우상의 이름을 이 땅에서 끊어버린다는 것임으로 예루살렘에 있는 우상의 신당을 없애고 이방신은 두 번 다시 예루살렘과 유대에서 부르거나 찾지 못하게 하신다는 것이니(에스겔 36:25) 성도 예루살렘 회교신전의 파괴 문제는 이제 시간문제로서 초읽기에 접어든 것입니다.

예루살렘과 유대에 이방신전을 완전 제거키 위해서는 우선 예루살렘 신전 파괴부터가 급선무입니다. 예루살렘 도성 안에 있는 이방신전을 파괴하려면 무엇으로 어떻게 하느냐가 한 과제입니다. 이런 경우에는
① 개인이 비행기를 동원해서 삽시간에 파괴를 시킬 수도 있을 것이고.
② 시오니즘이 그 뒤에서(배후) 조종해서 파괴를 시킬 수도 있을 것이고.
③ 군대를 동원해서 파괴시킬 수도 있을 것이고.
④ 국가적 차원에서도 파괴를 시킬 수가 있을 것이고.
⑤ 종교적 차원에서도 능히 파괴를 시킬 수가 있을 것이고.
⑥ 극우파에 의해서도 능히 파괴를 시킬 수가 있을 것입니다.
유대인의 속성이나 체질 그리고 사상과 신앙상 마음만 먹으면 어느 단체를 막론하고 언제든지 회교신당 파괴에 동원될 수가 있을 것입니다. 결코 이는 어려운 문제가 아님으로 어디까지나 시간문제일 것입니다. 그럼에도 아직까지 이를 실천에 옮기지 못하는 이유는 무엇이고 어디에 있는 것입니까?
그럼 이와 같은 큰일은 누가 계획을 하고 집행하며 실천에 옮길 것입니까? 그것은 오직 배후에 계시는 여호와께서 하실

일입니다. 여호와께서 개인에게나 어느 단체에게 기회를 주시거나 명령만 내리시면 개인이나 단체는 지체하지 않고 가차 없이 일어나 그 일을 집행할 것입니다. 살고 죽고는 여호와에게 맡기고 말입니다. 이 엄청나고 위험천만인 일을 단행하려면 단체나 개인 모두가 자기들 목숨을 걸지 아니하면 안 됩니다.

왜냐하면 그들을 반대하는 주변의 회교세력들 역시 결코 만만치 않게 도전할 것이며 파괴시키려는 음모를 사전에 봉쇄하기 위해 갖은 음모와 방법과 수단을 동원할 것이므로 여기서 생기는 양대 마찰은 심각할 것입니다. 그럼에도 일단 이방신전이 파괴가 되어져야 예루살렘 성전이 그 뒤를 이어서 건축될 것은 사실이 아닙니까? 이방신전의 제거를 위한 성서의 외침의 경고를 보십시오.
"그러나 미운 것과 가증한 것을 마음으로 좇는 자는 내가 그 행위대로 그 머리에 갚으리라 나 주 여호와의 말이니라"고(에스겔 11:21).

4. 예루살렘 성전은 어디에 세울 것인가?

이방인의 신전은(회교 제 2신전) 예루살렘과 유대가 회복이 됨으로서 이미 그 기능과 힘이 상실 당해져 가고 있으며 그 자신도 모르는 사이에 예루살렘 회교신전은 점차 파괴를 향해 달려가고 있습니다.
이방신전이 전적 파괴를 향해 달려가고 있기 때문에 이제에서는 여호와의 성전이 어떻게 그리고 무엇으로 어디에다 세울 것인가 하는 것이 하나의 과제로 등장하고 있습니다.

이스라엘이 AD. 1948년에 독립은 되었음에도 임시 성전을 텔아비브에 세워야할 처지였기에 어른들이나 아이들이나 간에 모두가 바라고 염원하는 바의 일대 소망과 숙원사업은 바로 예루살렘에다 여호와의 성전을 세우는 그것입니다. 그럼에도 회복 된지 반세기 가까이 되어도 아직 예루살렘에 성전을 세우지 못하고 기회만 호시탐탐 노리고 여호와의 역사와 명령만을 기다리고 있으니 이 얼마나 답답할 것입니까? 누가 무엇이라 해도 여호와의 성전은 여호와께서 허락하신 땅에 (장소) 건축이 되어져야할 것입니다.

성서의 지시대로 주께서 계신 전을 지으려면(열왕기 상 8:13) 여호와의 이름을 둘만한 집을(성전) 건축하려면(열왕기 상 8:16~17, 19~20, 역대 상 29:16) 처음부터 섭리된 장소에다 세워야 합니다. 그곳은 밤낮 주의 눈이 볼 수 있는 곳이어야 되고(열왕기 상 8:29) 주께 기도드리는 곳과 기도드리는 자의 기도가 응답이 되는 곳이어야 합니다(열왕기 상 8:30). 그러므로 다른 것은 몰라도 여호와의 전은 아무 곳에나 지어서는 아니 되고 이미 허락된 그 장소에만 지어져야 하는 것입니다. 그곳은 이미 허락된 장소이므로 다른 곳에다 짓고서 여기가 바로 주의 전이니이다고 정의할 수는 없습니다.

성서에 보면 여호와의 성전은 어디에다 세울 것인지 여기에 대하여 여러 곳에 예고하고 있음을 찾아봅니다.

성서는
"그러므로 너는 깨달아 알지어다. 예루살렘을 중건하라는 영이 날 때부터 기름 부음을 받은 자 곧 왕이 일어나기까지… 그때 곤란한 동안에 성이 중건되어 광장과 거리가 세워질 것이며"라고(다니엘 9:25).

여기에서 보는바와 같이 어려운 가운데서도 성전은 반드시 건축된다는 것을 밝히고 있습니다.

성서에 보면 여호와께서는 마지막 때에 다시 시온 산을 선택하신다고 합니다(시편 78:68). 동시에 예루살렘을 선택하신다고도 하십니다(스가랴 3:2). 예루살렘을 선택하신 여호와께서는 성서에서

"내가 또 눈을 들어 본즉 한 사람이 척량 줄을 그 손에 잡았기로 네가 어디로 가느냐 물은즉 내게 대답하되(스가랴 2:12) 예루살렘을 척량하여 그 장광을 보고자 하노라"고.

여기에 보니 한 사람 곧 천사가 예루살렘 성전을 다시 건축하기 위해 "척량하여 그 장광을 보고자한다"는 것은 의미 있는 선언입니다. 그래서 성서는 여호와께서 예루살렘을 끝까지 선택하시고 버리지 아니하신다는 뜻에서

"여호와께서 장차 유다를 취하여 거룩한 땅에서 자기 소유를 삼으시고 다시 예루살렘을 택하시리니 무릇 혈기 있는 자들이 여호와 앞에서 잠잠할 것은 여호와께서 그 성소에서 일어나심이니라 하라"고(스가랴 2:12~13)

또한 성서는
"그러므로 여호와가 이처럼 말하노라. 내가 긍휼히 여기므로 예루살렘에 돌아왔은즉 내 집이 그 가운데 건축되리니"라고(스가랴 1:16상반절).

또한 성서는
"여호와가 다시 시온을 안위하며 다시 예루살렘을 택하리라 하셨다하라"고(스가랴 1:17하반절).

또한 성서는
"또 그들을 견고하고 번성케 하며 내 성소를 그 가운데 세워서 영원히 이르게 하리니"라고(에스겔 37:26)

또한 성서는
"내 성소가 영원토록 그들의 가운데 있으리니"라고(에스겔 37:28상반절).
이는 여호와의 거룩한 성전이 예루살렘 가운데 곧 옛 성전 터 위에 세워질 것을 예고함입니다.
또한 성서는
"주의 은택으로 시온에 선을 행하시고 예루살렘 성을 쌓으소서. 그때에 주께서 의로운 제사와 번제와 온전한 번제를 기뻐하시리니 저희가 수소로 주의 단에 드리리이다"고(시편 51:18~19).
돌아온 이스라엘 백성들이 예루살렘에 여호와의 제단을 세우시고 그곳에서 여호와에게 번제와 의로운 제사를 드리게 된다는 것은 값진 축복입니다. 그렇다면 성전 터는 텔아비브나 나사렛 가버나움 여리고… 등은 될 수가 없고 오직 예루살렘이어야 하고 그것도 솔로몬 성전과 스룹바벨 성전과 대헤롯 성전이 세워져 있던 그곳이여야 합니다. 그것이 바로 선민 된 이스라엘에게 요구하는 여호와의 요구사항입니다. 그리고 성전은 결코 둘이어서는 아니 되고 오직 하나뿐이어야 하는 것이 성서의 가르침이고 명하는 사항입니다. 그래서 성전은 예루살렘 가운데 곧 옛 성전 터 위에 세워 지는 것이 원리요 순리입니다(에스겔 37:28상반절).

5. 예루살렘 성전은 누가 세울 것인가?

예나 지금에서 예루살렘 성전은 누가 세울 것인가 하는 것이 비상한 관심사입니다. 그것도 제 4성전은 마지막 때의 성전이므로 더욱더 그러합니다.

예루살렘 성전은 "누가 세울 것인가"하는 이 질문에 흔히들 아무것도 아닌 것으로 오인한 나머지 누구나가 세우기만 하면 되는 것이 아니냐고 반문을 하는 어리석고 무지함 등을 봅니다. 예루살렘에 여호와의 전을 세우심에 있어서 누가 세우든 간에 세워져야할 그 장소에 세워지기만 하면 그것은 되는 것이 아닌가고 반문도 합니다만 그것은 대단히 곤란한 사안입니다. 인간적 입장이나 이방적 입장에서 보면 누구에 의해서든 간에 예루살렘에 있는 이방 신전이 파괴가 되고 여호와의 성전이 즉시 세워져서 여호와께 영광이 되고 제사가(예배) 드려질 수만 있다면 그것이 그만 아닌가고 지적을 하나 그것은 결코 아니 됩니다.

　어떤 이는 예루살렘은 여호와의 도성이니, 여호와가 귀히 여기고 사랑하는 성이니 여호와께서 그곳에 자기 성전을 세우시는 것이 아닐까? 또는 여호와가 누구를 통해서든 간에 세우기만 하면 그만 아닐까고 반문을 하는 것도 봅니다. 솔직하게 이야기해서 성도 예루살렘에 여호와의 성전을 세우는 것은 지상최대의 대사입니다. 보통의 작업으로는 감히 엄두도 못내는 일입니다. 여기에는 먼저 여호와 하나님의 역사와 경륜도 있어야 하고 하나님의 도우심과 허락하심이 없고서는 어느 누구도 감히 이 큰 일을 행사할 수가 없습니다. 누가 이 엄청난 대 역사를 이행할 수 있을 것입니까?

　빈 공간에 여호와의 전을 짓는 것도 힘이 드는데 또한 다윗은 일생동안 여호와의 전을 짓게 해달라고 기도했으나(역대 상 28:23,16,19)여호와께로부터 거절함을 당했는데(역대 상 28:3) 누가 이 엄청난 일을 수행할 수 있을 것입니까?

지금까지 엄연히 이방인의 신전이 그곳에 세워져서 눌러 앉아 있는데 그것을 깡그리 파괴시키고 흔적조차 없이하고, 또한 신전에서 사용하던 나무나 돌 하나, 흙 한 삽 사용치 아니하고 완전한 새것으로 성전을 건축한다는 것은 결코 쉬운 일이 아님에도 이 일을 누군가가 해야 하니 여기에 여호와의 주어진 섭리가 있다는 것 아닙니까?

성서에 보면

"내가 그들과 화평의 언약을 세워서 영원한 언약이 되게 하고 또 그들을 견고하고 번성케 하며 내 성소를 그 가운데 세워서 영원히 이르게 하리니"라고(에스겔 37:26) 합니다.

여기에 보면 "내 성소를 그 가운데 세워서"라는 말이 나옵니다. 이는 여호와의 전을 예루살렘 가운데 세우신다는 것을 밝히고 있는 것 아닙니까?

또한 성서는

"내 성소가 영원토록 그들의 가운데 있으리니"라고(에스겔 37:28).

여기서도 성소가 마지막 때에 예루살렘 가운데 세워질 것을 강조 하 고 있습니다. 예루살렘에 세워지는 이 성전에서 이스라엘 백성들이 여호와께 제사를 드리게 될 것입니다. 이것은 약속 있는 소망이며 이스라엘을 향한 여호와의 돌보심이 무엇이고 어떤 것인지 그것을 보이고 있는 것입니다. 예루살렘에 여호와의 전이 건축된다면 "그때에 주께서 의로운 제사와 번제와 온전한 번제를 기뻐하시리니 저희가 수소로 주의 단에 드리리이다"고(시편 51:19).

이는 당연한 귀결입니다. 세워진 그 성전에서는 날마다 여호와를 향한 제사를 드리게 될 것입니다. 그것이 여호와를 향한 선민 된 자세설정이며 나그네 생활을 이제 청산하고 돌아온 자기 백성의 당면한 의사전달이 될 것입니다.
 그렇다면 예루살렘 성전은 누가 세울 것입니까? 이방인들입니까? 아닙니다. 세계인들이 거금을 모으거나 이방에 있는 그리스도교의 신자들이 헌금을(건축헌금) 해서 보내어 드림으로 건축을 할 것입니까? 그것은 더욱 아닙니다. 지금의 상태에서 이방인들의 꼴을 보십시오. 그런 마음의 자세와 신앙과 여유가 전혀 없습니다. 그러면 누가 예루살렘 성전을 건축해야할 것입니까? 여기에 대하여 성서는 이미 예고한바가 있습니다.
 "먼 데 사람들이 와서 여호와의 전을 건축하리니 만군의 여호와께서 나를 너희에게 보내신 줄을 너희가 알리라. 너희가 만일 너희 하나님 여호와의 말씀을 청종할진데 이같이 되리라"고(스가랴 6:15).
 여기서 성서는 예루살렘 성전은 가까이 있던 기독교인들이나 이방인들이 세우는 것이 아니고 전적으로 먼 데 사람 곧 만방으로 흩어져 있던 유대인들이 고국으로 돌아와서 전을 건축할 것임을 가르치고 있습니다. 예루살렘 성전은 흩어져 있던 선민들이 고국으로 돌아와서 짓는 것인 만큼 지금의 이스라엘 국가에는 전 유대인들의 6분의 1밖에 돌아오지 않고 있기에 과연 이 6분의 1밖에 안 되는 유대인들에게 여호와께서 성전건축의 이 엄청난 대업을 맡길 것인가? 아니면 때를 보아 유대인들 가운데 상당수 곧 3분의 1 또는 2분의 1 정도가 고토로 돌아온 연후에 짓게 할 것인지 그것은 의문입니다.
 그런데 성서를 보면 성전 건축이 "굉장히 어렵게" 이루어지도록 예고되어져 있는 것을 보기도 합니다(다니엘 9:5). 여호와가 성전을 건축하라는 명령을 한다고 해도 완공되기 까지는 이만저만의 어려움이 닥치지 아니할 것임으로 이를 감안해야 합니다. 성전건축이 쉽지 아니할 것은 의미의 상식선인 만큼 이는 여러 면에서 의미를 지니고 있습니다. 열방에 흩어져 있는 유대인의 모두가 순차적이긴 해도(미가 2:12~13) 여호와의 휘파람 소리인(스가랴 10:8) 성령의 부르심에 의해 하나도 이방에 남지 아니하고 모두가 귀환하게 될 것인데(에스겔 39:28) 그때 성전건축이 이루어진다면 유대인의 속성이나 여건을 보아서 그리고 그들이 지닌 정치 경제 사회 문화적인 면과 군사적 힘으로 보아, 성전건축은 그렇게 어려운 것이 아닐 것임에도 성서가 이미 성전건축이 심히 어렵게 진행될 것을 예고하는 것을 보면 이는 의미심장함입니다.

이방에 있는 기독교회당 하나를 세우는 것과는 달리 예루살렘 성전건축은 결코 쉬운 것이 아닙니다. 예루살렘 성전건축은 거두절미하고

① 세계의 회교권 국가와 국민들이 결사반대할 것입니다.

② 세계의 이방인들 모두가 한사코 반대할 것입니다. 그 이유는 시끄럽고 요란한 것, 불안의 소지가 있는 것들을 원하지도 바라지도 않기 때문입니다.

③ 솔직하게 이야기해서 이방에 있는 기독교회당들과 교회에 다니는 신자들이 거의가 싫어하고 원치를 아니할 것이기 때문입니다. 그 이유는 이렇게 되면 이방에 있던 성령이 거두어져서 유대에로 돌아가며 이방인의 때가 완전히 끝나서 사라지고 유대인의 때만 오기 때문에 이를 극구 반대할 것입니다.

그런 형편과 처지에서 극구 반대하는 것은 도리가 없는 일입니다. 이방인이 된 오늘 우리의 현실을 직시해 보십시다. 솔직히 말해서 이방 땅에 교회당 하나에 보다 더 관심이 있지 예루살렘 성전건축에 대하여는 이를 못보고 못들은 척하

려 합니다. 이방에 있는 교인 하나를 자기들 예배당으로 이끌고 가는 데에는 혈안이고 이웃교회의 교인 하나라도 도적질해 가는 데에는 이골이 난 자들임에도 불구하고 예루살렘 성전건축과 유대인의 본국귀환에 대하여는 일언반구도 없는 철저한 열외인들 아닙니까? 유대의 독립이니 예루살렘 성전 건축이니… 하는 것 등에는 언제나 관심 밖이고 자기들 교회의 교인 하나 더 만드는 데에는 자본주의화 하는 상태이니 더 이상 무슨 말을 할 것입니까? 어안이 벙벙해서 말문이 막히는 현실이 아닙니까? 이방적 구원과 자기들 개 교회적 구원을 열창하고 외치는 소인배들의 도적 장난질은 기필코 난도질당하여 사라져 버려야 하는 것 아닙니까?

6. 성전 건축 시 주위 환경.

성서를 보십시오.
"나 여호와는 내 백성의 피난처, 이스라엘 자손의 산성이 되리로다"(요엘 3:16)고 합니다.
이는 무엇을 의미합니까? 장차 예루살렘 성전 터 위에 세워져 있는 이방인의 신전이 파괴되면 세계가 심히 시끄럽고 요란하게 될 것인데 그리고 예루살렘 성전을 건축하려고 하면 주변 국가들의 반대급부에 부딪혀서 고전에 고전을 당할 것이지만 그럼에도 여호와 하나님이 저들의 피난처와 산성이 되셔서 지켜주시고 인도해 주실 것이니 염려가 없다는 예고가 아닙니까?
어디 그것뿐이 아닙니다. 유대가 예루살렘에 있는 이방 신전을 파괴시킬 때 덮어 놓고 파괴시키는 것이 아님을 알게 됩니다. 왜냐 하니 덮어놓고 파괴시켜 버리면 이방이 떠들고 요란할 것은 고사하고 세계적 회교도들의 반대 역시 이만저만이 아닐 것이며 지금 예루살렘성 안에서 살고 있는 이방인들 역시 가만히 있지 아니하고 들고 일어남으로 데모와 파괴공작이 극심할 것은 자명한일 아닙니까? 이러한 면에서도 우리는
"여호와의 말씀에 내 생각은 너희 생각과 다르며 내 길은 너희 길과 달라서 하늘이 땅보다 높음같이 내 길이 너희 길보다 높으며 내 생각은 너희 생각보다 높으니라"고(이사야 55:8~9)
또한 성서는
"하나님의 미련한 것이 사람보다 지혜 있고 하나님의 약한 것이 사람보다 강하니라"고(고린도 전서 1:25)
또한 성서는
"우리가 주보다 강하냐" 고(고린도 전서 10:22하반절) 하는 것에 귀를 기울이지 아니하면 안 됩니다. 그럼 이는 무엇을 의미합니까? 주가 우리보다 강하고 지혜와 힘과 능력이 있다는 것을 알리는 것 아닙니까? 그러니 누가 여호와의 마음과 생각을 알 것입니까? 또한 이는 다가올 대 사건이지만 이미 성서가 예루살렘에 있는 이방인의 신전이 파괴될 때를 전후해서 이방신전의 파괴와 예루살렘 성전 건축을 위한 징후가 나타날 것을 예고하고 있습니다. 그래서 성서는
"그런즉 너희가 나는 내 성산 시온에 거하는 너희 하나님 여호와인줄 알 것이라. 예루살렘이 거룩하리니 다시는 이방 사람이 그 가운데로 통행하지 못하리로다"고(요엘 3:17)
이는 무엇을 의미합니까? 이방신전이 파괴될 전후를 기해서 예루살렘 도성 안에는 이방인들이 사는 동네가 사라져 없어지고 이방신전에 드릴 각종 제물을 가지고 예루살렘성 안을 가로 질러서 오고가는 일이 사라질 것을 가르치고 있는 것 아닙니까?

요엘 선지자의 예언이 성취되고 이루어진다면 예루살렘 도성 안에는 이방인들이 사는 마을이 없어지고 이방인들의 집단 거주 지역이 사라지니 자연 이방신에게 드리는 제물이 여호와의 거룩한 성 예루살렘 안에서 오고가지 못하고 사라지게 됨으로 그 안에 있는 이방신전을 파괴시키는 것도 훨씬 쉬워질 것이고, 예루살렘 성전건축 역시 한결 쉬워질 것은 자명합니다. 이렇게 되어져야 예루살렘이 제 위치에 세워지게 되고 정상이 됩니다. 그리고 예루살렘성 안에 있는 이방인과 이방인의 동리가 사라져야 예루살렘 성전을 세우게 되고 그래야 그 안에서 일어나는 불상사를 최대한으로 죽일 것입니다. 왜냐 하니 여호와의 도성 안에 이방인이 사는 촌락이 있는데 그 안에서 일어나는 반대 세력의 폭동과 테러 행위와 각종 납치와 인질극 등등을 무엇으로 막을 것입니까? 도성 안에 이방인들이 사는 촌락을(거주지) 빙자해서 우상의 제물들이 반입되어 도성 안을 가로 질러 오고가는 것은 고사하고 언제나 여기서 분쟁의 소지를 조성하고 있는데 어찌할 것입니까?

7. 예루살렘 성전이 건축되는 상황.

　성서를 보면
"우리 하나님 여호와여 우리가 주의 거룩한 이름을 위하여 전을 건축 하려고 미리 저축한 이 모든 물건이 다 주의 손에서 왔사오니 다 주의 것이니이다"고(역대 상 29:16)
　이는 다윗 왕이 여호와의 성전을 예루살렘 동편 감람산에 세우기 위하여 일생동안 기도하는 가운데 미리 비축한 물건이 많지만 그것이 여호와에게로부터 온 것임을 알립니다. 이와 같이 AD. 1948년도에 독립 국가를 이룬 이스라엘 백성들은 세계 어느 나라에 있던지 간에 저들의 한결 같은 소망과 소원은 예루살렘 동편 감람산에 여호와의 전을 세우는 그것이기에 저들은 쉬지 아니한 가운데 기도가 계속되고 있습니다.

  그러면서 한편에서는 비밀리에 시오니즘을 중심하여 성전 건축을 위한 모금이 활발하게 진행되고 있습니다. 저들이 외적으로는 심히 조용하나 내적 실상으로는 성전건축을 위한 모금운동을 활발히 펼치고 있다는 것은 무엇을 의미합니까? 무엇보다 여호와의 성전을 건축하기 위해서는 한판의 승부를 마호멛교도들이나 이스라엘 주변의 국가와 벌이는 것도 불사하겠다는 속셈을 들어내고 있는 것 아닙니까? 여호와를 향한 저들의 중심 사상과 신앙이 그런 것을 어찌합니까? 저들은 내적으로 성전건축을 위한 모금 운동을 활발히 전개하면서도 외적으로는 조용히 세계의 정세와 주변 국가들의 동향을 예의주시하는 것입니다.

  지금의 상태에서 유대적 신앙상태는

"정성된 마음을 주사 주의 계명과 법도와 율례를 지켜 이 모든 일을 행하게 하시고 내가 위하여 예비한 것으로 전을 건축하게 하옵소서"라고(역대 상 29:19).

  하는 바로 그것입니다. 저들이 비밀리에(시오니즘을 중심해서) 성전건축을 위한 각종 기물이나 기금을 충분히 준비해 놓은 후에 그것에 의해 성전이 건축되게 해달라고 여호와께 기도하면 어찌 될 것입니까? 그렇지 아니해도 여호와께서는 자기 백성들이 저물게 돌아와서(시편 59:14) 개처럼 우시는 것을 보시고 마음이 약해지는데 항차 저들이 시온에 선을 행하여 예루살렘 성을 쌓으소서 하면서(시편 59:18) 이제까지 무너져 있던 성전 터에다 여호와의 전을 짓겠다고 들고 일어

나면 어찌 여호와가 이를 외면하고 모른다할 것입니까? 그러면서 저들이 무너진 제단을 지은 후에

"그때에 주께서 의로운 제사와 번제와 온전한 번제를(시편 51:19) 기뻐하시리니 저희가 수소로 주의 단에 드리리이다" 하고 나오면 어찌할 것입니까? 이때에 여호와가 이를 어찌 거절할 것입니까? 선민들이 여호와께 노리고 있는 것이 과연 무엇입니까? 성군 다윗과 같은 기도가 아닙니까? 지금 선민으로서 연로한 이들은 하나같이 성전건축을 위한 모금액이 심히 더디고 느린 것을 원망하고 탓합니다. 어서 속히 성전건축을 위한 모금액이 이루어져서 저들의 자녀들이 앞장서서 성전을 건축하기를 갈망하고 있습니다. 이런 와중에서 저들은 쉬지 아니하고 기도할 것인데 어찌 여호와가 가만히 보고만 있을 것입니까? 모든 신보다 크신 여호와께서(역대 하 2:5) 가만히 계시지 아니하시고 자기 백성에게 은총과 새 신을(성령) 주어서(에스겔 11:19) 여호와의 전 건축에 총동원령을 내려 속전속결로 성전의 건축이 마무리 되게 하실 것입니다. 유대인들은 이를 고스란히 믿고 있으며 이방인들 가운데에도 믿음과 지식, 인격과 뜻이 있는 자는 이를 아 멘으로 받아들이고 있지 않습니까? 이렇게 되므로서 성서의 계시와 예정섭리를 이루게 되는데

"내 율례를 좇으며 내 규례를 지켜 행하게 하리니 그들은 내 백성이 되고 나는 그들의 하나님이 되리라"고 하는(에스겔 11:20).

8. 예루살렘 성전이 건축되는 과정.

누가 무엇이라 해도 예루살렘 성전의 건축은 유대인 의회

인 시오니즘이 앞장서서 건축하게 될 것입니다. 성전건축을 위한 비밀 모금도 저들이 할 것이고 이방신전의 파괴공작에도 상당히 관여할 듯하며 그리고 저들은 이방신전이 파괴된 후(에스겔 11:18) 일어나는 세계 여론과 회교도와 주변 국가들의 동태파악과 전쟁의 위협에서도 속전속결로 대처할 것이며 상당부문에서 일익을 담당할 것입니다.

이뿐이 아닐 것입니다. 시오니즘에서는 비밀리에 성전 건축을 위한 모금 운동을 전개하므로 서 세계인의 심신이 심히 피곤케 되고 이방 땅에 있는 기독교회가 심한 위기의식과 두려움을 느낀 나머지 불안해하고 초조해질 것은 두말할 나위가 없을 것입니다. 왜냐 하니 성령이 이방에서 유대에로의 회귀문제가 생기니 말입니다.

그러함에도 분명한 것은(이 과정에서) 성전건축과 이방신전 파괴는 어디까지나 여호와 하나님의 특별 명령이 있어야 한다는 것입니다. 여호와가 허락을 하셔야 이방신전이 파괴될 것이고 여호와를 위한 새 성전도 건축이 될 것입니다.

이때를 전후하여 예루살렘 도성 안에서 살고 있던 이방인들의 추방적 이주가 또 한 차례 시끄러움과 요란한 가운데, 그리고 세계인의 이목 속에 크게 치러질 것입니다. 예루살렘 도성 안 그중에도 특히 이방인의 신전이 있는 그 주위에 지금 이방인을 위한 동리가 설치되어 있는데 제 6항에서도 밝힌바와 같이 그 동리가 불원간에 흔적도 없이 사라질 것입니다(요엘 3:17).

여호와의 선민 된 저들이 이방인이 살던 그들 집이나 동리를 그대로 빼앗아서 살지는 아니할 것인 만큼 이방인의 동리가 파괴되고 그곳에 사는 자는 이주 명령을 받고 성안에서 내어 쫓겨날 것이므로 이 또한 상당한 악제로 예상이 됩니다.

출애굽이후 여리고 성을 위시해서 선민들은 어느 것도 이방인들이 가졌던 것을 소유치는 아니 했듯이 지금이나 장차에서도 선민들은 이스라엘 땅에서는 이방인들이 가졌던 것을 소유치 아니할 것입니다. 그 이유는 바로 그것들은 미운 것과 가증한 것들과 대개가 연유되어(에스겔 11:21) 있기 때문입니다.

일단 예루살렘의 신전 주위에 모여서 살고 있던 이방인들이 도성 안에서 추방이 되면 뒤이어 이방신전도 파괴가 되고 속전속결로 성전건축이 시작되고 뒤이어서는 세계인의 집중적 이목 가운데 저들은 성전건축에 박차를 가한 후 완공시킬 것입니다. 이 과정에서 세계인의 반대급부와 회교도들의 반대운동 전개도 이만저만이 아닐 것이고 이스라엘의 주변 국가들의 결속과 저들에 의한 전운과 저항도 만만치 않게 전개되고 감돌 것입니다.

이스라엘의 국경지역 전반에서는 계속되는 총성이 요란할 것이고 세계 도처로부터 여전히 돌아오지 않고 있던 선민들은 이때를 즈음해서 하나 둘씩 계속 유대로 귀환하게 될 것이고 유대전역에서는 지파에 따라 약간의 차이는 있을 것이지만 막강한 군대를 보유하게 되므로 후발대로 귀국하는 자기 백성들을 위해 이 혼란의 와중을 이용해서 이스라엘 동편과 북편의 땅 상당부분을 막강한 힘과 화력으로(무력) 점령을 한 후 저들의 나라로 삼을 것이기에 지금보다는 훨씬 넓은 국토를 차지하게 될 것입니다.

이렇게 되니 자연 이스라엘의 동편과 북편에 속한 나라는 잃어버리고 빼앗긴 저들의 영토를 되찾기 위해 수단과 방법을 가리지 아니하다가 대 환란의 중반기에 가서 적그리스도와 손을 잡음으로서(다니엘 8:9~10,11:41) 유대를 향해

진군하게 될 것입니다.

성전이 완공될 즈음이면 이방으로 나갔던 성령이 이미 돌아와서 역사하는 중이기에 유대전역은 성령의 도가니화 할 것이 명약관화이지만 이방 땅은 그때에 완전 메말라 빠지고 이방에 세워진 교회당들은 하나같이 텅 비어서 대개는 문을 닫아버릴 것이고 남겨진 것들도 큰 힘을 쓰지 못하게 될 것입니다. 성령이 떠나고 안 계시는데 얼마나 많은 자들이 기존의 교회당에 나오게 될 것인지는 모르지만 교회들마다 피폐해 지는 것은 어찌할 도리가 없을 것입니다.

이때의 유대인은 유대에로의 귀환과 성전건축과 주변 국가와의 전쟁으로 삼중의 고통을 겪게 될 것이지만 그럼에도 마냥 기쁘기만 할 것입니다. 그 이유는 성령께서 유대에로 돌아와서 제자리를 찾게 되었고 저들을 언제나 도와줄 것이니 마냥 기쁘고 즐거운 것은 당연지사가 될 것입니다. 이때에 세워지는 성전의 제사장은 여전히 레위지파가 차지할 것입니다. 그 이유는 그것이 성서에 예고된 지시 사항이기 때문입니다(이사야 66:21, 예레미야 33:18, 말라기 3:3).

9. 예루살렘 성전 건축의 때(시기)

그러면 예루살렘 성전은(제4성전) 언제 건축이 되어야 마땅합니까? 우리는 그것이 언제 건축이 된다고 보아야 합니까? 그보다는 언제 건축되는 것이 가장 성서적이고 가장 바람직하고 가장 합리 합법적이 될 것입니까?

우리는 성서에서 예루살렘 성전이 언제 건축이 된다고 기술하고 있는지 그것을 상고해보는 것이 가장 바람직할 듯합니다. 성서적 관점에서 보면

① 예루살렘과 유대가 독립이 되고 동과 서로 갈라졌던 예루살렘도 이제는 하나가 되었으니 언제든지 예루살렘 성전건축은 가능하게 되었습니다. 스룹바벨 성전 건축 당시를 비교해보면 이제 저들이 독립되어 수백만 명이 이방 땅으로부터 일단 돌아왔으니 성전 건축은 유대인의 생리나, 사고, 신앙상 언제든지 가능할듯하나 그럼에도 여러 가지 여건상 얼마 안 되는 백성으로서는 예루살렘 성전건축이 불가능할지도 모릅니다. 국력이나 인구의 열세 면에서는 예루살렘 도성 안에 있는 회교신전을 파괴시키고 그 자리에 성전건축의 문제를 생각할 수가 없습니다.

② AD. 1948년도에 유대가 독립이 되어 지금까지 약 반세기 가까이 지내오고 있으나 시기적으로는 아직까지 예루살렘 성전건축이 가능하지 못하다는 것을 알게 됩니다. 하나하나를 다 기술하기는 곤란하지만 시기적으로 왜 예루살렘 성전건축이 불가능하냐 하면 예루살렘에 있는 회교신전부터 먼저 파괴해야 되는데 그렇게 되면 주변의 회교 국가들이 결코 가만히 있지 아니할 것이고 뒤이어서 예루살렘 성전건축이 이루어져야 하는데 시기나 경제적으로 아직은 결코 만만하지 아니하다는 결론이 나옵니다. 그 이유는 아랍권에서(회교권) 결코 이를 묵인해둘 그런 처지와 현실도 못되고 말입니다.

③ 여러 가지 여건상 아직까지는 예루살렘 성전건축이 불가능 했습니다. 왜냐 하니 성서를 보십시오. 유대가 돌아오면 북조 이스라엘과 남조 유다가 따로 독립 되는 것이 아니고 하나로 독립이 되며(에스겔 37:21~23) 이방에서 이스라엘 백성들이 고국 고토로 귀환은 하되 약속의 땅으로(스바냐 3:20) 순차적 귀환이(미가 2:12~13) 이루어진다고 합니다. 순차적으로 귀환이 이루어지기 때문에 AD1948년부터

지금까지 유대인 전체 인구의 약 6분의 1정도가 고국으로의 귀환이 이루어졌습니다. 지금도 계속되는 고토 귀환이 있는데 지금에서(아직은) 성전건축은 시기상조인 듯합니다.

④ 성전건축이 이미 예고는 되고 있으나(스가랴 2:10~13, 6:15) 그런다고 해서 그것이 언제 어느 때라는 기술은 전혀 없습니다. 그러므로 가정법을 사용해서 언제쯤이지 아니할까 이런 것뿐입니다. 그럼에도 우리가 이 과정에서 익히 아는 바는 성전이 완공된 후 어느 한 기간이 지나가야 대 환란의 때가 오고 대 환란의 후반에 가야 적그리스도의 때가 오게 됩니다. 이때 여호와는 성전을 적그리스도에게 42개월 동안 내어줌으로서(계시록 11:2) 자연 성전과 교회당들의 문들이 닫히게 되는데 이것을 감안하면 성전은 대 환란 이전에 완공이 가능하다는 결론이 나옵니다. 그럼 여기서 성전건축이 언제부터 가능하냐하는 그것이 한 과제입니다.

⑤ 그럼 제 4성전 건축은 이방에 있는 유대인 가운데 3분의 1 또는 2분의 1정도가 귀환한 연후에 이루어지느냐 하는 의문도 제기됩니다. 왜냐 하니 여호와가 휘파람을 불어서 이방에 있는 전 이스라엘 백성을 불러 모으기 이전에(스가랴 10:8), 그들의 모두가 이스라엘에 돌아오기 이전에 뒤에 돌아올 무리를 위해 사전 준비로 성전건축이 가능하지 아니할까를 생각해 봅니다. 그러나 여기서 유의할 것은 예루살렘 성전건축과 이방에 나가있던 성령의 유대귀환이 꼬리 물려있기 때문에 이 역시 섣불리 대답하기가 결코 쉽지는 아니합니다. 마지막 때에 사는 우리는 이를 예의 주시해야 합니다.

⑥ 일단 예루살렘에 있는 회교신전이 이방인의 때가 찰 때까지만 그곳에 머물고 때가 차면 파괴될 것인데 예루살렘 성

전은 이방인의 때가 차고 유대인의 때가 오면 자연건축이 가능케 될 것입니다. 그때가 언제부터인가 하는 것은 쪽집게 마냥 집어낼 수는 없는 것이며 여기서는 오직 대 환란이 일어나기 바로 직전이라고 보는 것이 가합니다. 대 환란이 시작되면 성전건축은 일단 중단되고 계속할 수가 없기 때문에 그 이전에 완공시켜야 할 것입니다. 이렇게 본다면 대 환란의 시작이 얼마 남지 아니한 이 시점에서 예루살렘의 회교신전 파괴는 역시 시간문제이고 예루살렘 성전건축도 시간을 이미 제고(셈) 있다는 것인 만큼 문자 그대로 임박 그것입니다.

⑦ 성전건축의 시기를 논하면서 예루살렘 성전이 건축 되면서 연이어져 나타나는 현상이

Ⓐ 성령이 유대에로 돌아온다는 것.
Ⓑ 이방인의 때가 찬다는 것.
Ⓒ 유대인의 때가 도래된다는 것(유대구원).
Ⓓ 이방신전인 예루살렘의 회교신전이 파괴된다는 것.
Ⓔ 세계로 흩어져 있는 유대인들이 모두 유대에로 돌아오게 된다는 것.
Ⓕ 대 환란의 때가 문 앞에 다다르게 된다는 것.
Ⓖ 예루살렘 도성 안에 있는 이방인의 촌락이 사라져 버린다는 것.
Ⓗ 기타 등등입니다.

이 과정에서 우리가 기필코 유의해 두어야 하는 것은 이 모두가 이스라엘이 회복됨으로서 이루어지고 나타난다는 것입니다. 이스라엘의 회복됨이 없고서는 어느 것도 불가능합니다.

그럼에도 우리가 여기서 유념할 것은 무엇보다 장차 나타날 예루살렘 성전건축은 그 시작으로부터 완공이 되는 그때

까지가 결코 오랜 세월이(시간) 소요되지 아니하고 속전속결로 끝이 난다는 것입니다. 그 이유는 어려운 가운데 성전건축이 이루어지고 그리고 회교신전의 파괴에 대한 앙심을 품은 회교권에서 결코 가만히 있지 아니하고 연이어서 보복을 가해올 것이기에 그럴 수밖에 없을 것입니다. 또한 다른 면에서는 예루살렘 성전건축이 오래 지연되거나 장기간 소요되면 외부적으로도 좋을 것이 없는 것은 당연지사일 것이므로 속전속결을 원칙으로 하시는 여호와께서 선민들의 마음을 주장하시고 이끄시사 사전에 성전 건축에 필요한 물건을 준비케 하셨다가 그것을 가져다가 맞춤으로서 끝내게 할 것이므로 성전건축에 소요되는 시간은 결코 오래가지 아니할 것입니다.

　그렇다면 성전건축이 이루어지는 그 시기와 환경은 어떠하고 언제쯤일 것입니까? 그것을 꼭 꼬집어서 말하기보다 대환란이 일어나기 직전에 이미 이 모든 것을 끝내고 있어야하기 때문에 그리스도의 재림과는 최소한 10여 년 이상의 차이가 있는 것 같이 보이고 있으며 연이어지는 유대인의 귀환 가운데 이루어지는 것인 만큼 이제로부터 이미 주시의 대상이 됩니다.

　그럼 왜 예루살렘 성전 건축을 주시하면서 우리의 경각심을 이방보다 유대에로 돌려야 하는 것입니까? 그것은 바로 예루살렘 성전건축과 이방의 성령거두심이 관계가 있고 되기 때문에 현 시점에서는 무엇보다 이 문제가(과정) 이방인들에게와 이방교회 위에 심각한 우려를 안겨주고 있습니다.

　그러므로 이 시점에서는 앞에서 이미 수차 논한바와 같이 이방에 기독교회당 하나가 더 있다거나 교인들이 몇 만 몇 십만 명이 더 생긴다고 하는 그것보다는 예루살렘에 회교신전이 어느 날 갑자기 파괴가 되고 그 뒤를 이어서 속전속결로 예루살렘 성전이 건축되면서 이방 땅에 있는 성령이 거두어져서 유대에로 돌아가면 어떻게 되는가 함이 보다 더 큰 이슈입니다. 이렇게 되고 나면 이방은 죽도 밥도 아닙니다. 성령이 떠나가고 없는 이방에서, 텅 빈 교회당 건축물 안에서 누가 무엇을 어떻게 하실 것입니까? 성령께서 떠나고 없는 교회당이 있으면 과연 무엇을 할 것입니까? 이때는 이미 하나님 나라에 있는 생명책에 자기 이름이 기록되지 아니한 신자는 있으나마나한(유야무야) 것 아닙니까?(계시록 13:8~9) 세계는 지금 이런 극단적 위기의 판국인데, 또한 역사의 낭떠러지를 향해 치닫고 있는 위기국면인데 그럼에도 지금 이방에 있는 기독교회들을 보십시오. 지금에서 각 교회당들이 무엇들을 하고 어디와 무엇에 도취되고 있는지를 말입니다. 종교적 술에 취한 것인지 교회주의 파벌에 얽매이고 사로잡혀 단잠을 자는지, 교권 주의적 현실에 얽매어 종교적 싹쓸이 판을 펼치고 있는지 궁금합니다.

현금당대 종교위에(교회) 위기와 위험의 칼과 쇠사슬이 심히 빠른 속도로 다가오고 있으며 역사의 종국적 위기가 점점 가까워지고 있으나 주의 종들이 아직도, 여전히 교회당들과 기독교회는 평안하다, 안정하다고 떠들고 외칩니다(미가 3:11, 에스겔 13:10, 아모스 9:10). 그런가 하면 자기들에게로 오면 절대로 안정하다고 외치는 자들도 있습니다(미가 3:11). 이런 자도 이미 현대판 종교적 쓴바귀로서 속이는 자요, 자기를 신격화 하는 악마의 새끼들이요, 자기의 유익만을 구하는 물 없는 구름이요 자기 몸만 기르는 위선자요(유다서 12),

흑암에 돌아갈 유리하는 별들의 사촌들입니다(유다서 13). 언제나 이런 거짓되고 가증스러운 자들일수록 목에 깁스를 하거나 얼굴에 회칠을 하며 생활의 축복과 기복적 샤머니즘에서 점복을 일삼기 마련입니다. 이런 종교적 사기꾼들의 속임수에 결코 속아서는 아니 됩니다. 우리는 무엇보다 이런 자들에 대한 성서의 예언에 귀를 기울여야 합니다.

성서를 보십시오.

"내가 보내지 아니하였어도 내 이름으로 예언하여 이르기를 칼과 기근이 이 땅에 이르지 아니하리라 하는 선지자들에 대하여 나 여호와가 이같이 이르노라 그 선지자들은 칼과 기근에 멸망할 것이요"라고(예레미야 14:15).

10. 예루살렘 성전건축의 설계도면(설계도안)

여호와의 성전은 누구의 반대급부에도 불구하고, 누구의 억압에도 굴하지 아니하고 반드시 건축이 됩니다. 아무리 예루살렘 주변의 아랍권에서 들고 일어나 건축을 반대하고 방해를 한다고 해도 그것은 결코 큰 성과를 거두지 못하고, 승리하지도 못하게 됩니다. 회교권에 있는 인구가 자그마치 7억에 가깝지만, 그래서 저들이 세계적으로 들고 일어나서 데모를 일삼고 테러를 하며 요인을 잡아가두거나 암살을 시도한다고 해도, 갖은 수단과 방법을 동원하고 가리지 않고 갖가지 만행을 저지르고 일삼는다고 해도 이미 하나님의 예정섭리와 뜻에 의해 성전의 건축이 설계되어 있기 때문에 어느 누구도 이를 반대치 못하고, 설령 누가 반대를 한다고 해도 건축은 이루어집니다.

비록 지상에 있는 교회당은(성전) 하늘에 있는 것의 모형과 그림자라 한다지만(히브리서 8:5상반절) 그래서 모세가 장막 교회를(장막전) 지으려할 때에 자기의 뜻과 고안대로 지으려하지 아니하시고 지시하심을 받고(히브리서 8:5하반절) 지으심과 같이 성전은 이미 그것의 원래적 도면이 하늘에 있기 마련입니다. 예루살렘 성전이라고 해서 예외일 수는 없습니다. 장차 나타날 예루살렘 성전은 아무라도 인간의 기분과 감정대로는 지을 수가 없고 어느 유명한 건축설계 사무소 등지의 조언과 설계에 의해서 건축되는 그런 보잘 것 없는 곳은 이미 아니고 못됩니다.

희랍 정교회적 건축구조물이나 제정러시아적 교회 건축 구조물과 로마 교회의 건축 구조물 등은 세계 역사상 가장 의미가 있는 3대 건축구조물들이라 할 것입니다. 그럼에도 장차 세워질 예루살렘 성전 구조는 이런 것과는 완전히 다릅니다. 설계나 원칙(규칙) 구조물 모두에서부터 완벽한 차이가 납니다. 그러므로 세계의 기독교회들이나 각종 건축설계 사무소 등에서는 비상한 관심을 가질지 모르나 이미 그럴 필요가 조금도 없게 되어져 있습니다. 그럼 그 이유는 무엇이고 어디에 있는 것입니까?

세계인의 비상한 관심과 이목 속에 설계가 되고 건축되는 예루살렘 성전은 세인들이 생각하고 있는 것과는 달리 쉽게 건축이 시작될 것입니다. 왜냐 하니 여호와 하나님에 의해 이미 3000여 년 전에 예루살렘 성전은 그 건축구조가 모두 설계되어져 있기 때문에 그 설계 도면대로 짓기만 하면 될 것입니다. 그것이 성서의 가르침이고 여호와의 뜻과 요구사항입니다.

거두절미하고 구약성서 에스겔 40장에서 43장말까지를 읽어 보십시오. 그곳에는 장차 나타날 예루살렘 성전의 도면 하나하나가 고스란히 나타나고 있습니다. 지성소와 성소 앞뜰과 뒤뜰의 장과 고 그리고 각종 창고들, 염소를 잡는 곳, 더러운 오물을 버리거나 태우는 곳이 각각 따로 나옵니다. 심지어는 출입구의 크기와 문들 그 하나하나에 이르기 까지 그리고 수위실까지의 도면이 다 나와 있습니다. 어떤 설계사무소의 설계도 전혀 필요가 없게 주도면밀히 척량을 하고… 해서 하나하나의 도면이 나와 있기에 이 땅 위에 있는 건축물들 중에는 가장 건축구조가 아름다운 것 가운데 그 하나가 될 것입니다.

건축구조상 필요한 것 중에 빠뜨린 것이 전혀 없는 예루살렘 성전은 유대인에게만 돋보이고 귀감이 되는 것이 아니고 이방교회들에도 돋보임이 될 것입니다. 마지막 때에 성전을 지어야 할 위임을 받은 선민들은 그것을 어떻게 지을까를 염려치 아니해도 모든 것을 하나하나 설계하여 주신 여호와께 진심으로 감사드리지 아니하면 안 됩니다. 성전 건축의 설계도면을 하나하나 주시하면서 우리의 마음속에서는 "복이 있는 자는 따로 있구나" 또는 "복을 받은 백성"이 여기에 있구나 하는 것을 새삼스럽게 느끼고 있습니다. 장차 이 지상에 나타날(세워질) 예루살렘 성전건축 설계도면을 주시해 보면서 우리는 다가올 사태에 대비치 않으면 안 되겠습니다.

11. 예루살렘 성전 건축후의 제사.

예루살렘에 세워져 있는 이방인의 신전은 이미 그것의 파괴가 시간문제화가 되었기에 더 이상 연구할 아무런 값어치가 없게 되었습니다. 이방인 저희들끼리 오고가며 함께 있을 때에는(이방인의 때) 존재할 가치가 있었으나 이방인들이 점차 성도에서 철수가 되고 없는 상태에서의 신전은 이미 존재할 아무런 가치가 없기에 남겨진 것은 오직 사라져서 역사의 뒤안길로 없어지는 것뿐입니다. 왜냐 하니 이미 존재할 존재론적 가치가 없기 때문입니다.

앞에서도 이미 논한바와 같이 예루살렘 성전은 설계된 도면 그대로만 지어지면 세계 제일의 건축물 가운데 그 하나가 될 것입니다. 이런 왁자지껄한 가운데 지어진 예루살렘 성전 안에서 여호와 하나님께 드려지는 제사가 끊이지 아니하고 계속 이어질 것입니다. 이미 에스겔 40장에서 43장까지에 기술한 성서를 여기에 다 기술하기는 어려우므로 그냥 넘어갑니다만 그것이 완공되면 유대와 예루살렘에는 여호와의 영광이 새롭게 나타나 가득할 것입니다. 어느 누구도 이 영광을 탐내거나 앗아가지는 못할 것입니다.

지상에서 가장 아름답게 지어질 이 성전은 지어진 이후 즉시 없어지는 것이 아닙니다. 예루살렘은 성서에 기술된바 그대로 성지요 특수지역입니다. 하나님의 성산 또는 여호와의 도읍(도성)이라고 까지 불리어지는 지역입니다. 그러므로 그 곳에 여호와께서 얼마나 큰 관심이 있었고 관심을 기울였다는 것을 알게 됩니다. 가장 아름답게 설계가 되고 도안된 그 대로 성전을 지어 여호와에게 드리면 여호와께서 예루살렘 성전을 돌보시게 될 것입니다.

이때에 건축되는 예루살렘 성전은 모두가 구경이나 하라고 또한 세워진 것을 자랑하기 위해 세우는 것은 아닙니다. 주위의 회교도들과 아랍권의 반대와 박해 그리고 테러와 갖은 위협 가운데도 굴하지 아니하고 경계하면서 성전을 건축한 것은 그만한 이유가 있기 때문입니다. 그리고 성전이 건축되면(완공) 이미 이방인의 때는 지나갔고 유대인의(선민) 때가 도래되는데 그 때 성전에는 성령께서 이방으로부터 이스라엘로 돌아오셔서 대 역사를 나타내게 되고 성전을 중심하여 회개와 통회 자복 눈물...의 역사가 전국적으로 일어나게 되는데 이 모든 절차들이 쉴 사이 없이 연이어지므로 바른 판단과 자세설정이 요구됩니다. 예루살렘 성전이 건축된 후 예루살렘 도성 안에는 이방인이 사는 마을이 사라지기에 이방인은 예루살렘 거리를 자유로이 활보하는 것이 사라지게 됩니다.

성서를 보십시오.
"그런즉 너희가 나는 내 성산 시온에 거하는 너희 하나님 여호와인줄 알 것이라. 예루살렘이 거룩하리니 다시는 이방 사람이 그 가운데로 통행하지 못하리로다"고 (요엘 3:17).

이는 이방 땅에 대한 여호와의 도전이며 이방인에 대한 거부적 선언으로서 우리 모두에게 청천벽력이 아닐 수 없습니다. 이렇게 되면 분명 여호와의 전에서 성령의 샘이 흘러나오게 될 것입니다(요엘 3:18). 그것이 주어져 있는 예정섭리의 코스입니다.

성령의 이스라엘 귀환은 이스라엘 회복 제 2기의 제 5장을 참조하시고 유대인의 회개와 자복 등은 이스라엘 회복 제 3기에서 찾아보시기를 바랍니다.

여호와의 전이 예루살렘 동편에 건축이 되면
① 그곳에서의 제사장은 반드시 레위 자손이 되어야 합니다(말라기 3:3). 구약의 제사장들은 모두 레위 자손 가운데에서 나왔듯이 장차 세워질 예루살렘 성전도 성전의 인도자

에서는 예외가 있을 수가 없고 마찬가지입니다.
　② 일단 레위 자손에서 제사장이 나와서 예루살렘 성전제사가(예배) 시작되게 됩니다. 이 때 여호와의 성전에서는 과거의 전성기와 마찬가지로 헌물이 넘치게 되므로(말라기 3:4) 여호와께 감사하게 되고 예물을 가지고 오는 자들이 많아질 것입니다(스바냐 3:10).
　이때가 바로 대 환란 직전이고 유대가 이방으로 나갔다가 다시 돌아온 후에 드리는 제사인 만큼 실로 감개무량할 것입니다. 이 제사는 거의 2000여 년 만에 여호와께 드리는 공식 제사이므로 감격과 감회에 젖을 것이지만 넓게, 크게 보면 보다 더 의미가 깊을 것입니다. 그것은 독립국가로서의 제사는 2600여 년 만에 드려지는 예배이니(제사) 감회가 더 깊다는 결론이 나옵니다.
　그러함에도 성서적 입장에서 보면, 이 제사가 오래 지속이 될 것 같으나 그럼에도 얼마못가서 다시 수난의 역사와 현실로(때) 접어들게 될 것임으로 여기에 문제가 있는 것입니다. 솔직히 말해 얼마못가서 성전이 이방인들에게 무참히 짓밟히는 때가 올 것이니 말입니다. 그래서 성서는 대 환란의 후반기에 42개월 동안(계시록 11:2, 13:4~5) 예루살렘 성전이 이방인에게 내던져지지만 그것 역시 예정섭리인 만큼 어찌할 도리가 없음을 알립니다. 42개월은 결코 짧은 기간이 아닙니다.
　성서를 보면 성전이 속전속결로 건축이 되므로 그곳에서 성령의 무한한 역사가 나타나서(요엘 3:18) 엄청난 역사를 일으킬 것입니다. 이것을 이미 성서는 알리고 있습니다. 성전이 수년 만에 건축이 되고 완공된 후 얼마 못가서 다시 문이 닫히게 되므로(계시록 11:2, 15:8) 유대인보다 이런 것은 이방인들에게 경종이 되고 유대인들에게는 확고한 여호와의 의지를 보이고 나타낸 것이 됩니다.

12. 예루살렘 성전건축 이후.

"내가 저희의 패역을 고치고 즐거이 저희를 사랑하리니 나의 진노가 저에게서 떠났음이니라. 내가 이스라엘에게 이슬과 같으리니 저가 백합화 같이 피겠고 레바논 백향목 같이 뿌리가 박힐 것이라"고(호세아 14:4~5).

그럼 유대에 있는 예루살렘 성전이 건축된 후 그곳에서는 무엇과 어떤 현상이 나타나는지 그것을 상고해 보아야 합니다. 성서의 예언이나 나타난 일반적 역사 현실을 보면 하나같이 예루살렘 성전은 건축되는 것이 시간문제이고 많은 잡음이 있었으나 그럼에도 불구하고 성전건축이 완공된 연후에 그곳에서는 어떤 세세한 일이 나타날 것인지 그것은 의문입니다.

이 시점에서 우리가 알기로는 그리스도 당시의 헤롯 성전과 장차 세워질 에루살렘 성전과는 판이한 차이점이 나타날 것입니다. 그리스도 당시의 대 헤롯 성전은 그리스도를 잡아다가 재판을 하고 사형에 해당한다는(마태복음 26:59~66) 규정을 하는(정죄) 보잘 것 없는 곳으로 전락하고 변했지만 그와는 달리 장차 세워질 예루살렘 성전은 나사렛 예수를 이 땅위에 오신 메시야로 받아들이는데 결정적 일익을 담당하게 될 것이니 이 양자는 판이한 차이점을 보이게 됩니다. 그럼 그 이유는 무엇입니까?

우리 모두가 아시다시피 오신 메시야를 저들의 조상들이

거부하고 받아들이지 아니했는가 하면 성전에서(산헤드린 회의실) 오신 나사렛 예수를 재판하는 과정에서 이단자, 나사렛 예수, 하나님을 모독한 자 등으로 낙인을 찍고 규정해서 사형에 해당한 자라 선언했기 때문에(마가복음 14:64~65) 보나마나 이 시점에서 그들의 후손들이 돌아오면 바로 그 자리에서 반드시 랍비들의 총회로 모여서 나사렛 예수가 바로 저들이 수천 년 동안 기다리고 바라던 메시야였음을 발견하고 이를 만장일치로 선언케 되며 예수가 메시야란 것을 고백적 차원에서 받아들이게 됨과 동시에 세상이 완전히 달라지게 될 것입니다.

오신 그리스도를(메시야) 저들의 조상들이 죽였고 성전 밖으로 내어 몰았으니 무엇보다 헤롯의 성전이 아닌(제 3성전) 여호와의 새 성전에서는(제 4성전) 과거 예수 그리스도에 대한 저들 조상들이 잘못된 재판을 한 그것들을 현 시점에서 완전 번복하고 나사렛 예수가 바로 자기 민족을 구원하려 오신 메시야란 것을 고백하는 이 엄청나고 위대한 일을 바로 제 4성전인 그곳에서 선언하게 될 것입니다.

먼저 있던 대 헤롯의 성전에서(제 3성전) 나사렛 예수를 배척하고 욕하고 이단시한 나머지 사형을 언도한 후 죽여 달라고 이방인에게 넘겨준 것과 같은 그런 형태를 새 성전은 (제 4성전) 취하지 아니하고 그 정반대인 나사렛 예수를 오신 그리스도로(메시야) 받아들임으로서 새 역사를 창조하며 나아갈 수가 있을 것입니다. 여기서 인과응보를 의미하려는 것은 아닙니다. 이렇게 되면 성전과 이스라엘 전역에서 회개와 심한 통곡소리가 나타남으로 모든 것을 완전히 돌려놓게 될 것입니다(스가랴 12:10~14). 이때부터 이방세계 역사의 수레바퀴는 일단 멈추게 되고 유대를 향한 하나님의 대역사는 뜨겁게 나타나 이스라엘 전체가 성령의 열 도가니 속에 들어가게 됩니다(스가랴 13:1, 에스겔11:19, 36:26~27, 37:14).

이때 이스라엘은 어른이나 어린아이나 할 것 없이 남녀노소 모두가 성령의 새 술에 완전히 취하게 되고 끓어오르는 성령의 역사는 저들의 죄를 태우게 되고 민족적 구원의 대역사가 이때에 나타나게 될 것입니다(에스겔 37:14, 39:29, 로마서 11:26). 혹시 개인적으로 구원을 외시하고 나타나는 성령의 역사를 거부하며 옆으로 살짝 빠져 버리는 자가 생긴다고 해도 그것은 개인적이고 지엽말단적이지 이스라엘 민족 전체의 일은 아닙니다. 이스라엘은 이때 민족적 구원이 이루어지게 됩니다. 돌아온 탕자마냥(누가복음 15:11~24) 이때 여호와는 돌아와 회개 하고 자복하며 나사렛 예수를 메시야로 받아들인 자기 백성을 사랑하게 되고 저들의 죄를 씻어 주시고 용서해 주실 것입니다.

성도 예루살렘에 성전이 건축되고 나면
① 유대 전역에는 성령의 역사가 불일듯이 나타나게 되고
② 예루살렘에는 헌제물이 과거 전성기보다 더 넘치게 되고(말라기 3:4)
③ 유대전역에 회개와 통회의 역사가 일어나고
④ 유대의 전체적 랍비회의에서 나사렛 예수가 저들을 위해 오신 메시야임을 받아들이게 됩니다.
이렇게 되면 잠시 온 세계가 안정을 회복하는 듯 하나 얼마가지 못해서 성전의 문이 닫히고 대 환란에 접어들고 곡과

마곡이 전쟁을 위해(계시록 20:78, 에스겔 38:1~6) 이방의 장정과 용사 곧 군대가 모여들게 될 것입니다(계시록 9:15, 9:18). 이때부터 세상은 심히 바빠지게 되는데 이 곡과 마곡 전쟁 곧 아마겟돈 전쟁이(계시록 16:16) 일어나기 전에 이미 대 환란에 들어가게 됩니다.

그렇다면 이때에 이방에는 어떤 현상들이 나타난다고 보아야 합니까? 유대가 제4성전을 지으면 그곳에 성령의 대 역사가 나타날 것인데(요엘 3:18) 이때 이미 성령은 유대로 돌아가 버린 후 입니다. 그러기 때문에 이때 이방에는 여기 저기에 교회당은 세워져 있으나 교인이 많지 못하게 됩니다. 은혜와 성령이 교회당에서 이미 떠나갔고 각종 은사와 역사가 전혀 나타나지 아니하고 능력마저 사라져 버리고 없으니 자연히 하나의 형식과 의식과 외식뿐이므로 모두가 하나같이 교회를 다니는 것인지 다니지 아니하는 것인지 도무지 구별하기 어려운 상태에 처하고 잘 믿는 자들 곧 하늘에 있는 생명책에 기록된 성도는 이 때 더욱더 빛이 나고 잘 믿는 현상이 외부로 나타나기에(계시록 22:11) 대 환란이 임하기도 전에 지금의 신자들 가운데 최소한 절반 이상이 교회당을 떠나게 된다는 것 정도는 의미의 상식선이 될 것입니다. 그러나 어찌할 것입니까? 이런 것을 번연히 알면서도 속수무책이고 도리가 없으니 말입니다. 이때 이방 땅에 있는 교회당들은 하나같이 문을 닫고 종지부를 찍을 훈련과 연습을 서서히 하게 되기 때문에 잘 믿는 성도들의 눈에는 그것이 보이기 마련입니다.

예루살렘 성전도 주변국가와 회교권 국가의 반대급부에도

불구하고 철저한 보안과 투쟁가운데 세워지기는 하나 그럼에도 그것이 얼마가지 못해서 문이 닫히게 됩니다(다니엘 9:25~26, 9:27중반절, 계시록 11:2, 15:8). 그러면 예루살렘의 성전 문이 닫힐 때 이방에 있는 모든 교회당들의 문은 어찌됩니까? 그것들도 역시 함께 닫히게 되는데 이때가 과연 언제쯤인가 하는 것이 문제의 핵심입니다.

① 이때가 바로 대 환란의 전반전에 해당되는 것이 아닐까고 반문하는 자들도 있습니다. 그렇다면 이때가 바로 두 증인이 나타나서 일을 할 때로서(1260) 이는 요한 계시록 11:3절에 해당되는 것인데 그럼에도 여러 가지 정황증거로 미루어 보아서 성전 문이 닫힐 때는 두 증인의 시대는 아닙니다(계시록 13:3~6). 두 증인은 여호와께서 보내신 선지자들인데(계시록 11:10) 어찌 이들이 여호와의 전의 문을 닫게 할 것입니까? 그리고 시기적으로 보아도 적합하지 않고 말입니다.

② 그럼 이때가 대 환란의 후반전에 해당이 되는가 하는 것입니다. 이때라면 이때는 이미 여러 가지 사안을 종합해 볼 때 두 증인의 시대가 끝이 나고(계시록 11:7) 적그리스도가 일을 할 때로서(계시록 13:3~6)후 3년 반 곧 42개월에(계시록 11:2, 13:5~6) 해당이 되는 그때가 아닌가 합니다. 성서적인 견지에서 보면 이때가 가장 적합하고 시기적으로 보아도 이때임이 분명한 것입니다(다니엘 9:26~27).

③ 위에 나타난 제 1항과 제 2항에 해당이 전혀 아니 된다면 이때는 아직 대 환란에 들어가지 아니한 때로서 전반인 1260일이나 후반의 42개월이 아직 시작되지 아니한 곧 다시 말해서 대 환란이 이제 막 시작되려는 그런 때인가 하는 것입니다. 다시 말해서 여호와가 이 세상에 대 환란을 주시

려하나 예루살렘 성전이나 이방 땅에 있는 기독교회당들을 그냥 놓아두고서는 시작을 할 수가 없기 때문에 대 환란에 들어가면서 먼저 예루살렘 성전도 폐쇄시키시고(계시록 11:2) 이방에 있는 모든 교회당들의 문들을 폐쇄시키신 이후에(스가랴 13:7, 에스겔 9:7, 44:1~2, 예레미야 25:29) 대 환란에 들어가게 하는 것 아닌가 하는 그것입니다. 일리가 다분히 있는 주장들입니다. 왜냐 하니 여호와께서 이 세상을 징벌하시려 하면서 예루살렘 성전이나 그리스도교의 교회당들을 지상에 그냥 두고서는 할 수가 없는 것이니 대 환란 시작 전에 먼저 성전과 교회당들의 문을 닫아놓고(다니엘 9:17) 뒤이어서 대 환란을 시작하려는 것이 여호와 하나님의 의도가 아닌가 합니다.

분명 여기서 우리가 유념하고 지나가야할 것은 다니엘 9:26절을 보면 한 이레의 절반동안 제사와 예물이 금지된다고 했는데 다른 곳에서는 그 기간이 한 때와 두 때와 반 때이고(다니엘 7:25) 다른 곳에서는 그 기간이 2300일로(다니엘 8:13~14) 나타나고 있다는 데에 문제가 있는 것입니다. 반드시 종합된 검토와 연구가 필요합니다.

13. 예루살렘 성전 문이 닫힐 것 예고.

구약성서 에스겔 40:1절에서 43장 마지막까지를 보면 장차 이 지상에 세워질 제 4성전 곧 예루살렘 성전건축의 설계도면이 나오고 있음을 봅니다. 분명 여기에 준하여 이스라엘 백성들은 여호와의 전을 장차 건축하게 될 것입니다. 그러함에도 불구하고 이 제4성전이 지어지면서 예루살렘 성전 자체에 문제가 생기게 됩니다. 먼 데로부터 귀국한 저들이 예루살렘 성전을 짓느라고 갖은 수고와 노력과 고통을(스가랴

6:15) 다 당하고 겪지만(다니엘 9:25) 그럼에도 짓는 그 과정에서부터 약간의 문제가 생기게 되는데 그것이 바로 어딘지 모르게 누구에 의해서이건 간에 여호와가 사랑하지 아니한 이질적 괴리현상이 성전의 안과 밖에 스며들어가 그것이 고스란히 나타나게 된다는 것입니다.

 초대형 건축물이니 아무리 보안을 철두철미하고 성서에 입각해서 터를 잡고 닦고 각종 물건을 구입한다고 해도 일단은 자본주의 구조에서 전혀 벗어나지 못하는가 하면 사람과 사람 사이에 상황윤리와 불순물들이 섞이는가 하면, 결코 해서는 아니 될 이런저런 불의와 불법과 분비물들이 음성적으로 나타날 수 있다는 것에 문제가 있는 것입니다. 이와 같은 현상은 성전건축만이 아니고 이방 땅에 세워지는 교회당들 역시 마찬가지일 것입니다.
 그러다보니 성전이나 교회당들이 예루살렘이나 이방 땅에 건축은 되었으나 그럼에도 교회당들이 마지막 때에 가서 교회의 지도자를 잡아 죽이는 인간 백정의 소굴화가 되고(마태복음 24:9) 경우에 따라서는 감옥화가 되며 믿는 신자를 잡아다 매질을 하는 도구화할 것입니다(마가복음 13:9). 또한 대 환란의 때가 오면 교회당들은 불살라지게 되고(시편 74:7 상반절) 주의 이름이 계신 곳을 더럽혀 땅에 엎어 버리게 될 것입니다(시편 74:7하반절). 다시 말해서 교회당 안 제단 위의 강대상과 의자들이 땅바닥에 메어침을 당하고 교회당의 각종 기물들이 불에 타서 부서지고 교회당들도 거의가 불에 타게 될 것입니다(시편 74:8). 교회당 위의 십자가와 종탑들이 부서지고 어느 교회라는 교회간판들이 역시 불에 타게 되므로 교회당의 흔적이 지상에서 사라질 것입니다. 그럼 그 이유는 도대체 무엇입니까?

  교회의 목사와 지도자들이 칼에 내리침을 받음으로서(시편 78:64) 주로 기존의 교회당 안에서 죽임을 당하게 될 것입니다(마태복음 24:9, 마가복음 13:9). 목사와 지도자들의 시체가 공중의 새에게 밥으로 던져주게 될 것인데(시편 79:2) 이것은 바로 그들의 시체를 매장하지 못하게 금하고(시편 79:3) 교회당 안과 밖이나 산이나 들에 그냥 내던져서 산의 새들과 각종 벌레 그리고 짐승들이 와서 뜯어 먹게 한다고 경고하고 있습니다. 그럼 그 이유는 도대체 무엇입니까?
  또한 사람 특히 기독교인을 죽이되 "늙은 자와 젊은 자와 처녀와 어린아이와 부녀를 다 죽이라" 다른 곳이 아닌 "내 성소에서 시작할찌니라"고 한 성서에(에스겔 9:6) 귀를 기울여야 하고 그럼과 동시에 "그들이 성전 앞에 있는 늙은 자들로부터 시작하더라"고 하는(에스겔 9:6하반절) 말씀에 유의해야 됩니다. 이는 경고요 경종입니다.
  위의 말씀은 모두가 하나같이 성전이나 교회당들의 건축시에 부정과 불의가 있고 여호와 보시는 앞에서 탈법을 행하였고 그리고 교회당 안에 세워서는 아니 될 인간부스러기를 세워서 여호와의 영광을 그들이 도적질과 갈취했기 때문입니다. 이런 문제는 구약성서 에스겔 44:6~8절의 예언을 상고해 보시면 그 하나하나의 죄목이 고스란히 나타나게 될 것입니다.
  분명 성전의 문이 닫히고 아울러 교회당들의 문도 닫히며 주의 백성과 종들이란 자들이 교회당 안에서 떼죽음을 당하고 그 시체는 산과 들에 묻히기는커녕 내던져지는 것을(예레미야 16:6) 반대자인 원수들이 구경을 하거나(고린도 전서 4:9) 보고서 비웃는 것은(시편 80:6) 도리가 없는 일 아닙니까? 언제나 임하는 여호와의 심판이나 징벌은 이 세상에서 제 1차가 성전과 교회들이고 그 다음이 세상의 것들이며 사람에 있어서도 제 1차는 어디까지나 목회자들이고 제 2차가 신자들 그리고 제 3차가 불신자들이니 이를 기필코 유념해 두어야 합니다.

성서를 보십시오. 교회들이나 성전의 문들을 여호와께서 마지막 때에 닫게 하신다고 경고하고 있습니다. 그래서 성서는
"하나님이여 열방이 주의 기업에 들어와서 주의 성전을 더럽히고 예루살렘으로 돌무더기가 되게 하였나이다"고(시편 79:1)
또한 성서는
"영구히 파멸된 곳으로 주의 발을 드십소서. 원수가 성소에서 모든 악을 행하였나이다"고(시편 74:3)
또한 성서는
"이제 저희가 도끼와 철퇴로 성소의 모든 조각품을 쳐서 부수고 주의 성소를 불사르며 주의 이름이 계신 곳을 더럽혀 땅에 엎었나이다고(시편 74:6~7)
또한 성서는
"기름 부음을 받은 자가 끊어져 없어질 것이며 장차 한 왕의 백성이 와서 그 성읍과 성소를 훼파하려니와"라고(다니엘 9:26상반절)
또한 성서는
"매일 드리는 제사를 없애 버렸고 그의 성소를 헐었으며"라고(다니엘 8:11)
또한 성서는
"성소와 백성이 내어준바 되며 짓밟힐 일이 어느 때까지 이를꼬 하매"고(다니엘 8:13)
또한 성서는

"주의 얼굴빛을 주의 황폐한 성소에 비추시옵소서"라고(다니엘 9:17).

위에 나타난 성서는 어느 곳을 막론하고 대 환란 시에는 교회당과 성전의 문들이 닫힌다는 것과 성전과 교회당들이 불태워져서 황폐해지고 그 기물들은 파괴와 불살라지므로 교회와 성전의 흔적이 이 지상에서 사라지게 한다는 것입니다. 아울러 성서가 공통적으로 지적하는 바는 기름부음을 받은 선지자와 제사장들과 목사가 지상에서 사라져 버린다는 경고입니다. 그렇다면 현 시점에서 기름부음을 받는 주의 종들과 지도자들은 대 환란의 시에 이런 일이 생기게 되는 그 이유와 원인이 어디에 있고 무엇인지 그것을 하나하나 예의 분석해야 하고, 죽음과 파괴의 길이 아닌 사는 길을 모두가 선택하고 나아가야 할 것입니다. 사람이 온 천하를 얻고도 자기 목숨 하나를 잃으면 무엇이 유익하고(마태복음 16:26) 오늘에서 명예와 지위를 얻고 내일에서 멸망을 받으면 그것이 무슨 유익이 있으며 살아서 오리게네스가 되어 오고 갔으면 죽고 난 뒤에도 오리게네스가 되어서 오고가야 하는 법이지 죽고 난 뒤에 사라져 버리는 이단자가 되면 자기에게 무엇이 유익할 것입니까?

원수들에게 비웃음거리가 되거나 불신자들에게 저것 좀 보라는 손가락질의 대상이 되는 것은(고린도 전서 4:9, 히브리서 10:33) 기독교인에게는 참을 수 없는 수치요 영원의 모독입니다. 그럼에도 성서는 먼저 "성전의 문이 다시 닫힌다"고 예언하니(계시록 11:2, 15:8) 우리는 이 시점에서 이를 무엇보다 감안과 주시하지 않을 수가 없는 것입니다.

오늘의 현실에서 우리들의 교회당들은 완전한 훼파와 파괴를 향해(다니엘 9:26, 9:17) 나아가고 있습니까? 아니면 사라져가고 있는 것입니까? 지금 우리들 교회당과 신자들은 모두가 여호와 앞에서 있으나마나한 것은 아닐지, 또한 있어도 그만이고 없어도 그만인 교회당과 신자는 아닐지? 어쩌면 지금에서 교회당도, 신자도, 목회자도 있는 것이 여호와에게 오히려 부담과 짐이 되는 처지와 형편은 아닌지? 또한 교회당과 교인들 모두가 서로 찬송과 감사는 주고받으나 여호와 보시기에는 빨리 사라져 주었으면, 어서 속히 없어졌으면 하는 상태는 아닌지 의문입니다. 6.25동란 이전의 38선 이북의 교회당들과 교인들을 보십시오. 해방이 될 때에 여호와께서는 그곳의 교회당들과 교인들이 이미 사라졌으면 을 외쳤고 있으나마나한 것들이라고 정의를 내렸기에 아무리 인간들이 보호하고 보존하려하나 사라져 버린 것 아닙니까? 어느 나라에서나 어느 민족에서도 이미 여호와가 필요 없다고 낙인찍은 교회당과 신자는 가만히 두어도 사라질 시간만 이미 남은 것이지 별것이 못됩니다.

  오늘의 교회당들 가운데에도 있는 것이 없는 것보다 못하고 존재하고 자리를 차지하고 있는 것 그 자체가 여호와에게 욕과 저주가 되는 곳도 허다함을 부인해서는 아니 됩니다. 20세기 초반을 전후해서 사라져간 북쪽의 제정 러시아나 중공 등지의 교회당들을 보십시오. 그곳의 교회당들이 이미 있으나 마나였으니 사라져 버린 것 아닙니까? 지금에서 그곳의 교회당들을 그리워하고 사모하는 자가 있을지 모르나 그것은 여호와의 예정섭리를 거역하고 모독하는 악행입니다. 참새 한 마리와(마태복음 10:29) 머리털 하나도(마태복음 10:30) 여호와의 허락 없이는 떨어지지 아니하는데 수십만 교회당이 금세기에 들어와서 이 역사 위에서 사라져 갔는데 그것이 어찌 공산집단의 탓만으로 돌릴 수가 있겠습니까?

교회는 여호와의 허락하심이 없고서는 어느 것 하나도 무너지거나 사라져 가지는 아니합니다. 유럽이나 미주 지역의 수백년씩 된 교회당들이 박해도 없이 시름시름 하다가 사라져서 역사의 뒤안길로 사라져가는 현실에서 우리는 무엇을 터득하고 배우고 있습니까? 그럼 그 교회당들이 사라져가는 이유는 무엇이고 어디에 있는 것입니까?

성서를 보십시오. 여호와께서는 이미 성서를 통하여 성전도 교회당들도 장차 문들이 닫힌다는 것을 경고하고 있습니다. 이 여호와의 경고를 주시해야 합니까? 구약성서 에스겔 40장에서 43장까지는 마지막 때의 성전건축이(제 4성전) 나오고 그 뒤를 이어서 에스겔 41:12절을 보면

"그가 나를 데리고 성소 동향한 바깥문에 돌아오시니 그 문이 닫히었더라. 여호와께서 내게 이르시되 이 문은 다시 열지 못할찌니 아무 사람도 그리로 들어오지 못할 것은 이스라엘 하나님 나 여호와가 그리고 들어왔음이라 그러므로 닫아 둘찌니라"고 합니다.

여기서는 여호와께서 장차 성전의 문을(교회들의 문도 포함) 공개적으로 닫으실 것을 전달하고 있지 않습니까? 여기서 우리는 왜 여호와 하나님께서 성전의 문을 닫으려 하시는지 그 연유를 바로 알아야 합니다. 여호와가 문을 닫으시는 이유는 에스겔 44:1절을 보니. 의미 깊게 나타납니다.

14. 예루살렘 성전과 기독교회당들의 문이 닫히는이유.

예루살렘 성전이나 이방 땅에 있는 교회당들이나 간에 존

재해야할 이유도 상호 유사하지만 없어지거나 문들이 닫히는 그 이유 역시 양자가 유사하다는 것에 키포인트를 맞추어야 합니다. 앞에서 이미 논한바 있거니와 성전이나 교회당의 문이 닫히는 이유가 그것을 건축하는 과정에 불의와 불법이 성행하게 되었고 자본주의적 색채가 농후 하였기에 그것에서 문제가 생긴 것입니다.

그래서 성서는
"시온을 피로 예루살렘을 죄악으로 건축 하는도다"고 경고합니다(미가 3:10).

이것은 무엇을 의미합니까? 성전이나 교회당 건축에서 불의와 불법, 부정과 탈법이 있었다는 것을 알리는 것입니다. 이것은 현금당대만이 아니고 과거에도 그러했음이 발견됩니다. 성전이나 교회당들이 건축되는 과정에서 호리만한 부정이나 부패 모순이라도 나타나게 되는 것은 결코 반가운 처사가 못됩니다.

그리고 마지막 현상으로 나타나게 되는 것이 바로 제사장들인 목회자 자신들의 문제입니다. 그들은 왠지 성소를 더럽히고 율법을 범하게 된다는 것입니다(스바냐 3:4). 다시 말해서 목회자들의 의식구조나 생활양식에서 소명에 의한 사명은 찾기가 어렵게 되고 하나같이 자본주의 구조에 발맞추어 목회나 성직이 하나의 빛 좋은 개 살구화 되어 직업이 되고 교회당이 일개 직장화가 되어버리니 호세아의 예언이 완전 무색케 되고 있습니다.

호세아는
"장차는 백성이나 제사장이 일반이라"고(호세아 4:9). 이 얼마나 어처구니없는 직언의 예언적중입니까? 교회가 일종의 직업 또는 직장화 되고 목회가 일개 직업화 되니 일반인이나 목회자할 것 없이 매일반인 때가 되므로 교회당의 말살운동이 일어나는 것은 도리가 없는 처사입니다.

요즘의 현실을 보십시오. 목회를 사명감에서 하기보다 하나의 직업의식에서 하게 되니 봉급 등을 가지고 따지고 큰 교회와 작은 교회가 차등이 생겨나고 목회자의 자가용차와 봉급 따위로 그 등급수를 매기는 세태가 도래되었으니 어찌할 것입니까?

오늘의 교회당 안 실정이(실상) 이렇게 되어져 가는데 저희가 양떼와 소떼를 끌고 여호와를 찾으려 갈지라도 만나지 못하는 것은 지당함이며(호세아 5:6) 여호와가 오늘의 교회당 의식구조에 구토와 전율과 현기증을 느끼고 돌아서는 것은 당연한 것 아닙니까? 오늘의 기성교회들이 여호와께 정조를 지키지 아니하고 자본주의적 사생자를 낳고 있으니 새 달이 저희와 교회의 기업을 함께 삼키는 것이(호세아 5:7) 당연지사가 아니고 무엇입니까? 누가 여기서 반기를 들면서 아니라할 것입니까?

현실과 교회들의 속사정을 보십시오. 또한 역사적 현실에서 성서의 가르침을 보십시오. 마지막 때에 교회들과 성전이 왜 문들이 닫히고 불에 태워지는지 그 몇 가지의 사유가 이미 현실과 교회당 안에 그리고 성서에서 나타나고 있음을 발견하게 됩니다. 우리는 성서와 현실 종교계를 비교, 검토 연구하면서 그 연유만이라도 조금 찾아보기로 하십시다.

① 왜 교회들과 성전이 장차 그 문들을 닫게 될 것인지 성서는 그 연유를 밝히고 있습니다. 구약성서 에스겔 44:6~8절을 보면 제단 위에는 꼭 세워져야 할 하나님의 사람들만 세워지게 되어져 있고 기름부름을 받은 자들만이 세워져야

함에도 마지막 말기적 교회현상은 그렇지를 못하니 아무나가 마구 제단 위에 세워져서 노래, 간증, 방언, 예언, 입신 각종 은사… 등으로 하나님의 집을 더럽히고 죄를 범하니 그럴 바에야 차라리 문을 닫게 한다는 것입니다. 여호와가 원하지도 필요로 하지도 아니한 자, 여호와가 전혀 모르는 자를 닥치는 대로 제단 위에 올려 세우니, 어찌 이 가증스러움을 그냥 놓아둘 것이며 어찌 기독교회가 온전하냐는 질문입니다. 그러면서 여호와는 성서를 통하여

"이스라엘 족속 중에 있는 이방인 중에 마음과 몸이 할례를 받지 아니한 이방인은 내 성소에 들어오지 못하리라"고 경고합니다(에스겔 44:9).

이 얼마나 의미 있는 선언입니까? 현금당대 교회들의 실상을 이미 3000여 년 전에 그대로 보고 있는 것 아닙니까?

② 교회의 현실적 권위가 점차 격하되고 더러워진다는 것입니다. 마지막 때 종교적 현실로 나타나는 것이 일반인과 성직자와의 차이가 거의 나지 않는 대동소이한 세상이 찾아온다는 것입니다. 의복이나 먹고 마시고 살고 쉬고 놀고 거하고 다니고… 하는 것에서 상호 대동소이하게 되는 세태가 오니 이를 어찌할 것인가 입니다. 성직자에게 세상 일반인이 앉았다가 일어난 그 뒷자리와 유사한 현상이 나타난다면 말기적 현상이라 하지 않을 수 있습니까? 오늘의 현실이 그러하니 교회와 성직자가 있으나 마나하고 문을 닫고 없어지게 하는 것이 합리적이다 라는 선언이 나올법한 것 아닙니까?

③ 오늘날 교회당적 역현상들을 보십시오. 성직자들이 성직을 하나의 직업화하고 교회와 성전 등을 직장화와 직업화하

고 있지 않습니까? 교회들을 직장화하고 성직을 직업화하니 매년 초가 되면 교인들과 교회는 단 한 푼이라도 보수를 적게 책정하려 노력을 하고 성직자는 한 푼이라도 더 받으려고 혈안이 되다시피 하니 교회당 안이 심히 시끄럽고 요란합니다. 어떤 곳에서는 보수를 더 많이 안준다고 해서 지금 있는 교회당보다 더 크고 보수를 많이 주는 교회에로 가기 위해 이리저리 운동을 전개하는가 하면 보수와 여건만 더 나으면 지금까지 시무하고 있던 교회를 뒤도 돌아보지 아니하고 떠나는 경우를(세태) 자주 봅니다. 이런 행동은 자본주의 국가에서 자주 일어나는 시장경제와 같은 것임으로 아름답지도 선하지도 의롭지도 못한 처사입니다. 이는 일반인들과 조금도 다를 바가 없는 마찬가지 행태들입니다(호세아 4:9). 도처에서 보수 문제로 인하여 세상 직장들 마냥(노사분규) 문제가 제기되는 것도 봅니다. 이런 것은 장차 교회와 성전의 문을 닫게 하는 한 요인들이 되는 것입니다.

④ 교회당의 건축과 성전의 건축 과정에서 불의와 불법이 나타난다는 것입니다. 교회나 성전의 건축문제에서 무리하는 부분이 태반입니다. 힘없고 가난한 자들에게 잘못하여 공갈과 협박 협잡이 되기도 하고 좀 가진 자는 가진 그것이 하나의 도구와 힘이 되어 교만과 거만 그리고 큰소리치는 요소가 되기도 합니다. 분수를 벗어난 건축이 있는가 하면 설계과정에서와 허가 과정에서 그리고 각종 자재의 공급 과정 등에서도 부정과 불의가 개입되는 경우도 있다는 것입니다. 알게 모르게, 음과 양으로 이런저런 불의와 부정이 드러나니 어찌 그런 것을 여호와가 가만히 보고 넘어가거나 그냥 둘 수 있는가 함입니다(미가 3:10, 스바냐 3:4).

⑤ 교회당의 문들과 성전의 문은 그 교회와 성전 스스로가 문을 닫을 연습과 운동을 벌리고 있기 때문에(에스겔 44:1) 여호와는 저들이 원하는 대로 따른 것뿐입니다. 에스겔 46:1절을 보면
"나 주 여호와가 말하노라 안뜰 동향한 문은 일하는 6일 동안에는 닫되 안식일에는 열며"
라는 말이 있습니다. 6일은 닫고 하루만 열라 한다고 해서 말세의 교회당들이 그 예언의 성서를 따르고 그 법을 지키기 위한 것인지는 모르나 성전과 교회들이 모두 그 문들을 지금에서 닫을 운동과 예행연습을 이미 한다는 것은 우스꽝스러운 일입니다. 대낮에 방이나 기타의 장소에서 드러누워 하늘을(위) 쳐다보면 하늘은 그를 향하여 너는 이제 "죽는 연습 그만 좀 하지 말라" 하거나 아니면 죽고 나면 그리스도가 다시 이 세상에 오실 그때까지 누워서 쉴 것인데 멀쩡한 놈이 벌써부터 죽는 예행연습을 해서야 되겠는가고 책망을 하게 될 것입니다.

이와 같이 오늘의 교회당들을 보십시오. 날마다 다녀보아도 평일 날 교회당의 문을 열어놓은 교회당은 거의 없습니다. 사찰이니 수위니 하는 자들이 성령을 대신해서 대문 앞에 서서 출입을 막아버리는가 하면 어떤 곳에서는 자물쇠가 성령을 대신해서 성도의 발길을 집으로 돌려보내기도 할 것입니다. 마지막 때의 교회당들은 그들 스스로가 다가오는 대 환란 때를 미연에 준비하느라고 교회당 문을 닫는 예행연습과 실습에 여념이 없는 것도 봅니다. 성전과 기존의 교회당들이 앞 다투어 가면서 스스로들 수십 년씩 마지막 때 문을 닫을 예행연습을 쉬지 않고 하여 이제는 이미 면역과 숙달이 되었으니 대 환란 때에 그 문이 닫힌다고 해서 큰 충격은 별반 없을 것입니다.

사실 지금에서 이유 불문코 교회당의 문을 각종 장애물과 매개물들을 동원해서 닫아두는 교회당들은 이미 있으나 마나 하고 없어도 그만인 교회당이며 이미 역사의 뒤안길로 사라져 가는 교회당이며 그리스도가 떠나고 안 계시는 교회당으로서 그리스도와 성령이 계시지 아니하니 자물쇠와 수위와 사찰을 동원해서라도 성령을 대신케한 교회당인 만큼 대 환란 때에 가서 그 문을 닫기보다는 차라리 그리스도와 복음을 위해서 이 지구상에서 하루라도 빨리 파괴되어 버리거나 헐려서 없어져 버리거나 사라져 버리는 것이 백번 낫습니다. 신자들도 낮이나 밤에 문을 닫아두거나 사찰이나 수위를 통해 교회당 출입을 봉쇄하는 그런 교회당에는 이미 그리스도와 성령이 떠나고 안 계시는 그래서 이런 곳에는 아리마대 요셉의 빈 무덤마냥 그리스도가 떠나가고 없으니 사람들의 발자국과 먼지와 피 묻은 새마포와 기타 밖에 없는 빈 무덤 곧 빈 무덤 교회당임을 명심해야 됩니다. 그래서 이런 교회는 이미 구원과는 전혀 상관관계가 없는 교회당임을 명심해야하고 이런 문제는 그리스도교회에 대한 경고에서 반드시 정의되어져야 할 것입니다.

 ⑥ 앞의 제 5항과 제 6항은 엇비슷한 조항들입니다. 어처구니없는 것은 아직은 대 환란이 오지도 않고 있는데 대 환란의 때가 되거든 우리들의 교회당 문을 닫아 달라고 작금의 교회지도자들이 앞장서서 무언의 시위를 계속해서 펼쳐 보이고 있으니 어찌할 것입니까? 교회당적 현실의 현황들을 보십시오. 지금에서 과연 무엇이 걸림돌이고 문제인지를 말입니다. 우리가(여러분) 주일날 성서와 찬송가를 들고 어떤 사람이 교회당에 들어가려고 할 때 그에게 다가가서 그가 다니는

교회를 향해 이 교회는 누구의 교회이거나 아니면 어느 교회를 다니십니까? 라고 질문을 던지면 그의 대답이 대단히 걸작일 것입니다.

 그는 이 땅의 교회지도자들에게서 작금에 배운 그대로 자본주의식 답변을 고상하게 하게 될 것입니다. 그들은 성서적 대답은 무엇인지도 모르고 관심도 없을 것입니다. 그들은 자기가 출석하는 교회당을 가리키면서 "저기에 있는 xxx 목사님이 계시는 교회에 나갑니다"고 대답할 것입니다. 왜 이런 대답이 교인들 입에서 나오게 됩니까? 사실 "저기에 보이는 주님의 교회를 다닙니다"라고 답하거나 아니면 "저기에 보이는 그리스도의 몸된 교회에 다니고 있습니다"란 대답이 나와야 바른 답변이 되는데 이미 교회들이 자본주의화 하니 그리스도는 그 어디에도 보이지 아니하고 교회당들이 하나의 자본주의식 기업화 되어 자연 당회장이란 사장의 이름만 보이고 나타날 뿐이기에 저기 보이는 xxx 목사님이 계시는 교회당에 다닌다는 자본주의식 대답에 모두가 이미 익숙해졌기에 아연질색일 뿐입니다. 이런 교회당일수록 의식과 행정만 넘쳐흐르기에 문을 닫아버리는 것이 역사 현실을 위해서나 그리스도와 그리스도의 몸을 위해서 다행한 처사가 될 것이며 그렇게 해야 참신자와 거짓신자, 구원을 얻을 자와 내어버릴 자 알곡과 쭉정이를 구별키 위해서 무엇보다 가장 이상적 현상이 될 것입니다.
 그러므로 성서도 호세아 10:12절에 보면 "아름다울수록 주상을 아름답게 한다"며(호세아 10:1하반절) 하나님은 그 제단을 쳐서 깨쳐서라도 그 주상을 헐어버리신다고(호세아 10:2하반절) 경고하고 있습니다. 여기에 아름답게 나타나는 주상은 말세 교회당의 지도자(목사) 주상을 뜻합니다. 이것이 바로 말세 교회당의 시류요 현상이니 경종이 아닐 수 없습니다. 지금은 그리스도의 이름이 먼저입니까? 아니면 목회자란 인간 우상이 먼저입니까? 여호와의 은밀한 처소를 더럽히지 맙시다(에스겔 7:22하반절). 그리고 요즘 보면 또 한 가지 어처구니없는 우상이 있는데 "어느 교회 다니십니까"라거나 "어느 교회를 나가십니까"고 하면 장로교회, 또는 감리교회라는 대답을 하는 말기적 퇴폐를 보기도 합니다. 어느 교회가 왜 주님의 교회는 아니고 고작 장로교 감리교 성결교 따위입니까? 지금은 교회들과 신자들이 정신을 차려서 교회 안에서 필요치 아니한 우상의 부스러기들을 깨끗이 소탕해 버려야합니다.

⑦ 구약성서 다니엘 9:27상반절을 보면 "한이레 동안의 언약을 굳게 정하겠고 그가 그 이레의 절반에 제사와 예물을 금지할 것이며"라고 하여 교회들과 성전의 문을 닫게 하시는 이는 여호와 하나님의 허락을 받고 나타난 적그리스도임을(다니엘 9:26) 밝히고 있습니다(에스겔 7:22하반절). 이때 나타날 적그리스도는 이 땅에 임하는 한 왕으로서(다니엘 9:26상반절) 성읍과 성소를 훼파해서 없애고(다니엘 9:26중반절) 연이어서 전쟁을 일으킨다고(다니엘 9:26하반절) 기술하고 있습니다.

그런데 여기서 의미 있는 선언은 "미운 물건이 날개를 의지하여 설 것이며"(다니엘 9:27중반절, 에스겔 7:20, 11:21)라는 그것입니다. 장차 밉고 더럽고 여호와가 가장 싫어하는 것들이 성전과 교회당 안에 세워진다는 예고입니다. 어쩌면 이런 것들 때문에 "성전을 더럽혀 시체로 모든 뜰에 채울지도" 모릅니다(에스겔 9:7). 이런 것들 모두가 장차 성전과 교회당의 문을 닫게 하는 주된 요인들이 될 것입니다. 지금에서 기독교는 교회당안의 인간 우상들과 자본주의 우상들을 탈피하고 벗어던지지 아니하면 안 됩니다. 신자들이 우려하고 벗어던져야 할 과제들은 선진국형 기독교와 후진국형 기독교 모두 다 입니다. 선진국형 기독교는 자본주의와 지나친 민주화에 빠져있고 후진국형 기독교는 신비주의와 각종 샤머니즘에 젖어있고 빠져있기 때문입니다.

제 5장 성령이 이스라엘로 귀환함

"필경은 위에서부터 성신을 우리에게 부어 주시리니 광야가 아름다운 밭이 되며 아름다운 밭을 살림으로 여기게 되리라" (이사야 32:15).

우리는 전장에서(제 4장) "예루살렘 성전 건축"과 그리고 그와 관계가 있고 되는 제반의 부분을 상고했으나 빠른 행마로 이제는 제 5장에 접어들게 되었습니다. 이 제 5장은 앞의 제4장과 함께 전 세계 기독교인들의 비상한 관심사 부분들입니다. 어느 누구도 앞의 제 4장과 본 제 5장을 바르게 이해하지 못하고서는 말세론에 대해 일언반구해서는 결단코 아니 되는 순간까지 와서 있습니다.

우리는 지금까지 이방인들의 때가 차고(누가복음 21:24) 그리고 이방인으로서 구원을 얻을 그 수효만 차게 되면(로마서 11:25) 모든 것이 그만이고 그 뒤를 이어서는 대 환란이 이루어지는 것으로 믿어온 것은 일반적 상식선이었습니다. 그러다보니 전적으로 다가올 모든 것은 그리스도와 교회들, 그리스도와 우리들과의(그리스도교인) 관계이지…만을 지나치게 생각한 나머지 거두절미하고 유대와 예루살렘 그리고 예루살렘 성전에 대하여는 언급을 회피해 왔고 이런저런 것을 알려하지 아니한 것은 사실입니다. 그것이 모순이거나 악, 무지혜거나 하는 것 등에는 전혀 관심이 없었습니다.

솔직하게 말해서 이방인의 어리석은 교만과 거만인지는 모르지만, 미련하고 우둔해서 그랬는지는 모르지만 그리스도의 재림사건과 대 환란에 대하여는 지나치리만큼 건방지고 안하무인격 이였습니다. 이런 경우는 이것이 흡사 저들을 위한 것인 양 오해하다보니 그리스도의 재림은 이방인 저들의 전유물화 했고 대 환란은 불신자들의 전유물화 시키고 있기에 문제의 심각성은 날이 갈수록 더해지고 있습니다. 이런 모순의 교만과 악의 발작이 현금당대 종교계의 현주소지이고 보니 어찌합니까? 심지어 우리는 교회를 잘 다닌다거나 각종 감사나 주일헌금, 십일조를 잘 드리고 교회당에서 전도와 봉사 충성을 타인보다 좀 유별나게 잘한다고 해서 그것을 하나의 기화로 하여 구원이 전적 이방에만 있고 저들에게만 있는 양 믿었기에, 유대에는 없는 양 주름 잡힌 오해를 고스란히 했습니다.

어디 그것뿐이겠습니까? 이방인의 구원 얻는 수효에만 지나치리만큼 집착한 나머지 그것에만 신경과민이었지 이방인보다 유대인이 먼저이고 저들의 구원이 장차 어쩌면 이방인보다 더 많을지도 모르는 것에는 액면 그대로 무지하고 무식했으니 이 얼마나 현실 감각에 무디고 뒤지며 하나님의 구원 섭리에 깨달음이 전혀 없고 모자랐는지 이를 생각할수록 어리석음에 대한 한심스러움과 비애와 구토와 무능을 자인하고 있습니다.

어떤 이는 지금이 대 환란 시작의 때라고 겁 없이 외치지만 또한 여의도의 모씨는 대 환란이 2-3년 앞으로(1992년) 다가온 것 마냥 외쳐서 엄청난 충격을 주기도 합니다만 이는 모두 성서를 몰이해한 자들의 부질없는 말장난의 어리석은 잔치들입니다. 이런 세련되지도 못한 미사어구 따위로는 자기에게도 남에게도 유익을 전혀 줄 수가 없습니다. 그러므로 근거도 뿌리도 진리도 없는 말에 현혹되지 맙시다.

지금은 놀라거나 방정을 떨거나 우려할만한 그런 시기가 결코 아닙니다. 이 시점에서는 성령께서 유대에로의 귀환할 시기 역시 약간은 남아있고 성지인 예루살렘 도성 안에 여호와의 성전이 세워질 시간도 아직은 약간 남아 있습니다. 그러므로 이 시점에서는 무엇보다 자기 자신의 정리와 여호와를 향한 자기 정비를 먼저 해야 할 때이고 뒤이어서 하나님이 나에게 주신 각종 선물들을 가지고 이웃과 형제 그리고 교회에 최선을 다 해야 할 바로 그 때입니다. 성령을 보십시오.

성령께서는 지금 유대에로 돌아갈 채비를 이미 완료하고 있습니다. 이방에 있는 성령이 완전히 거두어지는 날 우리는 어리석음의 덫에 스스로 걸리고 빠지는(누가복음 21:34) 종교적 고등 야만인은 결코 되지 맙시다.

앞의 제 4장에서도 수차 논했거니와 이미 여호와의 예정섭리는 장차 이방신전이 파괴됨과 동시에 여호와의 성전을 짓기 위한 만반의 준비가 되어져 있습니다. 여호와의 성전을 건축함으로서 성령은 유대에로 돌아가게 됩니다. 그렇다면 성령이 유대에로 돌아간 이후의 세계 교회들과 한국 교회들을 우리는 예의주시해야 할 것이고 그런 경우 누가 기존의 교회를 다니고 누가 교회당에 다니는 것을 거부하고 포기할 것인지 이는 지금에서 누가 보아도 자명한 결론이 나와야할 것 아닙니까?

성서를 보십시오. 이스라엘 족속이 고토인 고국에(에스겔 36:17) 돌아오게 되면(에스겔 36:24) 선민 된 이스라엘을 맑은 물을 뿌려서 저들을 깨끗이 씻기게 됩니다(에스겔 36:25). 이렇게 한 연후에 저들 위에 성령을 부어주시게 됩니다. 그러면 이때 이방은 어찌 될 것입니까? 쌍 나팔은 불 수가 없는 것 아닙니까?

1. 성령이 이방으로 나간 이유.

 구약성서를 보십시오. 구약에서는 성령이 전적 유대에만 국한되어 있었기 때문에 저들은 성령이 오직 저들만의 전유물이나 특허품화 하며 내려왔습니다. 그 때 이방에서는 어느 누구도 감히 이를 넘겨다보거나 성령을 받으려 마음을 먹거나 성령을 충만히 받아보았으면 좋겠다하는 엄두나 마음마저 갖지 못했습니다. 예루살렘이 주전 606년에 바벨론에 의해 망했으나 그래도 성령은 유대를 버리거나 벗어나거나 떠나지 않았습니다. 이것은 어쩔 수 없는 당시의 현실 상황들이었습니다.
 그러던 것이 그리스도께서 승천하신 이후부터 달라지기 시작했습니다. 그리스도는 부활하신 후 제자들에게 제 1성으로서 "성령을 받으라"고(요한복음 20:22) 명령하셨습니다. 그 후에 승천하시면서도 성령을 받기 전에는 예루살렘을 떠나지 말라는 부탁과 동시에(사도행전 1:4) 성령을 받고난 뒤 예루살렘과 온 유대와 사마리아와 땅 끝까지 이르러 내 증인이 되라고 명령했습니다(사도행전 1:8). 그래서 예수의 제자들은 이 말씀에 순종할 의무를 지닌 자들이었습니다. 성서를 보니 성령을 받은 후에 제일 먼저 저들이 나가 복음을 전해야 할 대상지가 바로 예루살렘과 온 유대입니다. 그리고 제 2차 전도대상 지역이 사마리아이고 제 3차 전도대상 지역이 땅 끝까지입니다(이방 땅).
 예수께서는 부활하신 후 제자들을 가르치시면서도 말씀하시기를 "너희는 온 천하에 다니며 만민에게 복음을 전파하라"고 했는데 (마가복음 16:15) 제자들은 처음 이 말씀이 무엇을 의미하는지 잘 이해하지 못했고 오순절 날 성령이 임할 때에도(사도행전 2:14) 예수의 이 말씀이 무엇을 뜻하고 있는지 이를 이해하지 못했습니다.

  그러다 예루살렘에서 성령의 역사가 강하게 나타나게 되었을 때(사도행전 2:37~42) 베드로는 자기에게로 나아오는 무리들에게 성령을 선물로 받으라고(사도행전 2:38) 외치기도 했습니다. 사실 초대 기독교회에는 성령의 역사가 강하게 나타났기에(사도행전 4:31) 누구든지 간절한 마음으로 모여 성령을 받기 원하는 자는 다 받았습니다(사도행전 6:5). 그럼에도 예루살렘 거민들과 유대인들이 이를 받아들이지 아니하고 오히려 반대하는 역사가 나타났고 예루살렘에 있는 교회에는 큰 핍박이 일어나므로 모두가 흩어지게 되었는데(사도행전 8:13) 이 때까지만 해도 사도나 기독교 신자들이 성령은 어디까지나 저들만의 전유물인양 단단히 오해하고 있었습니다.

  그러다 가이사랴의 고넬료 가정에(사도행전 10:15) 베드로가 초청을 받고 가서 설교를 할 때에 성령이 말씀을 듣는 그 집 모든 사람들에게 강하게 내려오는 그것을 본 베드로는 이방인에게도 성령 부어주심을 인하여 놀라지 아니할 수가 없었습니다(사도행전 10:44~46). 그러므로 이 얼마나 어처구니없는 상황전개입니까? 초기 사도들의 시대만해도 이방에 성령이 내리거나 임한다는 것은 생각조차 할 수 없는 사건이었습니다. 이방에 성령이 임했다는 그 사건 때문에 베드로 사도가 코너로 몰렸고 이로 인하여 베드로는 주어진 사건을 해명하지 아니할 수 없어서 해명까지 하게 되는 수모를 당하기도 했습니다(사도행전 11:1~17). 이를 보면 유대인들은 성령이 오직 저들만의 전유물인양 오해하다가 베드로에

의해 이방에도 성령이 나타났음을 알고 그제야 "그러면 하나님께서 이방에게도 생명 얻는 회개를 주셨도다"고 하면서(사도행전 11:18) 마지못해서 이를 허락하고 있으니 유대인의 옹고집과 성령과 구원에 대한 집착을 알만한 것입니다.

처음 복음이 베니게와 구브로와 안디옥으로(사도행전 11:19~) 전파되어 나갈 때 불가불 성령께서도 합세하지 아니할 수가 없기 때문에 이때부터 이방에 성령의 역사가 나타나게 되고 성령에 의해 믿는 자도 많아지고 또한 성령을 받는 자도 생겨났습니다. 이방과는 달리 예수를 믿는 유대인은 박해에 의해 이리저리 흩어졌기 때문에 저들에게는 성령의 역사가 그렇게 필요치 아니할 것이기에 예루살렘과 유대가 성령의 제1차직 대싱지역 이었으나(사도행전 1:8) 히는 수 없이 예루살렘과 유대는 성령의 역사에서 다소 소원해지고 성령이 이방으로 나가게 되는 수모와 함께 이방에서는 은총의 승리와 감사가 나타난 것입니다.

그럼 성령께서 유대와 예루살렘을 제치고 이방으로 나간 이유는 무엇이고 어디에 있는 것입니까? 그것은 다음의 몇 가지 이유 때문에서인 듯합니다.

① 구약성서의 예언을 그대로 이루시기 위함에서입니다. 구약성서 요엘 2:28~30절까지를 보면 "그 후에 내가 내 신을 만민에게 부어 주리니… 그때에 내가 또 내 신으로 남종과 여종에게 부어줄 것이며"라고 합니다. 이 말씀을 사도들이 예루살렘에서(사도행전 2:14~) 가르치고 인용한 것을 보면 (사도행전 2:16~21) 이미 이방에 성령이 임할 것임을 보이고 가르친 것이므로 이 예언은 반드시 이루어져야 할 것이

기 때문입니다.

② 구약성서 시편 67:1~7절까지를 보면 이미 세계 모든 민족이 그리스도를 믿어서 구원을 얻도록 예정섭리가 되어져 있습니다. 이는 모름지기 이방인에게도 구원이 있다는 증거인데, 이방인을 구원하려면 이방에 무엇보다 먼저 세워져야 할 것이 바로 "교회들"입니다. 그리스도의 몸된 교회가 이방에 세워지려면 여기에는 먼저 마찰이 너무 심하고 텃세가 위에 붙어있기 때문에 성령께서 도와주지 않고는 도무지 나아갈 수가 없습니다. 그러므로 성령이 이방으로 나간 것은 이방인의 구원을 위해 이방에다 교회들을 세우시기 위한 바로 그것 때문에서입니다.

③ 성령이 내내 이스라엘에 머물지 아니하고 이방으로 나간 것은 이방인들의 잘한 탓이 아니고 유대인들의 잘못한 탓 그것 때문이기에 자연 유대인의 시기를 위해서입니다(로마서 11:11, 11:14). 예수께서도 승천하시면서 부탁하신 바가 바로 성령의 제1차적 증거 지역은 예루살렘과 유대라는 것입니다. 그럼에도 유대와 예루살렘이 예수를 거부하고 받아들이지 아니함으로 성령 충만에서 제외가 된 것은 당연 지사인 것입니다.

④ 성령이 이방으로 나가지 아니하고는 누가 무엇이라고 해도 이방인의 때가 올 수는 없습니다. 이방인의 때가 주어져야 선민이 버려지고 징계를 받게 되는 것이지 이방인의 때가 없으면 선민이 버려지지 않으므로 여호와 하나님은 성령을 우선 유대와 예루살렘에서 이방으로 내어 보내신 것입니다. 성령은 이방으로 나가서 자유롭게 역사하시다가 다시 유대와 예루살렘으로 돌아가게 됩니다. 성령이 이방에서(누가복음 21:24) 자기의 때가 차게 되면 유대에로 돌아가게 되는데 그때는 대 환란의 역사가 연이어져서 나타날 것입니다.

일단 성령이 예루살렘과 유대 땅에서 벗어나고 떠나게 됨으로 예루살렘과 유대는 문자 그대로 황무와 황폐케 된 것입니다. AD. 70년의 역사와 그 후의 유대 역사를 보십시오. 그러나 장차 성령이 유대에로 다시 돌아가게 되면 이방은 완전 버려지고 예루살렘과 유대마냥 이방이 황무와 황폐케 될 것이고 유대는 다시 옥토화 될 것입니다. 어느 누구도 이 하나님의 대 역사를 결코 가로막거나 돌려놓을 수는 없을 것입니다.

2, 성령이 이 방에서 하는 일.

"우리의 전한 것을 누가 믿었느뇨. 여호와의 팔이 뉘게 나타났느뇨"고(이사야 53:1).
성서를 보십시오.
"그 후에 내가 내 신을 만민에게 부어 주리니 너희 자녀들이 장래 일을 말할 것이며 너희 늙은이는 꿈을 꾸며 너희 젊은이는 이상을 볼 것이며 그때에 내가 또 내 신으로 남종과 여종에게 부어줄 것이며 내가 이적을 하늘과 땅에 베풀리니 곧 피와 불과 연기 기둥이라"고(요엘 2:28~30).
이 구약성서의 예언이 신약 시대에 와서 그대로 이루어지고 있습니다. 그래서 성서는
"하나님이 가라사대 말세에 내가 내 영으로 모든 육체에게 부어 주리니 너희 자녀들은 예언할 것이요 너희의 젊은이들은 환상을 보고 너희의 늙은이들은 꿈을 꾸리라. 그때에 내가 내 영으로 내 남종과 여종들에게 부어 주리니 저희가 예언할 것이요"라고(사도행전 2:17~18).
이는 구약의 예언이 신약 곧 이방인의 시대에(때) 와서 이루어지고 있음을 예고함 입니다. 비록 성령께서 사도 베드로

에 의해 가이사랴의 고넬료의 댁에서 이방인에게 나타남으로 (사도행전 10:44~48) 그 시발점이 되어 이방으로 나아가기는 했지만, 그럼에도 그 성령이 이방에서 1900여 년이 넘도록 역사하셨지만 그럼에도 이방인 된 우리는 그 고마움과 감사함을 아직까지 미처 깨닫지를 못하고 있으니 그 죄과가 심각합니다. 그럼에도 우리는 여기서 이방으로 나간 성령이 유대에로 다시 돌아갈 그때까지 하는 일이 과연 무엇인지 상고해 보기로 하십시다.

① 이방 땅에 그리스도의 몸 된 교회를 세우심.

이방에도 성령에 의해 그리스도의 몸 된 성전이(교회) 도처에 세워지고 있습니다. 그러함에도 점차 기독교회가 자본주의화 된 나머지 그리스도의 몸 된 교회와 지상의 예배당을(건축물) 지나치리만큼 혼돈하거나 아니면 일체화시킴으로서 문제점을 엄청나게 야기 시키고 있습니다. 사실 성령에 의하지 아니하고는 그리스도의 몸 된 교회를(에베소서 1:22~23, 4:12, 골로새서 1:18) 이방 땅에 세울 수가 없습니다. 설령 그것을 세운다고해도 그것은 오래가지 못해 유야무야되고 교회의 간판을 내리고 문을 닫아버리는 것이 고작입니다. 이것이 역사의 현장이요 현주소들입니다.

② 성령은 이방에서 그 역사를 나타냄.

성령께서 이방으로 나오신 후 이방 땅에서 하시는 일이 참 많으십니다. 성령의 9가지 열매를 맺는 일을 위시해서(갈라디아 5:22~23) 전도하는 일이나 기도하는 일, 여호와와

직통과 대언하는 일, 영교하는 일, 병자를 고치고 귀신을 제어하며 그리스도인의 품위를 지키고 성도의 위계질서를 지키며 나타내는 이런 일들은 하나하나가 성령의 역사와 보살피심이 없고서는 어느 것 하나도 온전히 이루어질 수가 없는 것들입니다.

③ 성령은 이방에서 세례를 주심.

이방에 있는 성령은 역사하시사 구원 얻을 백성들을 하나하나 그리스도의 몸된 교회 안으로 불러들이사 그들 모두를 그리스도인이 되게 하시고 천국시민이 되게 하시기 위하여 세례를 받도록 권고하신 후 세례를 받게 하십니다. 지금에서 세례의 역사는 전적 성령의 역사와 도우심이지만 그럼에도 장차 성령이 유대에로 귀환을 하고나면 그 때에는 세례를 주고받는 그 역사도 종지부를 일단 찍고 말 것입니다.

④ 성령은 이방 땅에 하나님의 나라를 세우심.

성령의 역사와 도우심에 의해 지금까지 이방 땅에는 하나님의 나라 곧 그리스도의 왕국이 세워져서 대 역사 안에서 운행되고 다스려지고 역사하고 있습니다. 성령께서 유대 안에 머물러 계실 때에는 하나님 나라 역사가 유대에만 머물렀으나 성령이 유대에서 이방에로 나아감과 동시에 하나님의 나라인 그리스도의 왕국은 이미 이방 땅에다 그 뿌리를 내리고 역사가 시작되었습니다만 이 역사도 멀지 아니한 장래에 철수될 것이라고 보고 있습니다. 왜냐 하니 불원간에 성령은 유대에로 돌아가 정착할 것이기 때문입니다.

⑤ 성령은 이방에서 생명책에 기록될 자를 모으사 기록하고 계심.

예수께서도 성도의 최대 기쁨은 그의 이름이 하늘에 있는 생명책에 기록이 되는 것이라고(누가복음 10:20) 강조한 것과 같이 성령께서는 예나 지금에서 쉬지 않고 역사하사 이방 땅에 있는 기독교인들 가운데 생명책에 기록될 자들을 찾으시사 기록하시고 계십니다. 이방인만이 아니고 여기에는 유대인의 구원 얻을 자도 역시 해당이 되고 있습니다.

⑥ 성령은 이방에서 구원 얻을 자를 채우심.

구원은 아무나에게 주어지는 것이거나 얻는 것은 아닙니다. 그럼에도 구원은 이미 그 범위가 한정되어져 있습니다. 그래서 성서는
"형제들아 너희가 스스로 지혜 있다함을 면키 위하여 이 비밀을 너희가 모르기를 내가 원치 아니하노니 이 비밀은 이방인의 충만한 수가 들어오기까지 이스라엘의 더러는 완악하게 된 것이라"고(로마서 11:25) 합니다.
이는 바로 성령의 역사에 의해 선민이 아닌 이방인 가운데서도 구원을 얻을 백성이 나타나고 그 수효가 완료되어 있기에 그것이 찰 때까지 성령은 이방에서 유대로 돌아가지 아니하고 그대로 남아있을 것임을 알리고 있습니다. 이방에서 성령이 구원을 얻는 수효를 채우시다보니 그리스도의 재림역사도 빨리 이르지 아니하고 오히려 더디고 오래 걸린다는 것도 분명합니다.

⑦ 성령은 순교자의 수를 채우심.

 순교자는 장차 나타날 대 환란의 때에만 나타나는 것이 아닙니다. 선지자들의 순교는 구약시대로 거슬러 올라가지만 사도들의 순교는 초대 기독교회에로 거슬러 올라갑니다. 초기 기독교회의 순교도 초대교회에로, 일반인들의 순교도 초대 교회에로, 특히 옛 로마 통치하에서 자행된 사실은 모두가 익히 아는 바입니다. 옛 로마에 의해 자행된 순교로부터 시작하여 지금도 공산주의 국가와 사회주의 국가에서 그리고 회교국에서 희생되고 있는 기독교인의 순교자는 매년 30~40여만 명에 이르고 있습니다. 장차 성령이 유대에로 돌아가기 직전까지는 순교자의 수효가 계속될 것이지만 대 환란 때에 순교를 당할 자들도 성령이 이방 땅에 있을 그때에 이미 다 채워질 것을 알리고 있습니다(계시록 13:8~10). 분명 순교자의 수는 있을 것이지만(계시록 6:11) 생명책에 기록된 자는 대 환란의 때에도 이길 것이고 자기 이름이 생명책에 기록되지 아니한 자는(계시록 13:8, 17:8) 고스란히 넘어져 버릴 것입니다(다니엘 3:30, 11:32, 11:34). 이것이 바로 성서가 우리에게 알리고 계시하는바 진리입니다. 그럼 그 이유는 무엇입니까? 이방인 된 우리의 각성과 성령의 유대귀환을 바로 알리는 경고가 아닙니까?

3. 성령이 유대에로 왜 돌아가는가?

 성령이 왜 유대에로 돌아가야 합니까? 주어진 성서를 보면 성령이 유대에로 돌아가게 되어져 있습니다. 구원의 대 역사가 지금은 이방에 있으나 그것은 어디까지나 이방인의 충만한 수가 들어오기까지란 한시적이지(로마서 11:25) 그 이상은 될 수가 없습니다. 그 이후에는 온 이스라엘이 구원을 얻게 섭리되어져 있습니다(로마서 11:26). 이렇게 되면 이방인의 구원은 어디까지나 이스라엘로 시기 나게 하시기 위함임을(로마서 11:11, 14) 알게 되는데 이렇게 되니 이방인의 구원 역사와 섭리는 한정된 범위 안에 있는 것이 되고 이미 제한적임을 알게 됩니다.

성서를 보십시오.
"또 새 영을 너희 속에 두고 새 마음을 너희에게 주되 너희 육신에서 굳은 마음을 제하고 부드러운 마음을 줄것이며"라고(에스겔 36:26)

또한 성서는
"또 내 신을 너희 속에 두어 너희로 내 율례를 행하게 하리니 너희가 내 규례를 지켜 행할찌라"고(에스겔 36:27).

또한 성서는
"내가 또 내 신을 너희 속에 두어 너희로 살게 하고 내가 또 너희를 너희 고토에 거하게 하리니"라고(에스겔 37:14상반절).

위의 성서는 하나같이 성령께서 불원 유대에로 다시 돌아갈 것임을 예고하고 있는 것입니다. 성령이 유대에로 다시 돌아갈 것이 예고 된 것은 이미 마지막 대 환란의 역사가 어떤 것임을 알리는 것이며 성령이 유대에로 돌아가서 자기 백성들에게 임하려 할 때의 역사는 먼저 "맑은 물로 너희에게 뿌려서 너희로 정결케 한 후"라야 합니다(에스겔 36:25).

그래서 성서는 이때가
"그 날에 죄와 더러움을 씻는 샘이 다윗의 족속과 예루살렘 거민을 위하여 열리리라"고 한(스가랴 13:1) 그 때임을 알립니다.

분명 이는 놀라운 사건입니다. 이렇게 되기 위해서는 여호와께서 먼저 다윗의 집과 예루살렘 거민에게 은총과 간구하는 심령을(성령) 부어주게 될 것입니다(스가랴 12:10). 또한 그 날에 생수가 예루살렘에서 쏟아나서(스가랴 14:8) 온 세계를 향하여 넘치게 하려면 어찌할 도리가 없게 될 것입니다. 그러면 성령이 왜 유대에로 다시 돌아가야 하는 것입니까? 성령을 이방 땅에 언제까지나 머물게 하지 아니하시고 원래적 위치에로 왜 보내어 드려야 하는 것입니까? 그 이유는 무엇입니까?

① 이방인의 때가 이미 찼으니.

성령이 유대에서 이방으로 나간 것은 이방인의 때를 채우시기 위해서입니다. 이방인의 때가 차게 되면 반드시 그 때에는 성령이 다시 유대에로 귀환을 하게 됩니다. 지금 우리들의 세대를 보고 또 주위와 환경을 보십시오. 모두가 이방인의 때뿐이지 유대인의 때는 실제로 보이지 아니합니다. 이방에 가려서 유대는 전혀 보이지 아니합니다. 그럼에도 이방에 세워진 교회들과 목회자와 교인들을 보니 이미 이방인의 때는 끝이 나가는구나 하는 선입관념을 먼저 가지게 됩니다. 그것이 허무맹랑하다거나 기우로 생각할지 모르지만 말입니다(누가복음 21:24).

② 이방에 구원의 대 역사가 찼으니.

구원의 역사가 이방에는 거의 찼습니다(로마서 11:25). 더 이상 바랄 것이 없습니다. 성령이 유대에서 이방으로 넘어가서 일을 한 것도 많습니다. 그리스도의 몸된 교회를 세우고 그리스도의 왕국에서 역사하시고 세례를 주시며 보호하고 다스렸습니다. 그러다보니 이방에서 구원 얻을 백성이 찾기 때문에 성령께서 더 이상 이방에 머물 아무런 이유나 근거나 조건이 없어졌습니다. 이제에서 성령이 유대에로 돌아가는 것은 정한이치입니다.

③ 예루살렘에 있는 이방신전이 파괴되었으니.

예루살렘 도성 안에 있는 이방신전이 그대로 머무는 기간 동안에는 성령이 유대에로 돌아가지 아니합니다. 솔직히 말해서 설령 그 때에 성령이 유대에로 돌아간다고 해도 머물 곳이 없는데 어디서 머물 것이고 정착할 것입니까? 여호와의 도성인데 이방신전이 세워진 후 아주 오랜 세월이 지났으므로, 그래서 여호와의 도성인 예루살렘이 이방인에 의한 세속도시로서 세속화 되었는데 어찌 그런 상태에서 성령이 유대에로 돌아갈 수가 있을 것입니까 마는 그럼에도 이방신전이 파괴가 되고나면 성령은 유대에로 돌아가야 합니다. 그 이유는 이때의 성령은 이방에서보다 예루살렘과 유대에서 해야 할 일이 더 많기 때문입니다. 이는 자타가 공히 인정하고 있는 바입니다.

④ 성령이 유대에로 돌아가면 예루살렘 도성 안에는 이방인의 거주지역이 사라짐.

지금은 예루살렘 도성 안에 이방인의 거주지역이 있습니다. 이방인의 거주지역이 있다 보니 성령이 돌아간다고 해도 거할 곳은 고사하고 해야 할 일이 없습니다. 성령이 유대에로 돌아가면 먼저 예루살렘 도성 안에서 이방신을 섬기고 우상의 제물을 들고 오고가며 먹고 마시고 하는 자들을 일단 도성 안에서 모두 축출할 것이고 오직 여호와의 도성인 예루살렘에는 여호와의 백성들만 오고가게 할 것입니다. 이를 위해서도 성령의 유대 귀환은 필연적으로 급속히 이루어질 것입니다.

⑤ 예루살렘에 여호와의 전이 건축되니.

이방신전이 파괴되는 것은 여호와의 전을 건축하기 위한 전초전입니다. 여호와의 전이 예루살렘 도성 안에 건축이 되려면 무엇보다 먼저 성령께서 유대로 귀환하지 아니하고서는 아니 됩니다. 성령이 이방에서 유대를 돌아가면 성령께서는 예루살렘 도성 안에 이방인의 마을과 이방인의 출입구역을 완전 없이하고 그리고 이방신들에게 드리는 제사 음식물들의 반입과 반출 따위는 기필코 원천 봉쇄케 할 것입니다. 그럼과 동시에 속전속결로 여호와의 전이 완공되도록 독려와 독촉할 것입니다.

⑥ 전 유대가 예수 그리스도를 저들의 메시야로 받아들일 기회가(때) 되었으니.

성령이 유대에로 다시 돌아오면 "그들에게 일치한 마음을 줍니다."(에스겔 11:19) 이들에게 "한 마음과 한 도를 주어 자기들과 자기 후손의 복을 위하여" 여호와를 경외하는 것은 (예레미야 32:39) 이미 예고된 바이니 반드시 그렇게 이루어질 것입니다. 또한 저들은 고국으로 모두가 돌아가게 되면 (에스겔 39:28) "그들이 그 우상들과 가증한 물건과 그 모든 죄악으로 스스로 더럽히지 아니하고"(에스겔 37:23) 오직 여호와의 백성들로서(에스겔 37:24) 손색이 없게 될 것입니다. 이렇게 되면 저들은 나사렛 예수를 저들의 메시야로 모시게 될 것이고(스가랴 12:10~14) 저들의 비통한 통곡소리가 온 천하에 들릴 것입니다.

⑦ 대 환란의 문턱이 가까웠으니.

대 환란은 먼저 예루살렘 성전이 건축되고 성령이 유대에로 돌아온 이후 어느 한 기간이 지나가야 됩니다. 대 환란의 문턱에 세계의 역사가 이르게 되면 누가 말하지 아니해도 하나님의 예정섭리에 의해 성령이 이방으로부터 거두어져서 유대에로 완전히 돌아가게 됩니다.

⑧ 그리스도의 재림의 징조가 도처에 나타남으로써.

성서에 보면 "주의 임하심과 세상 끝에는 징조가"(마태복음 24:3) 있을 것임을 암시하고 있습니다. 이것은 예수의 가르침이지만 예언에서도 나타나는 바입니다. 그래서 성서는 "위로 하늘에서는 기사와 아래로 땅에서는 징조를 베풀리니" 라고 합니다(사도행전 2:19). 마지막 때가 되면 그리스도의 재림징조가 도처에서 나타나게 되므로(마태복음 24장, 마가복음 13장 참조) 성령께서는 이때를 즈음해서 이방에서 유대에로 다시 돌아가는 대 역사를 나타내는 것은 당연지사일 것입니다.

⑨ 그리스도가 천하의 왕이 되게 하시기 위해서.

성서를 보면 "여호와께서 천하의 왕이 되시리니 그날에는 여호와께서 홀로 하나이실 것이요 그 이름이 홀로 하나이실 것이며" 입니다(스가랴 14:9). 이는 무엇을 의미합니까? 단도직입적으로 이는 그리스도가 천하의 왕이신데 어찌 함부로 오실 것입니까? 그리스도가 오시기 이전에 성령께서 이방 땅으로부터 유대로 귀환하신 후 예루살렘에 여호와가 거하실 처소를 만들어 드림으로서 각기 해야 할 그 일들을 하게 하시기 위하여 이방 땅에서 성령이 유대로 돌아가게 되는 것입니다.

성령이 이방에서 유대로 다시 돌아가면 이방에 있는 기독교회당들은 심히 시끄럽고 요란해질 것은 명약관화이고 교회당들 안에서는 싸우고 다투는 일은 고사하고 교회당 안이 무덤화 될지도, 감옥화 할지도 모르는 일임을 결코 잊어서는 아니 됩니다.

어떤 이는 2000여 년 간의 유대적 현실은 전혀 생각지 못하고(아니하고) 이방적 샤머니즘 아집에 얽매이고 사로 잡혀서 성령이 다시 유대로 돌아간다고 하니 "그럴 수가 있는가? "와" 우리는 그 때에 어떻게 되는가"하는 문제부터 먼저 질문하고 나오니 난감하고 답답할 뿐입니다. 그럼에도 여기에 대한 해답은 성령께서 유대를 떠나 이방으로 나가니 예루살렘 성전과 전국의 회당들이 난장판화 되고 파괴되며 문을 닫고 말듯이 이방의 기독교회도 그와 유사한 현상이 실제로 나타난다고 보는 것이 현명한 대답일 것입니다. 그리고 성령이 떠난 선민은 에스겔 골짜기의 해골과 같은 것도 명심해 두어야 합니다.

오늘의 기독교회들도 무엇보다 이를 명심하고 자각과 자성, 회개가 급선무임을 잊지말아야하나 이를 그럼에도 잊고서 고상한 말의 잔치 상을 펼치는 곳과 스스로 전통과 정통을 고

수하고 자랑하며 유대적 현실성을 잊거나 망각하고 있으니 어찌 임하는 대 환란을 이길 수 있으며 무너지는 이방의 여러 고를 예상하지 아니할 수가 있느냐 입니다(여호수아 6:15~21).

이방의 교회당들도 성령이 유대로 떠나고 나면 에스겔 골짜기의 해골화 현상이 나타난다고 보는 것인가 합니다. 성서에서 여호와는 아브라함에게 경고한바가 있는데 그것을 보면 "여호와께서 아브람에게 이르시되 너는 정녕히 알라. 네 자손이 이방에서 객이 되어 그들을 섬기겠고 그들은 400년 동안 네 자손을 괴롭게 하리니 그 섬기는 나라를 내가 징치 할 찌며 그 후에 네 자손이 큰 재물을 이끌고 나오리라"고(창세기 15:13~14).

이스라엘 백성들은 여호와의 이 예고 그대로 애굽에서 고생하다가 400여 년 후(430년) 고토로 돌아오게 되었습니다. 이와 같이 이미 성서가 성령은 마지막 때에 유대에로의 귀환이 있을 것임을 예고한 그대로 반드시 이루어져야 할 것입니다. 그렇지 못하면 거짓과 파괴가 될 것이니 말입니다.

4. 성령이 유대로 돌아가면?

"이제 내가 새 일을 고하노라 그 일이 시작되기 전이라도 너희에게 이르노라"고(이사야 42:9).

구약 성서를 보면 성령께서 유대를 떠나지 아니하고 지켜주실 때에는 그런대로 지내왔습니다. 아무리 어려운 일을 당하여도 얼마못가서 여호와는 저들을 용서해 주시기도 했고 경우에 따라서는 이방인에게까지 자비를 베풀기도 했습니다만 성령이 아예 유대를 떠나 이방 땅으로 나간 이후부터는 문자 그대로 유대가 황폐해졌고 민족은 온 세계로 흩어져서 살게 되었습니다. 그러므로 AD. 70년 예루살렘 패망이후의 역사는 생각조차 하기 싫다고들 합니다.

성령이 유대를 떠나 이방으로 넘어 왔을 때 이방에는 구원의 대 역사와 각종 신유의 역사가 단비마냥 나타나고 성령과 권능이 임하며 이방의 도처에는 그리스도의 몸 된 교회가 세워져서(에베소서 1:22~23, 4:12) 선교운동을 활발히 전개하게 되었습니다. 성령께서 쉬지 않고 역사하시니 이방에는 기독교회가 우후죽순처럼 세워졌고 성서학자와 신학도와 믿는 신자의 수는 상상을 완전 초월하고 있습니다. 누가 무엇이라 해도 이방 땅은 성령의 도우심과 보살피심의 우산 속에서 말없이 수천 년간 잘 지내왔습니다.

그러므로 이방인으로서 교회당에 다니는 자들은 모두가 성령의 단맛을 알고 있습니다. 성령은 인간을 도와주고 사랑하며 불쌍히 여기고 힘을 항상 주신다는 것도 알게 되었습니다. 기독교인들은 지나치리만큼 성령의 단맛을 교회당 안에서 맛보고 있기 때문에 누구도 성령이 이방에서 떠난다거나, 성령이 떠나고 없는 상태에서 교회를 다닌다거나 신앙생활을 한다는 것 등에 대하여는 전혀 생각해 본 적이 없습니다. 이방에 있는 교회나 이방인들은 공히 언제까지나 마냥 이방에 있는 교회당에 성령께서 조용히 계셔주시기를 바라고 기다리고 염원을 합니다. 성령이 유대로 떠나고 나면 죽거나 아니면 신앙생활을 도저히 할 수가 없는 양 생각들 합니다. 이는 일리가 있고 되는 말이며 원리적입니다. 현재의 이 상태에서 만약 성령이 이방에서 사라져 유대로 돌아간다고 가정하면 이만저만 큰일이 아닙니다. 그것은 무방비 상태에 있는 상대를 순식간에 넘어뜨리는 꼴이 됩니다.

솔직히 말해 현금당대 기독교회는 몰인정과 몰이해의 병충해에 의해 근시안화한 나머지 내 것과 이방의 것만 보고 있기에 내 것, 내 교회당의 것, 내 교파의 것에만 전심전력 투구이지 다른 것에는 관심이 전혀 없습니다. 그러니 성령의 유대귀환 따위에는 아직까지 모두가 생각을 해 본 적도 없고 관심을 가져 본 적도 없으니 어찌됩니까? 그럼에도 성령의 유대귀환이 점점 현실화되고 가시화 되니 큰일이 아닙니까?

현 상태에서 세계의 기독교회나 한국의 기독교회의 현실적 상태를 예의 주시해 보십시오. 어느 누구도 성령께서 지금의 기독교회들을 떠나서 유대에로 다시 돌아간다는 것에 대하여는 관심 밖이었으니 솔직히 속수무책이고 무방비 상태이며 여전히 생각 밖들이 아닙니까? 교회의 지도자들도 여기에 대하여는 일언반구가 없는데 누가 무슨 말을 하겠습니까? 일반 교인들은 이방에 있는 성령이 유대로 돌아간다는 것은 생각도 못했고 들어보지도 못했는데 어떻게 여기에 대한 대비책이 나오고 세웁니까? 이런 상태에서 어느 날 갑자기 성령께서 유대에로 돌아가 버리면 이방에 있는 교회들과 신자들은 난장판화 될 것입니다. 성령께서 떠나고 없는 현실이 어떠한지 다윗의 고백을 보십시오.

"나를 주 앞에서 쫓아내지 마시며 주의 성신을 내게서 거두지 마소서"라고(시편 51:11).

다윗은 성령이 자기에게서 떠나면 죽음과 파괴와 멸망뿐임을 알았기에 성령을 거두어가지 말아 달라고 간구한 것은 하나의 좋은 본보기와 교훈입니다. 성령이 기존의 교회당과 신자들을 뒤로하고 유대에로 돌아가게 되면 이방에 있는 사람들은 예배당에 다니는 것이 지겨워지고 싫어지며 진실과 진리를 사랑하는 마음이 없어지고 예배당에(교회당) 다닐 아무런 의미를 느끼지 못하기에 점차 교회들을 떠나게 되고 그러므로 얼마 못가서 현재의 기독교인들 가운데 교회당 밖으로 나가는 자가 남아 있는 자보다 숫자 면에서는 월등하게 많을 것입니다. 지금에서 우리는 그래도 나는 그때 양심을 저버리거나 정로에서 이탈하는 자는 되지 아니할 것이라고 장담을 하나 그럼에도 그것이 얼마 못 가서 잡담으로 급변하게 될 것입니다.

솔직히 이야기해서 그렇지 아니해도 현금당대 교회당 안에서 전달이 되는 메시지들을 보십시오. 태반 이상이 저것은 메세이지 전달이 아니다라는 정의를 단도직입적으로 내려야 할 것들입니다. 푸념을 하고 공갈과 협박을 하고 종교적 고등 사기를 치고, 시시껄렁한 예화나 늘어놓고, 팔불출의 자기 간증이나 늘어놓고, 지나치게 목회자에게 잘해야 복을 받는다는 얄팍한 미화수작을 털어놓고 어떻게 하면 저주를 받게 된다라는 허풍과 공갈이나 치고… 다른 한편에서는 설교의 내용이 읽은 성경 본문과는 딴판인 소리가 나오고 성서 이외의 다른 책 소개가 나오고 어느 책 저자 소개 목회자 자신이 읽은 어느 책의 내용 소개가 나오고 현실적 시사성 내용이 상당부분을 차지하고 그러다보니 도무지 성서와는 아무런 상관이 없는 이질화 현상이 그대로 나타나기에 교회당 안이 뒤죽박죽이 되고 심히 요란들 합니다.

솔직히 당신은 기존의 서울 시내나 타 지역의 크고 작은 교회들에서 매주일 전달되는 메시지들을 녹음해서 분석 연구, 검토해보신 적이 있습니까? 기존의 각종 설교집들에 이미 나온 내용과 너무나 엇비슷한 것들 즉 남의 설교들을 자기 것으로 착색과 도용 도적질해서 팔아먹고 있는 설교 사기배도 있음을 감지할 것이고, 설교는 하고 있으나 이 책과 저 책들에서 자기 멋과 맛대로 뽑아서 끼워 맞춘 설교 모리배도 있음을 감지할 것이고 근거도 출처도 확실치 못한 이야기 전집이나 1,000예화집이나 10,000예화집 등지에서 뽑은 것으로 시간을 때우려는 소배인들도 있음을 감지할 것입니다. 이런 판국에 성령께서 이방교회들에서 떠나간다고 가정할 때 그때의 그리스도교와 신자들은 어떻게 되고 교회당안과 목회자의 현상은 어떻게 될지 앞이 캄캄할 뿐입니다. 그러니 대 환란 직전에 성령의 유대귀환을 숨기고 있는지도 모를 일입니다.

솔직히 오늘의 교회당에서 전달이 되는 메시지가 과연 누구를 위한 것들입니까? 모인 사람들 그들을 위한 설교입니까? 아니면 그리스도를 위한 메시지입니까? 이것이 확실해야 합니다.

다시 말해서 매주일 기존의 교회당 맨 앞자리에 하나님의 아들 그리스도가 하늘에서 내려오셔서 앉아계신다면 과연 오늘의 교회당 안에서 전달되는 그런 따위의 설교들을 가지고 통할 것인지 우리들 자신이 생각해도 이율배반이 아닌지 의문입니다. 목사의 설교는 양자 중 하나이어야 합니다. 그리스도를 위한 설교이냐? 아니면 모여온 인간을 위한 설교이냐가 분명해야 합니다. 성경은 인간에게 주신 것이지만 하나님을 위한 것입니다. 세계에는 인간들이 살아가고 있으나 하나님의 것으로서 하나님 자신의 영광을 위해 조성하신 것이듯이 만사가 마찬가지입니다. 설교도 예외는 아니기에 인간들에게 주어지는 메시지이지만 언제나 여호와 하나님을 위한 것이어야 합니다. 여기에 문제와 함정이 있습니다. 여기서 바울은 갈라디아 1:10절의 고백을 하게 됩니다.

교회의 운영이나 예배의 순서나 심방이나 전도, 병 고침이나 귀신제어, 능력과 이적 기사를 행함, 방언과 예언, 입신과 진동, 투시와 진언, 통역과 영음과 향기 직관 직통… 기타 모든 면에서 성령이 떠나고 없다면 어찌될 것입니까? 생각하니 먼저 앞이 캄캄할 뿐입니다. 이렇게 되면 기독교회들은 외식과 형식 사기술 점성술 정령술 체면술 찰력술 기압술 등이 난무할 것이고 인기작전과 쇼맨들의 장기자랑과 활무대화가 되고 말 것입니다. 성령이 아직은 떠나지 아니하고 이방에 머물고 있음에도 이런 것들이 날뛰고 있는 판국인데 이방을 떠나서 유대로 다시 돌아가게 되면 어찌 됩니까?

성서의 역사나 세계사를 보십시오. 유대가 독립 된지 반 여세기에 가까워옵니다. 그러므로 이제는 성서적 입장에서 성령이 유대에로 돌아갈 시기가 거의 가까웠습니다. 성령께서 이방에 더 이상 머물 아무런 이유도 없고 시간과 기회도 거의 없습니다. 지금은 유대보다 이방에 있는 기독교 신자들의 문제가 더 시급하고 발등의 불입니다. 그래서 각성하고 깰 때라고 합니다(마태복음 24:42~43, 25:13).

성서의 예언 그대로 성령은 일단 유대에로 돌아오게 되면 즉시 해야 할 일들이 있는데 그것이 바로

"새 영을 너희 속에 두고 새 마음을 너희 속에 주되 너희 육신에서 굳은 마음을 제하고 부드러운 마음을 줄 것이며"라고(에스겔 36:26).

이는 정말 놀랍고 어처구니없는 일이 아닐 수가 없습니다.

또한 성서는

"또 내 신을 너희 속에 두어 너희로 내 율례를 행하게 하리니 너희가 내 규례를 지켜 행할찌라"고(에스겔 36:27).

5. 성령의 약속.

성령은 여호와께서 언젠가 고토를 돌아오는 이스라엘 백성들에게 이미 주시기로 예언과 계시와 약속하신바 입니다. 언제인가 너희들이 열국에서 고생한 연후 고토로 돌아오면 이방으로 나갔던 성령을 모두 거두어서 너희들에게 부어 주시겠다고 예고하신바입니다.

그래서 유대인들은 여호와께서 저희들에게 확실하게 성령을 부어 주실 것을 믿고 그 때까지 기다립니다. 아직은 이방에 성령께서 나가있으나 그러나 때가오면 반드시 성령은 유대에로 돌아와서 자기들과 함께하고 저들의 죄를 용서하며 도와주실 것을 믿고 있습니다.

성서를 보면
"새 영을 너희 속에 두고 새 마음을 너희에게 주되"(에스겔 36:26상반절)

이는 이스라엘이 회복되고 자기 백성들이 고토로 돌아오면 언제인가 여호와께서 그들 모두에게 성령을 부어주실 것임을 약속하고 있는 대목입니다.

또한 성서는
"내가 또 내 신을 너희 속에 두어 너희를 살게 하고 내가 또 너희를 고토에 거하게 하리니 나 여호와가 이 일을 말하고 이룬 줄을 너희가 알리라 나 여호와의 말이니라"고(에스겔 37:14).

또한 성서는
"내가 그들에게 일치한 마음을 주고 그 속에 새 신을 주며 그 몸에서 굳은 마음을 제하고"라고(에스겔 11:19).

또한 성서는
"이제 내가 예루살렘과 유다 족속에게 은혜를 베풀기도 뜻하였다"고(스가랴 8:15).
 또한 성서는
"내 신을 너희 속에 두어 너희로 내 율례를 행하게 하리니"라고(에스겔 37:27상반절).
 또한 성서는
"내가 다윗의 집과 예루살렘 거민에게 은총과 간구하는 심령을 부어 주리니 그들이 그 찌른바 그를 바라보고 그를 위하여 애통하기를 독자를 위하여 애통하듯 하며 그를 위하여 통곡하기를 장자를 위하여 통곡하듯 하리로다"고(스가랴 12:10).
 상술한 성서는 무엇을 의미하는 것입니까? 이는 모두가 하나님께서 3000여 년 전부터 유대가 회복이 되어 고토로 돌아오기만 하면 그들에게 성령을 충만하게 부어주실 것을 약속하고 있는 것 아닙니까? 성령은 이미 회복이 되어 돌아오는 이스라엘 백성들에게 약속된 선물이기에 여기에 대하여는 이방인들이 왈가왈부할 처지가 못 됩니다. 돌아온 탕자에게(누가복음 15:11~24) 아들 된 지환을 끼우고 짐승을 잡고 기뻐하고 즐거워하는 것은(누가복음 15:22~23) 아버지의 독특한 권리이지 자녀 된 어느 누구의 비난이나 비방의 대상은(누가복음 15:25~32) 결코 아닙니다.

 약 2000여 년 만에 고국으로 돌아온 자기 땅 자기 백성을 그냥 가만히 두시려는 아버지가 어디에 있을 것입니까? 울며 통곡하는 애굽 땅에서는 430여 년 만에 돌아오게 하셨는데 나라를 잃은 지 2600여 년 만에 돌아온 자기 백성들에게 여호와가 이스라엘의 하나님이심을(출애굽기 3:6. 마태복음 22:32) 보여주어야 하는 것 아닙니까? 여호와가 돌아온 이스라엘의 후손들에게 하나님이심을 보여 주시기 위해서는 이방을 버려서라도 이스라엘의 하나님이 여호와이심을 알리고 가르쳐야 하기에 성령을 이방에서 유대에로 돌리고 저들에게 새 신 또는 새 영(에스겔 36:26~27) 또는 간구하는 심령을 나타내시사 무엇인가를 보여주어야 하는 것 아닙니까?

　이스라엘이 430여 년 만에 애굽에서 돌아올 때에도 10가지의 재앙을 애굽 땅 위에(이방) 내리셨고(출애굽기 7장부터 12장) 홍해에서는 강이 갈라지는 대 역사를 나타내시었기에 (출애굽기 15:21~25) 그 뒤를 따르던 바로 왕의 군사는 떼죽음을 당하는(출애굽기 15:26~31) 역사도 보았습니다. 낮에는 구름기둥, 밤에는 불기둥으로(출애굽기 13:21~22) 인도를 했으며 목이 갈할 때에는 광야에서 물을 내었고(출애굽기 15:22~27) 배가 고플 때에는 하늘에서 밤마다 만나를 주어서(출애굽기 16:4~20) 40년간 먹게 하셨고 고기가 먹고 싶다고 할 때에는 메추라기를 주어서(출애굽기 16:11~13) 먹게 하셨습니다. 그러면서 오직 여호와만이 이스라엘의 하나님이심을 보이고 알게 하셨듯이(에스겔 11:17, 11:20, 37:14) 자기 백성이 2000여 년 만에 고국으로 돌아왔으니 결코 가만히 있지 아니할 것입니다.

　서서히 그리고 하나하나씩 먼저는 성서의 예언을 이루게 하시고 뒤이어서는 여호와가 이스라엘의 하나님이심을 정말로 보여 주실 것입니다. 애굽에게 10가지 재앙을 내렸듯이, 애굽의 장자를 죽이셨듯이(출애굽기 12:29~36) 이스라엘을 해롭게 했거나, 돌아온 이스라엘이 회복되고 복구 사업을 하며(에스겔 36:36) 성전을 건축할 때 이를 방해하거나 거부하는 무리와 나라와 백성들에게 여호와는 애굽에 가했던 각종 재앙과 징벌로 갚아주실 것입니다. 그렇게 함으로서 여호와가 이스라엘을 버리지 아니했다는 것을 깨닫게 하고(로마서 11:12) 여호와는 언제나 이스라엘과 함께 한다는 것을 알리게 될 것입니다.

2600여 년 만에 고국이 독립이 되어 돌아온 자기 백성들에게 먼저 성령이 무엇인지 가르치고 알려주어야 하는 것 아닙니까? 성령의 대 역사가 이스라엘에 임하므로 이스라엘 백성들이 이에 놀라고 한편으로는 즐거워하면서 감사와 감탄과 찬송이 나오게 할 것입니다.

그래서 성서는 이때에 여호와가 이스라엘에게
"그 날에 죄와 더러움을 씻는 샘이 다윗의 족속과 예루살렘 거민을 위하여 열리리라"고(스가랴 13:1).

또한 성서는
"너희의 범한 모든 죄악을 버리고 마음과 영을 새롭게 할지어다"고 합니다(에스겔 18:31상반절).

이는 무엇을 의미하고 있습니까? 이스라엘에 이미 성령을 약속했으니(이사야 59:21) 그 약속된 성령이 돌아오시면 자기 백성을 돌보시고 자기 백성들의 죄와 각종 더러운 것들을 모두 씻어서 깨끗하게 하신다는 약속이며 그럼과 동시에 자기 백성들이 돌아온 대가로 "민족적 구원"을 약속해 놓고 있는 것 아닙니까?(로마서 11:26~27, 예레미야 31:33) 여기서 우리는 다시 한 번 놀라움과 두려움을 나타낼 수밖에 없습니다.

고토로 돌아온 자기 백성들에게 무엇인가를 주시기 위해서 먼저 성령을 주시기로 약속한 것도 놀랍지만 그보다도 이방 땅에 있던 성령이 이스라엘로 돌아가게 한다는 것 그것 자체가 이방인 된 우리의 입장에서는 더 놀랍고 두려운 사건이

아닐 수 없습니다. 여기서 우리는
　① 왜 성령이 유대에로 다시 돌아가야 하는가?
　② 성령이 유대에로 돌아가지 아니하면 안 되는가?
　③ 왜 하필이면 이방에 있던 성령을 거두어 유대에로 다시 돌아가게 해야 하는가?
　④ 성령이 유대에로 돌아가면 이방 특히 그리스도를 믿는다고 하는 지금의 우리는 어떻게 되는가?
　⑤ 성령이 유대에로 돌아간다면 그것은 정확히 언제쯤 인가?
　⑥ 성령이 이방에서 유대에로 돌아가 버리면 이방에 있는 지금의 교회당들은 얼마못가서 3분의 2 또는 최소한 2분의 1 이상은 별 도리가 없이 문들이 닫힐 것인데 이런 경우는 누가 손해인가? 또한 그 책임은 누가 져야 하는가?
　⑦ 성령이 유대에로 돌아가 버리고나면 이방에 있는 지금의 교회들 가운데 문이 닫히지 아니한 곳들도 뼈만 앙상하게 남아서 유령화 현상이 교회당마다 자연 나타날지도 모르는데 이래도 되는가?
　⑧ 성령이 유대로 돌아가서 유대화 되면 이방의 교회들 가운데 한편에서는 공갈 협박 사기 체면술 기압술 찰력술 정령술까지 동원될 것이고 다른 한편에서는 갖은 쇼와 신비주의 현상이 나타날 것인데 그렇게 해서라도 그 명맥을 유지할 것인가?
　⑨ 이방에 있는 기독교회에 성령이 계시니 마귀와 각종 귀신들이 그런대로 넘나들지 못했고 무당이나 점쟁이 정령술사, 박수들이 큰 소리를 치지 못하고 억눌려서 지냈는데 그리스도교에 성령이 떠나고 없는 것을 안 이들이 이때에 과연 가만히 있을 것인지는 의문입니다. 수단과 방법을 가리지 아니하고 저들이 박해하고 형식과 의식 외식을 총동원해서 기존의 교회당에 다니는 자들을 넘어뜨리고 교회당에 나가지 못

하게 방해할 것인데 그렇게 되도록 내어버리는 것이 과연 이 방을 향한 하나님의 보복과 징계일 것입니까?

 이 모든 것을 감안하고 생각할 때 앞이 캄캄하고 잠 못 이 룰 판국입니다. 다가올 세대에서 여호와가 이스라엘을 외면하 고 버리듯이 얼마 되지 아니한 기간이지만 과연 이방을 버릴 것입니까? 여기에 대하여 사도 바울과 같은 이가 현금당대에 살아있다면 "이스라엘을 여호와는 결코 버릴 수 없다"고 단언 했듯이(로마서 11:2) 또한 "나의 형제 곧 골육의 친척을 위 하여 내 자신이 저주를 받아 그리스도에게서 끊어질찌라도"고 (로마서 9:3). 이스라엘은 버릴 수도 없고 버려도 안 된다고 선언했듯이 이 땅의 이 민족을 위하여 마지막 때에 성령이 유 대에로 돌아가도 여호와는 이 민족과 한국 교회를 버릴 수 없 다라는, 심지어 자신은 저주를 받아 그리스도에게서 끊어져도 이 민족과 한국교회는 결코 버릴 수도 버려서도 아니된다라고 선언할 자가 있을 런지 의문입니다. 이것은 이 땅과 한국교회 에서는 언감생심일 수밖에 도리가 없는 것 아닙니까?
 성령은 이스라엘로 돌아갈 것이 이미 약속된 만큼 그 약속 된 시기가 점점 가까와 오고 있기에 지금에서 모두가 모른 척 할 수가 없기에 바른 판단과 증거가 요구됩니다. 비록 입 도, 눈도, 귀도 막혔지만, 그래서 불안하고 초조하지만 어찌 합니까?

6. 성령이 유대에로 다시 돌아갈 시기(시간)

 이미 우리는 앞에서 수차에 걸쳐 성령은 유대에로 반드시 돌아간다는 것을 말씀드렸습니다. 그렇다면 성령이 유대로는 언제쯤에 돌아갑니까? 지금의 상태에서 누가 무엇이라고 해도 이방인 된 우리의 입장에서는 그 무엇보다 바로 이 과제가 비상한 관심을 가지게 하는 부분입니다. 일단 이스라엘이 회복되었는데 그것이 벌써 반여세기가 가깝다 는데 문제가 있습니다. 애굽에서 나온 선민들이 광야에서 40년간 머문 것과 해방 된지 약 반여세기에 이른 유대를 비교해 보아야 합니다.

성서상으로는 이미 성령이 유대에로 돌아가 있어야 할 시기이며 이방은 성령이 떠나고 없는 황무적 세대가 되어야 할 참입니다. 그럼에도 아직 성령은 이스라엘로 돌아가지 아니하고 여전히 이방 땅에 머물러 있습니다. 그 이유는 도대체 무엇입니까?

성서 연대법 계산상 성령이 아직은 이스라엘로 돌아가야 할 시기가 안 된 것이고 이스라엘의 현여건과 상황전개상 아직은 이스라엘로 성령이 돌아와서는 아니 되고 좀 더 이방 땅에 머물러 있어야 하는 처지입니까? 아니면 이방 땅의 현실과 형편, 사정 하나하나를 보니 아직은 좀 더 성령께서 이방 땅에 더 머물러 있어야하고 이방에 머물면서 그리스도의 몸된 교회와 교인들을 돌보아 주어야 하며 그럼과 동시에 이방 땅에서 아직은 구원해야할 죄인이 많기 때문에 그들을 구원해서 구원의 수효가 일단 차야하기에(로마서 11:25) 이스라엘의 구원을(로마서 11:26) 다소나마 늦추고 있는 것입니까? 그렇지 아니하다면 하나님의 다른 뜻이 여기에 숨겨져 있는 것입니까?

성서상으로는 이스라엘의 회복은(마태복음 24:32~33, 누가복음 21:29~30) 어디까지나 그리스도의 재림이 임박한 것을(마태복음 24:33하반절, 누가복음 21:31) 알리고 있음에도 이스라엘이 막상 회복이 되고 반여세기에 가까워졌는데 아직까지 성령이 회복된 이스라엘로 돌아가지 아니하고 이방에 머물고 있다는 것은 앞과 뒤가 맞지 아니한 이율배반적 현실이 아닐지 의문입니다. 그렇지 아니하다면 이미 이방에 있는 성령이 쉬지 아니하고 이스라엘로 돌아가고 있는 자기 백성들과 함께 돌아가고 있는 중인지도 궁금합니다.

지금에서 이미 성령이 서서히 유대에로 귀환하고 있는 중이라 한다면 멀지 아니한 장래에 이방에 있는 성령은 혼적조차 없이 사라질 것입니다. 성령이 이방에서 떠나갈 때에는 나팔을 불면서 떠나거나 이방에 있는 교회들이나 신자들에게 언제쯤 자기가 이방에서 떠나갑니다 라는 소리를 지르며 떠나는 것은 결코 아닙니다. 떠날 때는 말없이 살짝 떠나라는 말이 있듯이 성령의 떠나가심도 소리 없이 우리 모두에게서 조용히 사라져 버릴 것입니다. 어떻게 보면 이미 이방에서 성령이 서서히 떠나고 있는지도 모를 일입니다. 이방에 있는 기존의 교회들이 점차 문이 닫히고 교회당의 대문이나 안문들이 성령을 대신해서 사찰, 수위 또는 자물쇠로 채워두는 것을 보니 그것이 이미 성령께서 서서히 유대를 향해 이방에서 떠나가고 있는 증거가 아닐지 의문입니다. 지금의 상태에서 성령이 유대에로 서서히 돌아가고 있는 중이라 해도 지금의 우리들은 눈이 어둡고 가리워져 있으니 그것이 보일리가 만무한 것 아닙니까?

성령이 유대에로 돌아간다고 해서 하루나 이틀에 완전 철수하는 것은 아닐 것입니다. 이스라엘이 애굽에서 가나안까지 거리적으로는 걸어서 1~2주일이면 갈수가 있는데도 40년간이나 걸렸듯이 유대가 독립이 된 후에 반여 세기가 되었으니 성령이 이제는 서서히 원상으로 회복이 되어 돌아가고 있고 이스라엘 백성들도 열국으로부터 고국으로 서서히 돌아가고 있는 중이니 양자가 함께 때를 잘 맞추고 있는지도 모를 일입니다.

그렇다면 성서적으로 이방에 있는 성령이 유대에로 언제쯤 돌아가는 것이 가장 바람직하다고 보십니까? 원래 성령을 먼저 받은 이들은 유대인들 입니다(사도행전 1:8). 그러던 것이 여호와의 뜻에 의해 이방으로 나갔으나 현시점에서 때가 되어 예루살렘과 유대에로 다시 돌아가는 것은 결코 새로울 것도 없고 이상할 것도 없는 순수한 것이고 당연히 돌아가야 할 것이 돌아가야 할 곳으로 돌아가는 것뿐이니 이방인 된 우리가 지금에서 이를 섭섭해 하거나 우려할 사항이 조금도 못됩니다. 여기서 우리가 심히 우려하고 두려워하는 것은 성령의 유대 귀환이 아니고 어디까지나 우리는 이방인들이니 그렇게 되면 이방 땅에 세워져있는 교회당들과 교인된 우리들 문제는 어찌되는가 하는 그 부분들입니다. 우리는 여기서 이를 심히 우려하고 당황과 초조해한다고 해서 돌아가야 할 성령이 이스라엘로 돌아가지 아니하고 잠시라도 더 머물 수 있는 것은 아니지만 그래도 어떻게 할 것입니까? 지금의 우리 앞에 떨어져 있는 불이고 다이너마이트인데 말입니다.

성서 상 성령이 유대에로 돌아가야 할 그 시기는
① 지금이 그때이냐 하는 것입니다. 성령께서 유대에로 돌아가야 할 그 시기가 바로 지금이 그 호기인가가 가장 첨예화된 이슈입니다. 이미 이스라엘이 독립이 되었고 독립이 된 지도 약 반여세기에 접어들어 있으며 전 이스라엘 인구 중에 6분의 1정도가 고국으로 귀환이 되어져 있는 이때가 성령께서 이스라엘로 돌아가야 할 그 절호의 찬스인지 눈여겨보아

야 할 것입니다. 성서를 보면 온 세계로 흩어져 있는 전 유대인들이 유대로 귀환한 연후에 성령이 유대로 돌아가는 것은 절대로 아닙니다. 구약성서 스가랴 10:8절을 보면 여호와께서 장차 "휘파람을 불어" 이스라엘 백성들을 세계만방에서 모으게 된다고 하는데 그렇다면 성령이 이스라엘로 귀환할 가장 적기가 지금이 아니냐함도 눈여겨보아야 합니다. 도도히 흐르는 역사의 현장을 누가 역류시킬 것입니까?

② 예루살렘 도성 안에 있는 이방신전이 불원간에 파괴가 될 것이고 그것이 바로 구약성서의 예언일진데(에스겔 37:23, 스가랴 13:2) 이제에서는 성령의 유대 귀환이 이미 시간문제로 등장했는데 그렇다면 성령은 예루살렘에 있는 이방신전이 파괴가 되어야 이스라엘로 돌아가느냐 하는 것도 한 질문 과제입니다.

사실상 예루살렘에 회교의 제 2신전이 있어서 그곳에서는 날마다 우상에게 제사를 드리고 있기에 이런 상태에서는 성령이 예루살렘과 유대에로 돌아갈 수는 없는 것 아닙니까? 이방으로 나갔던 성령이 이스라엘 백성들이 고국으로 귀환하는 것과 때를 같이해서 점차 이스라엘로 돌아가고는 있으나 그럼에도 완전히, 완벽하게 유대에로 돌아가고 있다고 정의할 수 없는 것은 성지 예루살렘에 아직은 이방신전이 버티고 있는데 어떻게 성령이 본격적으로 돌아와 어디에 유할 것이냐 하는 것입니다. 성령이 이스라엘로 돌아오면 본류는 예루살렘 도성 안 여호와의 전에 머물러야 할(요엘 3:18) 것입니다. 그럼에도 예루살렘에 이방신전이 아직까지 뻗히고 있으니 성령이 완벽하게 이스라엘로 돌아온다는 것은 시기상조가 아닌가합니다.

③ 그럼 예루살렘에 있는 이방신전이 갑자기 파괴되고 예

루살렘에 여호와의 전이 속전속결로 건축되면 그 때 성령이 유대로 돌아갈 것이나 함입니다. 성서의 지적을 보면 예루살렘에 제 4성전이 건축되면 그곳에서 성령의 샘이 흘러나게 되는데(요엘 3:18) 또한 성전이 건축된 후 더러움을 씻는 샘이 예루살렘을 중심해서(스가랴 13:1) 솟아나게 되는데 이런 것을 감안하면 예루살렘에 성전이 건축될 그 때는 이미 성령의 전승기가 된다는 뜻이 됩니다. 그렇다면 이스라엘에 성령이 돌아갈 결정적 시기는 바로 "예루살렘에 있는 이방신전의, 파괴 때로부터 여호와의 전을 건축하는 그 기간"이 되겠습니다. 왜냐 하니 이스라엘에 성령이 돌아가려면 무엇보다 예루살렘에 이방신전이 파괴 되어 없어져야 성령이 돌아갈 그 결정적 시기가 되기 때문입니다.

이 문제에 대하여 성서의 외침을 보십시오.

"주 여호와의 말씀에 내가 너희를 만민 가운데서 모으며 너희를 흩은 열방가운데서 모아내고 이스라엘 땅으로 너희에게 주리라 하셨다 하라. 그들이 그리로 가서 그 가운데서 모든 미운 물건과 가증한 것을 제하여 버릴찌라. 내가 그들에게 일치한 마음을 주고 그 속에 새 신을 주며 그 몸에서 굳은 마음을 제하고 부드러운 마음을 주어서… 그들은 내 백성이 되고 나는 그들의 하나님이 되리라"고(에스겔 11:17~20).

그렇다면 이 시점에서 이미 예루살렘에 있는 회교 제 2신전은 유대인만의 주시의 대상이 된 것이 아니고 온 세계 그리스도교와 그리스도인 모두의 주시 대상이 됨을 잊어선 아니 됩니다. 오늘의 이 시점에서는 이방 땅에다 교회당 몇백 개를 더 짓는다거나 교인 몇 천 명 몇 만 명 더 늘린다는 것은 그렇게 문제될 것이 없습니다. 왜냐 하니 성서의 가르침 그대로 성령이 예루살렘에 있는 이방신전 파괴와 동시에 유대에로 귀환할 것이니 그렇게 되면 이방 땅에 세워지는 교회당 몇 백 몇 천이 그렇게 문제될 것이 없고 몇 만 몇 십 만 명의 교인 역시 그렇고 그러하기에 큰 힘이 되거나 중요치 아니합니다. 지금에서 기독교회가 해야 할 일은 잃어버린 양 버려진 양 실망과 낙심 속에 빠진 양 구원과 자기 자신의 회개와 구원의 문제가 보다 더 급선무입니다. 그런다고 해서 전도하지 말라거나 교회를 개척하고 세우는 것을 버리거나 반대하는 것은 결코 아닙니다. 여기서의 오해는 금물입니다.

7. 성령은 누구에게 임하는가?

"여인이 어찌 그 젖 먹는 자식을 잊겠으며 자기 태에서 난 아들을 긍휼히 여기지 않겠느냐? 그들은 혹시 잊을지라도 나는 너를 잊지 아니할 것이라"고(이사야 49:15).

오순절 이후에는 성령이 유대에서 점차 이방으로 나아갔고 이방에서는 남녀노소를 가리지 아니하고 누구든지 교회에 열심히 나오는 자, 예수를 그리스도로 받아들이는 자에게 임했습니다(요엘 2:28~30). 그로부터 지금까지 성령은 그리스도의 몸된 교회를 벗어나거나 떠나지 아니하고 교회를 중심해서 역사하고 나타났습니다.

성령이 교회를 통하여 나타나고 역사한다는 것은 익히 다 알고 있는 사건입니다. 그러나 다가올 사태에서는 다릅니다. 앞에서도 이미 논했거니와 불원간에 이방에 있던 성령이 유대에로 완벽히 돌아가게 됩니다. 이방에서 성령이 철수하여 유대에로 돌아가면 유대에서는 예루살렘 성전을 중심해서(요엘 3:18) 나타나고 역사할 것입니다. 이것은 성서의 가르침이고 예언승리입니다. 누구도 이를 부인하거나 변개시킬 수 없는 진리입니다.

그렇다면 성령은 누구에게 임하십니까? 아무나에게 임하는 것은 결코 아닙니다. 이 문제에서 성서는

"만군의 여호와를 찾고 여호와께 은혜를 구하자"고 합니다 (스가랴 8:21중반절, 8:22하반절).

이는 성령이 아무나에게 임하는 것이 아니고 여호와를 찾고 은혜를 구하는 자기 백성들에게 임하는 것임을 밝히는 대목입니다. 은혜를 구하는 자에게 은총과 간구하는 심령을 주시는 것은(스가랴 12:10) 성서의 가르침이고 원래적 요구하는 사항입니다. 고로 지금에서 이방인 된 우리도 성령을 받기 위하여 간구하고 성령의 도우심과 인도를 받기 위해 쉬지 않고 구합니다. 이것은 가장 정상적 그리스도인의 생활 중 그 하나입니다.

다윗은 무엇보다 여호와가 자기에게서 성신을 거두어가지 말기를 간절히 기도했는데(시편 51:11) 이것은 어디까지나 성령이 없는 세대나 개인은 아무것도 아니며 도무지 하나님을 믿을 수가 없다는 것을 보임입니다. 주의 영이 떠난 사울왕은 점쟁이를 찾아가므로(사무엘 상 28:8~19) 전쟁에서 패하고 자살했으며(사무엘 상 31:4~6) 가룟 유다도 주의 영이 떠나니 자살로서(마태복음 27:35) 사도 직분까지 잃었습니다(사도행전 1:16~20).

성서를 보면 마지막 때 성령께서 유대에로 돌아간 후 누구에게 임하느냐에 대하여 강조하고 있는 말씀이 있는데 그것을 보면

"여호와께서 가라사대 구속자가 시온에 임하며 야곱 중에 죄과를 떠나는 자에게 임하리라"고(이사야 59:20).

또한 성서는
"여호와께서 또 가라사대 내가 그들과 세운 나의 언약이 이러하니 곧 네 위에 있는 나의 신과 네 입에 둔 나의 말이 이제부터 영원토록 네 입에서와 네 후손의 입에서와 네 후손의 후손의 입에서 떠나지 아니하리라 하시니라. 여호와의 말씀이니라"고(이사야 59:21) 합니다.

여호와는 여기서 이방에서 거두어들인 성령을 장차 유대에로 돌아가게 한 연후 그것이 언제인가 다시 이방으로 돌아오게 하시는 것이 아니고 선민의 자손의 자손들에게로 돌아가게 할 것이므로 이방에는 두 번 다시 성령의 임재가 없게 되고 오직 유대에만 계속되어 임할 것임을 밝히고 있습니다. 그렇게 되면 유대에서는 어떤 현상이 나타날 것 입니까? 성서는 이에 대하여

"지존 무상하며 영원히 거하며 거룩하다 이름 하는 자가 이같이 말씀하시되 내가 높고 거룩한 곳에 거하며 또한 통회하고 마음이 겸손한 자와 함께 거하나니 이는 겸손한 자의 영을 소성케 하며 통회하는 자의 마음을 소성케 하려함이라"고 (이사야 57:15).

이것은 바로 장차 나타나고 현실화 될 이스라엘 백성들의 공통된 마음을 보여준 대목입니다. 얼마나 아름답고 귀한 상태가 그들에게서 나타날 것임을 보이고 있습니다. 어떻게 보면 이는 자기 백성을 2000여년 만에 특별히 돌보시려는 여호와의 마음상태를 고스란히 나타내 보인 것이라고 해야 할 것입니다.

그래서 성서는
"내가 또 내 신을 너희 속에 두어 너희로 살게 하고 내가 또 너희를 너희 고토에 거하게 하리니 나 여호와가 이 일을 말하고 이룬 줄을 너희가 알리라 나 여호와의 말이니라"고

(에스겔 37:14)
　또한 성서는
"내가 다시는 내 얼굴을 그들에게 가리우지 아니하리니 이는 내가 내 신을 이스라엘 족속에게 쏟았음이니라 나 주 여호와의 말이니라"고(에스겔 39:29)
　이는 자기 백성들에게 자기의 신 곧 성령을 주어서 고국 땅에서 영원히 거하게 하신다는 여호와의 약속과 심기를 반영시키고 있음이 아닙니까?

8. 성령이 유대로 돌아가서 해야 할 일들.

"네 백성이 다 의롭게 되어 영영히 땅을 차지하리니 그들은 나의 심은 가지요 나의 손으로 만든 것으로서 나의 영광을 나타낼 것인즉"(이사야 60:21).

　성서를 보십시오.
"여호와여 구하옵나니 이제 구원 하소서 여호와여 우리가 구하옵나니 이제 형통케 하소서"라고(시편 118:25).
　이는 바로 무엇을 의미하고 무엇을 요구하고 있는 것입니까? 세계사나 성서를 보면 역사적으로 이 세상에서 가장 이기주의자들이 바로 선민들입니다. 성서역사를 보나 사회상과 역사적 현실을 소급해서 보나 어느 것 하나 이기적이지 아니한 것이 없습니다. 구약 성서는 고사하고 신약 성서를 보십시오. 베드로 사도를 중심한 초대 기독교의 최고 지도자들이 가이사랴 땅에 거하는 이방인들에게(사도행전 10:1~4) 성령이 임하는 것을 보고 심히 놀라고 당황을 했습니다. 그래서 성서는 이 사실을 그대로 보고하고 있습니다.

"베드로가 이 말할 때에 성령이 말씀 듣는 모든 사람에게 내려오시니 베드로와 함께 온 할례 받은 신자들이 이방인에게도 성령 부어 주심을 인하여 놀라니 이는 방언을 말하며 하나님 높임을 들음이러라"고(사도행전 10:44~46).

이 얼마나 배타적이며 어처구니없는 현장 파악입니까? 저들의 사고나 신앙 속에는 이방에는 전혀 구원도 성령도 없는 것으로 착각을 했기 때문에 오직 구원과 성령은 할례를 받은 민족 저들만이 독점할 수 있는 것인 양 오인을 했습니다. 그러므로 자연히 현장의 모든 것이 꼬부라지게 되었고 이기주의화한 것은 당연지사입니다. 개혁되고 개방된 사도들의 사고와 신앙이 이 정도라 한다면 그 때의 일반인의 사고와 신앙과 태도는 과연 어떤 것인지 그것은 보나마나 익히 아는 것 아닙니까?

성령을 선민들이 독점하려 했음에도 그것이 역사의 현장에서 여호와에 의해 고스란히 거부되고 성령은 예상치도 아니한 가운데 유대와 유대인의 그라운드에서 완전 벗어나 이방 땅 이방인에게로 넘어가서 자그마치 2000여 년 동안 머물다가 유대가 역사의 황혼기 곧 마지막 때에 잃고 빼앗겼던 고토로 다시 돌아왔으니(시편 59:14) 이방이 독점하고 있던 성령을 거두사 돌려줌으로서 저들이 다시는 주어진 성령을 잃거나 빼앗기지 아니할 것입니다. 과거에는 저들이 잘못하여 성령을 잃고 빼앗겼으나 돌아온 이후에는 어떤 경우와 처지에 처할지언정 주어진 성령을 빼앗기거나 이방인에게 나누어 주지는 아니할 것입니다.

우리는 압니다. 이방으로 나갔던 성령이 유대에로 돌아오면 무슨 일을 할 것인지를 말입니다. 어떤 경우든 간에 돌아온 성령은 결코 가만히 있지는 아니할 것입니다. 성령께서

2000여 년간 이방 땅에 있으면서도 이방인에게 역사하신 것을 보면 알만한 것 아닙니까? 이방 땅 이방인에게도 역사하시고 능력과 힘을 주시고 은혜와 각종 은사를 물 붓듯이 부어주시는 초 역사를 강행했는데 선민에게와 성지로 돌아왔으면 최소한 이방 땅에서 역사하던 그것보다는 훨씬 더 강하게 역사할 것은 이미 자명한 것 아닌가 하는 것입니다. 이것은 이미 상식선이 아닙니까?

그러므로 성령께서 불원 유대와 성도 예루살렘에 돌아오시면
① 선민들의 마음이 먼저 하나 되게 역사할 것입니다(에스겔 11:19상반절). 이것은 무엇보다 먼저 이루어지고 역사되고 나타나야 할 필연적인 사실과 사건(과제)입니다. 어느 누구도 이를 부정할 수는 없는 대목입니다.
② 성령께서 돌아오시면 역사 하시사 예루살렘 성전을 짓는데 선민들 모두가 일익을 담당하게 할 것입니다. 선민들이 이방에 나가서 수천 년간 유리방황하실 때에도 떠나거나 버리지 아니하시고 항상 성소가 되셔서 역사하셨는데(에스겔 11:16) 저들이 이제 고토에 돌아와 성전을 짓고 있는데 에스겔 37:26~28) 어찌 역사하지 아니 할 것입니까?
③ 불원 성령께서 유대에로 돌아오시면 성령의 휘파람을 불어서(스가랴 10:8) 열방에 흩어져서 아직까지 유대에로 돌아오지 아니하고 머뭇거리고 있는 선민들을 하나도 이방에 내어버리지 아니하고 모두를 불러 모을 것입니다(에스겔 39:28). 저들은 하나같이 흩어져 있는 열방으로부터 돌아옴으로 명실 공히 통일된 한나라를(에스겔 37:21~22) 이루게 될 것입니다.
④ 돌아온 성령께서 불원간에 흩어져 있는 저들의 무리를

모두 모으심에 있어 가장 문제시 되는 것은 현재 이스라엘의 땅이 협소하기 때문에 돌아올 선민을 위해서는 무엇보다 땅을 넓히는 문제가 가장 시급함에 있어서 이는 무엇보다 성령이 유대로 돌아오기 이전에 길르앗과 레바논을 편입시킬 경우는 모르나 그렇지 못할 때에는 흩어짐에서 이제 다시 돌아오는 선민을 위해 땅을 확장 확대시키는데 성령이 일익을 담당할 것입니다.

⑤ 외적으로는 여호와를 위한 성전건축과 선민을 위한 국토의 확장을 위해 최선을 다하면서도 내적으로는 예루살렘 도성 안에 있는 이방인의 마을과 이방인 모두를 도성 안에서 없이하고 내어 쫓는 일에 일익을 담당할 것입니다(요엘 3:16). 왜냐 하니 여호와의 도성 예루살렘이 이때는 가증한 것들을 제거하고(에스겔 11:18) 거룩한 도성이 되는데(요엘 3:16중반절) 또한 그곳에 거하는 자들은 오직 여호와의 백성이 되는데(에스겔 11:20, 37:23하반절) 어찌 이방인이 그 가운데를 통행하면서 가증함과 더러움을 노출시킬 것입니까? 여호와가 시온에서 부르짖고 예루살렘에서 목소리를 발하는데(요엘 3:16상반절) 그리고 여호와가 함께 하는데 이때에 어찌 성서의 법과 규칙과 정의와 질서를 어길 것입니까? 언어도단이 아닙니까?

⑥ 이때에 분명한 것은 이방이 흉용해지고 반유대 사회와 국가가 일어나서 각종 테러와 요인 납치와 방화 파괴 각종 분쟁과 전쟁도 불사한다며 나올 것이지만 그럼에도 여호와가(성령) 이 때 이스라엘 백성의 피난처와 이스라엘 자손의 산업이 되시기에(요엘 3:16하반절) 조금도 두려움이나 겁나는 것이 없게 이 모든 것을 막아 주실 것입니다.

⑦ 돌아온 성령께서 역사하사 "그들은 내 백성이 되고 나는

그들의 하나님이 되리라"고 한 이 예언이(에스겔 11:20) 적중 적응되어서 저들이 여호와의 율례를 좇으며 규례를 지켜 행할 것입니다. 이렇게 되면 성전건축이 속전속결로 완공이 되고 선민된 이스라엘은 개국이래로 최강대국화와 최부국화 할 것입니다.

⑧ 돌아온 성령의 역사에 의해 예루살렘과 유대 전역에서는 성령의 샘이 흘러서 넘치게 될 것입니다(스가랴 13:1). 그래서 성서는 "그 날에 산들이 단 포도주를 떨어뜨릴 것이며 작은 산들이 젖을 흘릴 것이며 유다 모든 시내가 물을 흘릴 것이며 여호와의 전에서 샘이 흘러나와서 싯딤 골짜기에 대리라"고(요엘 3:18) 합니다. 이런 때가 된다고 하는 예언은 결코 불쾌하지는 않을 것입니다.

⑨ 돌아온 성령이 보다 더 강하게 역사 하시사 신축된(건축) 예루살렘 제4성전에서 유대인 전 랍비회의를 개최 하도록 역사하실 것입니다. 첫 번째 오신 그리스도는 대 헤롯의 성전에서 사형에 해당한 죄를 범했다는 누명을 씌워서(마태복음 26:65~68) 얼굴에 침을 뱉고 주먹으로 내리치고 손바닥으로 때리며 갖은 희롱을 당했으나(마태복음 26:67) 이와는 달리 새로 건축된 예루살렘 제 4성전 안에서는 랍비들이 오신 나사렛 예수를 하나님의 아들 메시야임을 시인과 인정하고 공표하게 됨으로서 엄청난 파문을 예루살렘과 유대와 온 세계역사 위에 던지게 될 것입니다. 이렇게 함으로서 예루살렘과 유대 전역은 눈물의 바다 통회의 므깃도 골짜기화 할 것입니다(스가랴 12:10~11).

돌아온 성령께서 해야 할 일이 이렇게 많기에 지금도 유대인들은 성령의 확실한 회전 역사를 학수고대하고 있습니다.

성서의 외침을 보십시오.

"또한 통회하고 마음이 겸손한 자와 함께 거하나니 이는 겸손한 자의 영을 소생케 하며 통회하는 자의 마음을 소생케 하려함이라"고(이사야 57:15하반절).

9. 성령이 임하는 이유.

"너희는 귀를 기울이고 내게 나아와 들으라. 그리하면 너희 영혼이 살리라 내가 너희에게 영원한 언약을 세우리니 곧 다윗에게 허락한 확실한 은혜니라"고(이사야 55:3).

처음부터 성경은 여호와의 신이신 성령을 마지막 때에 남종과 여종에게 부어주시리라고(요엘 2:29) 약속한 것을 봅니다. 그러므로 성령이 이방이나 유대에 임하는 것은 누구든지 무비판으로 받고 감사하고 있습니다. 왜냐 하니 성령이 위로부터 임하고 그것을 인간들이 받고 하는 것은 이미 약속된 바이고 약속을 이행시킴이기에 혼란이나 동요 없이 우리 모두가 당연한 것을 당연히 받는 것인 양 인식하고 있습니다.

이방인으로서 이방 땅에 세워진 그리스도의 몸된 교회를 통하여 성령을 받는 것은 고맙고 감사한 일이지만 그럼에도 그것에 대한 연구나 분석 한번 없이 그리고 전혀 거부감마저 없는 가운데 오직 당연한 것으로 생각하면서 받아들여 역사하고 능력과 권능을 행사하고 이적과 기사, 병 고침 귀신제어까지 하면서 지내오고 있음이 놀랍습니다. 그러면서도 그것이 원래는 유대인에게 주어진 것이기 때문에 언젠가는 선민 된 저들에게로 다시 돌아간다는 것 등에 대하여는 전혀 생각지도 못한 가운데 지내오고 있습니다. 그러다보니 이방에 성령이 임하고 이방의 기독교 신자들에게 성령의 역사가 값없이 부절히 나타나도 그것에 대한 고마움도 감사도 잊어버린 상태에서 당연히 올 것이 오고 임할 것이 임하는 것 마냥 생각하니 성령과 만물이 이 이방인의 자만적 죄악과 교만적 어리석음을 탓하고 탄식하지(로마서 8:23, 8:26) 않을 수가 없습니다.

이방인에게와 이방 땅에 있는 교회당에 부절히 성령은 임하고 있지만 임하는 성령을 잘 대접치 못하는 것은 고사하고 성령을 자기의 종이나 수하인 취급을 하거나 아니면 자기의 출세도구화 하기 때문에 그 뒤에 불모화 현상을 못 보니 큰 일입이다. 성령은 당연히 유대에로 돌아가게 됩니다. 성령이 유대로 돌아가게 되면 성령은 그곳에서 극진한 대접을 자기 백성들로부터 받게 될 것입니다.

성서에 보면 여호와께서는 장차 회복되어 고국으로 돌아오는 자기 백성들에게 성령을 단비마냥 부어주신다고 기술하고 있습니다. 그러면서 성서는 성령이 자기 땅 자기 백성들에게로 돌아오면

① 일치하는 마음을 가지게 한다(에스겔 11:19, 예레미야 32:39).

② 죄악을 버리고 마음과 영을 새롭게 한다(에스겔 18:31, 36:25, 36:26).

③ 더러움을 씻고(스가랴 13:1, 에스겔 36:25) 예수를 저들의 메시야로 받아들이게 한다.

④ 그들은 여호와의 백성이 되고 여호와는 그들의 하나님이 된다(에스겔 11:20, 37:23, 예레미야 31:33).

이런 엄청난 대 역사가 공개적으로 나타나기 때문에 저들에게 성령이 임함으로서 얻어지는 유익이 큽니다. 성령이 유대에 임하면 그 때 유대전역에는 민족적 구원이 이루어지기에(로마서 11:26~27) 회개와 자복의 역사가 나타나고, 나

사렛 예수가 저들이 이제까지 기다리던 메시야임을 알게 될 때에 저들이 이제까지 그를 받아들이지 아니하고 고스란히 버린 것을 후회자복하고 통회하게 될 것입니다(스가랴 12:10~14).
 이런 일을 함에 있어서 이방과 유대가 쌍 나팔 소리가 나서는 아니 되기에 성령을 유대에로 돌려주시게 됩니다. 이스라엘에 새롭게 부어주시는(이사야 59:21, 에스겔 11:19) 여호와의 신은 이스라엘 모두에게 일치하는 마음을 주게 됩니다. 민족이 하나 되어야(에스겔 37:22) 마음과 영을 새롭게 하게 되고 이방인들이 이제까지 믿고 따른 나사렛 예수가 저들이 지금까지 그렇게도 기다린 메시야임을 알고 고백하는 과정에서도 두 가지 소리가 나서는 아니 되겠기에 성령은 저들 민족 전체에게 일치하는 마음과 회개하는 마음을 주게 되므로 성서는
 "저가 이스라엘을 그 모든 죄악에서 구속 하시리로다"고 합니다(시편 130:8).
 유대전역에 성령이 임하게 되면 저들은 결단코 이방의 기독교인들과 같지는 아니할 것입니다. 이방인들은 그리스도교에 귀의해 와서도 이방에 있는 귀신들과(에베소서 2:2~3) 우상들을 보편적으로 버리지 못하고 대개가 그냥 그대로 지니고 있으며 종교지도자들 역시 그리스도교와 이방의 옛 습성과 이방 종교성을 종합하거나 마구 섞어서 전달하는 것이 비일비재한데 반하여 이스라엘은 처음부터 여호와에 대한 절대 신앙을 가졌기에 성령이 저들위에 임하게 되면 그때 저들은 완벽해지는 금상첨화가 될 것입니다.
 여호와 하나님은 자기 백성들에게 성령을 내려주시되 시작에서부터 홍수가 나듯 하지는 아니할 것이고 자기 백성들이 도저히 감당할 수 없을 정도로 내리지는 아니할 것입니다. 필요에 따라

각 요소나 능력에 따라 각기 다르게 주실 것입니다. 2000여 년 동안 이방에서도 그 사람의 능력과 역사, 역할에 따라 골고루 나누어 주시었듯이 그 때에도 마찬가지일 것입니다.

그래서 성서는
"시온의 자녀들아 너희는 너희 하나님 여호와로 인하여 기뻐하며 즐거워할찌어다. 그가 너희를 위하여 비를 내리시되 이른 비를 너희에게 적당하게 주시리니 이른 비와 늦은 비가 전과 같을 것이라"고(요엘 2:23).

여기서 여호와는 때에 따라서와 필요에 따라서 성령을 적절히 주시겠다는 약속의 말씀을 하십니다. 어느 면으로 보나 본문은 우리에게 하나의 충격과 교훈을 주시는 것임이 분명합니다.

성령이 이방이 아닌 유대에로 돌아가려 함에 있어서도 이와 같이 자상하심을 보이는데 막상 자기 백성에게로 돌아갔을 때를 상상하면 두렵고 놀랍지 않을 수가 없는 것입니다.

성서를 보십시오.
"하나님이 그 고통소리를 들으시고 아브라함과 이삭과 야곱에게 세운 그 언약을 기억하사 이스라엘 자손을 권념하셨더라"고(출애굽기 2:24~25).

10. 엇갈린 성령의 역사.

성서를 보십시오. 신약시대 그리스도교의 성령의 역사와 임재는 분명 예루살렘에서부터 시작이 되었습니다(사도행전 2:1~4). 분명 이것은 예수와 제자들과의 약속(사도행전 1:8) 이행입니다. 그러다보니 이 성령이 역사에 의해 예루살렘 거민들 가운데에는 "어찌할꼬" 하는(사도행전 2:37) 무리가 마구 생겨나기도 했습니다. 그러던 것이 가이사랴의(사도행전 10:14) 백부장 고넬료와 그의 가정에 의해 여지없이 불문율이던 유대의 성령사상과 신앙이 박살나고 깨어지기 시작했습니다(사도행전 10:44~46).

성령이 예루살렘에서 이방 땅으로 나아갈 때에도 소리 없이 나갔고 유대인들에게서 이방인들에게로 나아갈 때에도 아무런 소리 없이 조용히 나갔습니다. 이때에는 엇갈리는 역사가 현장에서 나타났을 뿐입니다. 어디에서 살던 간에 이방인들은 성령과 세례를 함께 받게 되는 것을 당연지사인양 여기기에 불문곡직하고(사도행전 10:44~48) 받아들이지만, 선민이요 사도인 베드로와 그와 함께 동행 한 무리는 놀라서 아연실색할 수밖에 없었습니다(사도행전 10:45~47). 이때부터 모든 것은 주객이 전도되고 역전의 현실성이 그대로 나타나서 이방인들이 성령을 받게 되고 이방 땅에서는 성령의 임재를 당연지사인양 받아들이게 된 것입니다.

현금당대에서는 유대가 아닌 이방 땅의 이방인들이 성령을 독점하고 각종 은사를 맛보며 사는 그것을 당연지사로 받아들이면서 그 반대편인 자를 오히려 불쌍히 여기고 측은하게 생각하고 있습니다. 이방인으로서 예수를 믿는데 성령을 받지 못하면 교회 안 사람들은 손가락질을 하고 비판하게 됩니다. 이것이 오늘의 우리들 현실입니다.

그럼에도 다가올 세대는 달라진다는 것을 전혀 이해도 생각도 못하고 있으니 여기에 문제가 다분히 있습니다. 불원간에 이방에 있던 성령이 유대에로 돌아갈 대 역사적 시기가 빠른 속도로 점점 다가오고 있습니다. 그럼에도 이방에 있는 기독교회는 여기에 대하여 속수무책입니다. 거두절미하고 이방 땅에 있는 성령이 현 시점에서 유대에로 다시 돌아간다고 해서 누가 나타나 왜 그렇게 하는가고 항의하거나 말을 할 수는 없습니다. 아시다시피 이방으로 성령과 함께 나갔던 선민들이 2000여 년의 세월이 지난 후에 다시 유대에로 돌아 간다고 할 때 그것은 성서적이다고 정의를 내릴 수밖에 도리 가 없는 것 아닙니까? 선민이 돌아왔는데 어찌 저들만 돌아 가게 가만히 내어버릴 것입니까? 여기서 다시 이방과 유대의 희비가 엇갈리고 있지 않습니까?

한 실례로서 요셉과 함께 애굽으로 내려가신 여호와는(창 세기 45:3~5) 430년 후에 애굽에서 나오게 될 때(출애굽 기 12:40~41) 저들과 함께 이방 땅에서 나오셨는데 그 증 표로서 낮에는 구름기둥과 밤에는 불기둥으로 앞서 인도하셨 습니다(출애굽기 13:21~22). 자기 백성이 430여 년 만에 돌아오시는데도 이렇게 보호막이 되신 여호와가 2000여 년 만에 고토로 자기 백성들이 돌아오는데 어찌 여호와가 앞서 지 아니할 것입니까?

성서를 보십시오.

"길을 여는 자가 그들의 앞서 올라가고 그들은 달려서 성문 에 이르러서는 그리로 좇아 나갈 것이며 그들의 왕이 앞서 행하며 여호와께서 선두로 행하시리라"고(미가 3:13).

사도 바울은 유대와 이방이 희비가 엇갈려 성령이 유대에 서 이방으로 나간다고 해도 "하나님이 자기 백성을 버리셨느 뇨. 그럴 수 없느니라"고(로마서 11:1) 단언하시면서 여호와는 "미리 아신 자기 백성을 버리지 아니하셨다"고(로마서 11:2) 선언했는데 그럼에도 불구하고 불원 다시 희비가 엇갈릴 터 인데 이때에 이방인을 위하여 어느 누가 나서서 여호와께서 는 결코 이방 땅에 있는 한국의 기독교회는 성령이 유대에로 돌아간다고 해도 "하나님이 결코 버리지 아니 한다"라고 장담 하거나 큰소리를 칠자가 없다는데 문제가 심각합니다.

사도 바울은 "나의 형제 곧 골육의 친척을 위하여 내 자신이 저주를 받아 그리스도에게서 끊어질지라도 원하는 바로라"고 하면서(로마서 9:3) 이스라엘은 이미 약속의 자녀라는 것을(로마서 9:8) 고스란히 고취시키고 있는데 불원간에 이방에 있는 성령이 유대에로 돌아가면 이방인 가운데 누가 나서서 "나의 골육의 친척을 위하여 내 자신이 저주를 받아 그리스도에게서 끊어진다고 해도" 이방인 된 이 민족을 그리스도는 버리지 못할 것을 믿는다고 자부할 자 있느냐 하는 그것입니다. 자기 백성과 자기 땅을(조국) 위하여 이런 확고부동한 의지와 신념이 기독교 지도자들 가운데 있느냐 하는 것이 이 시대적 의문과 난맥입니다.

마지막 때에 목회자로서 자기의 배는 채우고 교회당은 크게 지으려고 혈안은 되고 있으나 막상 성령이 이방에서 유대로 돌아가는 것을 염두에 둘 때 여기에 대하여는 모두들 속수무책이고 유구무언이니 유비무환은 무엇이고 대비책은 도대체 무엇입니까?

구약 성서를 보면 유대인에게 여호와께서는 마지막 때에 이방으로부터 성령이 유대에로 돌아가게 된다는 것을 약조하고(예고) 있습니다. 그럼에도 오늘의 이방교회와 신자들은 성령이 이방에서 유대에로 불원 돌아간다는 것을 잊고 있다 보니 또한 전혀 생각지도 아니했고 가르치지도 아니했으며 여기에 대하여는 전혀 대비책이 없으며 속수무책이니 큰일입니다. 성령이 유대로 돌아가면 이방 땅과 이방에 있는 교회들과 신자들은 아비규환이 되고 눈뜬장님이 되고 귀를 가진 귀머거리가 되고 입 가진 벙어리가 되어 냉가슴 앓이를 하다가 시름시름 죽어갈 것입니다.

성령이 떠나고 없는 교회당에 누가 나오며 각종 은사와 은혜, 능력과 역사가 전혀 없고 나타나지 아니하는데 과연 얼마의 사람들이 교회당에 나와서 여호와에게 예배를 드린다고 앉아있을 것입니까? 잘은 몰라도 이 때 이방에 있는 태반의 교회당들과 신학교들도 누가 와서 문을 닫으라 명령하지 아니해도 저절로 닫힐 것입니다. 성령이 유대로 환원되고 없는데 누가 신학교를 갈 것입니까? 이를 대비해서 오늘의 신학교들도 점차 일반 대학화현상이 나타나고 있는 것을 보지 않습니까?

성령과 각종 은사가 없고 나타나지 아니하는데 병든 자가 교회로부터 떠날 것이고 이 세상이 좋다고 하는 중풍병적 신자나(반신반의 신자) 문둥병적 신자도 떠날 것입니다. 세계적 현실과 추세로 보아 성령이 이방에서 떠나고 나면 신자는 최소한 절반 이상이 떠날 것입니다. 남는 자는 3분의 1 또는 5분의 1정도가 될 듯합니다. 이렇게 보는 것이 현명한 판단이 될 것인데 여기에 비극적 고통이 있다는 것입니다. 이런 어처구니없는, 엄청난 비극적 현실이 빠른 속도로 다가오고 있음에도 세계교회와 한국교회는 여기에 대해 눈과 귀가 먹고 어두워서 보거나 듣지 못하고 있으니 유비무환은 커녕 속수무책인 것은 도리가 없습니다.

솔직히 이 과정에서 최고의 주사위는 바로 한국의 기독교회입니다. 왜 한국의 기독교회는 여기에 대한 대비책이 전혀 없는 것입니까? 오늘의 한국교회 지도자들이 무지해서 이 사실을 모르고 있는 것입니까? 아니면 지나치리만큼 솔직하지 못하여 성도들에게 속이고 가르치지 아니 하는 것입니까? 그렇다면 무엇이 그렇게도 자신이 없게 만듭니까? 사는 길과 죽는 길, 이 양자 가운데 사는 길이 있다면 그 길이 약대가 바늘구멍으로 들어가는 길일지언정 시도해 보아야하는 것 아닙니까? 그것이 대 모험이라 해도 말입니다.

기독교 지도자는 신자의 영혼을 사냥하려 해서도 아니 되고 들짐승이 되어 산과 높은 멧부리로 기도하러 오는 신자를 밥으로 삼으려 하지 말아야 하며(에스겔 34:56, 34:89) 현실적 자기 안위와 안주를 꿈꾸거나 획책하려 해서는 안되며, 기존에서 교회당에 나오는 사람이 좀 많다고 해서 그것을 하나의 기화나 볼모로 잡고 기지개나 켜면서 이마에 개기름과 배에 군살이 찌게 하는(비개) 어리석음과 무지를 피해야 하고 환란에 대한 유비무환을 세우고 성령께서 유대에로 귀환케 된 후의 다가올 사태에 대한 대비책을 우선 철저히 세워야 합니다. 그래야 사는 길이 열립니다. 그렇지 못하면 희망이 없어지고 제정러시아 교회의 1910년대와 1920년대의 꼴이 나며, 1930년대로부터 시작되어 현재에 이르는 중국교회의 꼴과 1950년대에 서리를 맞은 38선 이북교회당들의 꼴이 난다는 것을 명심해야 합니다.

그러므로 성서는
"네가 이같이 미지근하여 덥지도 아니하고 차지도 아니하니 내 입에서 너를 토하여 내치리라"고(계시록 3:16) 또한 성서는 "네가 말하기를 나는 부자라 부요하여 부족한 것이 없다하나 네 곤고한 것과 가련한 것과 가난한 것과 눈먼 것과 벌거벗은 것을 알지 못하도다"고(계시록 3:17).

이것이 마지막 때 기독교회당들의 군상이니 한국교회라 해서 우리는 아니다라는 규정과 정의는 금물입니다. 그렇게 하려면 이 말씀을 먼저 성서에서 뽑고 제하여 버려야 할 것입니다.

11. 성령은 어디서부터 내리는가?

성령이 이미 유대에로 돌아가는 것이 원리적 그리스도교의 본말입니다. 그래야 성전도 건축이 되고 유대가 예수를 그리스도로 받아들이게도 되고 대 환란에 들어가기도 합니다. 성령이 이방에 마냥 머문다거나 성령이 유대에로 돌아가기 이전에 대 환란이나 그리스도의 재림이 있다고 보거나 말하는 것은 헛된 속임수요 말장난 꾸러기들의 사악한 거짓말입니다. 성령이 유대에로 다시 돌아가는 것은 어느 누구도 막을 수 없는 성서의 현실 본령입니다. 그것이 여호와의 뜻이고 성서의 요구 사항이며 선민들의 간절한 염원과 기도이기도 합니다. 누구도 그리스도교와 성서의 본류를 역류시키거나 그르치게 하거나 뒤집을 수는 없습니다. 심사숙고한 자세에서 이를 고스란히 받아들이는 것이 순리요 무엇보다 가장 바람직한 처사입니다.

요즘 보면 이방에 있는 그리스도의 교회당들이 안하무인격이고 천방지축인 것을 봅니다. 성령이 언제까지나 저들과 함께 이방에 머무는 양 생각하는 곳도 있고 성령이 유대에로 다시 돌아가지 못하게 갖은 잡념과 사상과 신앙 따위로 바리게이트를 치는 곳도 허다히 봅니다. 어떤 곳에서는 교회당 건물을 크게 지음으로서 성령이 그곳을 떠나가지 못하게 하려하고, 어떤 곳에서는 교인을 많이 끌어 모아서 대형화 했다는 것을 하나의 미끼나 기화로 해서 자기들 교회와 목회자와 교인들로부터 성령이 떠나가지 말기를 간구하나 이런 것들은 모두가 부질없는 헛된 수작과 착각일 뿐입니다.

이방인은 살아있는 그 날까지 이방인의 탈을 벗지 못합니다. 말하는 것이나 생각하는 것에서도 그렇고 일하거나 그리스도를 믿거나 충성하고 봉사하는 것에서마저 이방인의 탈을 근본적으로 벗어 던지지 못하고 있습니다. 설령 성령을 받고 능력과 이적과 신유를 행함에서마저도 이방인의 탈을 벗지 못하고 있기에 이방의 종교성이 나오고 샤머니즘에서 벗어나지 못한 이방적 복술 따위가 나타나기도 합니다. 그러므로 이방인은 언제나 이방인이다 라는 현실과 금언이 나오게 됩니다.

그럼 유대에 성령은 어디로부터 임하게 됩니까? 그리고 성령이 이방에는 성령이 어디로부터 온 것입니까?

사실 이방에는 성령이
① 하늘로 부터입니다(하나님).
② 예루살렘으로 부터입니다(여호와의 도성).
③ 선민으로부터 이방인에게 임한 것입니다(선민).

하늘에서 예루살렘에, 예루살렘에서 선민에게, 선민으로 부터 이방에 임한 것이니 아무리 이방이 이 시점에서 큰 소리를 친다고 해도 예루살렘과 유대인을 무시나 거부하고서는 그 무엇도 생각할 수가 없습니다. 예수께서도 제자들에게 성령을 받을 때까지는 예루살렘을 떠나지 말라고 명했습니다(사도행전 1:4). 사실 저들이 예루살렘을 떠나지 아니한 것이 효험이 있어서 예루살렘에(사도행전 1:12) 머문 지 얼마 못되어 오순절 성령을 받게 됩니다(사도행전 2:1~4). 예루살렘과 선민에게 임한 이 성령이 이방으로 전달되어 나감으로 이 땅에까지(한국) 왔습니다. 그럼에도 불원 이 성령이 예루살렘과 선민에게로 다시 돌아갑니다. 이것은 누가 보아도 당연한 귀결인데 여기에 문제가 있으니 큰일입니다. 이제 다시 성령이 유대에로 돌아가면 성령은 영원히 유대를 떠나지 아니한다는 것이 성서의 가르침 입니다(이사야 59:21, 예레미야 31:33~34, 에스겔 39:29).

그럼에도 성령은 유대가 먼저 회복이 되어져야 그곳에 임한다는 것을 성서가 가르치고 있습니다.

그래서 성서는

"나 여호와가 말하노라. 보라 날이 이르리니 내가 이스라엘 집과 유다 집에 새 언약을 세우리라. 나 여호와가 말하노라. 이 언약은 내가 그들의 열조의 손을 잡고 애굽 땅에서 인도하여 내던 날에 세운 것과 같지 아니할 것은 내가 그들의 남편이 되었어도 그들이 내 언약을 파하였음이니라"고(예레미야 31:31~32).

먼저 회복하신 후에 뒤이어 그들이 일단 유대로 이방 땅에서 돌아오면 성령을 선물로 안겨줄 것을 보장하고 있습니다. 그래서 이어진 성서를 보십시오.

"나 여호와가 말하노라. 그러나 그 날 후에 내가 이스라엘 집에 세울 언약은 이러하니 곧 내가 나의 법을 그들의 속에 두며 그 마음에 기록하여 나는 그들의 하나님이 되고 그들은 내 백성이 될 것이라"고(예레미야 31:33).

여기서는 모여온 자기 백성들에게 성령을 주신다는 약속이고 뒤이어서는 성령을 받은 자기 백성들은 구원하신 다는 약속입니다.

"그들이 다시는 각기 이웃과 형제를 가리켜 이르기를 너는 여호와를 알라 하지 아니하리니 이는 작은 자로부터 큰 자까지 다 나를 앎이니라. 내가 그들의 죄악을 사하고 다시는 그 죄를 기억치 아니하리라. 여호와의 말이니라"고(예레미야 31:34).

여기서는 이스라엘의 민족적 구원이 이루어집니다. 놀랍고 어처구니없는 선언과 예언입니다. 이방인 된 우리의 입장에서 보면 하나의 황금빛 그림 떡에 불과합니다. 그런다고 해서 각기 자기 죄악으로 죽는 일이 없다는(예레미야 31:30) 말은 아닙니다. 이 때 이스라엘이 회복이 되고 성령이 이스라엘 전역에 나타난다고 해서 "사람의 씨와 짐승의 씨를"(예레미야 31:27) 이스라엘 집과 유다 집 곧 북조 이스라엘 땅과 남조 유다 땅에 뿌리지 아니하는 것은 아니란 것입니다. 왜냐 하니 그래야만이 적그리스도와 거짓 선지자가 유대에서 일어날 것이니 말입니다.

성서에 나타난 이스라엘에 대한 예언을 보십시오.
"전에는 내가 그들로 사로잡혀 열국에 이르게 하였거니와 후에는 내가 그들을 모아 고토로 돌아오게 하고 그 한 사람도 이방에 남기지 아니하리니 그들이 나를 여호와 자기들의 하나님인줄 알리라"고(에스겔 39:28).

여기서 성서는 이스라엘이 열국으로 흩어져 있다가 돌아오게 되는데 이방 땅에는 그 한 사람도 남기지 아니하고 돌아오게 한다는 약속입니다. 저들이 모두 고국에 돌아오면 여호와는 그들을 마냥 내버려 두지 아니할 것입니다.

그래서 성서는
"내가 다시는 내 얼굴을 그들에게 가리우지 아니하리니 이는 내가 내 신을 이스라엘 족속에게 쏟았음이니라. 나 주 여호와의 말이니라"고(에스겔 39:29).

돌아온 이스라엘 백성 모두에게 여호와는 자기의 신 곧 성령을 쏟아 부어주실 것임을 약속하고 있습니다(에스겔 36:26~27, 37:14, 11:19). 여기서 성서는 여호와가 자기 백성과 이방 백성의 차이가 무엇인지를 구별 짓고 있음을 보여줍니다. 이방인 된 우리의 입장에서 이를 주시할 때 만감이 교차되는 현실을 발견합니다.

그럼 장차 이스라엘에 쏟아 붓는 성령은 어디서로부터 오는 것입니까? 여기에 대한 답변으로 성서는

① 위로부터 성령이 이스라엘에 임한다고 합니다(이사야 32:15). 위로부터 임하니 이는 곧 하나님께로부터 온다는

것입니다.

② 여호와의 전에서 성령이 임하여 이스라엘 전체에 임한다고 성서는 가르칩니다(요엘 3:18). 참으로 의미심장한 선언입니다.

우리는 여기서 구약 성서 요엘 3:18절을 상고해 보아야 합니다.

"그 날에 산들이 단 포도주를 떨어뜨릴 것이며 작은 산들이 젖을 흘릴 것이며 유다 모든 시내가 물을 흘릴 것이며 여호와의 전에서 샘이 흘러 나와서 싯딤 골짜기에 대리라"고.

또한 성서는

"그 날에 죄와 더러움을 씻는 샘이 다윗의 족속과 예루살렘 거민을 위하여 열리리라"고(스가랴 13:1).

이는 성령이 예루살렘 성전과 그 주변에서 나와서 유대 전역에 샘이 흘러내리듯 흡족하게 내릴 것을 강조함입니다. 그렇다면 이는 무엇을 의미합니까? 회복된 이스라엘이라 해도 성령의 전성기는 어디까지나 예루살렘에 성전이 건축된 년 후임을 밝히고 있음 아닙니까? 일단 예루살렘에 성전이 건축되면 그 때는 성령의 열기가 예루살렘 뿐 아니라 이스라엘 전체에 대단하게 나타날 것이고 그 때에는 온 세계에 흩어져 있는 유대인들이 한 사람도 이방 땅에는 남지 아니하고(에스겔 39:28) 다 고토로 돌아오게 되는데 이 때 여호와께서는 성령의 휘파람을 불어서(스가랴 10:8) 그들을 모을 것입니다.

이때가 되면 이 세상에는 어떤 기현상이 나타난다고 보십니까? 그 때는 많은 백성과 강대한 나라들이 예루살렘으로 와서 만군의 여호와를 찾고 여호와께 은혜를 구하게 되고(스가랴 8:22) 각기 어처구니없는 구걸행각이 일어나는데

"만군의 여호와가 말하노라. 그 날에는 방언이 다른 열국백성 열 명이 유다사람 하나의 옷자락을 잡을 것이라 곧 잡고

말하기를 하나님이 너희와 함께 하심을 들었나니 우리가 너희와 함께 가려 하노라 하리라"고(스가랴 8:23).
 또한 성서는 여기에 대하여
 "여호와여 주는 의로우시고 주의 판단은 정직하시니이다"고 합니다(시편 109:137).
 아무리 보아도 이는 놀랍고 놀라운 여호와의 말씀이 아닐 수 없습니다. 이는 그간(2000년간) 이스라엘이 이방에서 당한 서러움과 고통을 모두 여호와가 보상한다는 예고가 아닙니까? 성령의 임재와 역사는 이렇게도 놀랍고 강한 것입니다. 이렇게 강한 성령께서 이스라엘로의 귀환이 점차 이루어지고 있습니다. 지금에서 예루살렘 도성 안에 있는 이방신전만 무너지면 성령은 급피치를 이루면서 이방에서 철수되고 이방에는 이 때 앙상한 가종 구조물과 형데들만 남을 것인데 이런 때가 오기 전에 믿음으로 승리자가 되어야 합니다.
 성서를 보면
 "보라 지금은 은혜 받을만한 때요. 보라 지금은 구원의 날이로다"고(고린도 후서 6:2하반절).
 이렇게 하여 우리는 이제 이스라엘 회복 제 2기를 끝맺고 다음 제 5편으로 넘어가려 합니다. 이스라엘 회복 제 3기는 제 5권 순교자에서 논의가 될 것이므로 참고를 바랍니다. 이스라엘 회복 제 3기는 예루살렘에 제 4성전이 세워지고 난 연후에 일어날 사건을 다룬 것이므로 이스라엘 회복 제 4기와 더불어(제 5권 참고) 상고가 되는 것이 좋을 듯합니다.
 각각의 파트별로 대 환란의 사건을 논하기보다 다소 연대와 역사를 중시하다보니 그런 데에서 각기 나뉘고 엇갈리는 부분도 더러 있음을 양지 하시기를 바랍니다.

제 5 편
피난처

제 5 편 피난처

성서는 우리에게
"살아계신 하나님에게서 떨어질까 염려할 것이요"라고(히브리 3:12하반절)
또한 성서는
"그런즉 우리는 거하든지 떠나든지 주를 기쁘시게 하는 자 되기를 힘쓰노라"고(고린도 후서 5:9) 합니다.
대 환란을 눈앞에 두고 있는 이 시점에서 피난처에 대한 문제는 심각하면서도 한편으로는 과연 "피난처가 있을 것인가?"로 해서 의문을 재기해 놓고 있음도 모름지기 잊어서는 아니 됩니다.

상당수의 사람들은 피난처가 어디에 있는가고 반문을 가하면서 피난처란 원래는 없는 것인데 인간에 의해 가공된 것이다고 주장하는 것을 보기도 합니다. 그래서
① 대 환란이 있고 앞에 나타난 그대로의 제반 징계가 이루어진다면 피난처란 있을 수 없는 것이다고 주장을 합니다.
② 왜 피난처가 꼭 있어야 하는가고 반문을 하면서 거부하는 경우를 보기도 합니다.
③ 그때는 순교를 당할 자는 순교를 당하고(계시록 6:11) 넘어질 자는 넘어지면(계시록 13:8,17:8, 다니엘 11:30,12:2) 그만이지 무엇 때문에 피난처니 뭐니 해서 사람의 마음을 꼬이게 하고 심란하게 하느냐며 반대하는 자들도 봅니다.

이와는 반대로 대개의 그리스도교 사람들은 피난처가 있다

고 수긍하거나 주장하기도 합니다. 그래서 저들은

① 구약 성서에도 보면 여호와께서 모세에게 너는 백성과 함께 가나안에 들어가거든 도피성을 만들어 놓고 그곳에 도피해 오는 자들을 무조건 죽이지 말고 살리라고 했듯이(신명기 19:1~7) 또한 여호수아에게도 너희가 가나안에 들어간 후에 도처에 도피성을 만들 것을 명했으므로(여호수아 20:16, 민수기 35:6, 35:9~15, 35:22~28, 신명기 4:41~42, 19:2~9) 이스라엘 백성들은 가나안에 들어간 후에 도처에 도피성을 만들고 운명을 한 것 마냥 대 환란 때에도 여호와께서 도처에 피난처를 조성해 두었을 것이라고 주장을 합니다.

② 피난처가 있는 것은 없는 것보다 아주 성서적이기에 대 환란 날에 자기 백성들을 피하게 하시기 위해 여호와께서는 도처에 다 이미 피난처를 준비하시고 계신다고 주장하는 자들도 있습니다. 이 주장도 아주 성서적이라 하겠습니다.

③ 이 시점에서 도피성 곧 피난처는 아무도 알 수 없는 곳, 지금에서는 사람이 거의 살지 아니한 곳으로서 여호와만 아시는 곳이 피난처로 책정 되어져 있다라는 주장도합니다. 이런 경우 이 피난처는 육지와 관계된 곳도 되고, 바다와 관계가 된 곳도 될 수가 있다는 것을 밝힙니다. 의미 있는 성서적 주장들입니다.

그러함에도 우리가 알기로는 다가오고 있는 대 환란의 전후에 나타날 피난처는 구약적 도피성과는 시작의 차원부터 다르다는 것입니다. 구약적 도피성은 이미 사람에 의해 조성된 곳으로서 사람들이(죄수들) 모여 있는 곳입니다. 그럼과 동시에 도피성들은 하나같이 이미 나타나 있고 잘 알려진 곳들입니다. 그럼에도 그곳에 하나님의 법과 질서와 규칙과 정의가 있고 지키는 곳이기 때문에 어느 누구도 감히 그곳에

도피해 오는 죄인을 잡으려고 그곳에 들어가서도 아니 되고 들어갈 수도 없게 밀폐된 곳들입니다. 누구든지 죄인을 잡으려 그곳에 들어갔다가는 오히려 여호와의 법과 명령을 파괴하고 어긴 자가 되어 죽임을 면치 못했습니다. 그래서 억울하게 죄를 범한 자는 그곳에로 도피해 들어갔습니다.

그러나 장차 대 환란 때에 나타날 피난처는 먼저 사람이 결코 살지 아니한 곳이어야 합니다. 그곳이 어디인지와 그곳에는 누가 있는지 또한 그곳에는 무엇이 있는지 그것을 알아서도 아니 되고 아는 자가 있어서도 아니 되는 곳이어야 하기 때문에 문자 그대로 완전히 밀폐된 피난처입니다. 그곳에 대하여는 여러 가지 면에서 추호도 아는 자가 없고 보이고 나타난 것도 없고 오직 가리워진 미지의 장소인 만큼 마귀나 귀신들도 전혀 알 수 없는 곳들입니다.
어떤 이는 에덴동산이 장차 돌아갈 복락원이 아닌가고 주장을 합니다만 그것은 대단히 잘못된 오산이며 에덴동산이 지구에서 가장 가까이 존재하고 있는 곳인 만큼 그곳이 피난처로서 일익을 담당할 곳일지는 모르며 그렇지 아니하면 피난처가 이 지상의 그 어딘지도 모르는 장소로서 도시나 동리는 아닐 듯합니다. 그곳은 사람이 살거나 건물이 있거나 사람이 오고간 흔적이 드문 곳으로서 여호와 하나님만이 아시는 장소일 것입니다. 이곳은 이미 여호와에 의해 지정이 되어져 있으나 천사들도 모르고 귀신들이나 마귀도 전혀 모르는 곳입니다. 피난처로 지정되어진 그곳은 사전에 어느 누구도 모르는 또한 알 수가 없는 오직 여호와 하나님 그분만이 아시는 곳이어야 합니다. 그러므로 그곳은 의미심장한 약속의 장소요 만남의 장소인 것입니다. 여호와는 성도가 그곳에서 자기와 함께 만나기를 요구하십니다.

그렇다면 피난처는 누구를 위해 준비되는 곳들입니까? 믿음을 통한 하나님의 자녀를 위해 준비되는 곳들입니다. 고로 그곳으로는 아무나 가는 것이 결코 아닙니다. 이 지상에서 기독교회의 목사와 장로라고 해서 가는 것도 아니고 평신도라고 해서 못가는 것도 아닙니다. 피난처로 갈 자는 이미 예정섭리가 되어져 있고 생명책에 그 이름이 기록되어 있는 자들만이 가게 됩니다. 피난처는 그 장소가 결코 크거나 많지를 아니하기 때문에 들어가는 자도 그 숫자가 많지 않고 한정된 범위 안에 있는 것입니다. 어느 누구도 먼저 이점을 감안해서 그곳에 들어가려는 자세를 취하거나 아니면 포기해야 할 것입니다.

피난처에 대하여 우리는 다른 생각을 가져서는 아니 됩니다. 흔히들 피난처를 오해하여 그것이 공중휴거인양 생각한 나머지 이 세상을 벗어나려는 망각된 사고를 가지나 큰 잘못입니다. 그 이유는

① 노아의 때에도 피난처인 방주는 이 세상을 벗어나지는 아니했다는 것입니다(창세기 6:8~9, 누가복음 17:26~27).

② 롯의 때에도 피난처인 소알은 이 세상이지 벗어난 곳은 아닙니다(창세기 18:20~22, 누가복음 17:28~29).

③ 누가복음 17:30절에서 인자의 날도 노아와 롯의 때와 같다고 했습니다(누가복음 17:31~35). 여기서 성서는 본 과제가 공중휴거는 결코 아님을 알립니다. 다만 노아와 롯의 때와 같다는 것뿐임을 명심해야 합니다.

또한 우리가 이 과제에서 반드시 유의해야 할 것은 피난처가 있다는 이들과 없다라는 이들 그리고 필요하다는 자들과 필요가 없다라는 자들 사이에 점차 불신의 벽이 심히 높아져 가는 것도 사실인 만큼 그리스도교적 바른 판단과 이해가 여

기서는 무엇보다 요구됩니다.
 그러므로
 ① 피난처는 과연 있는가?
 ② 피난처는 있다면 그럼 그곳은 어디인가?
 ③ 피난처란 이미 준비되어져 있는가?
 ④ 피난처에는 무엇무엇이 준비되어져 있는가?
 ⑤ 피난처란 아직은 준비되지 아니했으나 장차는 준비될 것인가?
 하는 것 등도 반드시 의미 깊게 연구되고 분석되어져야 합니다. 그리스도교적 현명한 입장과 처지에서 보면 이는 살고 죽고의 문제가 함축성 있게 내포된 것인 만큼 바른 자세와 검토가 요구됩니다.
 우리는 모든 것에서 부정과 거부적 자세나 외시, 외면적 자세에서 벗어나서 받아들이고 수용하는 자세에로 돌려 본 과제를 연구 검토해야 한다고 봅니다. 소아기적 사고나 반신불수 적 사상이나 어리석은 신앙사조에서 마저 벗어나야합니다.
 또한 피난처는 이웃이나 가정 식구 중 어느 누구를 고용해서 함께 갈 수 없는 것이 그 약점이라면 하는 수 없는 것 아닙니까? 어느 교회당의 목회자나 교인들 가운데 어느 누구와 함께는 도저히 갈 수 없는 곳이니 이 원리도 잊어서는 안 될 것입니다.
 폐일언하고 피난처에 대한 잘못된 사고들과 고차원적이고 차안을 벗어난 피안적인 것들을 생각하는 것은 이 시점에서 큰 오산들이므로 벗어던져야 하고 자기 두뇌적 피난처관과 사고와 이념과 신앙적 개념의 피난처관도 벗어버리는 것이 바람직합니다.
 성서를 보십시오. 성서는 이미 여호와께 피하는 자는 죄를 받지 아니 하리로다고 합니다(시편 34:22). 이것은 그가 이 세상 그 어디에 있던지 간을 의미한 것 아닙니까? 성서는 피난처가 신자들에게 있다는 것을 알리면서

"주께서 저희를 주의 은밀한 곳에 숨기사 사람의 꾀에서 벗어나게 하시고 비밀히 장막에 감추사 구설의 다툼에서 면하게 하시리이다"고도 합니다(시편 31:20).

제 1장 피난처는 성서적임

분명 피난처가 있다는 것은 성서적이며 그것을 우리가 알려고 시도하는 것은 "옛 비밀한 말"을(시편 78:2) 알려하는 것이기에 하나의 좋은 작업이고 귀하고 아름다운 한 역사인 것입니다.

이미 현금당대의 역사에서 피난처란 있느냐? 없느냐? 하는 문제는 그렇게 큰 이슈가 되지 않습니다. 왜냐 하니 이 문제는 이미 일반화 되었으니 누가 피난처에 들어갈 수 있느냐가 이제는 보다 더 문제입니다. 성서가 이미 그 재판관이므로 성서는 이 문제에 대하여 도처에서 피난처는 있다고 정의를 합니다. 분명 피난처란 어느 누구를 위해서이기보다 여호와 하나님께서 세계 도처에 흩어져있는 자기의 자녀들을 대 환란 때에 소수 나마 구하기 위하여 필요에 따라 설치한 것임을 알리고 있습니다. 이 시점에서 우리는 무엇보다 성서의 지시와 가르침과 요구사항을 따를 수밖에 없는 것 아닙니까?

이 시점에서 성서가 피난처는 분명히 있다는 것과 불원 대환란의 때가 오면 무엇보다 그런 곳이 성도를 위해서는 가장 필요적절하다는 것을 밝히고 있습니다. 어느 면으로 보나 이런 것은 우리에게 하나의 위로와 각성과 경고를 함께 던지고 있음이 분명합니다. 여기서 위로가 된다는 것은 먼저 믿는 우리에게 여호와가 그런 곳을 준비해 놓으시고 우리를 그곳으로 인도하시사 보호해 주신다는 것을 생각하니 현세에서의 이런저런 고통과 고난 그리고 신앙으로 불이익을 당하는 것에서 위로를 주시는 것임이 분명하고 다른 한편에서는 당신은 지금의 상태에서 교회당에 오고 가지만 과연 대 환란이 오고 피난처가 있다면 그 때 그 환란 가운데서 피하여 피난처로 보내어 짐을 받을 수가 있는가를 질문함이므로 폐일언하고 경고가 아닐 수 없는 것입니다.

그럼 왜 피난처가 성서적이라고 정의를 합니까? 우리가 이 지면을 통해서는 이를 다 말할 수는 없지만 주어진 여건 속에서만은 이를 상고해보지 아니하면 안 됩니다. 누구이든 여기서 잘못된 오산은 철두철미 버려야합니다. 또한 잘못된 기독교 지도자들의 헛된 속임수에 의해 피난처행과 공중휴거를 혼돈해 버리는 경우도 봅니다.

이는 어느 면으로 보나 있을 수 없는 일입니다. 피난처를 휴거로 알아 육체가 변화를 입고 가는 양 오해하는 자들도 있기에 여기서는 이 잘못된 신앙 사조에 쇄기를 박아 주려합니다. 어떤 경우든 간에 이 양자를 오해하지 말아야 되고 또한 피난처는 공중이 아니고 지상이며 육체의 변화됨 없이 현실적으로 들어가는 곳인 만큼 육체의 변화라는 해괴한 사고도 철저히 버려야 합니다.

1. 피난처가 있다는 것은 아주 성서적임.

"여호와여 주의 율례의 도를 내게 가르치소서. 내가 끝까지 지키리이다"(시편 119:33).

어느 면으로 보나 역사의 현장에서 피난처가 없는 것보다 있는 것이 보다 더 성서적이라고 정의할 때 우리는 과연 피난처로 들어갈 능력과 힘이 주어져 있고 또한 이를 위해 얼마나 수고와 노력을 했으며(하고 있는지) 준비를 했는지 궁금하지 아니할 수가 없습니다.

피난처란 있다고 해서 그곳에 아무나 보내어지는 것은 결코 아니며 여기저기에 늘려있는 유원지나 공원, 놀이터나 옛 성지마냥 구경을 하고 다시 오거나 아니면 아무나 들어가고 나올 수 있는 그런 장소와 그런 자리는 아니기 때문에 무엇보다 성도들의 바른 이해와 바른 판단이 요구됩니다. 특별히 현금당대에서 예수를 믿는다고 자부를 하면서, 또한 현재를 마지막 때라고 주장들을 하면서 이미 유대가 반여세기 가까이 전에 회복되었으므로 계속해서 선민들의 고국귀환이 이루어지고 있다는 것을 인정하면서도 피난처에 대하여는 신자된 자가 관심이 없다거나 여기에 대하여 생각이 전혀 없다면, 또한 생각해 본적이 없다고 한다면 그것은 폐일언하고 이미 버려진 자이거나 아니면 교만과 지나친 거만에 차서 자기를 잃거나 버리고 있는 마귀의 자식들임이 분명한 것입니다. 마귀는 처음부터 교만하고 거만해서 타락한 자이니 말입니다 (이사야 14:12~14).

우리는 지금도 성서가 그리스도 교인들에게 피난처가 있음을 가르치고 잘 믿는 성도는 장차 여호와께서 그곳으로 이끌고 인도하게 될 것임을 가르쳐 주신 그것을 감사하게 생각하고 있습니다. 피난처에 대한 성서의 합법성을 보십시오.
성서는
"저희 영혼을 사망에서 건지시며 저희를 기근시에 살게 하시는도다"고(시편 33:19).
또한 성서는
"주를 경외하는 자를 둘러 진치고 저희를 건지시는도다"고 (시편 34:7).
또한 성서는

"내가 피난처에 속히 가서 폭풍과 광풍을 피하리라 하였도다"고(시편 55:8).
또한 성서는
"이 곤고한 자가 부르짖으매 여호와께서 들으시고 그 모든 환란에서 구원 하셨도다"고(시편 34:6).
또한 성서는
"너는 두려워 말라. 내가 너를 구속하였고 내가 너를 지명하여 불렀나니 너는 내 것이라. 네가 물 가운데로 지날 때에 내가 함께 할 것이라. 강을 건널 때에 물이 너를 참몰치 못할 것이며 네가 불 가운데로 행할 때에 타지도 아니할 것이요. 불꽃이 너를 사르지도 못하리니"라고(이사야 43:1~2).

위에 나타난 성서를 보면 모두가 하나같이 다가오고 있는 대 환란은 폭풍이요 광풍인 만큼 어찌할 도리가 없는 것이지만 그럼에도 휘몰아치는 폭풍과 광풍은 일단 피해야하기에 이를 위해 여호와는 피난처를 베푸시고 어려움을 당하는 자기의 자녀들을 그곳으로 속히 보내신다는 의도를 보인 것입니다. 그럼과 동시에 여호와를 경외하는 성도를 둘러 진 치시기에 어느 누구도 기근이나 대 학살시에 그를 해치지 못하도록 보호하신다는 약속입니다.

마지막 대 환란 시에 적그리스도의 난폭한 학살과(다니엘 8:24~25) 비상한 파괴와(다니엘 8:24) 전무후무한 기독교 파괴와 황폐를 가져다 안길 것인데(다니엘 7:21, 8:13~14, 계시록 13:7) 그리고 극심한 천지지변이 마구 일어날 것인데, 온역과 지진과 기근이 난무하며 심지어 마지막 대 전쟁이 일어나는 때에 사랑하는 성도를 보호하고(시편 37:28) 보살피실 막장이 없다거나 성도를 보호하실 아무런 준비도 없고 대비책도 여호와가 세워두지 아니했다면 그것은 문제가 있는 어리석음이지만 여호와는 자기를 믿고 의지하는 성도를 위해 피난처를 베풀고 성도를 그곳에 보내시사 보호하시기로 작정하셨으니 이보다 더 고마운 일이 어디에 또 있습니까?
 이 시점이나 다가올 대 환란의 때를 주시할 때 피난처가 있다는 것은 아주 성서적임이 밝혀집니다.
 성서를 보십시오.
 "내 백성아 갈지어다. 네 밀실에 들어가서 네 문을 닫고 분노가 지나기까지 잠깐 숨을지어다"고(이사야 26:20).

   2. 피난처의 본질.

 "하나님이 가라사대 저가 나를 사랑한즉 내가 저를 건지리라. 저가 내 이름을 안즉 내가 저를 높이리라"고(시편 91:14).
 피난처가 있다는 것은 여호와의 구원섭리에서는 나타난 바의 한 형태에 불과합니다. 이 지상에 그리스도의 몸된 교회가(성전)(에베소서 1:22~23, 4:12, 골로새서 1:18) 세워지는 것은 하늘에 그리스도의 몸이 있기 때문이고 예루살렘에 성전이 있는 것은 하늘에 영원한 성소가 있기 때문입니다(계시록 7:15, 21:22). 그래서 성서는 지상에 있는 성전이나 교회는 하늘에 있는 성전의 그림자와 모형에 불과하다고 합니다(히브리서 8:5).
 이와 같이 이 지상 어딘가에 피난처가 예비 되어져 있어서 그곳에로 피난 나오는 성도를 보호하신다는 것은 피난처의 본질이 따로 있다는 것임을 가르침입니다. 이 지상 어디 엔가에 피난처가 있기 때문에 이미 부르시고 보호하심을 받은 성도들 가운데 극히 일부이기는 하나 그 준비된 피난처를 향해 대 환란의 때에 아무도 모르는 사이 감추어지고 가리워져서 나아가게 될 것입니다. 그럼에도 그곳은 오직 장소요(곳)

하나의 형태이지 영원적 본질은 아니고 못됩니다. 모든 것의 본질은 철저히 천국과만 관계가 있고 되는 것임을 명심해야 합니다. 그래서 영적이고 영원적이여야 됩니다.

  소돔과 고모라성의 불의 심판 가운데 롯과 그의 두 딸이 (창세기 19:1~22) 구원을 얻어 살았으나 그의 아내는 소금기둥이 되어서 죽었는데(창세기 19:26) 이때에 롯과 그의 두 딸에게 피난처는 소알 성이었습니다(창세기 19:20~22). 만약 이들이 조그마한 소알 성을 선택하지 아니하고 다른 곳을 선택했으면 모두 함께 죽임을 당했을 것입니다.

  또한 노아 때를 보십시오. 노아와 그의 아내 그리고 세 아들과 세 며느리는 홍수라는 징벌과 심판에서 방주라는 피난처를 소유함으로서(창세기 6:1~8) 그 가정 8식구 모두가 고난과 죽임을 당하지 아니하고 사는 행운을 얻었습니다. 만약에의 경우 저들이 방주라는 피난처를 예비하지 못했다면 모두가 함께 죽는 비운을 겪었을 것입니다. 이런 것은 모두가 피난처를 생각과 연상해보게 하고 있는 것으로서 우리에게 하나의 교육적 유익을 주는 좋은 대목들입니다.

  그럼에도 노아의 방주나 롯의 소알 성 같은 곳은(창세기 19:22) 이미 피난처 역할을 한 장소이거나 피난처적 모형과 형태이지 그것 자체가 피난처의 본질은 아니고 못됩니다. 성서를 보십시오. 피난처와 피난처의 본질은 상호 약간의 차이가 납니다. 다시 말해서 피난처는 소알 성이나, 방주, 광야, 암혈, 어느 산, 계곡 등지가 될 수 있으나 그럼 에도 그런 것은 하나의 기본적 형태이지 그것 자체가 피난처의 본체가 아니란 것입니다. 형체적 피난처는 피난처의 본질이 있기 때문에 존재하는 것에 불과합니다.

그래서 성서를 보면
"오직 여호와는 그 피난처가 되시도다"고(시편 14:6하반절) 또한 성서는 "만군의 여호와께서 우리와 함께 하시니 야곱의 하나님은 우리의 피난처시로다"고(시편 46:7, 46:11).
또한 성서는
"여호와는 환란 날에 피난처이시로다"고(예레미야 16:19).
위의 성서는 하나같이 우리에게 "여호와가 피난처"란 것임을 알리고 있습니다. 여호와가 지금에나 대 환란 날에 우리의 피난처가 되신다고 한 것은 무엇보다 여호와가 역할 면에서나 본질적인 면에서 피난처이심을 알리는 대목입니다. 왜냐 하니 여호와 자신이 인간의 근본적이고 본질적인 면에서 피난처가 아니면 다른 곳에 설령 피난처가 예비 되어 있다고 해도 불안의 요소가 이미 가미된 곳인 만큼 불안전한 곳일 수밖에 없습니다.

그러나 여호와가 피난처이시니(시편 46:1, 73:28, 91:9) 이 땅 위에 있는 각종 피난처도 이미 여호와에 의해 완전하고 안식된 곳입니다. 그럼 이 피난처로 보내어지는 자는 어떤 유익을 얻게 됩니까? 그것은 바로 그가 죽지 아니하고 살아서 그리스도를(재림) 맞을 수가 있다는(시편 89:46) 이점 그것입니다(데살로니가 전서 4:15상반절). 무지무각한 자는 흑암 중에 왕래하기에(시편 82:5) 환란이 와도 부르짖지 아니하나 현명하고 슬기로운 자는 환란 중에 주께 부르짖어서 여호와의 도우심을(시편 81:7) 받게 될 것입니다. 여호와께서 완전하시듯 피난처도 완전하다고할 때 관심을 기울이고 믿음으로 그곳에 들어갈 자는 준비가 단단히 있어야 될 것으로 압니다.

3. 피난처로 가는 것은 무엇과 같은가?

"의인은 고난이 많으나 여호와께서 그 모든 고난에서 건지시는도다"고(시편 34:19).

여호와께서 이미 마지막 때를 대비해서 세계 도처에, 아무도 알 수 없는 곳에, 인간이나 마귀 곧 귀신들이 접근 할 수 없는 지역 등에 자리를 마련하시고 그곳을 장차 일어날 대환란 때에 피난처로 삼으시려 한다는 것은 믿음 안에서 사는 우리로서는 오직 감사할 따름입니다.

근본적으로 피난처에는 아무나 들어가는 것이 아닙니다. 누구든지 가고 싶다고 해서 들어가는 것도 아닙니다. 기존의 교회당에 누구든지 다닌다고 해서 그들 모두가 피난처에로 보내어 지거나 가는 것이 아닙니다. 그런 곳은 이미 악마에 의해 난장판화 된 곳이고 누구든지 가고 오는 유람지이거나 성지 등에 불과한 곳이지 피난처는 아닙니다. 지금에서 교회당을 다닌다고 해도 누구보다 예수를 더 잘 믿고 따르는 자들 가운데 구분을 해서 보내어지고 가게 되는 곳이 그곳입니다.

교회당에는 지금까지 다녔어도 피난처란 말을 아직 들어보지도 못했고 그런 곳이 장차 믿는 성도를 위해 예비 된 것인지도 전혀 모르는 그런 교인은 이미 불쌍하고 가련한 교인입니다. 그런 자가 현금당대에서 교회당의 집사 권사 장로 전도사 강도사 목사라면 이는 더욱더 불쌍하고 가련한 자들입니다. 피난처가 대 환란 때에 준비되어 있는 것조차 모르는 천방지축의 교인을 어떻게 그리고 누가 무엇 때문에 생명을 걸고 피난처로 보내어 줄 것입니까?

성도를 위해 예비한 피난처를 모른다는 것은

① 그리스도에 대한 배신행위요.
② 여호와에 대한 도전행위요.
③ 예언에 대한 불신행위요.
④ 성서에 대한 정면 거부행위요.
⑤ 믿음을 저버리는 행위입니다. 다시 말해서 자기와 이웃을 속이는 행위가 됩니다.

피난처가 있는지 없는지 그것조차 모르는 자를 여호와께서도 아예 모른다 하시며 그들을 피난처 행에서 거부와 좌절시킬 것입니다. 대 환란 시에는 피난처가 도처에 감추어져 있다는 것을 알아 그곳에 가기 위해 수고와 노력을 해도 갈 것인지 못갈 것인지 심히 궁금한데 있는 것조차 모르는 그들을 위하여 피난처를 준비할 이유가 없는 것 아닙니까? 왜냐 하니 자기 먹으라고 지어놓은 식사도 찾아먹지 못하는 자의 입을 벌리게 해서 넣어줄 필요는 없는 것 아닙니까? 또한 이미 성서는 수천 년 전부터 마지막 때에 피난처가 있다고 예시 예고 예언하고 있는데 그것을 눈으로 보면서도 믿지 아니하니 그 개인의 자유의지와 신앙에서 이를 외시하고 버리는데 누가 무엇이 답답해서 가르칠 것입니까?

피난처는 누구든지 가고 싶다고 해서 가게 되는 그런 곳이 아닙니다. 지금의 교회당에 다닌다고 해서 모두가 피난처로 보내어 지는 것도 아니고 대형교회당에 다닌다고 해서도 아니고 종교적 슈퍼스타가 되었다고 가는 것 역시 아닙니다. 이런 저질적 사고는 처음부터 벗어던져야할 금물입니다. 왜냐 하니 피난처는 대 환란 때에 어느 인간이나 신자 된 누구나 목사와 장로 된 누구에게 예속된 곳이 아닙니다. 그곳은 인간의 사고와 신앙 따위와는 언제나 별개입니다. 피난처는 전적 여호와 하나님께 속해 있는 곳입니다. 피난처가 인간에게 속한 곳이 아니고 여호와에게 전적 속한 곳이기에 그곳은 이 세상적 권력이나 힘 그리고 금력(돈) 따위와는 전혀 상관이 없으며 그런 것으로는 전혀 해결이 안 되는 곳입니다.

그래서 성서는
"주는 나의 피난처시요 원수를 피하는 견고한 망대이심이니이다. 내가 영원히 주의 장막에 거하며 내가 주의 날개 밑에 피하리이다"고(시편 61:3~4).

또한 성서는
"의인의 구원은 여호와께 있으니 그는 환란 때에 저희 산성이시로다. 여호와께서 저희를 도와 건지시되 악인에게서 건져 구원하심은 그를 의지한 연고로다"고(시편 37:39~40)

또한 성서는
"주는 미쁘사 너희를 굳게 하시고 악한 자에게서 지키시리라"고(데살로니가 후서 3:3)

또한 성서는
"여호와께서 그 종들의 영혼을 구속하시나니 저에게 피하는 자는 죄를 받지 아니 하리로다"고(시편 34:22)

또한 성서는
"내 백성아 거기서 나와 그의 죄에 참예하지 말고 그의 받을 재앙들을 받지 말라"고(계시록 18:4)

위의 성서는 무엇을 하나하나 가르치고 있습니까? 피난처로 가게 되는 것은 여호와의 부르심과 이끄심과 보호하심에 의해 가게 되는 것이므로 피난처로 가려는 자나, 가는 자, 피난처로 보내어짐을 받는 자는 오직 여호와께 감사할 것뿐입니다.

피난처로 인도를 받아서 가게 되면 대 환란의 와중에서 벗어나고 피하는 것이 되기 때문에 대 환란 때에 오고 임하는 모든 징벌들이나, 지진 기근 온역 살상… 등에서 오는 범죄 행위에서도 벗어날 수가 있게 됩니다. 그러므로 피난처로 보내어지는 것은 전적 구원의 특권이며 그곳으로 인도나 안내가 되는 자는 여호와의 영광을 받고 얻고 누리는 격이 됩니다. 그래서 피난처로는 한정된 범위 안에 있는 자만이 초청받게 됩니다.

또한 피난처로 가는 것은 꿈만 같은 사건입니다. 왜냐 하니 피난처로는 어느 누구와도 동행이 완전 불가능합니다. 누구와 함께 가고 싶다 해서 가게 되는 것도 아닙니다. 사실상 누구와 함께 갈 그런 형편과 처지가 그곳은 못됩니다. 뒤에서 수차 나올 것이지만 피난처로는 오직 부르심을 받고 천사의 인도와 이끄심대로 따르는 그 당사자들만 가게 됩니다. 그러므로 누구와 더불어 또는 함께 가려는 사고와 신앙은 철저히 버려야 됩니다. 그런 따위는 이 세상 육적 잔재물들입니다.

그럼과 동시에 피난처는 여호와가 계시는 곳인 만큼 그곳에 보내어진 자는 대 환란이 끝날 그때까지 안정을 보장받게 됩니다. 그곳은 누구도 넘겨다보지 못하며 악한자 마귀와 적그리스도의 칼이나 손 입김이 그곳에 전혀 미치지 못합니다. 이것이 강점입니다. 그럼 그 이유는 무엇입니까? 그 이유는 바로 여호와 하나님께서 그곳에 계시기 때문입니다.

또한 피난처로 가는 것은 약대가 바늘구멍으로 들어가는 것 마냥 어렵기에(마태복음 19:24) 이는 구원의 징표와 같은 것입니다. 왜냐하면 피난처로 보내어지는 자는 대 환란 이후에 영원한 구원을 얻는 자들이므로 이미 구원이 보장된 자들이 가는 것입니다. 그래서 피난처 행은 극비이며 이 세상 마지막 때 제1급에 속하는 성서적 비밀일 수밖에 없고 그곳에 보내어지는 자 역시 극비로 가게 되는 것입니다. 그 키는 이 지상의 어느 교회당의 목사나 누구에게 있는 것이 결코 아니고 전적 여호와에게만 있는 것입니다.

4. 피난처가 있다는 증거.

성서는 "주는 나의 피난처시요 원수를 피하는 견고한 망대심이니이다"고(시편 61:3).

또한 성서는
"내가 영원히 주의 장막에 거하며 내가 주의 날개 밑에 피하리이다"고(시편 61:4).

이는 단말마적으로 피난처가 있다는 것을 알리는 것 아닙니까? 그럼에도 많은 사람들이 이 피난처에 대하여 의구심을 자아내고 있으므로 우리는 여기서 다시 한 번 괴리현상을 느끼며 피난처가 있다는 증거가 그렇다면 무엇인지 상고해보지 아니하면 안 됩니다. 상당수의 그리스도교인들 가운데에는 피난처가 예비 되어 있기 때문에 대 환란이 시작되기 이전에 하나님 나라로 가든가 아니면 피난처로 인도함을 받고 가야 한다며 발을 동동 굴리고 야단법석을 떠는 경우도 봅니다. 솔직히 우리는 이를 인정하고 당연한 처사라고 생각을 합니다. 왜냐 하니 언제 대 환란의 역사가 시작될지도 모르는 상황 하에서 피난처라도 그전에 부르심을 받아가든가 아니면 하나님 나라에로 가든가(사후의 세계) 못가면 대 환란을 고스란히 통과해야 되는 것 아닙니까? 순서나 절차상 말입니다.

솔직히 지상에 불원간에 임할 대 환란을 통과함이란 누구네 집 아이 이름이 아닙니다. 모든 사람들이 그 길을 공히 원하나 여호와가 허락하지 아니한 자는 넘어지고 사라져 갈 것입니다. 그러므로 이 시점에서 가장 안정된 비법은 피난처 행입니다. 그래서 피난처 행에 신자들은 누구를 막론하고 사생결단을 걸어볼 만한 것 아닙니까?

그래서 성서는
"보라 내가 너를 연단하였으나 은처럼 하지 아니하고 너를 고난의 풀무에서 택하였노라"고(이사야 48:10).

상당수의 사람들 중에는 피난처가 있다고들 하는데 그렇다면 그 증거를 성서적으로 어디 한번 밝혀보라고 우격다짐으로 요구하거나 강압적인 자세를 취하며, 나오는 경우도 봅니다. 이는 의미가 있는 행동일지도 모릅니다. 모든 것 가운데 어느 것도 충분한 증거가 없으면 아니 됩니다. 증거가 있어야 재판도 하고 증거가 있어야 범인도 잡는데, 증거가 있어야 천국과 지옥도 믿을 것인데 피난처라고 해서 예외일 수는 없는 것 아닙니까? 피난처가 있다고 떠들면서, 피난처로 가야한다고 야단법석을 떨면서 피난처에 대한, 성서적 근거를 밝히지 못하고서야 어찌 되겠습니까?

성서를 보십시오. 성서는
"내 백성아 갈지어다. 네 밀실에 들어가서 네 문을 닫고 분노가 지나가기까지 잠깐 숨을 지어다"고(이사야 26:20).

여기서 성서는 피난처를 밀실이라 하며 그곳은 아무도 모르는 곳임을 밝히고 있습니다. 성서는 그곳에서 여호와의 분노 곧 대 환란이 지나가기까지 잠깐 숨으라고 합니다. 왜냐하니 대 환란은 그 자체가 결코 시간적으로 오래 걸리지 아니하기 때문입니다.

또한 이사야 26:20절과는 달리 피난처로 보내어지는 자를 위해 "장소"와 "먹을 음식물"에 대한 문제까지를 다루면서 그리스도를 믿는 자들에게 위안과 용기와 힘을 북돋아 주시려 하고 있음을 발견합니다.

"감람유와 포도주는 해치 말라 하더라"고(계시록 6:6하반절).

또한 성서는

"땅의 사방의 바람을 붙잡아 바람으로 하여금 땅에나 바다에나 각종 나무에 불지 못하게 하더라"고(계시록 7:1).
또한 성서는
"우리 하나님의 종들의 이마에 인치기까지 땅이나 바다나 나무나 해하지 말라 하더라"고(계시록 7:3).
여기에 나타난 성서들은 모두가 피난처가 있다는 것을 알림과 동시에 피난처는
① 땅에도 있고(육지)
② 바다에도 있다는 것을 알리고 있습니다.
그럼과 동시에 여호와께서는 자기의 필요에 따라 천사를 보내어 징벌을 하시면서 이미 피난처로 인정된 곳에 대하여는 그곳이 어디이든지 간에 보호할 것을 지시하고 있습니다. 또한 피난처로 인정된 곳은 상하거나 망가져도 아니 되고 징벌을 받는 곳이 되어서도 안 되며 각종 나무가 불에 타거나 모두 말라 죽거나 해서도 아니 되는 곳이어야 함을 알립니다. 그래야만 피난처로 보내어져서 오는 자들이 그곳에서 먹고 마시고 쉴 수 있을 것 아닙니까?
그래서 성서는
"땅의 풀이나 푸른 것이나 각종 수목은 해하지 말고"라고 (계시록 9:4) 하는 것을 보면 보내어지는 피난처의 현실을 익히 알 수가 있는 것입니다. 하나님은 대 환란을 경윤하시고 집행하시려 사전에 만반의 준비를 하셨습니다. 피난처에 필요한 각종 일년초들과 과일 나무들을 말입니다. 그리고 그곳의 그런 것들을 해하려는 천사들에게 명하사 그것들을 상하거나 다치거나 망가지지 않게 했습니다. 그러므로 성서는
"보좌에 앉으신 이가 그들 위에 장막을 치시리니 저희가 다시 주리지도 아니 하며 목마르지도 아니하고 해나 아무 뜨거운

기운에 상하지 아니할지니"라고(계시록 7:15~16)합니다.

　이렇게 함으로서 피난처가 분명 있고 그곳은 어떤 곳이며 그곳은 누가 조성을 했고 누가 현실적으로 지키고 계시며 그곳은 어디인지에 대하여 우리는 대강 알게 되었습니다. 그럼과 동시에 피난처는 특수하고 특이한 곳이며 어느 누구도 여호와 하나님 그분의 지시와 명령이 없으면 들어가지도 나오지도 못한다는 것도 알게 되었습니다. 또한 피난처에는 우리가 전혀 알 수 없는 양식도 있을 수가 있다는 결론이 나옵니다.

　이미 위에서 기술한 성서를 보십시오. 어느 성서를 보아도 피난처는 특수지역이고 절대권자의 보호의 우산아래 있는 곳임이 분명합니다. 그런 곳을 누가 감히 넘겨다보거나 기웃거릴 것입니까? 그곳은 영원과 관계가 있고 된 철옹성이며 지상에서 최대의 안전지대일 것입니다. 또한 마귀도, 적그리스도, 거짓 선지자도 그곳에는 얼씬하지 못하며 넘겨다 볼 수 없는 곳입니다. 그곳은 언제나 천군이(그 때에) 지키고 있는 곳이므로 그곳에 식량이 모자란다면 만나 같은 것도 능히 동원 될 수 있는 곳으로 보입니다. 위에 나타난 성서를 보아서 우리는 피난처가 있다는 것(존재) 피난처는 어떤 곳인지 대충 알게 되었습니다.

5. 피난처에 있는 자 (피난처에 보내어 지는 자)

"여호와는 내 편이시라 내게 두려움이 없나니 사람이 내게 어찌할꼬"(시편 118:6)

　피난처는 아무나 들어가는 곳도 아니고 아무나 들어갈 수 있는 그런 곳도 역시 아닙니다. 피난처로는 오합지졸을 마구

들여보낼 수는 없는 것인 만큼
　① 오직 여호와의 부르심을 받는 자들만 들여보냅니다.
　② 생명책에 그의 이름이 기록된 자들만 들여보냅니다.
　③ 이미 그리스도의(성령) 보호권 안에 있는 자들만 들여보냅니다.
　그러기 때문에 이 문제에서 인간이 보는 관점이나 인간이 생각하는 각종 사고나, 인간 또는 기존의 교회당적 사고나 신앙, 각종 측정이나 측량 따위와는 완전한 차이가 남을 잊어서는 아니 됩니다. 기존의 종교적 거울이나 측량은 인위적이고 자본주의적인 것들입니다만 성서나 그리스도가 보시고 측량하시는 것은 성서적이고 영적이고 천국적이기에(영원적) 완전히 다릅니다. 먼저 이점을 유의해야 합니다.
　피난처로 가려는 자, 가는 자, 보내심을 받는 자들은 그것 자체가 자기의 요구나 요망사항에 의한 것이 아니고 전적 그리스도의 요망사항에 의해서 오고가는 것이니만큼 잘못된 위선 개념은 버려야 합니다. 그럼에도 일단 피난처로 보내어진 자는 모든 것이 달라집니다. 그 자신이 보는 것과 생각하는 것, 말하는 것, 각오하는 것 등이 완전 달라집니다. 그곳에서 행하는 것 하나하나가 모두 다릅니다. 왜냐 하니 그곳은 이 세상 안이긴 하나 이미 모든 것을 벗어나고 떠나있는 상태인 만큼 여호와 하나님의 "건지심"에 맞추어(시편 91:14~15) 따라야 하기 때문입니다. 또한 여기서는 철저히 "여호와께서는 그 백성을 버리지 아니 하신다"는 원리와(시편 94:14) 그 사자들을 명하사 지키신다는(시편 91:11) 원칙이 철저히 지켜지기 때문입니다.
　또한 피난처로 보내어져서 머무는 자는
　① 아무도 해하지 못합니다(시편 91:9~10). 악한자 마귀

도, 적그리스도와, 거짓 선지자도 그들을 모해하지 못합니다. 낮의 해도 밤의 달도(시편 121:6, 계시록 7:16) 그들을 해하지 못하고 주림이나 목마름도 해하지 못합니다(계시록 7:16). 이것들이 이미 주어져 있는 룰이고 규칙과 정의와 완전한 법입니다.

② 그 무엇도 넘겨다 볼 수가 없습니다. 피난처는 울타리가 있는 곳도 있고 없는 곳도 있으나 그런다고 해서 멀리서 망원경 따위로 그곳의 동정 하나하나를 넘겨다보거나 피난처 안을 들여다 보지는 못합니다. 그곳은 처음부터 금지된 구역입니다. 그곳에 들어간 자는 어떻게 들어왔거나, 누구에 의해 들어왔던 간에 일단 들어온 자는 대 환란이 끝나고 대 전쟁이(아마겟돈) 끝나기 전까지는 나가지 못합니다. 이것이 바로 장차 나타날 피난처에 대한 성서의 가르침 그것입니다.

③ 그곳에서의 먹고 마시는 문제 등은 전적 여호와 하나님이 책임지실 것입니다. 일단 그곳에 들어오는 이는 그 수효에 상관할 것 없이 다시는 주리지도 아니하고 목마르지도 아니합니다(계시록 7:16상반절). 그 이유는 바로 여호와께서 피난처에서 먹고 마시는 모든 것을 친히 책임지시겠다는 의지를 표명했기 때문입니다. 성서 자체에서 피난처라고 나오는 곳을 보면 대개가 먹을 것이 그곳에 있다는 인상을 줍니다. 다시 말해서 피난처로 들어갈 자는 그 자신이 의식주 문제를 염려나 걱정을 하지 아니해도 여호와께서 이미 책임을 완전 지시고 처리하시겠다는 것을 알립니다.

④ 일단 그곳에 들어와서 머무는 자는 남녀노소, 유무식간에 모두가 그리스도의 사람이요 한 형제들 입니다. 한 형제이니 한 처소에서 거하고, 먹고 마신다고 해서 그것이 그렇게 우려하거나 문제 될 것이 없는 것입니다. 사실 피난처에

서는 어느 누구도 잘 먹고 마시려 하거나 평안하고 안정되게, 현실적으로 지내려 해서는 절대로 아니 되고 그런 자가 그곳에는 처음부터 없기 때문에 형제와 성도의 대의명분을 서로가 지키면서 생명을 가진 자의 자세를 견지할 것입니다.
 ⑤ 피난처는 어디이든지 간에 그곳에 모일 자들이 모여서 찬송과 기도, 감사와 예배 등을 통해 하나님께 영광을 돌리는 곳이므로 이점을 유념해야 합니다. 피난처 교회들에서는 현재에서 있던 것(소유) 가운데 없는 것이 하나 있는데 그것이 바로 각종 헌금들입니다. 피난처에 모인 자는 거의가 현재 입은 의복 그대로입니다. 의식에서 넉넉한 자는 아무도 없습니다. 상호 가진 것이 없기 때문에 각종 헌금은 자동적으로 생략이 됩니다. 그럼에도 그곳은 마냥 기쁘고 즐겁고 행복합니다.

 특히 이런 곳에서는 여호와께 영광을 돌리는 일과 이 세상에 남겨진(대 환란 속) 형제와 가족식구를 위하여 기도하는 것이 먹고 마시는 일보다 앞서고 주된 일인 만큼 이 또한 유념해야하고 피난처라고 해서 수백, 수천명씩 모이는 곳으로 착각하는 오산에서는 벗어나야 합니다. 피난처라 한다지만 많으면 100명이고 적으면 23명 또는 56명 정도가(단위) 될 듯합니다. 그 이유는 그곳이 누구의 눈에 띄거나 보여서는 안 되기 때문입니다. 설령 여호와가 그 위에 장막을 치신다고해서(계시록 7:15하반절) 현재 우리들 이웃에서 치고 있는 각종 천막의(장막) 경우를(범주) 생각해서는 아니 됩니다.
 여기서 우리가 반드시 유의하고 넘어갈 것은 이때는 지상 전체가 대 환란을 통한 징벌을 받는데(제 1권 제 3편 징벌에서 상고 됨) 피난처에 나아온 자들이 호위호식하려거나 편

안한 안식과 쉼을 얻으려는 세속적 속물근성은 철저히 버려야 합니다.
　어쩌면 피난처들도 그곳에의 처지와 경우, 형편에 따라서 약간의 차이는 날 것입니다. 경우에 따라 어떤 피난처에서는 물과 나물뿐인 곳도 있을 것이니 말입니다. 그런 곳에서는 나무의 과일이나 잎을 따서 먹고 연명을 해야 될 것입니다. 그 이유는 여러 가지 일 것이지만 어떤 경우는 대 환란이 오기 직전에 믿는 신자는 이미 입이 변화가 되고 세속적이고 자본주의적 속물근성에서 철두철미 벗어나야 하기 때문에 서입니다. 진수성찬에 앉아서 먹고 마시던 입, 호사스럽고 고급 요리상에 찌들고 잘 숙달된 입, 사치와 허영에 찬 입을 가지고는 피난처에 들어가지를 못합니다. 피난처에는 정말 거듭나고 회개하여 새 사람이 된 성도의 입을 가진 자들만이 들어갑니다. 자본주의적 냄새나는 입이나 맛과 멋 취미 향락 재미 따위로는 피난처는커녕 먼발치에 접근도 금지됩니다.

　경우에 따라 어떤 피난처에서는 자급자족을 해야 할 곳도 있을 것입니다. 여호와의 보호막 속에 습기가 있는 곳에다 나무를 심고서는 자라나는 그 나무들의 잎을 따서 먹고 살아야 하는 어려운 곳들도 있을 것입니다. 어떤 이들은 이렇게 말하면 그런 곳이 그러면 어떻게 피난처가 될 수 있겠느냐면서 무식한 거부반응을 일으킬지도 모릅니다. 그러나 이때는 이미 대 징벌의 때인 만큼 피난처를 가지 못했거나 사전에 하나님 나라에로 떠나가지 못했거나 아니면 대 환란에 통과할 자를(계시록 15:2) 제외하고는 어느 누구도 자기 자녀의 고기와 노부모의 고기를(인육) 뜯어 먹어야 하고(제 1권 제 3편 참조) 이웃과 형제도 죽여서 그 고기를 먹어야 할 것입니다. 왜냐 하니 이때는 세상 그 자체가 인육시장화 하고 도살장화 하며 인간백정과 식인종으로 완전히 채워질 것이기 때문에서입니다. 이런 끔직한 비극이 임한 지상에서 그래도 벗어나 피난처에서 채소나 나무의 껍질이나 나뭇잎들과 각종 산열매들을 먹게 되는 것 그것에 오직 감사해야 할 것입니다.

여호와께서 자기를 믿는 성도를 피난처에로 이때에 이끌어 오시는 것은 이 엄청난 환란을 일단 피하게 하시기 위함이지 그곳에로 부르시사 고양진미로 포식을 시키고 똥돼지를 만들려거나 값진 것으로 장식을 하거나 잘 입혀서 양공주를 만들려고 인도하신 것이 아님을 명심해야 합니다.

6. 피난처로 보내어지는 자의 축복(임하는 축복)

"내가 고통 중에 여호와께 부르짖었더니 여호와께서 응답하시고 나를 광활한 곳에 세우셨도다"고(시편 118:5)

누구든지 피난처에로 보내어진다는 그것 자체가 축복이지 저주는 아닙니다. 또한 그것은 본전치기거나 아니면 손해도 결코 아닙니다. 지상에 임하는 대 환란시의 징벌 그것만 피할 수가 있다는 그것만으로도 얼마나 그것이 고맙고 유익된 감사와 값진 것인지도 모를 일입니다.

성서를 보면 피난처에로 보내어지는 자들에게는 여호와의 놀랍고 엄청난 축복이 임한다고 선언해 놓고 있습니다.

"여호와께서 너를 지켜 모든 환란을 면케 하시며 또 네 영혼을 지키시리로다"고(시편 121:7).

또한 성서는
"주께 피하는 자를 그 일어나 치는 자에게서 오른손으로 구원

하시는 주여 주의 기이한 인자를 나타내소서"라고(시편 17:7)
또한 성서는
"하나님이 가라사대 저가 나를 사랑한즉 내가 저를 건지리라"고(시편 91:14상반절).
또한 성서는
"저가 내게 간구하리니 내가 응답하리라. 저희 환란 때에 내가 저와 함께하여 저를 건지고 영화롭게 하리라"고(시편 91:15).
또한 성서는
"너도 대적을 인하여 피난처를 찾아보리라"고(나훔 3:11).
위의 이런 성서는 하나같이 피난처란 모름지기 환란 시에 지상의 최대 축복이기 때문에 그곳에로 일단 보내어지는 자는 축복을 이미 받은 자들이라고 규정을 합니다. 왜냐 하니 남겨져서 대 징벌을 받아 넘어지는 것 보다야 얼마나 고귀한 일이며 그럼과 동시에 그곳에 보내어 지는 자는 이미 영원한 구원이 보장된 자인만큼 축복을 받을 자들임이 분명합니다.

성서에 보면 예수께서도 암암리에 마지막 대 환란 때에는 피난처가 나타날 것임을 암시하신 적이 있습니다. 고로 우리는 여기서 예수의 가르치심에 우선 귀를 기울려 보기로 하십시다.
"너희는 장차 올 이 모든 일을 능히 피하고 인자 앞에 서도록 기도하라"고(누가복음 21:36).
이것은 분명 놀랍고 새로운 사실이(진리) 아닐 수 없는 것입니다. 그리스도께서도 자기의 사랑하는 자들에게 장차 오고 있는 대 환란과 징벌, 이 모든 일을 피하고 인자 앞에 서라고 명하신 것은 피난처가 이미 예비 되어져 있는 만큼 염려 말고 그곳에 가도록 모두가 노력하라는 권면이며 그렇게 되었을 때 인자의 재림이 있을 것인데 그 때에 인자 앞에 서는 것은 결코 어렵지 아니하다는 것을 알리고 있는 것입니다.
　성서를 보십시오.
"이는 저가 너를 새 사냥꾼의 올무에서와 극한 염병에서 건지실 것임이로다. 저가 너를 그 깃으로 덮으시리니"라고(시편 91:3~4 상반절).
　또한 성서는
"천인이 네 곁에서, 만인이 네 우편에서 엎드러지나 이 재앙이 네게 가까이 못하리로다"고(시편 91:7) 합니다.
　그리스도의 백성들이 이 세상에서 대 환란과 대 징벌에 끼여 오고 가면서 인간백정과 식인종이 되고 성서의 법과 명령을 어기면서 적그리스도를 섬기고 우상에게 절하는(계시록 13:14~15)일과 적그리스도를 따르는 헛된 일을 하여(다니엘 11:30,11:32,12:2) 범죄 하기보다는 성서의 외침 그대로
"내 백성아 거기서 나와 그의 죄에 참예하지 말고 그의 받을 재앙들을 받지 말라"고(계시록 18:4).
　위의 성서법대로 지키고 따른 것이 그 얼마나 보람되고 알찬 것인지 모를 일입니다. 대 환란시에 환란이 임한 이 지상에 그냥 그대로 남겨지는 것 보다 그리스도에 의해 어딘가로 보내어지는 것이 아무나 할 수 있는, 누구나에게 임하는 근원적 축복의 손길은 아닙니다. 그러므로 지금에서 이것이 하나의 남겨진 과제물인 것은 사실입니다.
　이 과제에서 우리가 거짓으로 피난처를 삼는 것 등을(이사야 28:15) 논해야 하나 제 5편 제 2장이 "잘못된 피난처관" 이기에 중복을 피하기 위하여 여기서는 일단 넘어가기로 합니다. 이점 양해를 바랍니다.

제 2장 잘못된 피난처관

"여호와여 거짓된 입술과 궤사한 혀에서 내 생명을 건지소서"(시편 120:2).

성서는 이미 그리스도의 재림 직전에 대 환란과 대 징벌이 있다는 것을 말씀하고 있습니다. 그래서 신명기 29:20절을 보면 "여호와는 이런 자를 사하지 않으실 뿐 아니라 여호와의 분노와 질투의 불로 그의 위에 붓게 하시며 또 이 책에 기록된 모든 저주로 그에게 더 하실 것이라"고 말입니다. 그러므로 징벌과 대 환란은 불원 필연적인 과제임에도 불구하고 잘못된 자들의 궤사와 (卦辭) 잘못 오도하는 속삭임 등에 모두가 귀를 기울리니 그것이 현실적 병폐로 등장하고 있습니다.

이미 구약의 미가 선지자가 예언한 것과 같이 자기네들 교회당에와 자기네들 목사에게로 나오면 흡사 임하는 징벌을 받지 아니하거나 대 환란을 사면(면제) 받거나 아니면 기존의 그곳이 피난처라도 되는 양 오인한 나머지 설법하는 행위 따위는 누가 무엇이라 해도 바로 심각한 국면을 남기게 되는 것입니다.

그래서 성서는 마지막 때가 되면

"제사장은 삯을 위하여 교훈하며 그 선지자는 돈을 위하여 점치면서 오히려 여호와를 의뢰하여 이르기를 여호와께서 우리 중에 계시지 아니하냐? 재앙이 우리에게 임하지 아니하리라 하는도다"고(미가 3:11).

또한 성서는

"그러므로 내가 보내지 아니하였어도 내 이름으로 예언하여 이르기를 칼과 기근이 이 땅에 이르지 아니하리라 하는 선지자들에 대하여 나 여호와가 이같이 이르노라 그 선지자들은 칼과 기근에 멸망할 것이요" 라고(예레미야 14:15).
또한 성서는
"그들이 내 백성을 유혹하여 평강이 없으나 평강이 있다함이라"고(에스겔 13:10).
또한 성서는
"그나아다의 아들 시드기야가 가까이 와서 미가야의 뺨을 치며 이르되 여호와의 영이 나를 떠나 어디로 말미암아 가서 네게 말씀하더냐"고(열왕기 상 22:24).
이렇게 종교적 윤리성과 도덕성이 흔들리니 기존의 종교나 종교인들은 모두가 하나같이 지존의 종교계에 순응하고 믿고 안연히 따르기만 하면 대 환란이 와도 겁 없고, 핍박이나 대 징벌이 임해도 우리는 피할 수 있다라는 어처구니없는 사고와 믿음을 갖게 되어 집니다.

어디 그것뿐이겠습니까? 대개의 교회당들은 감언이설로 여호와가 돌보시고 그 교회의 목사는 여호와께서 인정하시고 보내신 하나님의 사람이므로 교회당이 이렇게도 부흥이 된 것 아닌가 하면서 그를 믿고 따르기만 하면 아무런 겁이 없고 그가(목회자) 가는 곳으로 함께 가는 그것이 피난처 행인양 오해와 왜곡시키는 경우를 보는데 정의와 진리에서 이미 일탈한 행위들입니다. 사실 그런 목회자도 대 환란의 때에 그리스도를 부인하고 넘어질 것인지 아니면 그 교회당 안에서 떼죽음을 당할 때 그 속에 끼여서 죽임을 당할 것인지 그것도 전혀 모르는 판국인데 그만을 따르면 피난처에라도 들어가는 양 믿거나 생각하는 오해와 도덕적인 타락행위는 버리는 것이 신자의 행동입니다.
성서는 이미 마지막 때 교회당에 나타날 기현상과 불의한 현상으로서 교회당안의 미신적 아름다운 주상을 지적하면서 이를 철저히 버리고 배격하라. 깨쳐서 없애라고 경고합니다(호세아 10:12). 현실적으로 기독교 신자들이 나서서 깨부수고 버려야 할 그것은 나타난 교회당 건물적 우상과 목회자 우상화 놀음판이기에 이를 신자들이 깨쳐 버리지 못하면 여호와가 친히 깨부순다고 합니다(호세아 10:2).

그럼 여기에 나타난 아름다운 주상은 무엇입니까? 지금 교회당 안에 나타난 목회자상과 교파상과 기존의 교회당상 등입니다. 자기를 앞세우고 그리스도보다 먼저 나타나는 교회당적 제반 것들 말입니다. 지금의 한국교회는 그리스도보다 먼저 나타나고 앞에 있는 이 더러운 교회당상과 교파상과 목회자 주상을 깨부수고 땅에 내동댕이쳐서 흔적조차 없이 하지 아니하면 여호와의 징벌을 교회당과 목회자와 신자들 모두가 공히 벗어나지 못할 것임을 명심해야 합니다.

어디 그것뿐입니까? 오늘의 교회당상을 보십시오. 이에 물면 평강을 외치고 그 입에 무엇을 체위주지 아니하는 자에게는 전쟁을 준비하는 것이(미가 3:5) 오늘의 교회적(종교적) 현실이고 입장인데 무엇을 더 요구할 것입니까? 성서가 대환란이 이미 초읽기에 접하고 있다 외치지만 이때에 과연 기독교의 목회자란 그들이 자기 양떼의 생명을 정말로 책임을 지고 있는 것인지? 아니면 사냥하고 있는 것인지 그것이 의문이며 다가올 세대를 주시하면서 신자들에게 이것이 또는 이 길이 바로 우리가 사는 길이라면서 서로가 사는, 함께 하는 길이라고 제시하고 있는 것인지 그것이 의문입니다.

오늘의 교회들은 과연 이렇게 하고 있는 것입니까? 대 환란이 점차 우리 목전을 향해 달려오고 있는데 서로가 사는 길을 제시할 수 없는 선지자와 주의 종은 현실에서 이미 정로를 벗어나고 일탈한 자요 자기 몸만 기르는 목자요 바람에 불려가는 물 없는 구름이요(유다서 1:12) 아직도 종교적 낭만의 꿈을 꾸는 자들이요(유다서 1:8) 자기 하나 아직까지 제대로 건축하지 못한(유다서 1:20) 자들이기 때문에 잠자기를 좋아하는 자요 꿈꾸는 자들이요 짖지 못하는 무지한 벙어리 개들일 뿐입니다(이사야 56:9~12). 그러므로 이런 자는 제 1권 제 3편 제 6장 대 징벌의 목회자란에 나타난바 그대로 여호와의 징벌을 받아 죽임을 당하는 것이 마땅합니다.

　마지막 때 일수록 무녀의 자식, 간음 자와 음녀의 씨들과(이사야 57:3) 패역의 자식 궤휼의 종류(이사야 57:4하반절) 일수록 세치도 아니 되는 보잘 것 없는 혀를 마구 내어 밀면서(이사야 57:4상반절) 자기를 돋보이게 할 것입니다. 각 종교 안에서(교회들) 자기 얼굴을 나타내고 자기 명성을 내세울 것입니다. 그러나 지금에서 가장 교인들이 조심하고 주의해야 할 대상은 마지막 때 종교 안에서 자기 이름을 내세우는 목회자와 그 이름을 드러내는 교회당들 입니다. 왜냐하니 대 환란이 일단 시작이 되면 그런 교회당 일수록 박해자가 어느 곳보다 먼저 닥칠 것 아닙니까? 이름을 나타내고 명성이 있는 목회자와 그들의 교회당에, 대 환란의 때에는 박해자가 제일 먼저 닥쳐서 그런 목회자를 교회당 한 가운데로 잡아다가 갖은 회유책과 협박과 고문을 자행할 것이고 경우에 따라서는 칼로 내리쳐서 죽일 것이고, 그런 교회당에는 주로 적그리스도의 신상을 세워서 그에게 경배케 하는 우상의 신당이 되게 할 것입니다(계시록 13:14~15). 그렇지 아니하고 적그리스도가 고작 42개월간에 어떻게 세계적으로 자기 신당을 다 세울 것 입니까?

그럴 뿐만이 아니고 그런 교회당에 소속이 된 모든 자들도 모두 도망을 치지 못하게 하기 위하여 먼저 잡아다가 교회당 부속 건물이나 지하실 등에 일단 가두어 놓고서는 고문을 하고 매질을 하며 굶기고 죽일 것입니다(에스겔 9:5, 마태복음 24:9, 마가복음 13:9). 이 때 매질과 고문과 배고픔과 각종 죽음이 두려워서 엄청난 신자들이 그리스도를 배신 배도케 될 것입니다(다니엘 11:30, 11:32, 11:34, 12:2).

그러므로 현금당대에서 명성과 권위, 성공과 출세를 했다는 목회자들과 그 교회당들은 누가 무엇이라고 해도 환란 시 대징벌의 제 1차적 대상물들임을 잊어서는 아니 됩니다. 지상에서 그리스도의 이름 덕택에 성공과 출세를 하고 이름과 지위 명예를 얻었으면 이 정도는 각오해야지 이것도 아니요 라거나 못하겠다면 그것은 그리스도의 이름을 빙자 한 지상적 종교 사기꾼일 뿐입니다.

그럼에도 대 환란이 일어나기 직전까지 교인들과 목회자들은 서로 자기들에게로 오라며 손짓을 할 것이고 먹고 마시면서 여호와가 우리와 함께 있으니(아모스 9:10, 미가 3:11) 우리는 기도원으로 수양관으로 수도원으로 가자, 가고 오면서 먹고 마시자며 콧노래를 부르고 기도원이나 수양관으로 교회의 목회자들과 성도들이 하염없이 돌아다니는 것은 어처구니없는 일입니다. 현 시점에서 이런 행위는 저들이 피난처와 그곳 지상 안내자라도 되는 양 단단히 오해하고 있는 것임으로 본전도 못 찾는 어처구니없는 행위들입니다.

성서를 보십시오. 대 환란과 징벌이 기독교인들에게는 임하지 아니한다고 예언하는 자들에게 모름지기 경고하지 않는지를 말입니다.
"그들의 예언을 받은 백성은 기근과 칼로 인하여 예루살렘 거리에 던짐을 입을 것인즉 그들을 장사할 자가 없을 것이요. 그 아내와 아들과 그 딸도 그렇게 되리니 이는 내가 그들의 악을 그 위에 부음이니라"고(예레미야 14:16).
또한 성서는
"내 백성 중에서 말하기를 화가 우리에게 미치지 아니하며 임하지 아니하리라 하는 모든 죄인은 칼에 죽으리라"고(아모스 9:10). 이 얼마나 놀랍고 무서운 예언 계시입니까? 그럼에도 마지막 때의 기현상은 대개가 거짓과 속임수로 피난처를 삼기 때문에(이사야 28:15) 심각한 우려가 도처에서 나타날 것입니다. 당신은 오늘의 교회당 안에서 사는 길이 무엇인지에 대하여 솔직히 하나님 말씀을 제시받고 있습니까? 아니면 아직까지 성령의 은사니 은혜니 삼박자 축복이니 소원 성취니… 하는 비성서적 기복사상 따위와 속임수에서 벗어나지 못하고 아직도 사로잡혀서 허덕거리고 있습니까?

성령이 유대에로 다시 돌아갈 날이 너무 가까워졌는데 은사니 은혜니 축복이니 소원성취니 따위가 다 무엇입니까? 이 모든 것이 꿈같이 지나가 버리는 것들 아닙니까? 성령이 이 방에서 떠나가기 전에 대 환란을 준비해야 합니다. 그것이 당신과 당신의 가정 식구와 이웃을 살리고 구하는 유일의 길입니다. 여호수아 당시 기생 라합을 보십시오(여호수아 2:1~21). 기존의 국가 권력이나 강함에 얽매이지 아니하고 환란에 동참하는 그 길을 위험부담을 안고 선택했기에 그는 뒤이어 닥치는 민족적 환란에서도 유일하게 살아난 자의 모델케이스

가정이 되었잖습니까?(여호수아 6:22~25)
 이 시점에서 당신은 지나치게 턱 없이. 자기를 올려 세우는 (오바댜 1:3~4) 목회자나 종교적 현실에다 의존하고 자기를 턱 없이 맡기는 오산의 잠에서 기필코 벗어나야 합니다. 그런다고 성령운동이나 복음화 운동을 하지 말라는 소리는 절대로 아닙니다. 때가 때인 만큼 자신도 교인도 이웃도 먼저 대 환란에서 살아날 수 있는 방안과 길을 모색하고 그것을 먼저 선택해야 한다는 그것입니다.

1. 피난처가 하늘의 별들 가운데 있는가?

 "잃은 양 같이 내가 유리 하오니 주의 종을 찾으소서. 내가 주의 계명을 잊지 아니함이니이다"고(시편 119:176).

 사람들의 대개는 피난처에 대한 인식이 거의 없거나 너무나도 희박하기 때문에 여기에 대하여 현실적으로 오해하고 있는 것이 한두 가지가 아닙니다. 성서에서 피난처라 하니 현실에서 기독교회를 다니는 자들은 기도원에를 가듯이 언제든지 들어갈 수 있는 곳 또한 어디서든지 누구나가 들어 갈 수 있도록 허락 된 곳인 양 오해들을 단단히 하고 있습니다. 그러함에도 성서적 피난처란 누구든지 어디서 언제나 들어 갈 수 있는 또한 들어가도록 이미 허락된 그런 곳은 아닙니다. 동시에 기존의 교회당에 다닌다고 해서 모두가 다 들어가는 것도 아니고 들어가도록 섭리와 허락된 것도 아닙니다.
 어떤 이들은 피난처를 잘못 오해해서 혹시나 하늘에 있는 어떤 별들 가운데 그 하나가 아닐까고 생각을 가지는가 하면 헬리 혜성과 같은 별이 인간들의 안식처나 피난처가 아닐까 또한 여호와께서 마지막 때를 위하여 예비한 곳이 아닐까하고 생각해보는 자도 상당수 있습니다. 헬리 혜성이 60-70여 년 만에 한번씩 이 지구를 향해 다가오니 혹시 헬리 혜성과 같은 별이 언제인가는 다가와서 대 환란을 당하려는 그리스도교인들을 모두 싣고 어디론가 가버리는 것이 아닐까하는 생각을 가지는 자들도 더러 있습니다.

  예수께서 2000여 년 전 유대 땅 베들레헴에 오실 때 동방의 박사들이 바라다 본 별이나(마태복음 2:16) 헬리 혜성과 같은 별은 어딘지 모르게 이 세상이나 인간과 밀접히 관계된 별이 아닐까 해서 말입니다.
  그러함에도 하늘에 있는 별들 가운데는 피난처가 있을 수 없는 것이 성서의 원리요 여호와의 요구사항입니다. 그럼에도 하늘의 별들 가운데 혹시 피난처가 있는 것이 아닌가 하는 사고나 신앙 따위는 철저히 벗어던지는 것이 신앙인의 바른 자세요, 도리인 것입니다. 어떤 이는 과학문화가 발달이 되면 불원 우주 식민지화 시대가 될 것인데 그 때가 되면 사람들은 달이나 별세계로 가서 살 것인데 그럼 그 때는 어찌 되는가고 반문을 하거나 아니면 지구권을 벗어나서 달이나 별들 가운데 어느 곳을 선택하여 가서 살게 되면 그 때는 이 세상에서 벗어났는데 어찌 대 환란이 필요한가고 반문하며 성서의 예언을 거부하는(반대) 거부적 반응을 보이기도 합니다. 그러나 대 환란 제 1권 제 3편 제 2장과 제 3장에서 하늘과 일월성신과 지구권의 징벌에 대하여 상고한바 그대로 지구에 있거나 일월성신 그 어디에 있거나 간에 이미 임한 대 징벌권에서 무엇도 벗어날 수가 없는 것입니다. 별이나 달 모두가 여호와의 징벌을 받기에 이런 것들은 그 어느 것도 피난처 적 안정성이 없고 결여 되었기에 기대하거나 바랄 것이 못됩니다. 왜냐 하니 피난처란 전적 여호와의 돌보심과 도우심을 바라는 그래서 완전한 곳이어야 하기 때문에서입니다. 이점을 감안해야 합니다. 여기서도 우리는 노아의 방주와 소돔과 고모라성 옆의 소알을 염두에 두어야 합니다.

 2. 에덴동산이 피난처인가?

 "교만한 자가 나를 해하려고 올무와 줄을 놓으며 길 곁에 그물을 치며 함정을 두었나이다"고(시편 140:5).

 상당수의 사람들은 에덴동산이 인간의 눈에서 가리워지고 감추어져서 전혀 보이지 아니하는 것은(창세기 3:24) 장차 그곳을 여호와가 피난처로 삼으시기 위한 하나의 조처가 아닐까고 생각하기도 합니다.
 어떤 이들은 처음 인간이(아담과 이브) 에덴동산에서 실낙원 했으므로 장차 인간은 복낙원 해서 에덴동산으로 돌아가야 할 것이니 에덴동산이 피난처이거나 아니면 장차 인간들이 구원을 얻어서 들어갈 천국인 양 오해를 하기도 하나 그것은 대단히 잘못된 오산들 입니다. 에덴동산은 피난처나 천국에 속한 곳이 아니고 못됩니다. 되어도 안 되고 될 수도 없는 곳입니다. 이 땅과 연관이 있고 되는 곳이기 때문에 흙으로 만들어진(창세기 2:7, 3:19) 인간이 그 곳에 들어가서 산 것은 하나의 교훈입니다(창세기 2:8~9). 흙으로 조성된 인간이 가서 살 수 있는 곳이면 그곳은 천국권에 속한 것이 아니고 전적 이 지구권에 속한 것입니다. 이 지구권에 속해있기는 하나 피난처는 될 수가 없습니다.

여호와께서 에덴동산을 조성하시고 인간을 그곳에 두어서 관리케 했으나(창세기 2:7~17) 인간이 그곳에서 악한 자와 함께 범죄함으로서(창세기 3:16) 에덴동산에서 추방을 당했는데(창세기 3:22~23) 그 기간이 너무나 짧은 것은 사실입니다. 여호와 하나님께서 왜 에덴동산을 만드신 것입니까? 그것은 어디까지나 창조주의 영광을 위해서 입니다. 솔직히 말해 그곳에 들어가서 관리하며 산 인간의 실수와 범죄 행위가 아무리 크고 무겁다 해도 인간이 에덴에서 축출당한 이후 에덴동산은 완전 봉쇄하고 말았는데(창세기 3:24) 그렇다면 에덴동산이 잠시 나타났다가 감추어진 것을 감안하면 장차 이 땅 위에 임할 대 환란과 대 징벌 때에 능히 그리스도인들을 그곳으로 보내시사 대 환란과 징벌이 지상에서 완전 지나가기까지 그곳에 머물게 하시기 위한 것이 아닐까고 반문하는 자들도 봅니다.

그러면서 "내 백성아 거기서 나와 그의 죄에 참예하지 말고 그의 받을 재앙들을 받지 말라"고 한 것은(계시록 18:4) 에덴동산으로 사랑하는 성도들을 보내시려는 여호와의 의도와 의지를 나타내 보이신 것이 아닐까고 질문하는 이도 있고 어떤 이는 요한계시록 7:15절과 16절을 인용해서 "보좌에 앉으신 이가 그들 위에 장막을 치신다"거나 "저희가 다시 주리지도 아니하며 목마르지도 아니하고 해나 아무 뜨거운 기운에 상하지 아니할찌니"라고 기술하는 것을 보면 이는 에덴동산이 아니고서야 어찌 이 지상에 대 환란의 때에 이런 곳이 있을 수가 있느냐고 반문을 하는 경우도 봅니다.

그럼에도 우리가 알고 있는 바로는(상식) 지상에의 일은 지상에서 이루어지고 일단 그 끝이 나야 한다는 것입니다.

이 지상에서도 능히 취하거나 행할 수 있는 일들을 가지고 왜 에덴동산이나 하늘의 별 따위 등을 동원하시겠는가 하는 것입니다. 이런 것은 원리나 이치에도 어긋나고 법과 정의와 규칙에도 빗나가는 일입니다. 만약에의 경우 에덴이 인간의 피난처가 되면 우리의 경우와 처지와 입장에서 보면 얼마나 좋을까마는 그럼에도 그곳은 피난처가 못됩니다. 그 이유는 바로 그곳이 이 지구에서 벗어나 있는 곳이기 때문입니다.

3. 우주가 피난처인가?

"악한자가 너를 꾈지라도 좇지 말라"고(잠언 1:10).
 장차 우주과학 문화가 심히 발달이 되고나면 세계의 여러 나라에서 공중에다 우주선을 띄우는가 하면 우주 식민지화 시대를 조성해서 지상에 있는 자들을 상당수 우주로 내보내어 그곳에서 먹고 마시며 살게 하고 여러 해에 한번 씩 지구에 오되 교육이나 구경, 유람을 위해 그리고 에너지 공급을 위해 오게 되는 그런 우주 식민지화 시대를 꿈꾸고 계획하는데 혹시 그런 시대가 오게 되면 피난처란 바로 이런 우주선들이 아닐까고 생각하는 경우도 생겨나게 됩니다. 과학의 발달은 불원 우주 식민지화 시대로 나아갈 것이지만 그럼에도 그런 것은 피난처와는 언제나 거리가 동떨어진 것 들입니다.
 얼핏 생각해보면 기발한 아이디어 같습니다. 우주 식민지화 시대가 도래 하면 능히 그럴 수도 있겠다고 모두가 생각할 수 있을지 모르나 그러나 우주 식민지화 시대가 온다고(왔다고) 해도 그곳은 어느 것도 피난처가 되지는 못합니다.
 미래 과학적 지향 차원에서 보면 가장 합리적이고 있을 법한 일입니다. 장차 고안되어 나타날 우주 도시를 우리는 능히 예견하고 그것이 가능하다고 봅니다. 우주 도시화 시대가 되어 그것이 현실적으로 도처에 생겨나면 우주선을 타고 앞다투어 우주 도시에로 오고 가다가 보면 이 지상에는 무슨 일이 일어날지 잘 모르고 또한 이 지상에 적그리스도와 거짓 선지자가 대 환란 시에 나타나든지 말든지 그것은 조금도 아랑곳할 것이 없다며 자기 라운드를 쳐버리는 경우도 봅니다. 그러면서 한번 지구를 떠나면(벗어나면) 수년 또는 수십 년 정도 지구와는 별개로 떨어져서 있을 수가 있고, 지구에는 상당기간이 지난 후에 한번 씩 유람을 올지도 모른다는 의문을 보이기도 합니다. 이렇게 되면 우주 도시화 현상에 발맞추어 우주 도시나 우주선들이 피난처의 구실을 능히 할 수도 있을 것 아닌가 하나 그것은 잘못된 오산들입니다.

과학의 전진으로 보아 우주선과 우주 도시화 시대는 불원 가능할 것이고 우주 식민지화 시대도 분명 올 것입니다. 그런다고 해도 그곳이 피난처가 되기는 심히 어렵다는 것입니다. 계시록 7:1절을 보면 "땅의 사방의 바람을 붙잡아 바람으로 하여금"이라는 말이 나옵니다. 일단 대 환란이 일어나면 여호와는 지상의 모든 바람을 한 곳에 모아 그것으로 엄청난 힘을 내게 하십니다. 또한 여호와는 "그 날에 큰 지진을" 내어서(에스겔 38:19) 산과 절벽이 무너지고 성벽까지 무너지게 하십니다(에스겔 38:20). 또한 대 환란 때에 여호와가 사용할 하늘의 무기로 "번개와 음성들과 뇌성과 지진과 큰 우박"들이 있고(계시록 11:19하반절) 하늘이 닫혀서(계시록 11:6) 1260일 동안 땅에는 비가 오지 아니하게 되고(계시록 11:3) 이 땅을 흔들어 그 자리에서 떠나게 하는데(이사야 13:13) 그럼과 동시에 하늘이 진동했고(히브리서 12:26) 하늘의 권

능들이 흔들렸는데(누가복음 21:26) 또한 해와 달과 별의 3분의1이 징계를 받아 어두워지는데(계시록 8:12, 에스겔 32:7~8) 그럼에도 인간들이 우주에 우주 식민지를 만들고 우주 도시를 건설한다거나 우주선을 아무리 띄어 보낸다고 해도 무엇이 유익할 것입니까? 하늘이 흔들리고 진동하면 그곳의 질서와 정의와 규칙이 파괴됨인데 그곳으로 보내어진 우주선이나 인간이 건설한 우주 도시는 어찌될 것입니까? 아마도 그 자리에서 흔들리고 떨어져서 산산조각이 난 후 없어질 것인데 말입니다.

여호와 하나님께서 미련하시거나 지혜롭지 못해서 그런 것을 모른다고 하는 오해와 생각은 버려야 합니다. 여기서 우리는 "하나님의 미련한 것이 사람보다 지혜 있고 하나님의 약한 것이 사람보다 강하니라"고한 성서를(고린도 전서 1:25) 기억해야 합니다.

흔히들 우주 곧 공중으로 이때의 그리스도인들은 들림 받는 휴거를 연상하거나 입는 것이 아닐까라는 의구심을 갖기도 합니다만 어리석은 신앙사조와 턱도 없는 잔재주 푼들의 악한 속임수에 넘어간 처사이므로 정신을 차려야 합니다. 솔직히 신자의 공중휴거란 결코 귀하거나 아름다운 것이 못됩니다. 예로부터 공중 휴거란 기독교적 이적행위요 사이비꾼들의 속임수에 불과함을 명심해야 합니다.

4. 장차 한국 땅이 피난처인가?

"자기의 굽은 길로 치우치는 자를 여호와께서 죄악을 짓는 자와 함께 다니게 하시리로다"고(시편 125:5)

성서에 보면 해 돋는 곳이란 용어가 여러 번 나옵니다(이사야 41:25, 45:6, 여호수아 1:15). 이 해 돋는 곳에 대한(동방) 해석을 내리기를, 특별히 한국 교회의 목회자들은 이는 어디까지나 동방예의지국인 한국을 두고 하는 말이다 라는 자기식 성서 해석을 기발한 아이디어로 하고서는 한국은 동방의 해 돋는 나라이니 성서상으로 축복의 나라 장차 세계를 다스리고 지배할 복 있는 나라 등으로 막무가내 식 결론을 내리는 희한한 경우를 자주 보고 있습니다. 상천하지에 이런 성서해석법이 어디에 또 있을 것입니까?

그럼 기독교회가 들어오지 아니할 때는 어찌 되며 38선 이북의 기독교회는 사라져 버렸는데 이것은 어찌되며 예루살렘에 있는 이방신전이 파괴되면 성령이 이 땅과 기독교회를 떠나 예루살렘과 유대에로 돌아가 버리는데 그래도 이 땅이 해 돋는 나라로서 성서적 나라가 될 것입니까? 말이 안 되며 한국식 성서해석의 얄팍한 수작일 뿐임을 명심해야 됩니다. 이런 불성실성과 사이비 성과 촌티 나는 결정 따위는 버려야 합니다.

흔히들 한국은 해 돋는 나라이고 성서에 나타나는 섬들은 (이사야 41:1, 49:1) 일본, 대만, 홍콩, 필리핀, 말레이시아, 인도네시아, 브루나이… 등등이다며 이상한 또한 꿈 해몽식 해석을 가차 없이 하고 있는 것도 봅니다. 심지어 찬송가에서도 이와 유사한 것이 나타납니다. 그러나 이런 해석은 결코 성서적 해석과는 거리가 완전 먼 것들 입니다. 이런 해석은 누구에 의해서든 아름다운 해석도 돋보이거나 취해야 할 해석도 못됩니다. 이런 해석들을 보고 지금에서 선민 된 유대인들은 배꼽을 쥐고 웃으면서 저들이 구약 때에 있는 성서적 나라이냐며 이는 이방인의 마지막 발악과 발광이 현실로 나타나는 것이라고 규정해 버립니다. 어쩌면 유대인의 이 규정이 가장 적합, 적절할 듯합니다.

성서에 기술이 되어 나오는 섬들은(이사야 11:11, 24:15, 51:5) 기존의 아시아 지역 섬나라들이고 해 돋는 곳 동방은 한국으로 해석하다가보니 장차 한국에 좋은 일들이 마구 일어날 것이다거나 대 환란 때에 해 돋는 곳 한국은 피난처로서 일익을 담당하게 되는 양 암암리에 이를 선전하거나 주입을 시키다보니 자연 갖은 미사어구로 고상히 장식들을 하기에 이르렀습니다. 그러니 이 땅에 문 예수란 자가 생기고 박성부 하나님이란 자가 생기고 계룡산 하나님도 생겨나고… 갖은 사이비꾼들이 우후죽순처럼 나타나고 있는 것을 보지 아니합니까?

그러므로 일반 평신도들의 심리상태가 완전 모호해지고 종교적 마약증세를 일으켜 어리둥절해 하는 것을 보기도 합니다. 동방 해 돋는 곳이 성서상 한국인 양 가장 떠들고 외치는 곳들은 대개가 자기를 내세우는 종교적 모리배들과 그리고 부흥사들의 상당수와 민족주의에 젖은 목사들 일부와 사이비 종교꾼들이며, 심지어는 찬송가와 성가집에도 이런 어처구니없는 것을 섞어서 난맥상을 보이기에 공공의 장소에서 이를 합리화 시키는 것은 결코 덕도 유익도 되지 못하는 처사입니다. 이런 행각은 헛되고 악하고 야비한 수작들입니다.

어찌되었거나 성서의 해 돋는 곳과 동방 등을 한국과 호리만큼이라도 연결을 시키는 자는 저주의 자식이요 악마의 새끼들이요 사이비 병에 익숙한 철없는 개들입니다. 성서에는 한국이란 극동의 조그마한 나라 특히 이방의 특수 지역적 나라에 대하여는 단 한절이나 반절의 반에 해당되는 말도 없습니다. 그러니 먼저 한국인들이 좋아하는 김칫국부터 마시고 배를 어루만질 이유가 없습니다. 오해는 금물이니 이점 유의해야 됩니다.

해 돋는 곳과 동방 등은 모든 성서의 기류와 그 시점 등이 예루살렘이기에 예루살렘의 동쪽 편 곧 해 돋는 곳을 의미하는 것이므로(여호수아 1:15) 이는 바로 예루살렘 동편 감람산(스가랴 14:4상반절) 곧 성전과 관계가 있고 되는 것인 만큼 예루살렘을 벗어난 어느 이방과도 하등의 관계가 없다는 것을 명심해야 됩니다.

성서에 섬들이란 말은(이사야 41:1, 49:1) 대개가 바다 가운데에 있는 섬나라를 의미하는 것이 아니고 이방나라들을 의미하는 것이므로 오해는 금물입니다. 그리고 이사야 11:11절의 섬들은 먼 바다 그러니깐 대해를 건너 고국으로(이스라엘) 돌아오게 될 것을 예고하고 있음입니다. 그래서 성서의 섬들은 아시아 국가의 섬들로 오해해서는 안 되며 동방이나 해 돋는 곳 등을 한국인 양 이해하려는 어설픈 성서해석은 사기 행각이므로 절대로 심판을 면치 못합니다.

한국이란 나라는 예루살렘적(선민적) 입장에서 보면 극동지역에 붙어 있는 알지 못하는 미지의 조그마한 나라에 불과합니다. 한국을 성서의 동방에 끼우거나 붙이다보니 한국이 흡사 다가올 대 환란의 날에 피난처라도 되는 듯한 바람과 폼을 한국의 교회당들 안과 밖에서 풍기고 자아내는 그릇된 행위는 결코 성스럽지 못한 악한 처세술임을 잊어서는 아니 됩니다. 이로 인하여 한국교회와 신자들은 역사의 죄인이 되고 꼴불견의 나라가 되고 있으니 한국교회와 신자들은 이방적 달콤한 꿈에서 깨어나야 합니다.

또한 오도된 전달에 의해 장차 한국의 전체가 피난처 화 할 듯한 인상을 풍기는 못된 습관도 버려야 합니다. 여호와 하나님께서 한국의 사랑하는 성도들을 위하여 몇 곳을 선택하시사 장차 대 환란 시에 피난처로 삼으실지는 알 수가 없지만 말입니다.
 어처구니없게도 요즘 보니 어디서 누가 못된 허위 따위로 거짓을 유포시키는지는 모르나 피난처가 한국의 남쪽지역 어디가 될 것이다고 하거나 아니면 중동의 어디와 유럽의 어디, 미주지역의 어디가 피난처로 이미 정해진 곳이라고 약 선전을 하나 결코 그냥 넘어가서는 아니 될 것입니다. 이런 속삭임은 악마들의 장난과 속임수 적 독가스임을 명심해야 합니다. 언제나 종교에는 이런 독가스를 매고 다니는 모리배와 사기배와 소인배들이 있다는 것을 잊지 말아야 합니다.

5. 한국의 산들이 피난처인가?

"내 마음이 악한 일에 기울어 죄악을 행하는 자와 함께 악을 행치 말게 하시며 저희 진수를 먹지 말게 하소서"고(시편 141:4)

 한국교회의 지도자들은 너와 나 할 것 없이 심판의 주 앞에서(요한복음 5:22, 5:27, 5:30) 책임을 져야할 것이 하나 둘이 아닙니다. 앞에서 이미 논한 바 있지만 어처구니가 없게도 한국을 성서에 나타난 동방이니 해 돋는 곳이니 하는 성서에 억지로 끼어 맞추다보니 진리나 성서에도 전혀 없는 해석과 어처구니없는 형태의 망조가 마구잡이로 나타났습니다. 이를 어떻게 하고 여기에 대한 책임을 심판대 앞에서 누가 질 것입니까? 솔직히 하나님과 이웃과 교회를 마구 속였으니 말입니다.
 지금의 상당수 평신도들은 아예 한국을 성서에 나타나는 동방과 해 돋는 곳으로 간주해 버리니 덩달아서 괴기현상이 도처에(교회당마다) 나타나는데 그것을 보면 대개 다음과 같은 것들입니다.

① 한국을 성서에 나타나는 동방과 해 돋는 곳이다 라고 주장하다보니 어처구니가 없게도 너무나 많은 이단들이 쉬지 아니하고 나타난다는 것입니다. 세계 기독교 역사상 이제 겨우 기독교회의 역사가 120여년이 넘어간 지역에서 자기가 재림 예수다거나, 동방의 의인이다, 예수의 어머니다, 예수의 아내이다, 예수의 동생이다는 주장을 하거나 자기가 두 감람나무이다, 자기는 하나님이 보낸 동방의 선지자이다(엘리야). 심지어는 자기가 바로 하나님이다고 까지 주장하면서 나타난 위인들이 자그마치 일백 수십 명에 달하여 포화상태인 것은 2000여 년의 기독교 역사상 전무후무한 일로서 세계 이단보유국 중 단연 이단 챔피언국가임에는 당연하고 추종불허입니다. 기독교의 역사가 이제 겨우 100여 년이 좀 넘은 나라에서 1000여 년이 넘는 기독교 국가들보다 더 많은 이단자가 배출되었다는 것은 언어도단이며 기독교적 역사에서 영원한 부끄러움입니다.

② 잘못된 기독교회의 지도자들에 의해 한국을 동방과 해 돋는 곳의 고리에 연결시켰기 때문에 이미 한국의 이름 있는 산들이 피난처라도 되는 양 야단법석들 입니다. 삼각산이나 지리산, 관악산, 계룡산, 용문산… 등지에 기도원이나 수도원 수양관 따위를 차려놓고 오라고 외치거나 속이기를 이곳이 바로 마지막 대 환란 때에 나타날 여호와의 피난처이다거나 동방의 안전처이다거나 자기는 하나님께서 보내어서 왔기 때문에 자기의 사명이 바로 피난처를 그곳에 세우는 역할이다라며 감언이설로 속삭이는 무례한들의 수효가 이만저만이 아닙니다. 삼각산이나 지리산 계룡산, 관악산… 등지에 자리를

잡고 앉아 있는 사이비 종교꾼들은 처음부터 그곳으로 와야 피난처에서 살 수 있는 영광을 얻는다며 수단과 방법을 동원해서 야단법석을 다 떨고 있습니다. 그러므로 이런 산들에 가서 보면 기도하러 오는 자가 언제나 초만원 사례입니다. 관악산에서는 수십 년 전부터 인간 똘마니들이(소인배) 자리를 틀고 앉아서는 재림 예수니, 어린종이니, 어린양이니 하며 더럽고 추한 짓을 하는가 하면 기독교적 복술과 점을 치고 있으니 어찌됩니까?

③ 한국적 기도원들의 현주소지와 그 실태들을 보십시오. 현금당대 한국적 기도원들은 이미 몇 세기 전부터 세계의 기독교회들이 경영하다가 버린 자본주의적 부스러기 수집장들이지 성서적 기독교의 기도처는 처음부터 거의가 아니고 못되므로 성서적인 면에서는 완전 벗어나고 빗나가 있는 것들입니다. 요즘 유행하는 어떤 금식기도원들이나 유명 상표가 붙은 기도원들 그리고 대도시의 이름난 교회당에서 경영하고 있다는 기도원이나 수도원 수양관등이 피난처인 양 악선전을 하고 있는 것 등은 꼴불견입니다. 요즘 이런 곳들은 이미 위험수위를 넘어서 위기에로 치닫고 있는 중입니다. 금식기도원이나 기도원 따위에서 전달이 되는 감언이설과 권모술수와 사기술 등은 교회와 성도들을 속이는 것 등은 고사하고 기도 펴지 못하게 윽박지르고 있습니다.

억압을 하고 위압감을 주며 위기를 조성하고 파워게임을 일삼고 모든 것에서 황당무개한 짓을 하며… 그것으로 끝나는 것이 아니고 이제는 점차 그런 곳일수록 다가올 대 환란시의 피난처로 둔갑하고 있다는 것이 우스울 정도가 아닙니다. 흔히들 무지무각한 자에 의해 기도원들이 장차 다가올 대 환란 시 피난처로 알려지거나 의식화 되는 것은 처음부터 이방인 된 자들의 기독교적 발광의 단선적 한 장면 노출이므로 궁구할 것이 전혀 못되는 것입니다. 한국의 각종 기도원들이 지금에서 아무리 피난처화 하려거나 피난처의 구실을 모름지기 하려고 해도 대 환란이 다가오면 한국 교회의 기도원들은 모두가 하나같이 여호와의 제1차적 징벌의 대상이 되므로서 결단코 살아남지 못함을 명심해야 합니다.

근래에 와서 산세가 좋고 물과 공기 기타 도로 사정이 원만한 곳에는 왠지 기도원과 수양관, 수도원, 수련장, 교 육장 등이 계속 들어서는 추세일로입니다. 그러면서 이런 곳이 마지막 때에 피난처라도 되었으면을 은근히 바라는 자들도 보는데 대단히 곤란한 발상입니다. 요즘 보면 종교적 소인배들이 각종 도술과 주술과 사기술을 가지고 인간을 속이고 교회당 안에서 기압술, 찰력술, 체면술과 고도로 숙달된 전기 감전술과 약물흡취술 따위로도 사기를 치기 때문에 점차 종교적 고등 사기배가 늘어나고 있는 추세인데 이 모두가 한국이란 나라에다 성서의 동방과 해 돋는 곳을 결부시킴에서 오는 꼬부라진 사이비 현상들임을 결코 잊어서는 아니 됩니다. 유의할 것은 안수나 안찰을 기도원이나 부흥회에서 받을 때 사람이 넘어지거나 입신한다고 야단법석을 떨 때에는 반드시 예의 주시해 두어야 할 과제물입니다.

마지막 때를 살아가고 있는 우리는 왜 오늘의 기도원들이 대성황이고 성업 중인지 그리고 상당수의 교회들과 목회자들이 왜 기도원 사업을 하려고 야단법석인지를 바로 이해하여야 합니다.

6. 대형화한 교회들이 피난처인가?

"보라 서로 내 말을 도적질하는 선지자들을 내가 치리라"고 (예레미야 23:30).

상당수의 사람들은 현금당대에서 이미 대형화한 교회들과 사람이 많이 모이는 곳에 성령의 역사가 있고 성령께서 대대적으로 나타나 역사하는 곳이 아닐까란 지적을 합니다. 그렇지 않고서야 어떻게 교인들이 그렇게 많이 모이고 교회당이 크게 짓게 되고 잘 되느냐고 말입니다. 그러다보니 현실에서 자연 그런 곳일수록 심리적 작전에 의해 점차 대 성공한 교회로와 피난처화 한 곳으로 인정을 받고 있는 실정입니다.

대형화한 교회당에 다니면 대개가 자신도 모르는 사이에 그곳이 마음의 피난처라도 되어서 그런지는 모르나 평안과 안정을 느끼고 가져온다고들 합니다. 이렇게 되니 그리스도 교적 정의나 진리 말씀의 핵심부분이 현실석으로 교회당으로부터 거의가 떠나 있고 벗어난 상태임을 봅니다. 언제부터 그리스도의 교회들이 이렇게 되어 버렸는지는 모르나 교회가 대형화 될수록 그런 곳에 사람의 마음이 솔직히 이끌리고 있으니 이 자본주의적 교회당 형태가 그대로 나타난 것은 꼴불견이기는 하나 자본사회에서는 무엇보다 어찌 할 도리가 없는 것 아닙니까?

과연 대형화한 교회당들이 다가오고 있는 대 환란 날에 피난처라도 되는 것입니까? 과연 그런 곳이 피난처의 역할이라도 할 수가 있는 것입니까? 결코 없습니다. 이미 대형화한 교회들은 대 환란 시에 신자를 가두고 매질을 하고 고문하고 잡아 죽이는 도살장과 감옥화 할 것이고 주의 종들을 잡아다 가두고 죽이는 살상장화 될 것입니다. 이는 예수의 가르침에서도 나타난 것입니다(마태복음 24:9, 마가복음 13:9) 대형화한 그 교회당을 지은 그 목회자가 그 교회당 안에서 잡혀 죽임을 당하는 그것이 어쩌면 그 무엇보다 가장 합리적이고 아름다운 성서적 법일지도 모릅니다. 성서는 말세 교회당 안에서 목사와 장로들을 칼로 죽이는 일이 자행된다고(시편 78:63, 79:2, 마태복음 24:9, 마가복음 13:9, 예레미야애가 2:20하반절) 선언 하는데 이를 먼저 감안해야 합니다. 왜 그렇게 해야 하는지? 왜 주의 종들에 대한 경고가 이렇게도 성서에 엄청나게 많이 나타나야 하는지를 말입니다.

지금에서 대형화한 교회당들이 과연 다가올 대 환란 시와 지금에서 신자들에게 과연 무엇을 제공할 것입니까? 과연 이때에 사는 비결을 제시할 수 있다고 보십니까? 지금에서 사는 길, 생명을 구하는 길을 제시하고 계십니까? 솔직히 주일날 몇 부 예배라는 튀김식 예배 그것도 과연 성서적 관점에서 무엇이 유익하며, 모여진 신자 하나하나의 영혼을 누가 과연 그 책임을 지고 있느냐 하는 것도 심각한 문제입니다.

어떤 이들은 모여온 교인들의 머리 수효를 셈하느라고 야단법석이지만 성서는 처음부터 그런 것에는 아무런 관심이 없습니다. 신자의 머리 수효를 셈하는 것은 이방인들의 자본주의적 속물근성에서 유래된 종교적 퇴폐풍조들 입니다. 두수가 많고 적음은 그 개체 교회당 안 교인들의 눈의 만족을 주고 취함 이외에는 아무것도 아닙니다. 이런 것에서 성령이니 은혜니 역사니 감동이니를 붙이는 것은 아주 잘못된 자본주의 속물근성의 악한 병에서 기인되고 그 근거를 둔 것이기에 가증스럽기 짝이 없는 것입니다.

한국교회는 이미 일제하에서 이 속물근성을 체험했고 그로 인하여 큰 피해를 입었습니다. 1920년대와 1930년대 평양을 중심한 회개운동과 요한계시록 공부를(연구) 통해서 엄청난 부흥을 가져왔습니다. 그럼에도 성서에 보면 "갈고리로 네 아가리를 꿰고"라는 말이 있듯이(에스겔 38:4상반절) 교회당 수가 많아지고 교인 수효를 몇 배로 증가시킨 후에 일본 군국주의자들의 신사참배 "아가리 속에" 모두 쳐넣고만 것을 잘 알고 있지 않습니까? 이것이 역사의 수레바퀴입니다. 한국교회가(북쪽) 그 후에도 열심히 선교하여 북한 공산주의자들의 "아가리 속에" 6. 25를 전후해서 다시 제 2차로 쳐넣었으니 이제는 누가 무엇이라고 해도 제 3차를 향하여 열심히 나아가고 있다고 보는 것이 가장 현명한 판단이 아닙니까?

　이방인들이 모여서 교회당 건물 하나 둘을 지었다거나 교인의 머리 수효를 좀 늘렸다거나 세상적 막말로 교회당과 목회자가 성공과 출세를 했다고 해서 그것이 하나님이나 성서와 특수한 함수관계가 있는 양 오해하는 따위는 이미 금지된 금물입니다. 성서나 그리스도교는 처음부터 자본주의적 속물근성인 머리 수효 따위와는 아무런 상관관계가 없습니다(요한복음 6:66~67). 일만 년의 인간 역사가운데 항상 종교는 존재했지만 종교는 그 이상도 아니고 이하도 아닙니다. 처음부터 여호와 하나님은 예루살렘 성전을 짓도록 허락하실 때 사람의 머리 수효를 의식하고 건축하게 하지는 아니했습니다. 사람이 교회당에 많이 모였다거나 적게 모였다고 하는 것은 무게와 부피의 차이 뿐이지 그 외에는 아무런 의미가 없습니다.

　수효는 부피의 시각차일 뿐입니다. 교회당 안에 사람이 많고 적음은 시간성안의 한 개념이고 호사일 때가 많습니다. 열매는 없고 잎만 아무리 많아도(마태복음 21:19) 소용이 없듯이, 죽은 시체 1000구보다 산 사람 하나가 더 필요하듯이(열왕기 상 18:19~) 어느 시대 어느 종교에서 간에 모여

온 머리 수효나 헌금의 부피나 무게 놀음의 시나리오에 오고 갈 때 역사 속에서 그것들은 가차 없이 망하여 사라져 버리지 아니한 교회가(종교) 없다는 것 정도는 상식인 만큼 명심해야 합니다.

그리스도의 교회당들이 어디 한국이란 나라밖에는 없는 것도 아니고 오늘에만 있는 것도 아닙니다. 수천 년 전이나 수백 년 전 그리고 지금도 존재한다고 가정할 때 그것의 무게와 부피, 머리 수효의 개념에 얽매이거나 셈하는 것은 종교적 최대 수치요 부끄러움이요 어리석고 야비하고 무지 무식 무각함을 고스란히 노출시키고 들어내는 꼴불견이기에 종교적 병증세일 뿐입니다.

예수께서는 교인 숫자를 셈하시거나 파악해 보신 적이 없습니다. 다윗은 인구 조사를 한번 했다가 혼쭐이 난 적이 있습니다(사무엘 하 24:1~17). 이것이 하나의 좋은 교훈들입니다.

현금당대에서 인간의 눈에 보이는 곳 인간의 눈에 비치고 미치고 인간의 발걸음이 닿는 곳은 어디든 간에 이미 피난처는 아닙니다. 그것이 교회당이거나 기도원이거나 수도원, 수양관이거나 간에 마찬가지 입니다. 사람의 눈물과 때, 발자국 흔적이 있는 곳에는 박해자들의 칼이 대 환란 때에는 먼저 임할 것입니다. 오늘의 교회당과 기도원과 수양관을 보십시오. 성인이나 의인들이 오고가기 보다는 우부우녀가 우글거리고 요부나 창부 작부의 발자국과 눈물과 땀의 흔적이 가득하지 아니하는지를 말입니다.

대 환란 시에는 기독교회당들이 원천봉쇄를 당합니다(계시록 11:2, 15:8, 에스겔 44:12). 대개는 불살라지고(시편 74:8)

십자가와 종탑들과 교회당 간판은 불에 태워져서 없어지고 (시편 74:9) 교회당의 모든 기물을 완전 파괴되고 부셔져 버립니다(시편 74:6~7). 이런 와중에서 교회의 지도자들은 죽임을 당하여 없어집니다(시편 74:9, 78:64, 79:2, 예레미야애가 2:20하반절). 이렇게 될 것인데 어찌 지상의 교회당이 피난처가 될 것입니까? 언어도단이지 말입니다.

우리는 지상의 교회에서 대 환란 이전까지 예배를 드릴 수 있다는 것도 감사할 뿐이고 또 성령이 유대로 돌아감으로 교회당 문이 닫힌다고 해도 그 날까지 교회에 나가 하나님을 아버지라고 부를 수 있다는 그것만으로도 감사를 해야 할 뿐입니다. 여기서 우리는 "내 생각과 네 생각은 다르다"는 것에 유념해야 되고(이사야 55:8) 교회당적 미신과 교회주의적 샤머니즘에서 반드시 벗어나야 한다는 것 정도를 기억해야 합니다.

"여호와께서 말씀하셨다고 하는 자들이 허탄한 것과 거짓된 점괘를 보며 사람으로 그 말이 굳게 이루기를 바라게 하거니와 여호와가 보낸 자가 아니라"고(에스겔 13:6)한 것에 유의해야 합니다.

제 3장 피난처는 과연 있는가?

"저가 사모하는 영혼을 만족케 하시며 주린 영혼에게 좋은 것으로 채워 주심이로다"고(시편 107:9).

우리는 제 1장에서 "피난처는 성서적이다"고 하면서 그 제 4항 "피난처가 있다는 증거"에 대하여 상고한 적이 있습니다. 여기서 우리는 피난처가 있다는 것에다 채널을 맞추고 상고해 보았습니다. 그럼
 피난처는 있는 것입니까?
 아니면 없는 것입니까?
 솔직히 피난처가 있는가와 없는가의 문제에서 있다거나 없다라는 규정을 내리기 이전에 먼저 성서의 규정과 정의를 따를 수밖에 없습니다. 우리가 성서를 바르게 이해하지 못할 때 피난처는 있는지와 없는지를 이해치 못합니다. 솔직히 성서를 바르게 이해하고 난 뒤부터는 성서의 권위에, 성서의 인도와 지도와 이끄심에 응하는 것이 가장 바람직한 행동입니다.
 많은 사람들이 피난처는 있는 것입니까고 반문합니다. 어떤 이는 피난처는 도대체 어디 입니까와 어떤 곳 입니까?고 자주 질문을 합니다. 그럼에도 현금당대 우리는 이 피난처에 대하여 왈가왈부 하는 것을 피해야 합니다. 왜냐하면 피난처는 장차 지상에 다가올 사건으로서 우리 앞의 현실일 것이기 때문입니다.

 1. 성서는 피난처가 있음을 가르침.

"여호와께 피함이 사람을 신뢰함보다 나으며 여호와께 피함

이 방백들을 신뢰함보다 낫도다"고(시편 118:8~9)

　시작부터 성서는 이 지상에 피난처가 있다는 것을 알리고 가르칩니다. 원리적으로 우리는 피난처가 있는지 없는지를 알지 못하지만 또 알 수도 없지만, 또한 우리는 그곳이 어디인지에 대하여 전혀 아는바가 없는 무례한들 이지만 그래서 그곳을 알려고 수고와 노력도 전혀 하지 아니하고 있지만 그럼에도 이미 성서가 피난처가 있다는 것을 뒷받침 하면서까지 기술하고 있으니 이를 고스란히 믿고 받아들여 따를 수밖에 없습니다.

　성서는 이미 인간이 알지 못하는 곳에다 여호와께서 피난처를 예비해 놓으셨으나 그럼에도 아직까지 그곳은 감추어진 장소임을(시편 31:20) 보이고 있습니다. 이 시점에서 우리는 성서의 이 가르침을 전적 받아들이지 않으면 안됩니다. 왜냐하면 거부하는 선언보다 받아들이는 순종이 가장 성서적이기 때문입니다.

　그래서 성서는
　"생명을 사랑하고 좋은 날 보기를 원하는 자는 혀를 금하여 악한 말을 그치며 그 입술로 궤휼을 말하지 말고"라 합니다(베드로 전서 3:10, 시편 34:12~13).

　그러면서 성서는 도처에서 피난처가 있다는 것을 확고부동하게 제시하고 알립니다.

　그러므로 성서는
　"여호와는 환란 날에 산성이시도다"고(나훔 1:7)
　우리가 먼저 유의할 것은 환란 때에 여호와의 피난처가 도처에 있으되 그것이 여러 종류임을 성서가 가르치는데 그것을 바로 보아야 합니다.

　① 요한 계시록 6:6하반절을 보면 "감람유와 포도주를 해치 말라"고 하는데 이는 바로 어느 지역에다 이것들을 모아

둔 창고 같은 곳이 있다거나 아니면 옛날에는 인적이 그곳의 어딘가에 있었으나 지금은 사람이 그곳을 떠남으로서 폐허가 되어버린 그런 지역을 의미하는 것이 아닐 까고도 싶고.

② 요한 계시록 7:1절과 7:3절을 동시에 종합해 보면 "바다의 어디"를 여호와께서는 이미 피난처로 정해두신 것인 듯 싶기도 하고.

③ 요한 계시록 7:1절과 7:3절 그리고 계시록 9:4절을 동시에 보면 그곳에는 풀이나 푸른 것들과 각종 수목들이 있는 것으로 나타나는데 이는 깊은 산중을 의미하거나 아니면 어떤 고원지대로 나무와 풀이 있는 곳들을 의미하는 것인 듯도 하고.

④ 요한 계시록 7:15~6절을 보니 보좌에 앉으신 이가 그들 위에 장막을 치게 되는데 이는 아마도 사막 같은 곳이기 때문에 자연 이런 현상이 나타나는 것이 아닐까 싶고.

⑤ 요한 계시록 18:4절을 보니 피난처란 어디까지나 여호와 하나님만 알고 계시는 곳인 양 나타나고 있으며 -그래서 어느 누구도 그곳을 도무지 어디라고 규정하기는 힘든 곳이 있는가하면

⑥ 구약성서 이사야 2:19절과 2:21절을 보면 "암혈과 토굴과 험악한 바위틈"등이 피난처로 정해져서 나타나고 있는데 이는 깊은 산골짜기나 높은 산으로서 악산의 어디를 하나님께서 피난처로 이미 정하여 두신듯하고 -그래서 아직까지는 그곳을 아무도 가보지 못한 곳으로 나타내며.

⑦ 이사야 2:10절을 보면 "바위틈에 들어가며 진토에 숨어"라는 말이 나오는데 "진토에 숨는다"고 하는 것을 보니 이는 옛날 카타콤마냥 지하의 어딘가에 땅굴을 파고 그곳에 숨는 것인 듯도 하고.

⑧ 구약성서 오바댜 1:17절을 보면 "오직 시온 산에서 피

할 자가 있으리니 그 산이 거룩할 것이요"라는 말이 나오고 있습니다. 여기서는 피난처로서의 가장 적임자는 뭐니 해도 시온 산의 어느 지역임을 밝히고 있습니다.

⑨ 구약성서 열왕기 상 17:8~16절을 보면 엘리야 때 마냥 어느 일정한 곳이 허락되지 아니하고 이리저리 유리방황(방랑)해야 할 자들도(경우) 있을 것입니다(히브리서 11:37~38). 엘리야는 "수년 동안 우로가 있지 아니하는 극심한 가뭄"가운데(열왕기 상 17:1하반절) 시내도, 강도, 우물도 그 물들이 다 마르니 어느 한 곳에 머물 수가 없기에 시돈에 속한 사르밧으로 가서(열왕기 상 17:9) 과부네 집에 머물게 되었듯이(열왕기 상 17:14~16) 대 환란의 후반부에 성도가 불이익을 당하여 명예와 지위를 박탈당하고 재산과 기타 모든 것을 몰수당할 뿐 아니라 공민권과 그 지역에 거주할 수 있는 거주권마저 빼앗긴 후 어느 한 곳에 머물 수가 없어 이리저리 유리하며 어느 지역의 어느 가정에 머물 때 사르밧 과부네 댁 마냥 그곳에 여호와께서 준비해둔 밀가루나 보릿가루 쌀 등이 예비 되어있을지도 모른다는 것입니다. 그것도 언제나 단 한 끼 분량의 음식물이 성도가 거주할 그 때에만 그곳에 있게 되는 그런 이적 말입니다.

이렇게 본다면 성서는 이미 피난처가 있다는 것을 사전에 알리고 있는데 이는 우리에게 모두가 하나의 좋은 위안과 힘이며 용기와 확신인 것입니다.

폐일언하고 지상에 대 환란의 때가 되면 전반기 1260일의 (계시록 11:3) 두 증인 때에나 후반기 42개월(계시록 13:5) 적그리스도의 때에나 간에 피해와 타격이 너무 크기에 피난처로 성도를 보내어 보호하시지 아니하면(시편 37:28, 34:19)

살 수 있는 가망성이 극히 희박할 것입니다(마태복음 24:22). 그래서 여호와는 성도를 위하여 지상에 피난처를 준비하심인데 그것이 공의로우신 선택입니다.

2. 피난처에 준비된 음식물들.

"너희는 여호와의 책을 자세히 읽어보라. 이것들이 하나도 빠진 것이 없고"(이사야 34:16상반절).

피난처는 있는가에서 성서도 대범하게 이미 피난처가 있다는 것을 바로 알리면서 그곳은 우리가 전연 생각할 수 없는 곳에 위치해 있지만(제 1항을 참조) 그럼에도 그곳에 먹을 것과 마실 것이 전혀 준비되어 있지 않다면 도무지 살아갈 수가 없을 것이기 때문에 여호와는 이미 준비해 두셨다고 가르칩니다.

피난처라 하니 혹자는 그곳을 별천지화하나 피난처는 그런 곳이 결코 아닙니다. 우리가 전연 상상할 수 없는 그런 곳도 아닙니다. 이미 제 1항에서 지적한 바와 같은 그런 장소이기 때문에 우리가 이 시점에서 능히 상상하고 각기 이야기할 수는 있으나 그렇다고 꼭 꼬집어서 이렇다거나 저렇다고 그럼에도 말할 수 없는 곳이 그곳입니다. 왜냐 하니 피난처는 분명 이 세상 권 안에 있는 곳이지 밖에 있는 것이 아니기에 여기에 대한 사이비성도 벗어버려야 되지만 별들 가운데 또는 에덴동산에 마련되어 있는 것이 아닌가 하는 고차원적인 우상 개념도 벗어버려야 하는 것입니다. 어디까지나 피난처는 이 세상 범주 안에 속하여 있기 때문에 특정지역이 못됩니다. 솔직히 피난처는 특정 지역이 아닙니다. 그럼에도 그곳이 인간에게 예속된 곳이 아니고 오직 여호와 하나님께 속해 있다는 것이 놀라운 뿐입니다.

그런데 우리가 여기서 반드시 유의하고 넘어가야 할 것은 무엇보다 피난처에 준비된 음식물들에 대한 그것입니다. 피난처라고는 하지만

① 어떤 곳에서는 나무들이 있는 것을 보니(계시록 7:1, 7:3, 9:4) 그곳에 먹을 만한 열매도 있을 곳이 더러 있음을 암시합니다. 또한 나무가 살 수 있는 곳이면 수분과 습기가 다소 있고 마실 수 있는 물이 아주 제한적이기는 하나 있을 듯합니다.

② 어떤 곳에서는 땅의 풀이나 푸른 풀들도 있는 것을 보니(계시록 9:4) 밀이나 보리, 채소류들을(산나물) 심고 그곳에서 나는 식물을 먹을 수 있는 곳임도 알게 됩니다. 이것을 여호와께서 친히 준비하든 아니면 인간에 의해 조성하든 말입니다. 그럼에도 모든 피난처가 다 그렇다는 것은 아닙니다. 형편과 처지 경우에 따라서 그런 곳도 있다는 것입니다. 그런 곳으로 들어가는 자는 분명 복이 있는 성도입니다.

③ 어떤 곳에서는 감람유와 포도주도 있는 것을 보니(계시록 6:6) 이런 곳은 아마도 도시에 인접한 지역이거나 도시의 어느 특수 지역이 아닐까를 생각하게 합니다. 감람유와 포도주는 시골 벽지와 오지에 있을 물건이 아니고 여건상 도시의 창고에 쌓을 수 있는 물건인데 그것이 있다는 것은 도시에서 현재 신앙생활을 하는 자들에게 큰 위안을 줄 수도 있는 대목입니다.

④ 어떤 곳에서는 토굴도 없고 바위굴도 없고 해서 그냥은 도저히 사람이 살 수 없는 지역도 있습니다. 그래서 여러 가지 상황이나 여건상 여호와께서 친히 그 위에 장막을 치는 곳도 있을 것인데(계시록 7:15~16) 그런 곳이라면 그곳은 광야 등일 것인데, 물이나 먹는 음식물이 전혀 없는, 구할 수

도 없는 곳이므로 여호와께서 장막뿐 아니라 먹는 음식과 식수까지 책임을 져야 하는 곳도 있다는 것입니다. 이는 선지자 엘리야에게와(열왕기 상 17:1~7, 19:4~8) 이스라엘 백성들이 광야에서 만나와 물, 메추라기 등을 먹던 것을 연상케 합니다(출애굽기 15:22, 16:20).

⑤ 어떤 곳은 암혈과 토굴 험악한 바위틈(이사야 2:19, 21) 그리고 진토 등에 숨는 것이므로 이런 곳에서는 여러 가지 여건상 먹고 마심에 있어서 여건이 대단히 좋지 못합니다. 나무를 심어서 과일을 따서 먹을 수도 없고 야채나 밀, 보리 등을 심어서 거두어들여 먹을 수도 없고 만나를 통해서 먹는 것도 이만저만 곤란치 않습니다. 만나가 암혈과 토굴 험악한 바위틈 진토 등에 통하지 아니할 것이기 때문입니다. 만나는 광야에서나 통하는 식량입니다. 그렇다면 이런 경우는 어떻게 해야 할 것입니까? 이런 경우는 그 도리가 구약의 엘리야 선지자에게 행해졌던 식사방법 밖에는 없는 것입니다.

선지자 엘리야에게 나타난 세 가지 방법이 동원될 것인데
Ⓐ 천사를 통해서(열왕기 상 19:4~7) 먹을 것을 가져다 주는 방법.
Ⓑ 까마귀 곧 인간이 아닌 제 3자를 통해서 먹을 것을 제공해 주는 방법(열왕기 상 17:1~7).
Ⓒ 사람을 통해서 먹을 것을 날라다 주는 방법(열왕기 상 17:8~16).
등을 사용하게 될 것입니다. 이 세 번째 방법의 경우에는 우상에게 경배를 하고 적그리스도를 섬기는 자의 손을 통해서 먹을 것을 제공해 주는 방법이거나 아니면 생면부지의 사람을 통해서 먹을 것을 날라다 주는 기발한 방법일 것입니다.

어찌 되었거나 간에 피난처로 보내심을 받는 자들은 이미 복이 있고 행복한 자들입니다. 비록 먹고 마심에 있어서 상당한 제약이 있고 경우에 따라서는 여러 날씩 먹을 것과 마실 물이 공급되지 아니해서 고통을 겪는 경우도 있을 것이지만, 또한 나라와 장소와 민족과 여건과 현실상황에 따라 다소 먹이고 마시게 하는 방법이 다르게 나타날 것임도 명심해야 됩니다.

엘리야 때에 백성들 모두가 바알에게 무릎을 꿇으므로 넘어지고 여호와를 배반하고 떠난 것으로 간주했으나(열왕기 상 19:9~10) 여호와의 대답은 엘리야 외에도 7000명의 성도가 굴하지 아니하고 남아 있다는 것을(열왕기 상 19:18) 알리고 있지 않습니까? 피난처는 이와 같습니다.

때가 오면 피난처의 문이 열리고 그 순간에 여호와는 천사를 보내시사 성도들이 그곳에로 들어가게 하시사 역사하시고 관리하게 하실 것입니다. 어쩌면 성도의 입장에서 이때가 가장 보람될지도 모릅니다. 왜냐 하니 천국천사들이 이때에 지켜주시는 것이 눈에 훤히 보일 것이니 말입니다. 그러나 여기서의 먹고 마심이 현재의 자본주의식 의식주 사고나 의식에서는 벗어나고 떠나야 합니다. 또한 피난처에로 들어가기를 원하는 신자는 지금부터 입과 목구멍이 할례를 받아야 합니다. 고양진미나 지나친 호화식품에서 우선 벗어나야하고 편식을 버려야 하며 고급요리 맛있는 식사만 찾는 모리배의 몰상식에서도 탈피해야 합니다. 나무 잎이나 풀도 뜯어서 날 것으로(생것) 먹을 수 있는 완벽한 각오와 자세설정이 마련되어 있어야 합니다. 또한 피난처에서는 불을 땔 수가(피우다) 없습니다. 불을 피워서 연기를 내는 것은 악한 자와 적그리스도 일당과 거짓 선지자 일당을 불러들여서 모두를 잡히게 하고 죽게 하는 악한 일이기에 날것으로 생식을 할 각오도 되어져 있어야 합니다.

피난처로 보내어질 자는 마음만 할례를 받아야 하는 것이 아니고 입도 받아서 고급이나 최고만 먹고 마시려는 속성과 근성을 버리고 포기해야 됩니다. 성도는 지금의 현실에서 하나하나씩 다 고쳐 나가야 합니다.

3. 피난처를 채우실 때까지의 보호.

"여호와께서 너를 지켜 모든 환란을 면케 하시며 또 네 영혼을 지키시리로다"고(시편 121:7)

이는 정말 놀랍고 기이한 일입니다. 믿지 아니하는 세계와 믿음이 연약한 자들은 도무지 이해할 수 없는 분명 기이한 일들입니다.

이 기이한 일을 조목별로 나뉘어서 상고해 보면

① 요한 계시록 7:1절 이하를 보면 이미 대 환란의 역사가 이 지상에 시작된다고 합니다. 이때는 분명 요한 계시록 11:36절에 나타난 두 증인의 때임은 분명합니다. 두 중인은 이 때 나타나서 시간적으로 1260일 간을 예언하게 되는데(계시록 11:3) 이때에는 그들이 먼저 하늘의 문을 닫음으로서 땅에(계시록 11:6) 비를 내리지 못하게 합니다. 여호와가 보내신 두 증인이 1260일 동안 땅에 비가 내리지 못하게 하고 있음에도 불구하고 또한 그렇게 실시가 되어져서 땅의 푸른 풀이나 나무가 닥치는 대로 타서 죽고 말라버리고… 하고 있음에도 불구하고 피난처는 이 때 여호와가 친히 보호하신다는 약속입니다.

② 이미 이 지상에는 여호와의 명을 받은 두 증인이 나타나 1260일간을 비 오지 못하게 하늘의 문을 닫게 할 것입니다(계시록 11:6). 그렇다면 원리적으로 풀과 나무와 물들이 마르고 타서 죽고 말라 버리기 마련입니다. 그럼에도 여호와께서는 이 일을 담당하고 집행하는 천사를 향하여 집행하는 과정에서 피난처만은 이 엄청난 징벌의 일을 금지 시키고 있습니다(계시록 7:1). 우리의 사고나 신앙이나 인격으로서는 도저히 상상할 수 없는 일들 입니다. 보내심을 받는 천사는 이 때 오직 명하시는 여호와의 명령만 따라 집행하고 이행할 것입니다. 더 하지도 덜하지도 않고 말입니다. 여호와는 여기서 이 대 혼란의 한 부분을 맡아 집행하는 네 천사에게 그곳으로 지금 나아오고 있는 성도들을 위해 "땅의 사방의 바람을 붙잡아 바람으로 하여금 땅에나 바다에나 각종 나무에 붙지 못하게 한다"고(계시록 7:1) 약속하십니다. 땅을 말리고 물을 없이하고 비가 오지 못하게 하는 데는 바람이 최고의 방해자가(적임자) 아닙니까?

③ 요한 계시록 7:3절을 보십시오. 이때는 지상에 이미 대 환란이 시작되고 있습니다. 하늘의 천사들이 와서 여호와의 명령을 받아 하늘의 문을 닫고(계시록 11:6) 비를 내리지 못하게 하므로서 풀과 나무들을 말라죽게 하고 있습니다. 그럼에도 여호와 하나님께서 이때 또 다른 천사를 보내시사 심판과 징벌하는 천사들에게 외치기를 "우리가 우리 하나님의 종들의 이마에 인치기 까지 땅이나 바다나 나무나 해하지 말라"고(계시록 7:3) 선언합니다. 이는 무엇을 의미 합니까? 이때는 대 환란의 때인 만큼 땅이나 바다나 나무가 성할 리도 없을 뿐만 아니라 이미 하나님의 징벌과 저주권 안에와 대 환란권 안에 모두가 들어가 있으니 어찌 상하지 아니할

것입니까? 그러므로 이와 같은 기이한 일은 천사나 인간 모두에게 여호와가 보호하시는 피난처가 있는데 그곳은 어느 누구도 침범해서는 아니 된다는 것과 그곳은 지금에서 천사나 인간, 마귀들이 알지 못하고 있으나 장차는 다소 알게 될지도 모른다는 것입니다. 동시에 여호와께서는 자기의 백성들을 사랑하시사 돌보시고 계신다는 것도 여실히 보여주고 있는 것입니다.

4. 여호와가 피난처를 조성하심.

"내가 영원히 주의 장막에 거하며 내가 주의 날개 밑에 피하리이다"(셀라)(시편 61:4)

성서를 보십시오. 피난처는 결코 인간이 조성할 수가 없다는 것임을 단말마적으로 알립니다(시편 91:1~2, 91:9~10). 피난처는 여호와께서 조성하신 곳이니 언제 어디서나 친히 감시 감독하실 뿐 아니라 여호와의 장중에 있고 보호막 안에 있기에 보호 하십니다. 지금은 평화 시이므로 이것이 현실로 나타나지 않지만 또한 이제는 대 환란이 문 앞에 이른 때이므로 세계의 도처에다 성도를 위하여 피난처가 조성되어져 있을 것이지만 그럼에도 그것이 여호와의 경륜 안에 감추어져 있는 것임은 사실입니다. 이것은 어느 누구도 부인하지 못할 것입니다.

이미 도처에 피난처가 조성이 되고 섭리와 역사될 것이지만 그 일만은 오직 여호와가 친히 하시는 일이므로 천사도 그 누구도 솔직히 모른다는 것이 현실상황으로 나타나고 있습니다(계시록 7:3). 때문에 대 환란 때에 일익을 담당해서 땅과 나무와 바다를 천사들이 해하려 할 때 여호와는 그것 가운데 인 맞은 성도를 위한 피난처의 것은 결코 해하지 못하게 하십니다. 이 얼마나 엄청난 일들입니까? 그때까지는 오직 여호와만 아셨다가 대 환란 때에 그 일을 시행하고 계시니 여호와께서 믿는 성도를 위한 피난처에 대해 그 얼마나 관심을 집중시키고 계신다는 것임을 알게 됩니다.

그러면 누가 이 피난처들을 조성하시고 역사하십니까? 인간은 이 엄청난 일을 감당할 수가 없습니다. 인간이 하려거나 참석해서 이 작업을 하려면 먼저 마귀와 귀신들이 알아서 난장판화 시켜버릴 것입니다. 이들은 하나님이 천지를 창조하시니(창세기 1:1) 뒤이어 나타나 천지를 공허와 혼돈케 하듯이(창세기 1:2) 섭리되는 각종 피난처를 난장판으로 만들어 버릴 것입니다. 고로 누가 무엇이라고 해도 피난처는 여호와께서 조성하시고 섭리, 보호해야 할 것입니다.

성서를 보십시오.
"여호와 나의 힘 나의 보장 환란날의 피난처시여"(예레미야 16:19상반절)

또한 성서는
"주는 나의 산성이시며 나의 환란 날에 피난처심이니이다"라고(시편 59:16하반절).

또한 성서는
"내가 영원히 주의 장막에 거하며 내가 주의 날개 밑에 피하리이다"고(시편 61:4)

또한 성서는
"그들 위에 장막을 치시리니"(계시록 7:15하반절)
또한 성서는

"저희가 다시 주리지도 아니하고 목마르지도 아니하고 해나 아무 뜨거운 기운이 상하지 아니할찌니"(계시록 7:16)
라고 기술하고 있습니다. 여기서는 이미 조성된 이 피난처에 언제쯤 들어가게 되는 것인지의 여부도 암암리에 비치고 있습니다. 어찌되었거나 간에 여호와 하나님에 의한 피난처가 믿는 성도를 위해 준비되어 있다는 것은 놀랍고 고맙고 반가운 일이 아닐 수가 없는 것입니다. 그리고 그곳에서는 주리거나 목마름도 없다니 대 환란을 목전에 두고 있는 우리에게는 이 얼마나 다행스럽고 고맙고 반가운 일입니까?

이미 성서는 피난처를 조성하시고 섭리와 역사하시는 이도 여호와이시고 장차 천사들이 이 땅을 징벌하고 해할 때에도 피난처만은 손을 되지 못하게 명하시는 이도(계시록 7:3) 여호와 하나님이심을 알게 되었을 때에 오직 감사할 것뿐입니다. 또한 계시록 18:4~5절 을 보면 "내 백성아 거기서 나와 그의 죄에 참예하지 말고…"하는데 여기서도 여호와는 피난처를 조성하시는 분이시고 그가 그곳의 주인이심을 알리고 있는 것입니다. 이 얼마나 놀라운 일입니까?
여호와가 피난처의 주인만 되시는 것이 아닙니다(시편 91:2, 91:9). 피난처를 지키시는 분도 되십니다. 그래서 성서는
"저가 너를 위하여 그 사자들을 명하사 네 모든 길에 너를 지키게 하심이라"고 합니다(시편 91:11).

5. 피난처에서의 보장.

"여호와는 너를 지키시는 자라. 여호와께서 네 우편에서 네 그늘이 되시나니 낮의 해가 너를 상치 아니하며 밤의 달도

너를 해치 아니 하리로다"고(시편 121:5~6).

앞에서 우리는 이미 피난처의 종류에 대하여 성서에 나타난바 그대로 몇 가지만 상고 했습니다. 그러므로 이제 여기서 이를 하나하나 새삼스럽게 열거하지 아니해도 피난처란 대개 어떤 곳이고 그곳의 형편과 현실과 질서와 법과 사정 등이 대강 어떠하다는 것 정도는 어렴풋이나마 알게 되었을 것으로 봅니다.

거두절미하고 우리가 지금까지 장차 다가올 대 환란이 빠른 속도로 우리를 향하여 다가오고 있음에도 불구하고 기존의 교회당들이 속수무책이니 여기에 대항해서 강력한 곳, 그리스도인들에게 위안과 힘과 용기와 능력을 심어 주시는 곳이 무엇보다 가장 문제였습니다. 그러나 이제 보니 대 환란이 우리에게 임한다고해도 성도는 조금도 두려워하거나 염려나 근심 걱정할 것이 없음을 알게 되었습니다. 이미 다가오는 대 환란 이전에 이 지상에서 하늘의 부르심을 받고 떠날 성도도 있고, 대 환란을 무조건 통과해야 할 성도도 있는 것은 사실입니다(계시록 15:2~3).

그리고 상당수는 적그리스도와 거짓 선지자에 의해 넘어지기도 하고(데살로니가 후서 2:3, 2:9~12) 상당수는 교회당 안과 밖에서 떼죽음을 당하기도 하지만(마태복음 24:9, 마가복음 13:9, 시편 78:64, 예레미야 14:15, 15:3, 16:6, 에스겔 9:5~7) 피난처가 있어서 보내어 지는 자도 있으니 담대한 용기와 믿음을 가지고 어디 한번 부닥쳐 볼 일입니다. 사전에 좌절하거나 낙심과 기절하기 이전에 그것이 오기도 전에, 그 소리만 듣고는 넘어지고 쓰러지기 이전에 믿음을 가지고 부딪혀보고 여호와의 성호를 찬송해야 할 것입니다.

대 환란 때에는 이 지구상에서 가장 안전 되고 여호와의 보호권 안에서 보호를 받는 곳은 오직 피난처뿐입니다. 성서는 피난처가 여호와의 보호권 안에 있기 때문에 누구도 그곳으로 인도를 받은 자의 이 특권을 유린하거나 빼앗거나 앗아가지 못한다고 법으로 규정하고 있습니다. 이는 분명 의미심장한 선언입니다.

피난처에서의 성서의 보장을 보십시오.

"내 백성아 거기서 나와 그의 죄에 참예하지 말고 그의 받을 재앙들을 받지 말라"고 합니다(계시록 18:4).

공중휴거를(공중 혼인) 주장하고 외치는 자들은 본문이 공중휴거를 위해 주어진 말씀으로서 "하나님이 성도를 공중혼인으로 부르시는 대목"이라고(초청) 강조를 하나 사실은 찬란한 오해입니다. 본문은 피난처와 관계가 있고 되는 곳일 뿐입니다. 여호와가 이 지상에서 자기를 믿는 성도를 피난처에로 보내어 주시기 위하여 부르시고 계신다는 것과, 이미 성도를 위한 피난처는 모두 준비완료란 것임을 놀랍게 받아들이지 않으면 안 됩니다.

특히 우리가 성서를 통하여 또한 피난처를 통하여 보장받고 있는 바는 무엇보다 먹을 수 있는 것과 마시고 쉴 수가 있는 것들임을 알게 됩니다. 성서를 보면 피난처에는 성도가 보내어질 그 시기는 성서대로 황충의 때 전후인 것입니다(계시록 9:3). 그 이전에 피난처로 보내어질 자도 있으나 그러나 이때는 해나 공기도 빛과 생기를 어느 정도 상실당하고 어두워져 있는 그 시대입니다(계시록 9:2). 이때는 이미 지상의 기독교회들에서는 엄청난 순교자가 속출하고 있을 때입니다(계시록 9:14, 7:9).

어디 그것뿐이 아닙니다. 이때는 바다도(계시록 8:8~9)

땅도(계시록 8:7) 그리고 강들도(계시록 8:10) 물 샘들도 (계시록 8:11) 공중의 해와 달과 별들도(계시록 8:12) 이미 엄청난 저주를 받거나 받고 있을 때입니다. 그럼에도 불구하고 땅에 풀과 푸른 것들과 각종 수목이 제한된 범위이기는 하나 남겨져 있다는 것은 놀라운 바이고 이는 분명 이 지상에서 자기의 사랑하는 성도들을 위한 것이며 이는 어디까지나 피난처를 여호와가 준비해 두신 것임을 입증하는 순간(시간)입니다.

성서가 이 문제에 대하여 계시록 9:4절에서 "땅의 풀이나 푸른 것이나 각종 수목은 해하지 말라"고 경고하고 있습니다. 이것은 분명 피난처에서 성도의 보장을 위한 것입니다. 그래서 지상의 모든 성도들이 피난처를 흠모하고 그리워하는 듯합니다. 이 보장된 피난처에서 그리스도인이 누리고 받을 영광은 전적 여호와의 것입니다. 그래서 우리는 오직 감사하고 있을 뿐입니다.

제 4장 피난처는 어떤 곳일까?(어떤 식일까?)

"내가 간절히 주를 찾되 물이 없어 마르고 곤핍한 땅에서 내 영혼이 주를 갈망하며 내 육체가 주를 앙모 하나이다"고 (시편 63:1)

우리는 제 3장 1항에서 피난처의 종류에 대하여 잠시 상고해 본적이 있기에 그곳에서 본 과제를 참고해 보시기를 바랍니다. "피난처의 종류"와 "피난처는 어떤 곳일까"하는 질의는 대동소이한 면도 있습니다. 전자에서는 이를 간략하게 상고했기에 여기서 다시 이를 거론하게 된 것임을 양지하시기 바랍니다. 그럼에도 이 양자는 문맥이나 어휘 그리고 여러 면에서 약간의 차이점이 있는 것도 명심하시기 바랍니다.

솔직담백하게 말해서 장차 나타날 피난처란 어떤 식이고 어떤 곳이 되어야 하는지에 대하여는 모두가 심한 궁금 증세를 보이고 있는 것은 사실입니다. 어떤 이는 자기 나름대로 고안과 구상도 해봅니다. 지금에서 이 피난처를 심히 기다리고 열망하고 바라는 모든 사람들의 공통적으로 가장 알고 싶어 하는 것은 바로 피난처란 과연 어떤 유형의 장소일까 하는 그것입니다. 지금에서 우리 역시 솔직히 이 문제를 알고 싶어 하고 심히 보고 싶어 하는 것은 사실이지만 여호와께서 때가 되기 이전에는 아무에게도 이를 개봉하시지 아니하시고 덮어두시고 감추어 두실 것은 자명합니다.

그럼에도 한 가지 공개가 되는 것은 구약 성서 오바댜를 보면"오직 시온산과 같은 곳" 임을(오바댜 1:17) 지적하고 있습니다. 피난처가 시온산과 같다는 것은 이미 구약 성서가 시온 산의 위치와 지형, 요새화… 등을 가르쳐 보인 것인 만큼(시편 125:12) 경우에 따라 시온 산의 지형이나 여건 그리고 산세를 보아 여호와가 도와만 주시면 피난처로서 안성맞춤임을 우리에게 보이고 있는 것입니다.

1. 피난처는 숨겨진 비밀의 장소일 수도 있음.

"여호와께서 너의 출입을 지금부터 영원까지 지키시리로다"고(시편 121:8).

언제나 가장 값지고 귀한 것은 나타내 보이는 것이 아니고 감추고 가려두는 것이 원리입니다. 천국도 예외는 아니고 진리나 생명도 그러하고 본과제의 핵심인 피난처 역시 그러합니다. 대 환란의 때에 피난처보다 더 값진 것이 어디에 또 있습니까? 동시에 대 환란의 때가 점점 가까워지는 때일수록 피난처란 초관심사이고 초미사적임은 분명합니다.

고대로부터 피난처란 어디까지나 나타나고 밝혀지고 잘 알려진 곳보다는 숨겨져서 나타나지 아니하고 누구의 눈에도 보이거나 띄지 아니하는 곳이 안성맞춤이었습니다. 사람의 눈에 보이고 나타나는 곳은 피난처가 아니고 죽음의 장소, 살상의 장소, 시체와 뼈만 앙상하고 즐비한 힌놈의 골짜기가 될 뿐입니다.

그곳이 사람의 눈에 보이지 아니하는 곳이므로 사람들이 나서서 찾아도 도무지 찾을 수 없는 곳에 위치하기에 대 환란 때에 피난처가 되는 것입니다. 우리는 무엇보다 이 원리를 잘 압니다. 사람의 눈에 잘 보이는 장소는 몫이 좋은 장소로서 장사하는 자들은 반기고 즐거워할 것이나 대 환란을 목전에 둔 신자는 정반대입니다. 분명 대 환란 시에 그리스도인들은 밝은 곳, 나타난 곳, 보이는 곳 등도 피난처가 아니므로 철저히 피하고 무언의 전쟁을 행동으로 벌이면서 하나씩 피난처를 향해 옮겨 갈 것입니다.

피난처는 숨겨진 장소 전혀 나타나지 아니한 곳이기 때문에 성서는 이미
① 바위틈이라고 합니다(이사야 2:10).
② 진토라고 합니다(이사야 2:10).
③ 암혈이라 합니다(이사야 2:19, 21).
④ 토굴이라고 합니다(이사야 2:19).
⑤ 험악한 바위틈이라고 합니다(이사야 2:21).
⑥ 시온산과 같은 곳이라합니다(오바댜 1:17, 요엘 2:32).
⑦ 예루살렘 이라고 합니다(요엘 2:32).
⑧ 여호와가 장막을 치는 곳(광야등지)이라 합니다(계시록 7:15).
⑨ 바다 가운데 어느 지역도 피난처가 될 수 있다고 합니다(계시록 7:1, 3).
⑩ 시골의 동리에서 조금 떨어진 곳도 피난처가 될 수 있다고 합니다(계시록 6:6).
⑪ 엘리야나 엘리사마냥 일정치는 아니하나 오고 갈 수가 있는 곳과 사르밧 과부네 집과 같은 곳이(열왕기 상 17:8~16) 피난처가 될 수 있다고 합니다.
⑫ 기타의 장소 등입니다.

피난처가 이런 곳쯤이 되면 무엇보다 알만한 것 아닙니까? 여기서 우리는 과연 무엇을 배우고 생각하게 됩니까? 지금은 평안과 안정의 때이니 여기에 대하여 이해가 전혀 안되고 생각조차 하기 싫을지도 모릅니다. 그러나 그 때는 평안의 때와 한가로운 때가 아닌 만큼 고대광실 높은 대궐이나 어느 부자네 집을 생각할 수가 없기 때문에 이런 식의 집이나 그런 곳의 이것저것을 연상하거나 생각하는 것은 악한 병적입니다. 피난처

가 경우와 처지와 형편에 따라 위에 나타나는 그런 곳일 찐데 이 시점에서 우리는 과연 무엇을 더 요구할 것입니까?

지혜롭고 현명한 자는 더 이상 말하지 아니해도 피난처가 어떤 곳인지 알게 될 것입니다. 지금에서 남자인지와 여자인지를 분간 못하는 자나 비만하고 비대해서 남녀의 구별이 없거나 몸에 지나치게 개기름이 많거나 고양진미를 지나치게 꿈꾸거나 하는 자들은 이런 곳에서 먼저 제외 될 것입니다. 이런 곳에 가도 살 수 있는 힘도 능력도 없는 자는 제외 될 것입니다. 이런 경우 어쩌면 스스로 제외가 되는 것이 현명한 판단일 듯합니다.

지금에서 악한자 마귀는 자기의 사자인 귀신들을 동원해서 성서가 있다고 정의하는 이 피난처들을 찾기 위해 안간힘을 기울이고 있으나 그럼에도 저들이 이를 찾지 못하고 있는 것은 피난처란 오직 대 환란이 시작되는 그 순간까지 여호와 하나님 한분만이 아시는 곳이기 때문입니다. 우리는 언제나 이 문제에서 이 점을 먼저 유의하고 대 환란과 피난처를 생각해야 합니다.

"환란 날에 나를 부르라 내가 너를 건지리니 네가 나를 영화롭게 하리로다"고(시편 50:15)

또한 성서는

"네가 골방에 들어가서 숨는 그 날에 보리라"고(열왕기 상 22:25).

2. 광야도 피난처로 선택이 되심.

"여호와의 말씀에 내 생각은 너희 생각과 다르며 내 길은 너희 길과 달라서 하늘이 땅보다 높음 같이 내 길은 너희 길보다 높으며 내 생각은 너희 생각보다 높으니라"고(이사야 55:8~9).
　피난처의 선택 여하는 경우와 형편과 여건 그리고 국가적 지리적 조건에 의해 그 차이가 역역하고 능히 피난처로 선택이 가능한 지역만 골라서 지정할 것입니다. 한국이나 일본… 등등의 지역에서 보면 주위에 광야가 거의 없습니다. 이런 지역에서는 그러므로 광야를 다가올 대 환란 때의 피난처로 선택이 될 확률이 거의 없지만 그러나 아프리카나 중동지역 남북아메리카나 소련 중공… 등지에서는 상당부분이 광야이거나(사막) 깊은 산속, 높은 산들, 밀림지대여서 한번 그곳에 사람이 들어가면 누구도 그를 찾거나 발견하기가 심히 어려운 지역이 많습니다. 이런 지역에서는 깊은 산, 깊은 계곡, 바위틈 암혈등도 피난처로는 안성맞춤일 것입니다.
　사막도 동일하지 않고 여러 종류의 사막이 있을 것인데 모래에 의한 것이나 심한 계곡과 먼지투성이로 둘러싸인 곳이나 죽음의 사막등지는 어떻게 보면 대 환란 시 피난처로는 안성맞춤의 장소가 될 수도 있을 것입니다.

　얼핏 보면 열기와, 한기, 각종 바람과 이상 기온 기타에 의해 사막화 현상이 나타났기 때문에 사람이 살 수가 없다라는 결론이 이미 내려져 있는 곳이므로 박해자들이라고 해도 감히 그런 곳을 피난처로는 생각지 못할 것이고 설령 생각을 한다고 해도 저들 가운데 아무도 그곳에 들어갈 수는 없을 것이며 그런 곳으로는 어느 누구도 감히 찾아 나설 수 있는 능력과 힘이 없고 해서 거의가 자포자기해 버릴 것이니 피난처로서 이런 곳이 지역과 민족과 국가에 따라 안성맞춤의 장소가 될 것입니다.
　성서에 보면 모세가 애굽의 바로를 피하여 미디안 광야로

(출애굽기 2:16~22) 도망을 쳐서 40년간 머문 것이나(출애굽기 3:2, 사도행전 7:30) 바울 사도가 기도하기 위해 아라비아 광야로 가서(갈라디아 1:17) 3년 동안이나(갈라디아 1:18) 머문 것과 같이 또한 엘리야 선지자나 엘리사 선지자가 산과 들, 광야등과 유사한 지역들에서 일생동안 머문 것과 같이 이런 특수성을 지닌 곳 등에서는 그런 곳이 어디이든 간에 그곳이 바로 피난처로서는 가장 안성맞춤의 장소가 될 듯합니다. 이런 특수지역에서 사도 바울을 3년간이나 먹이셨듯이 그리고 시내 광야에서 이스라엘의 200만 백성을 40년간이나 먹고 마시게 하셨듯이 광야 같은 피난처에서 먹이고 마시고 하시기 위해 만나와 생수 등을 미리 예비하실 것입니다. 계시록 18:4절을 보니 이미 예견이 가능할 듯합니다.

그럼 왜 광야와 같은 지역 등을 피난처로 여호와께서 장차 선택하실 것입니까? 그 이유는 바로(해답)
① 그곳은 평상시에 찾는 이가 거의 없기 때문에 조용하듯이 그 때에도 그곳을 찾는 이가 거의 없을 것이기 때문일 것입니다.
② 광야는 어느 시대든 아무나 가는 곳이 아니고 특수한 자들만이 가는 곳입니다. 모세, 엘리야, 세례요한 등등. 여기서 우리가 유의할 것은 광야라고해서 모두가 다 피난처는 아니고 그곳에서도 여호와가 선택한 특정지역이 있다는 것입니다.
③ 이 때 광야로는 사전에 이미 각오가 되고 준비된 자들만이 가게 될 것입니다. 준비가 없는 자 여기에 대한 이해나 관심이 전혀 없는 자들, 먹고 마시는데 전혀 고생을 해보지 아니한 자들, 이 지상에서 허영에 날뛰고 사치하고 연락하며

산 자는 도무지 갈 수가 없는 곳이 그곳이기에 피난처로 여호와는 광야등지를 선택하게 된 것입니다.

④ 광야는 평상시에 사람들이 거의 오고 가지 아니한 곳이고 인적이 드문 곳이고 성공과 출세 등에서는 완벽하게 도외된 곳입니다. 광야는 왕의 옷이나 부자의 옷, 허영과 사치의 옷 등을 입고서는 누구도 갈 수가 없는 곳입니다. 얇은 옷, 속살이 훤히 들여다보이는 옷, 미니스커트유형, 고급 신사복, 목회자의 긴 가운… 등등의 옷을 입고는 그 곳으로 갈 수가 없는 것입니다. 그러므로 피난처를 여호와가 광야로 삼으신 것은 의미가 다분한 것입니다.

⑤ 광야로는 현실적 이 세상 지위나 명예 권세나 사업, 이권 등을 가지고는 들어 갈 수가 도무지 없는 곳입니다. 이런 것을 가지고 가서 보면 누가 보아주지도 아니하기에 그런 것 등을 가지고서는 광야로 나가지 못합니다. 예나 지금에서 광야로 갈 자는 이 세상적 지위나 명예 권세 상업 이권… 이와 유사한 것 등을 버리거나 포기하고, 완전 뒤로하고서 나아가야 하는 곳입니다. 이런 곳이 그래서 피난처화 하기에 적합하다는 것입니다.

⑥ 과거나 지금에서 광야로는 온몸에 강아지 기름이 뻔질뻔질 하는 자는 결코 나아가지 아니합니다. 기생들 오라비들도 갈 수가 없고 살인자 우상숭배자들, 인간 개들, 깡패나 축첩자들 작부 호스티스들 창녀 창부 요부들도 들어갈 수가 없습니다. 사기꾼과 도적들도 가지 않습니다. 신사나 숙녀도 아니 갑니다. 자기를 앞내 세우고 확대하는 자들, 교만과 거만한 자들도 아니 갑니다. 일수놀이꾼이나 지나치게 각종 주식 등에 눈이 어두운 자와 부동산 투기업자들과 동산 투기꾼들과 각종 부자들… 이런 자들도 갈 수가 없습니다. 그런고로 이런 자를

위해서도 피난처로서 광야는 아주 안성맞춤의 장소입니다.
 ⑦ 광야로는 자기 몸만 기르는 목자와 물 없는 구름들과 (유다서 12) 죽어서 이미 넘어져 잇는 고목들은 결코 가지 아니할 것입니다. 분명 남자인데 여자행세를 하거나 배가 임신 7-8개월 정도가 되어 어디를 가나 숨이 차고 가쁜 자는 갈 수가 없습니다. 중풍병자나 귀신병자들이나 각종 간질병자들도(영적으로) 가지를 못합니다. 그러므로 성서에서 피난처를 광야로 정하신 것은 의미 있는 선택이 될 것입니다.

 여기서 유의할 것은 여호와가 살기 위해 모여온 무리를 위해, 생사를 이미 여호와에게 맡기거나 걸고 나오는 성도를 위해 그곳에 "장막을 치시고"(계시록 7:15) 보살피시며 보호하신다는 그것입니다(시편 121:8). 출입도 지키시고 낮에도 밤에도 떠나지 않고 지키실 것입니다(시편 121:3~5).
 그래서 성서는
 "저가 너를 그 깃으로 덮으시리니 네가 그 날개 아래 피하리로다"고 합니다(시편 91:4).
 어떤 이는 이 과제에서 아무리 그곳이 광야라 한다 해도 인공위성이나 비행기 각종 첩보기 등을 이용해서 얼마든지 감지하고 폭격이라도 한다면 어찌 됩니까란 공연한 우려를 표명하나 그럴 필요는 전혀 없습니다. 그 때는 공중의 인공위성 따위는 이미 땅바닥에 떨어져 버렸고 공중에는 거의 비행기가 날아다니기 어렵게 되었고 첩보기 역시 그렇게 된 이후입니다. 왜냐 하니 대 환란의 때이니 모든 물자도 바닥이 났지만 천지에 이변이 생겼으니 성한 것이 거의 없어진 이후이므로 (이사야 13:13, 누가복음 21:26, 히브리서 12:26) 어느 것 하나 작동이 가능한 것은 없기에 문제 될 것이 없습니다.

3. 피난처는 어디든지 있다.

 흔히들 믿거나 말하는 것을 보면 피난처가 육지에만 존재하여 있는 양 다양한 오해들을 합니다만 그럴 필요는 조금도 없습니다. 성서적 관점에서 보면 바다나 육지(계시록 7:1, 7:3) 그 어느 곳에서든 간에 피난처는 가능합니다. 그것이 성서의 가르침입니다.
 성서에 보면 이때는 대 환란의 때이고(계시록 11:1~6) 하늘이 이미 비를 거두어 버린 때이지만(계시록 11:6) 피난처로 예비 된 그곳에서는 푸른 풀도 각종 수목도 다소 남겨져 있다는 것입니다(계시록 7:1, 9:4). 지상의 다른 곳에서는 도무지 찾아볼 수 없는 것들임에도 불구하고 피난처만은 특수지역으로서 여호와가 천사를 보내시사(계시록 9:4) 사전에 지키게 하심은 이런 것의 생존을 가능케 한 것입니다.
 피난처에 각종 나무와 푸른 풀이 있다는 것은 여러 가지 의미를 지니게 합니다. 그것에서 채소류와 과일 유행을(산열매) 따서 먹을 수도 있다는 것과 풀과 채소류도 생식을 할 수도 있다는 것 그리고 다른 의미로서는 나무와 푸른 풀을 베어서 바람과 추위 등을 막을 움집 같은 것도 가능하지 않겠느냐 하는 것입니다. 위에는 나무와 풀로 덮고 옆도 나무와 풀로 가리고 그 아래도 풀을 깔고 해서 더위나 추위를 견딜 수도 있고 그렇게 하면서 대 환란이 지나갈 때까지 일단 기다릴 수도 있는 것 아닌가를 예견해 봅니다.
 그런다고 해서 그곳에도 방이 여러 개씩 있고 이불과 담요와 베개 등이 있는 것으로 착각을 해서는 결코 아니 됩니다. 그곳에는 이런 것의 개념이 전혀 없으니 우선 그것을 명심해야 되고 그리고 대 환란을 눈앞에 두고 있는 성도로써 자성과 자각을 먼저 해야 할 것입니다. 요즘 기독교의 소위 지도자란 목회자들이 "잘사는 것"을 축복인 양 떠들고들 있는데 그럼에도 그것이 자본주의식 측량 개념이고 보니 문제입니다. 성서를 보면 성서는 "내 백성을 유혹하는 선지자는 이에 물면 평강을 외침"이라고 하는데 혹시 이런 유형은 아닌지 의문입니다(미가 3:5). 우리는 각종 외식의 찌부러진 소리를 존재론적으로 들을만한 아무런 가치나 이유가 이미 없음을 깨달아야 합니다.

피난처에 갈 것 같으면 그곳에는 남자도 있고 여자도 있으며 노인도 젊은이도 있을 것이나 그곳에는 이미 성별된 무리가 모였으니 인간적 성욕은 이미 사라져 버렸다는 것과 오직 그들은 부활만을 기다린다는 것을 잊어선 아니 됩니다. 그곳에서 성도들은 기도함과 예배드림, 서로 위로함, 성경 읽기, 그리고 주님의 보살핌과 보호를 오직 감사할 것 뿐이고 임한 그 대 환란의 지나감과 동시에 그리스도의 재림을 맞을 채비에 여념이 없다는 것도 기억해 두어야 합니다.

피난처는 육지에만 있는 것이 아닌 만큼 바다에도(계시록 7:1, 7:3) 있기 마련인 만큼, 피난처란 오직 여호와의 장중에 있는 것임을 감사해야 합니다. 피난처가 육지만의 전유물이 아니되게 하신 것을 우리는 감사하고 있습니다. 바다에 속해 있는 피난처라고 해서 용왕이 있다는 용궁을 연상해서는 아니 됩니다. 이는 샤머니즘의 극치일 뿐입니다. 그곳은 바다 가운데 있는 무인고도 이거나 아니면 어느 큰 여객선이거나 큰 상선 등으로 보는 것이 현명할지도 모릅니다.

여호와는 성도들에게 소망과 용기 확신과 결단력을 주시기 위하여 육지에만 피난처를 있게 하신 것이 아니고 바다에도 있게 하신 것은 어부와 그리고 바다 주변에 사는 성도들에게 큰 힘과 용기가 되고도 남습니다. 분명한 것은, 본 과제는 땅에서 종사하는 자들에게 위안과 힘을 주시려는 배려가 아니고 바다에서 종사하는 자들에게도 희망과 용기를 북돋아 주심입니다. 바다에서 외항선을 타거나 호화 여객선을 타거나 대형 화물선이나 원유 수송선등을 타고서 오고 가는 바로 그들은 위해 바다에도 피난처를 준비 했다고 할 때 이 얼마나 고맙고 감사한 일입니까?

"잃은 양 같이 내가 유리하오니 주의 종을 찾으소서. 내가 계명을 잊지 아니함이니이다"고(시편 119:176).

4. 피난처는 이런 지역에도 있다.

"나보다 높은 바위에 나를 인도하소서. 주는 나의 피난처시요 원수를 피하는 견고한 망대심이니이다"고(시편 61:23).

계시록 6:6중반절을 보면 피난처에는 밀도 있고 보리도 있다고 합니다. 그리고 감람유와 포도주도 마찬가지입니다(계시록 6:6하반절). 이런 것들은 하나같이 사람을 위한 것들이고 사람의 목숨과 언제나 직결된 것들 입니다. 평화 시에나 환란 시에 이것을 사람들이 먹음으로서 새 힘을 얻고 나가서 일을 하게 됩니다. 거두절미하고 대 환란의 때임에도 불구하고 솔직히 이런 것들이 있는 지역인 것을 보면 논이나 밭, 또는 경작을 할 수 있는 곳에서 그렇게 멀지 아니한 곳에도 피난처가 될 만한 곳이 더러 있다는 것을 가르치는 듯합니다.

아무리 보아도 이는 놀랍고 기이한 일임에 분명합니다. 이런 경우의 장소로서 도처에 피난처를 두기란 상당히 곤란할 것입니다. 그런 지역일수록 사람들이 자주 오고 갈 것이니 말입니다. 그럼에도 등잔 밑이 어둡다는 말과 같이 혹 기존의 논이나 밭에서 가까운 지역의 밀실이나(이사야 26:20) 진토나(이사야 2:10) 토굴이(이사야 2:19) 가장 안정된 피난처로 등장 될지도 모릅니다. 그런다고 해서 자기 집 옆이나 논밭의 옆에다가 그런 곳을 조성할 수도 없는 것 아닙니까? 그런 곳은 이미 불안의 요소가 가미되었으니 말입니다.

인적에서 가까운 곳에 토굴이나 진토, 밀실 등이 예비 되어 있다고 해도 대 환란을 피하기 위해 보내심을 받고 온 성도들이니 그곳에서 언제나 큰 소리를 지를 일이 없고 입 속으로 찬송과 기도를, 마음으로 찬송과 기도를, 영으로 찬송과 기도를(고린도 전서 14:15) 하게 되니 질병과 스트레스가 쌓일 이유가 없을 것입니다. 또한 생식을 하니 불을 피울 이유가 없고 불을 피우지 아니하니 연기가 날리가 없고 연기가 나지 아니하니 그곳에서 이런저런 흔적이 외부로 나지 아니할 것은 자명한 것 아닙니까? 그러면서 대 환란이 다 지나가게 할 수도 있을 것입니다.

어떤 성도는 자국 안에 있는 피난처에로 보내어지는 영광을 얻을 자도 있을 것이고 어떤 성도는 좀 번거롭기는 하나 전혀 생각지도 아니했는데 다른 나라에로 보내어져서 그곳의 피난처에로 보내어지는 영광을 얻게도 될 것입니다.

성서의 지적과 같이 어떤 경우의 피난처는 시온산과 예루살렘 도성 안이 되는 경우도 있을 것입니다(요엘 3:32). 시온은 유대인의 영광과 구원을 위해서도 좋고(이사야 46:13) 그 어느 곳보다 지형적 여건에서 이미 요새화 된 곳이니 안성맞춤이기도 하고 육적과 영적인 면에서도 모두가 안성맞춤일 것입니다. 그곳은 어느 것 하나 나무랄 데가 없을 것입니다.

시온산과 예루살렘에서 그 때에는 분명 피할 자가 상당수 있을 것입니다. 어느 면으로 보나 이 때 여호와께서 도와주시고 보호망과 구축망 만 되어 주신다면 이 지상에서 최대의 피난처는 역시 시온 산이 될 것입니다. 그런다고 해서 지금쯤에서 누군가가 그곳에 가서 그곳 어디에 땅굴을 파고 먹을 양식을 저장하면 되는 것 아닌가고 반문을 할지도 모르나 그것은 대단히 위험한 처사입니다. 왜냐 하니 지금에서 누가 그렇게 하면 이미 그곳은 뉴스의 화제 장소와 인물이 되어버리기 때문에 그를 죽이기 위하여 속결의 칼날이 먼저 그곳과 그에게 임할 것임을 명심해야 할 것 입니다. 고로 이 시점에서 신자는 바로 이런 위선적 명분을 먼저 제공해서는 결코 아니 됩니다.

5. 피난처는 어떤 식일까?

본 과제는 모두에게 언제나 비상한 관심사를 제공해 주는 대목입니다. 분명 피난처는 이유 불문코 사단의 권세가 결코 미치지 못하고 적그리스도나 거짓 선지자의 칼과 입김이 미치거나 오고 가는 곳이 되어서는 결코 아니 되는 곳입니다.

사단의 권세나 어두움과 혼돈, 공허와 파괴, 사망의 기운, 흉년이나 기근, 지진, 날쌘 칼, 기타 그 무엇의 권세나 힘이나 역사가 미치는 곳은 피난처가 되지 못하기에 이런 것이 미치지 아니하는 곳이어야 합니다. 그 주변을 인간들이 오고 가면서 어지럽고 추하고 더럽고 빛을 바래게 하거나 아니면 각종 금이 가게, 흠집이 생기게 해서도 아니 되고 악한자 사단이나 귀신들이 오고가면서 각종 부스러기와 진딧물과 독거미줄을 치게 해서도 아니 되는 것입니다. 또한 악한자 마귀가 드나들면서 주위를 완전 난장판으로 만들거나 아름답지 못한 몰골의 집합장소로 둔갑시키게 해서도 아니 됩니다. 또한 성직자란 간판을 목에다 건 자들이 드나들면서 세속화와 자유화 시켜서도 역시 아니 됩니다.

어떤 이는 아직도 지나치게 보수성을 지니거나 장착한 나머지 피난처를 아예 영적으로 생각해 버리는 경우도 있는데 그렇게 생각해서는 절대로 아니 됩니다. 영적인 피난처는 영원한 천국에 있고 창조주 하나님의 품안에 있기 때문에 이것을 지나치게 의식이나 의존해서는 아니 됩니다. 피난처는 인간들이 성령의 인도를 받고난 뒤에 가게 되므로 그리스도의 재림 시까지 거하실 안정된 장소요 또한 있을 만한 곳이지만 영적 피난처는 그것이 아닙니다.

피난처를 이 시점에서 우리가 연구하거나 논할 때에 이유 불문하고 하늘이나 영적 개념에 이를 넣어서 생각이나 연구하는 것 등에서 벗어나야 하고 떠나야 합니다. 원래부터 피난처는 존재론적으로 하나님과 관계된 곳이니 이 세상 범주에서 일단 벗어나게 하는 오해는 금물입니다.

솔직히 피난처는 어떤 식의 장소 일까가 의문의 초점이고 만인에게 비상한 관심사를 던지게 하는 대목입니다. 피난처란 처음부터 현금당대마냥 고층 빌딩이 즐비하게 세워져있거나 아파트가 줄줄이 세워지고 늘어선 지역은 아닙니다. 현 시점에서 이런 것을 생각하거나 이런 개념의 망상 속에 사로잡혀 있고서는 모든 것이 허무요 비인일 뿐 입니다. 사실 다가올 성서적 피난처는 도시인들의 사고와 생각, 신앙과는 거리가 솔직히 동떨어져 있어서 너무나 멉니다. 어떻게 보면 도시인의 사고와 생각과 신앙 속에 그것이 도무지 들어오지 아니하고 있습니다. 그러니깐 피난처일지도 모를 일입니다.

  현금당대 도시의 구성요소나 현실에 비하면 이때의 피난처는 심히 보잘 것 없는 곳이고 뒤지고 후미진 것입니다. 대환란과 핍박을 견디기가 어렵기에 하는 수 없이 도피하고 피난해서 모인 곳이니 또한 언제 다시 이 세상의 권세를 잡은 자들이 임의전단에 의해 칼을 마구 휘두르며 다가올지 모르는데, 얼마동안 성도가 그곳에 머문다고 해서 이 피난처를 아름답고 고상하게 꾸미거나 지을 필요가 없는 것 아닙니까?
  그러므로 토굴이나 큰 바위 사이나 또는 장막 등에서 기회를 놓치지 아니하고, 또한 칡이나 머루 다래 종류의 넝쿨 등으로 임시 막사를 짓는데 묶고 늘리며 지어진 것이 아닐지 의문입니다. 이런 것은 의미심장한 것들입니다.

  피난처에로 들어오는 자는 사전에 자기가 피난처로 들어간다거나 들어갈 준비를 했기에 들어가는 것은 결코 아닙니다. 다소의 영향은 있을 것이지만 여호와의 전적 도우심과 사랑과 은총과 자비임을 잊어서는 아니 됩니다. 단도직입적으로 이야기해서 피난처는 이 세상 현실과는 의식구조가 완전 딴판이기에 먹는 것, 마시는 것, 입는 것, 자고 쉬는 것 기타 모두에서 이 세상적 개념이나 욕구 욕망을 벗어던져야 하고 입과 몸 전체가 할례를 받지 아니하고서는 피난처로 보내어져도 살아갈 도리가 없기 때문에 그런 경우는 차라리 가지 아니하는 것이 나을 것입니다.

피난처에서는 하나님께서 아셔서 입히실 것이지만 의복 분야에 있어서도 지금 그가 부르심을 받고 피난처로 갈 때 입은 그 옷 하나 외에는 가진 것이 전혀 없고, 신은 신발 유형이나 양말, 스타킹도 신고 간 그것 하나뿐임을 명심해야 됩니다. 그리고 이불이나 베개, 침대, 요 등은 생각에서 완전 제외시켜야 합니다. 이때는 빈들 광야에 있는(누가복음 1:80) 세례 요한의 약대 털옷을(마태복음 3:4) 생각나게 하는 때입니다.

혹자는 이렇게 하는 것이 뭐가 피난처이냐고 요사스러운 반대를 할지 모르나 이렇게 해서라도 생명을 유지해야 하고 온 천하를 얻고 자기 목숨 하나를 잃는 것 보다야(마태복음 16:26) 얼마나 나은 것입니까? 이때에 세상에 그냥 있으면 적그리스도를 섬기며 경배해야 하고 그의 우상을 숭배해야(계시록 13:14~15) 살 수 있는 것 아닙니까? 살기 위하여 적그리스도와 거짓 선지자를 따라야 되는데(다니엘 11:30~32) 이런 것에서 피하게 하신 것과 그리고 이때는 양식이 없는 궁핍의 때인 만큼 사람이 사람을 먹어야 하는 식인종의 죄악에서 벗어났으니(제 1권 제 3편 9장 참조) 이 또한 감사가 아니고 무엇입니까? 인육을 먹지 아니하고 입에 피를 묻히지 아니하게 된 그것만도 감지덕지가 아닙니까?

제 5장 피난처를 여호와께서 준비하신 이유

"여호와여 내가 알거니와 인생의 길이 자기에게 있지 아니하니 걸음을 지도함이 걷는 자에게 있지 아니 하니이다"고 (예레미야 10:23).

그러면 여호와가 각 나라의 적성과 여건과 현실상황에 알맞도록 도처에 피난처를 준비하신 그 이유는 무엇이고 어디에 있는 것입니까? 여기에 대한 오도되고 잘못된 오산과 교리, 주의 주장들이 도처에서 나옵니다만 그럼에도 그런 것들이 큰 착각임을 지적해야 될 때입니다.

모든 것은 어디까지나 공정한 입장과 관점에서 바른 정의와 바른 선상에 바로 올려놓고서 모든 것을 하나하나 바로 보는 직관적 습관을 가져와야 하고 그것이 무엇보다 필요한 시점에 도착해 있습니다. 하나님은 언제나 우리에게 현실적으로 이것을 요구합니다. 왜냐 하니 피난처는 하나님이 조성하시고 보호하시는 것이지만 또한 전적 그의 장중에 있지만 그럼에도 그것 자체가 전적 대 환란 때에 성도들을 위하여 존재하고 있는 것이니만큼 우리는 왜 여호와가 마지막 때를 위하여 피난처를 예비와 준비하셨는지 그것을 바로 알지 않으면 안 됩니다.

공정한 입장에서 볼 때 피난처는 왜 준비했는가? 또한 피난처는 여호와께서 누구를 위하여 준비하셨는지 그 연유를 바로 알지 못하면 절대로 아니 됩니다. 흔히들 잘못된 신앙아집 분자들이 또는 종속적 종교의 그라운드에 빠지고 얽매인 철없는 자들이 자기는 어느 보수파 교단에 예속된 교회당에 다니고, 자기는 어느 이름 있고 나라와 기존의 종교계에서 크다고 알려진, 인정하는 대교회당에 다니므로 자기를 위해, 자기들 교회당과 교인들과 자기교회의 목회자 누구를 위해 모름지기 피난처가 존재하는 것과 같은 어리석고 우둔한 착각의 우와 누를 범하는 모리배적 종교꾼(교회주의꾼들)들도 자주 보는데 그것은 찬란한 오산의 함정 속에 빠진 자들입니다.

여호와께서 구약 성서와 신약성서를 통하여 피난처를 준비하시고 그것이 있다는 것을 우리에게 가르치신 것은 극동 지역의 조그마한 나라 한국 그것도 어느 지역의 특수, 특정 교회당과 그 교회당에 모여오는 신자와 목회자 누구를 위해 만드신 것이 아닐까하는 고상한 생각 따위는 배설물로서 이미 버렸어야할 그리스도교적 낡고 때 묻은 욕구와 욕망의 퇴폐행위이며, 망가지고 병든 악습이며 어느 지역의 특정 교회가 지닌 찬란한 우상적 야망이며 이방신적(샤머니즘) 우상작태에서 기인되어서 나온 찬란하고 요사스러운 속임수들이기 때문에 벗어서 불태워 버려야 할 말기적 우상단지들입니다.

여호와가 피난처를 준비하신 것은 어느 개인이나 교회당이나 단체 그리고 어느 교회당의 목회자 그 누구를 위한 것이 처음부터 아니기 때문에 특정의식을 가지는 그 자체가 더럽고 불결한 것이며 언제나 저들만의 것으로 착각이나 오해하는 행위 그것이 바로 이미 바알적이고 몰록적이기에 이 시점에서 성도들은 교회당적 말기 우상과 목회자적 말기 아세라상에서 철저히 벗어나지 않으면 안 됩니다.

피난처는 여호와의 것이고 여호와가 예비하신 것이므로 여호와가 필요한 대로 여호와가 부르시고 찾으시는 그들만이 얻고 들어갈 수가 있는 자격과 능력이 있고 그들에게 주어지는 것입니다. 이 지상에서 개개의 교회당이 크다거나 교인이 많이 모인다거나 또한 그런 교회당의 목회자와 다소는 연관성이 있고 되는 것이 아닐까라는 생각을 가지는 자가 있을지 모르나 성서는 시작부터 인간의 그런 생각이 철저한 바알적이고 몰록 우상적이라고 규탄하면서 억 만분의 일도 이런 것과는 상관관계가 전혀 없다는 것임을 알립니다. 여기에 목회자들과 신자들의 고민거리가 담겨져 있을지 모르나 그럼에도 인간의 생각이나 믿음, 의식구조를 철저히 떨쳐버리고 오직 여호와의 인도를 받아야할 것뿐입니다.

그럼 우리는 이하에서 여호와가 왜 피난처를 예비하신 것인지 그리고 피난처는 누구를 위해 조성하시고 보호와 관리하시고 계셨는지 그것을 상고해보지 않으면 아니 됩니다. 만사는 다 그 준비한 원래적 목적과 이유가 있듯이 피난처 역시 예외는 아님으로 조성하신 그 원래적 목적이 있기 마련입니다.

성서를 보십시오. 성서는 그리스도를 믿는 의인의 모든 것을 이미 보장한다고 하십니다. 그래서
"의인은 고난이 많으나 여호와께서 그 모든 고난에서 건지시는도다"고(시편 34:19).

1. 피난처를 준비하신 이유.

"나의 부르짖음을 들으소서. 나는 심히 비천하니이다. 나를 핍박하는자에게서 건지소서 저희는 나보다 강하니이다"고(시편 141:6).
이 과제에서는 먼저
① 피난처는 기독교의 어느 종파를(교파) 위해 준비한 것인가? 그렇다면 어느 종파를 위해 준비된 것인가 함과

② 피난처는 특정교회들을 위해 준비된 것인가? 그러 하다면 어떤 교회당을 위해 준비된 것인가 함도 반드시 연구가 되어져야 할 것입니다.

그럼에도 피난처는 이런 유형을 위해 예비 된 것이 아님을 명심해야 합니다. 피난처는 여호와가 준비한 것입니다. 동시에 여호와 자신이 피난처의 본체이기도 합니다.

그래서 성서는
"여호와는 나의 피난처시라"고(시편 91:9)
또한 성서는
"여호와께서 너를 지켜 모든 환란을 면케 하시며"라고(시편 121:7)
또한 성서는
"여호와 나의 힘 나의 보장 환란 날의 피난처시여"고(예레미야 16:19) 라고.

여호와가 우리의 피난처시니 항상 우리를 감사하고 있지만 여호와가 예비하신 그 피난처가 점차 우리 앞에 현실화로 다가오고 있습니다. 대 환란이 오기 이전에 죽을 예정섭리가 없는 성도를 어떻게 하는 것이 가장 바람직하다고 보십니까? 그냥두면 그런 자는 도무지 대 환란을 통과할(계시록 15:2) 힘과 능력이 전혀 없는 것은 고사하고 그런 믿음마저도 없는 것 아닙니까?

구약성서 열왕기 상 17:1~16절을 보면 엘리야 때에 오랫동안 가뭄이 계속되므로 선지자 엘리야는 하는 수 없이 이리저리 유리하다가 사르밧 땅으로 가서 과부네 집에 머물게 됩니다. 이때에 엘리야에게는 사르밧의 과부네 집이 피난처였습니다. 이는 우리가 현실에서 피난처를 연구하는데 하나의 자료 제공이 되고 있습니다.

사실 피난처에는 아무나 가는 것이 아니고 꼭 들어가야 할 바로 그들이 들어가게 됩니다. 솔직히 그의 이름이 하나님 나라에 있는 생명책에 이미 기록이 되어져 있는데(계시록 3:5, 13:8, 21:27) 환란의 극심함에 의해 넘어지게 할 수는 없는 것 아닙니까? 이미 그의 이름이 생명책에 성령의 역사에 의해 기록은 되어져 있으나 대 환란을 통과할 능력과 힘이 없으니 피난처라도 보내어져야 할 것이 아닙니까? 폐일언하고 성서는 이때 선택의 폭을 우리에게 제시하고 있습니다.
  ① 사전에 하늘나라로 가거나(가든가)
  ② 대 환란을 통과하거나(하든가)
  ③ 순교를 당하거나(당하든가)
  ④ 피난처로 보내어지거나(지든가)
  ⑤ 진리를 배도하고 적그리스도와 그의 우상을 섬기고 경배하며 따라가거나(따라 가든가)
  위에 나타난 이 5개항 가운데 우리는 분명 어느 하나를 선택해야 할 것입니다. 일단 대 환란이 시작되면 이 5개항은 필연적 사건이므로 하나를 취사선택해야 합니다. 성령이 이 방에서 불원 유대에로 돌아간다고 하지만 돌아가기 이전에 벌써 그리스도 교인들의 수효는 엄청나고 있습니다. 솔직히 이들 모두가 순교를 당하거나 대 환란을 통과할 수는 없는 것 아닙니까? 그 숫자적으로 보나 시간과 상황과 여건적으로 보아서도 말입니다. 무엇보다 대 환란을 일단 치루기 위해서도 피난처를 조성하신 것 아닙니까? 필요에 따라 각기 분산을 해야 되니 말입니다. 대 환란의 때가 가까이 오면 도처로부터 상당수의 기독교 신자들이 피난처로 보내어져야 할 것입니다. 이들에게 이 때 피난처보다 더 값지고 귀한 곳은 없습니다. 그럼에도 불구하고 잘못된 지도자들의 전달에 의해

피난처가 없다거나 피난처로 보내어질 자가 누구냐 하는 것 등은 분명 현실화된 비극인 것입니다.

　피난처가 대 환란 때에 조성되어져 있다고 해도
　① 대 환란을 반드시 통과할 성도는 피난처 행에서 제외됩니다.
　② 우상과 적그리스도 등에게 절하거나 섬기는 그들 모두는(배도자들) 피난처 행에서 완전히 제외됩니다.
　③ 순교를 대 환란 시에 당할 자들 모두도 피난처 행에서 제외됩니다.
　그런다고 해서 그리스도교의 순교자가 마지막 때 곧 피난처가 열림으로서 시작이 되고 나타난다고 보지는 아니합니다. 지금도 순교자의 피는 세계도처에서 낭자합니다. 지금도 매년 30여만 명 이상씩 순교자가 나오고 있으니 말입니다. 그리스도교의 순교자는 다가올 대 환란에 관계가 없이 세계도처에서 특히 회교권 국가들에서 지금도 많이 나타나고 있음은 다가올 사태를 위해서도 결코 반가운 처사가 못됩니다.
　피난처는 어느 지역이나 어느 종교적 특정 교파나 어떤 특수 교회당을 위해 준비된 종교적 일상(통사) 개념을 철저히 벗어버려야 할 것입니다. 피난처는 성도들의 길과 생명을 보전하려는 것 뿐이며(잠언 2:8하반절) 동시에 대 환란의 각종 재앙들이 가까이 하지 못하게 하려는 것임을(시편 91:7) 명심해야 합니다.
　성서는 "이런 사람에게는 환란의 날에 벗어나게 하사 악인을 위하여 구덩이를 팔 때까지 평안을 주시리이다"고 합니다(시편 94:13). 이것이 피난처를 조성한 근본 이유가 아니겠습니까? 또한 피난처는 "주의 노에 소멸되며 주의 분내심에 놀라"는(시편 9:7) 그 때를 위해 준비된 것입니다.

2. 피난처와 순교자.

"죽는 자 같으나 보라 우리가 살고 징계를 받는 자 같으나 죽임을 당하지 아니하고"(고린도 전서 6:9).

피난처로 보내어지는 자는 "죽음을 보지 아니하고"(시편 89:48) 다시 오시는 메시야를(그리스도) 맞게 될 것입니다. 그것이 이들에게 주어지는 축복의 잔일 것입니다.

그럼에도 여호와께서 만세전에 준비해두신 피난처에는 순교를 당해야 할 그들은 들어가지 못합니다. 피난처의 길과 순교에의 길은 시작부터 완전히 다릅니다. 이 양자가 처음부터 그리스도 안에 있기는 해도 각기 그 길이 다름을 명심해야 됩니다.

순교자와 피난처로 가는 자의 같은 점은(공통점)
① 양자가 이미 생명책에 기록이 되었다는 것입니다.
② 양자가 이미 그리스도의 도우심을 받고 있다는 것입니다.
③ 이 양자가 다 구원을 얻었다는 것입니다.
④ 이 양자가 백보좌의 심판을 받지 아니한다는 것입니다. 심판을 받기는 하나 상을 위한 것일 뿐입니다(로마서 14:10, 고린도 후서 5:10).
⑤ 이 양자가 함께 구원을 얻어 천국에 간다는 것입니다.
⑥ 이 양자가 영원한 천국에서 함께 영원히 살게 된다는 것입니다.
그리고 이 양자가 다른 점은 순교자는
① 육신이 일단 죽어서 구원을 얻는다는 것입니다.
② 대 환란 시에 그리스도의 이름을 높이고 지키다가 순교를 당한다는 것입니다.
③ 피난처로 가지 아니하고 임하는 대 환란을 자기가 처한

그 장소에서 받고 당한다는 것입니다.
④ 살아서 다시 오시는 그리스도를 맞을 수가 없다는 것입니다.
⑤ 죽은 자들이 그리스도와 함께 부활을 입기 위해 다시 오실 때 오게 된다는 것입니다(데살로니가 전서 4:14~17).
⑥ 지상에 살아있는 자들보다 먼저 부활의 변화를 입는다는 것입니다(데살로니가 전서 4:15~16).
⑦ 순교자는 일단 육과 영이 분리되는(죽음) 맛을 보게 되고 피난처로 보내어지는 그 맛을 보지 못한다는 것입니다.

그러나 피난처로 보내어지는 자는
① 끝까지 살아남게 된다는 것입니다.
② 살아서 구원을(피난처에서) 얻는다는 것입니다.
③ 대 환란 시 그리스도에 의해 이 몸 그대로 피난처에로 보내어진다는 것입니다.
④ 살아서 재림의 주를 맞을 수가 있다는 것입니다(데살로니가 전서 4:15~17).
⑤ 육체와 영체가 그 무엇에 의해서도 이별됨이 없다는 것입니다.
⑥ 살아있는 현 상태 그대로 변화를 입고 천국으로 간다는 것입니다.

이런 것은 피난처에로 보내어지는 자와 자기가 살던 그 곳에 현실적으로 남아서 그리스도의 이름 때문에 순교를 당한 자와의 차이점이지만 양자가 모두 복 받은 자들입니다. 자기가 살던 그곳에 남아서 그리스도의 이름 때문에 순교를 당하는 자나 그리스도의 인도와 보호 가운데 어딘가에 보내어져서 여호와의 보호막 속에 얼마동안 사는 자나 간에 이 양자 모두가 전적 여호와의 보호와 도우심이 없고서는 어느 것도 이루어질 수 없는 것들입니다. 피난처에로 순교를 당할 자가 들어갈 수 없듯이, 순교 역시 피난처에로 보내어질 자를 요구하지 아니하는 것이 정로입니다.

　피난처로는 죽지 아니하고 살아남아서 다시 오시는 그리스도를 맞을 수 있는 유자격자들만이 가게 되고 순교자는 일단 제외됩니다. 살아서 다시 오시는 그리스도를 맞을 자는 피난처에로 보내어진 자 그들만이 아니고 대 환란을 끝까지 이기고 통과한 자들도(계시록 15:2~3) 맞게 됩니다. 또한 피난처로는 대 환란 시작 이전에 이미 이 세상을 떠나 저 세상으로 가버린 자들 모두가 제외됩니다. 살고 죽는 것은 인간 그 개인의 마음대로 되는 것이 절대로 아닙니다. 이때는 대 환란의 때인 만큼 어느 개인이 죽고 싶다한다 해서 죽을 수 있는 그런 때가 아닌 만큼 경우에 따라 죽음이 피한다고 합니다(계시록 9:6). 피난처로는 오직 여호와 하나님께서 부르시는 자 그들만 가는 특권이 부여된 것을 감사해야 합니다.

3. 피난처와 환란 통과자들.

　피난처와 대 환란 통과자는 전항에 나타난 바의 "피난처와 순교자"와는 상당한 차이점이 있습니다. 왜냐 하니 피난처와 대 환란 통과자는 전항과는 달리 상호간에 유사점이 너무나 많기 때문입니다. 그래서 이 양자는 과거나 현재에서 무엇보다 그리스도 교인들에게는 비상한 관심을 가지게 하고 있는 부분입니다.
　피난처에로 보내어지는 자와 대 환란을 통과해야하는 자의 유사점은
　① 양자가 공히 대 환란 시에 죽지 아니하고 살게 된다는

것입니다.
② 다가올 대 환란을 양자가 공히 이 지상에서 맞이한다는 것입니다. 있다는 것입니다.
③ 양자가 공히 이미 생명책에 그 이름이 기록되어져
④ 양자가 살아있는 그 상태에서 여호와의 보호를 받고 있다는 것입니다.
⑤ 양자가 살아있는 상태 그대로 대 환란 후에 나타난다는 (만난다는) 것입니다.
⑥ 양자가 살아있는 그대로 재림의 주를 맞이한다는 것입니다.
⑦ 양자가 죽지 아니한, 살아있는 상태 그대로 그리스도의 재림 시 변화를 입는다는 것입니다.
⑧ 양자가 산 그대로 육신의 변화를(부활) 입고 영원한 천국에 들어간다는 것입니다.

아무리 보아도 이런 일들은 현실적으로 양자가 모두 돋보이는 축복임을 알립니다. 대 환란 시 그 극심한 비극적 사건과 상황 속에서도 양자가 죽음을 맛보지 아니하고 살아났다는 것도 놀랍지만 끝까지 믿음으로 참고 견디며 이기었다는 그것이 보다 더 놀라운 현실입니다(광경).
그러나 피난처에로 보내어지는 자들과는 달리 대 환란을 통과해야 할 성도들은 몸소 주어지는 대 환란을 하나하나 다 겪어야 하는가 하면 그럼에도 믿음으로 그 모든 것을 이겨내야 하니 놀라운 승리가 아닐 수 없습니다. 그리스도께서도 세상에 계시면서 이를 이미 예견하시고 말씀하시기를 "세상에서는 너희가 환란을 당하나 담대하라. 내가 세상을 이기었노라"고 했습니다(요한복음 16:33).

이 세상에서 주어지는 대 환란을 통과해야 할 자들은
① 모진 고문과 같은 박해도 이겨내야 하고.
② 인간이 형언키 어려운 각기지 비굴 비열함 등의 고문행위도 이겨야 하며.
③ 경우에 따라서는 수차 엄청난 매를 맞고 해서 죽는 일까지 생겨 시체를 공동묘지가 아닌 산이나 들, 길거리 바다 기타 등지로 가져가서 던져버렸는데 그럼에도 여러 날 후에 다시 살아서 일어남도 있을 것이며
④ 경우에 따라서는 팔이나 다리 어깨부분, 얼굴 눈 기타의 몸 부위에 박해자들이 악을 가하여 부러지고 절단되게 하여 불구자로 만들거나 인간으로서는 도저히 상상조차 할 수 없는 일을(각종 고문으로) 가하고 자행들 하지만 그럼에도 믿음으로 참고 견디며 연명하여 그리스도의 재림을 맞을 자들도 있을 것입니다.
⑤ 기타 등에서는 대 환란을 통과해야할 자들이 현 위치에서(주소지) 내어 쫓겨나야 하거나 재산들에서 불이익을 당하여 몰수되는 경우도 있고 가족식구 중에 죽임을 당함과 가족식구들의 생이별도 능히 감수해야 할 것이며 벌거벗김과 얼음과 눈 위에 세워져서 동상환자 화 시키거나 갖은 사악과 포학한 행위 등을 당하기도 하고 갖은 성적모독과 육체적 굴욕과 모독도 감수해야 하고 맛보아야할 것입니다.

대 환란 때의 각종 고문행위들이니 무슨 사악한 짓인들 못할 것이며 인간이 할 수 있는 일이라면 모든 것들을 동원해 서라도 자행할 것입니다. 그리고 대 환란을 통과해야 할 자들로서 거짓 선지자를(계시록 13:11~14, 19:21상반절) 섬기지도 따르지도 아니한다 해서 심한 고문과 갖은 수모를 당하게 할 것이고 오신 적그리스도를(계시록 13:4~5) 믿지도 따르지도 경배치

도 아니한다고 해서(계시록 13:15) 불이나 각종 마약 등의 성적고문과 자지 못함과 먹지 못함과 목마름과 추위와 허기짐과 고독과 기타 각종 고문과 박해 등을 받게 할 것입니다.

 폐일언하고 성도는 대 환란의 때인 만큼 이 모든 것을 하늘이 주신 것으로 알고 받고 따라야 할 것입니다. 그것이 예수의 가르침대로 하나님의 자녀 된 대접과 선물이니 어찌합니까?(마태복음 5:10~12) 그러므로 피난처로 보내어져야 할 자는 기필코 보내져야 만이 넘어질 자는 넘어지고 통과할 자는 대 환란을 끝까지 통과할 것 아닙니까? 이 모두가 주어지는 인과보응이기보다 성서의 예언이고 그리스도의 뜻과 요구사항이라고 보는 것이 가할 듯합니다. 사실 기독교 신자들이 성령에 의해 각기 피난처에로 보내어 진다고 해서 그것이 신기루 현상이 되거나 특별한 댓가지불은 결코 아니며 그것이 다른 이에 비하여 예외나 법외적인 일은 아니며 비 그리스도적이거나 비성서적인 것도, 그리스도를 믿는다는 자들만의 독과성과 이기성적인 것도 결코 아닌 것입니다.
 이는 이미 만세전부터 여호와에 의해 주어져있고 내려져있는 신의 은총과 돌아보심이며 여호와의 섭리와 역사이지 단선적 편견과 혼선적 편파는 더욱더 아닙니다. 이 시점에서 그리스도인이 되었다고 자부하는 우리는 무엇보다 이점을 고려하고 유의해야 합니다. 지나친 오버 런은 자멸과 파괴이므로 전적 금물입니다.

 4. 피난처와 배도자들.

 "땅의 티끌 가운데서 자는 자 중에 많이 깨어 영생을 얻는

자도 있겠고 수욕을 받아서 무궁히 부끄러움을 입을 자도 있을 것이며"(다니엘 12:2)

　아무리 보아도 본 항은 다분히 문제투성이 뿐입니다. 전항에서는 그리스도인의 승리로 의기가 양양했는데 본 항에서는 왠지 고개를 들지 못하게 하고 부끄러움과 창피를 던지고 있으니 말입니다. 누구는 피난처에로 보내어져서 가고 누구는 지긋지긋한 대 환란을 통과해야 하는데 반하여 누구는 변절자가 되고 신앙의 지조와 정조를 팔아넘긴 후에 배도자의 반역과 편에 서서(데살로니가 후서 2:3) 형편없는 인간이 되어 과연 오고가야 하는 것입니까? 어느 면으로 보나 이것은 상호 대조되는 바의 심각한 우려요 문제입니다.
　대 환란이 일어나기 직전까지는 배도자가 그렇게 많이(흔히) 생기는 것은 아닙니다. 평상시에는 목사나 장로 권사 집사 전도사 강도사 찬양대원 각종 주일학교 교사이므로 안정된 상태에서 신앙을 배도, 배신하기란 그렇게 쉽지는 않습니다만 대 환란의 위기에서는 모두가 누워서 떡 먹듯이 배신과 배도하게 될 것입니다. 왜냐 하니 그 때에는 모두가 배도냐, 아니면 순교냐, 아니면 환란을 통과하느냐 하는 이 몇 가지 가운데 그 하나를 취사 선택해야 하니 말입니다.
　성서를 보십시오.
　"많은 사람은 궤휼로 그들과 친합할 것이며"라고(다니엘 11:34하반절).
　이는 바로 많은 신자들이 그리스도를 버리고 적그리스도에게로 갈 것임을 경고하고 있는 것 아닙니까? 그러므로 성서는 이 문제를 심각히 우려하고 있습니다.
　예루살렘에서 예수는 대 환란을 강론하시면서 그 때에는 엄청난 순교자가 나타날 것인데(마태복음 24:9) 그것이 대개는 교회당 밖에서보다 기존의 교회당 안에서(마가복음 13:9) 나타나고 이루어질 것이라고 했습니다. 그럼에도 그것은 구약성서의 예언을 합법적으로 이루시려함이니 비극입니다. 구약성서의 예언에서는 제사장이란 목회자가 칼에 엎드려 지고(시편 78:64) 주의 종들의 시체가 도처에 마구 뒹굴고 늘리게 되며(시편 79:2) 교회당 안에는 선지자가 다시없어지게 되고(시편 74:9) 제사장들과 선지자들이 "주의 성소에서 살육을 당하는" 비극이(예레미야애가 2:20하반절) 비일비재로 자행되기 때문에 생명책에 그의 이름이 기록되어 있지 않는 자는(계시록 13:8) 이 때 다 넘어지게 되어져 있습니다. 이 때 넘어지지 아니하면 칼로 죽임을 당하거나(시편 79:2하반절, 계시록 13:10) 아니면 다른 방법에 의해 넘어지게 될 것입니다(계시록 13:15).

대 환란 때에 그리스도교의 신자로서 배도행위를 하는 것은 국제적이고(다니엘 11:30,11:32, 데살로니가 후서 2:3) 이미 성서적임이 나타나 있으니 넘어질 자가 넘어질 만큼 넘어져야 종지부를 찍게 될 것입니다. 모두에게 우상을 만들고 그를 섬기고 경배하라 지시를 하면 각각 죽음이 두렵고 각종 고문행위가 겁이 나서 적그리스도의 우상을 섬기면서 살 수 있는 기회만을 포착할 것이고(계시록 13:14~15) 거짓 선지자를 따르라면 따르고... 그들이 하라는 것만 하면 목숨은 부지하게 될 것인 만큼 자연 배도자가 생기는 것은 자연스러운 것입니다.

그래서 성서는
"언약을 배반하고 악행 하는 자를 궤휼로 타락시킬 것이나"(다니엘 11:32상반절).

또한 성서는
"하나님이 유혹을 저의 가운데 역사하게 하사 거짓 것을 믿게 하심은 전리를 믿지 않고 불의를 좋아하는 모든 자로 심판을 받게 하려 하심이니라"고(데살로니가 후서 2:11~12).
특히 환란 시에 극도의 배도자가 생기는 것은 오른손에나 이마에 적그리스도의 표를 받게 하는 행위 때문입니다(계시록 13:16~17). 이 때 적그리스도의 표가 없으면 매매를 못하게 하고(계시록 13:17) 길거리를 자유로이 왕래할 수가 없고 공민권이 박탈될 것이니 배고픈 것과 내어 쫓김과 외로움과 추위와 더위 등에 의해 견디지 못하고 배도자가 되고 말 것입니다. 그러나 어찌합니까? 성서의 예언 상 배도자가 생길만큼은 생겨야 피난처로 갈 자는 가고 대 환란을 참고 견디면서 승리할 자는 승리할 것이니 말입니다.

지금에서 이 지상에 위치해 있는 교회당에는 직접적으로 다닌다고 해도 생명책에 그의 이름이 녹명되지 아니하면 대 환란의 와중에서 적그리스도에게 지게 되어져 있습니다(계시록 13:7). 성도가 짐승과의 전쟁에서 패하고 나면(다니엘 7:21, 8:24, 데살로니가 후서 2:4) 뒤를 이어서 대 환란의 후반이 시작하는 것은 도리가 없는 일입니다. 그것이 하나님 아버지의 섭리와 성서의 예언과 요구사항이며 성령의 뜻이라면 영락없이 우리 모두가 그대로 당해야 하는 것 아닙니까? 이때에 나타날 적그리스도나 거짓 선지자의 술책과 농간이 이만저만이 아닐 것이지만(계시록 13:7~10, 13:14~17, 다니엘 8:23~25, 9:26~27, 11:30~34) 그럼에도 이 모든 농간과 술책을 벗어던지고 승리해야하니 이 또한 문제가 아닙니까?(계시록 19:20)

대 환란 시에 일어날 환란들을 모두 그대로 놓아두면 어느 누구도 감히 막을 수가 없고 이길 수가 없기 때문에 그리스도는 대 환란 중 일부를 믿는 성도를 위하여 감하시겠다고 약속을 했습니다(마태복음 24:21~22). 이것은 우리에게 하나의 도움과 교훈을 주고 있는 부분입니다. 왜냐 하니 이 때는 대 환란 그 자체가 문제가 아니고 후반의 뒷부분이 바로 문제가 되기 때문인데 이는 역시 사랑하는 성도들의 문제인 듯합니다. 왜냐 하니 피난처에와 대 환란을 통과해야 하는 경우는 오래 견디기가 심히 어려운 것 아닙니까? 여호와께서 사랑하는 자기 자녀들의 극심한 환란 당함을 언제까지 그냥 보시고만 계실 것입니까?

그 때 누가 배도자들 일지에 대하여는 서로가 속단이나 언급을 피하는 것이 좋으나 막상 그 때가 도래하면 수십 수백분의 일의 성도만 남고 모두는 뿔뿔이 흩어지고 제각기 갈 곳으로 가버릴 것이 아닐지 의문입니다. 어차피 생명책에(다니엘 12:1, 계시록 13:8) 자기 이름이 없는 자는 반드시 넘어질 것이니 말입니다. 폐일언하고 성서는

"진실로 천한 자도 헛되고 높은 자도 거짓되니 저울에 달면 들려 입김보다 경하리로다"고(시편 62:9).

이는 인간 그 개인으로서는 누구도 피난처로 갈 능력도, 자격도 힘도 없으나 여호와 하나님의 은총의 섭리와 돌보심의 역사에 의해서만이 갈 수가 있다는 것을 알린 대목입니다.

이 시점에서 그리스도인들은 순교자가 되거나 피난처로 보내어지거나 배신자가 되기보다는 차라리 먼저 하나님 아버지의 나라로 가는 것이 무엇보다 현명한 처사일 것입니다. 솔직히 현금당대 기독교인들이 가장 염원하고 바라는 바는 그

래도 피난처 행입니다. 이것은 부여받은 사명이기보다 주어진 여호와의 은총이며 전적 여호와의 보살피심의 확증이십니다. 이것이 당연한 귀결이기에 어느 누구도 반대나 거부 반응을 여기서 일으킬 수가 없는 현실입니다. 어떤 이는 왜 그리스도교인들끼리 대 환란 시 여호와가 조성해두신 피난처들을 독식하려드느냐며 반발과 반문을 하거나 왜 그리스도 교인들이 닥치는 대로 싹쓸이를 하려하고 또 그것을 좋아들 생각하느냐고 반문을 하나 그것은 절대로 아닙니다.

여호와가 피난처를 준비하신 것은
① 기존의 교회당에 다니는 그들만을 위한 것이 아닙니다.
② 죄인으로서 하나님을 믿는 백성, 예수 그리스도의 사람 그들을 위해 준비하여 두신 것입니다.

그러므로 그곳은 구경을 하고 싶다고 해서 할 수 있는 그런 보잘 것 없는 곳이 아닙니다. 누가 보고 싶다고 해서 볼 수 있는, 가서 확인할 수 있는 곳도 역시 아닙니다.

제 6장 피난처에 들어갈 수가 없는 자들

여호와가 피난처를 도처에 조성하셨다고 해서 누구든지 들어가는 것은 아닙니다. 누구에게든 오라고 손짓하는 것도 아닙니다. 조물주께서 피난처를 조성했다고 해도 그 곳에 들어갈 자와 들어가지 못할 자를 사전에 구별해 내지 아니하면 안 됩니다. 그럼에도 여호와가 준비하신 그 피난처에 누가 들어가는가와 누가 들어가지 못하는가에 대한 답변은 오직 여호와만이 하실 문제입니다. 성서를 보면 분명 피난처에 들어가야 할 자들이 있는가 하면 피난처에 들어가서는 결코 아니 될 자들이 있습니다.

피난처로 가려면 반드시 그의 이름이 생명책에 이미 기록이 되어져야 하는 것은 두말할 것도 없고 생명책에 그의 이름이 설령 기록은 되었으나 임하는 대 환란을 통과해야할 자들은 제외가 되는 것은 도리 없는 일입니다. 그러나 그곳에 들어가서는 아니 될 자들은 현세에서 재물을(돈) 자기 하나님으로 삼는 자들과(시편 52:7) 하나님이 없다고 주장하는 자들과(시편 53:1) 깨닫지 못하여 멸망하는 짐승과 같은 자들과(시편 49:12, 49:20) 각종 우상에게 절하고 경배하는 자들과(계시록 13:14~15) 거짓 선지자를 따르거나 무당과 점쟁이를 찾아가거나 복술을 행하거나 진언자를 찾거나 굿을 하고 박수를 가까이 하는 자들도 피난처로는 이미 들어갈 수가 없고, 아무것도 아닌 각종 동산과 부동산이나 날아다니는 권력(권세) 때문에 자기 양심과 안면을 팔고 다니는 그런 자들도 피난처행이 금지됩니다.

어느 면으로 보나 피난처로 인도함을 받는 것이 심판과 지옥으로 가는 것보다 수만 배 더 어렵다는 것을 명심해야 합

니다. 그러면
① 피난처에는 누가 들어가야 할 자들입니까?
② 피난처에는 누가 들어가서는 아니 될 자들입니까?
이것을 아래에서 상고해 보기로 하십시다.

1. 피난처에는 마귀가 들어가지 못함.

하나님의 섭리와 절대주권은 오묘합니다. 성서를 보면 도처에 피난처가 있다고 기술합니다. 그럼에도 그 피난처가 어디라는 것에 대하여는 전혀 언급이 없습니다. 여러 가지 정황이나 상황 여건 등으로 보아서 피난처는 해나 달, 별들 그리고 에덴동산 등은 아님이 분명하고 이 세상을 벗어난 곳은 더욱더 아니며 어디까지나 이 세상권 안에 있는 곳임이 분명한데 그곳들이 어디이냐에 대하여는 구구한 억측과 학설이 난무할 뿐 도무지 알 수가 없다는 것입니다.

성서가 지적하고 기술하는 피난처들은 어디까지나 이 세상권 안에 있고 이 세상권을 벗어나거나 밖에 있는 것이 아닌 만큼 일단 지구 밖의 외계권에 대한 찬란한 오해에서는 이미 벗어나 있는데 그럼 그곳이 어디이냐 하는 것이 문제의 이슈입니다.

성서를 보면 피난처는 아직까지 아무도 모르는 곳으로 나타납니다. 천사들도 모르는 곳, 악한자 마귀와 그의 사자들도(귀신들) 모르는 곳입니다. 천사들은 여호와께서 하시는 일을 누구보다 더 잘 아시기에 그곳을 이 시점에서 전혀 알려고 하지 아니합니다. 그러나 마귀는 알려하고 알고 싶어 하기에 수하인(사자들) 모든 귀신들을 동원해서 이 지구상의 구석구석을 다 뒤져도 아직까지 단 한곳도 발견하지 못한 가운데 있습니다. 피난처는 과거만이 아니고 현재도 그리고 장차 대환란이 시작되어 피난처의 문이 열리는 그때까지는 아무도 그곳을 알 수가 없도록 섭리되어져 있습니다.

그럼에도 일단 피난처의 문이 열리게 되면 여호와는 천군천사를 동원해서 피난처도, 피난처로 들어오는 성도도 모두 지키실 것입니다(계시록 7:2~3). 그러므로 그곳 주변에는 누구도 감히 접근이 금지될 것입니다. 천사도 악마도 인간도 그곳에의 접근이 완벽히 금지되지만 오직 피난처 행이 허락된 자들과 그곳에서 일할 수 있도록 허락된 천사들만 들어가고 나오게 될 것입니다. 그것이 여호와의 요구사항이고 만세 전의 뜻입니다.

마귀는 창조된 후 지금까지 실패를 거듭 반복하면서도 끝까지 굴하지 아니하고 덤빌 것입니다. 그럼에도 마귀는 사전에 피난처가 있는지에 대하여 알지 못했고 지금도 피난처가 어디인지에 대하여 알지를 못하고 알려하지도 못하고 있습니다. 왜냐 하니 이제까지 그가 얼마나 감추어진 그곳을 알려고 수고와 노력을 기울이고 경주했지만 허사였으니 자포자기하고 있는 상태입니다.

좌우지간 마귀와 그의 사자들과 유령들은 여호와의 피난처에 들어가지를 못합니다. 피난처 행은 영물이 아니고 어디까지나 시간성 안에 있는 육체들입니다. 그러니 이들은 그곳에 들어갈 힘과 능력도 없지만 처음부터 피난처에 들어갈 허락을 받지 못했기에 무자격자로서 들어갈 마음을 먹지 못했습니다.

마귀는 이 세상신이고(고린도 후서 4:4) 왕이면서도(마태복음 4:8~9, 요한복음 14:30) 알지 못한, 찾아내지 못한 그곳을 찾기 위해 안간힘을 다 쓰고 끝까지 그 주변을 맴돌 것입니다. 그 이유는 그곳을 찾아서 난장판으로 만들기 위해서 입니다. 태초에 여호와가 천지를 창조하시니(창세기 1:1) 저들은 창조하신 그 천지 중에 땅을 공허와 혼돈케 만들어 버린 것 마냥(창세기 1:2) 피난처도 공허와 혼돈케 만들려고 찾고 있으나 찾지 못하고 있습니다. 그럼에도 불원 피난처의 문들이 열려서 들어가야 할 무리는 넣으시고 문이 닫힐 것입니다.

2. 피난처에는 불신자들이 들어가지 못함.

피난처에는 들어감을 거부된 자들도 있고 허락된 자들도 있기 때문에 들어가는 자들과 들어가지 못하는 자들이 있을 것입니다. 그래서 기존의 교회당 안에서 많은 사람들이 말하기를 피난처에 누구는 들어가고 누구는 들어가지 못하게 되는 것은 어디까지나 불공정하고 편견과 편파성이 작동된 것 아닌가고 반문들을 합니다. 그러나 그것은 잘못입니다.

예수 그리스도를 믿는 자 가운데 피난처로 보내어 지는 것과 그 반대인 자를 거부시키는 것은 너무도 당연한 일이고 정의와 진리적인데 왜 그것에 토를 다느냐입니다. 성서에서 피난처가 이미 세계도처에 있음이 밝혀진 이상 고스란히 받아들이는 자세와 들어가도록 노력하는 믿음과 순종이 요구됩니다.

이 피난처를 크게 분류해보면 둘로 나누어지는데
 ① 하나는 유대인을 위한 피난처이고
 ② 다른 하나는 이방을 위한 피난처입니다.
 유대를 위한 피난처로는

① 시온 산의 어느 지역이 될 것입니다(오바댜 1:17, 요엘 2:32).
② 예루살렘 도성안의 어느 곳이 될 것입니다(요엘 2:32). 예루살렘에서는 어느 지하와 같은 곳 말입니다.
③ 이스라엘의 서쪽이 바로 바다이니 바다의 어딘가가 피난처가 될 것입니다(계시록 7:1, 7:3).
④ 이스라엘의 남쪽과 남동쪽이 대개가 사막이니 사막의 어디도 피난처가 될 수 있을 것입니다(계시록 7:15). 이는 애굽에서 나와서 시내 산 광야에서 40년간 있은 것을 연상하면 되겠습니다.

그러나 유대와는 달리 이방인을 위한 피난처로는
① 바다의 어느 지역이 될 수도 있을 것입니다(계시록 7:1, 7:3).
② 험한 악산이나 깊은 산의 바위틈이 피난처가 될 것입니다(이사야 2:10).
③ 진토도 피난처가 될 수 있을 것입니다(이사야 2:10).
④ 악산의 암혈이 피난처가 될 수도 있을 것입니다(이사야 2:19, 2:21).
⑤ 토굴, 동굴가운데 지금까지 발견된 것도 있고 아직 발견되지 아니한 것도 많은데 또한 아직까지 감추어져 있는(이사야 2:19) 것이 있는데 그것들이 피난처로 쓰일 수도 있을 것입니다.
⑥ 인가에서 가까우나 험한 산 바위틈들도(험한 바위) 피난처는 될 수가 있습니다(이사야 2:21). 험한 바위틈이니 보통 사람은 올라갈 수가 없는 곳입니다. 그곳에는 여호와가 천사를 동원해서 올려주시고 먹을 것도 제공해 주실 것입니다.
⑦ 도시 가운데 어떤 지역을 선택하시사 피난처화 할 것입니다. 예루살렘의 어느 지역을 선택하시사 피난처화 하듯이

말입니다.

⑧ 광야가 있는 나라와 광야가 가까운 나라들이 있는데 그런 지역에서는 광야의 어디에다 장막을 치실 것입니다(계시록 7:15).

⑨ 마을(시골) 등지에서 가까운 곳이지만 인적이 없는 지역도 피난처로 선택이 되는 곳이 있습니다(계시록 6:6).

이렇게 도처에 피난처가 조성되어 있음에도 예수를 믿지 아니한 자는 피난처에로 보내어짐이 거부되어 있으니 이것이 슬픈 일입니다. 불신자들이 피난처 행에서 거부 된다는 것은 처음부터 예견된 일들입니다. 마지막 때의 대 환란이 아무리 어렵고 극심해도 예비 된 그곳에는 오직 여호와의 백성들만 들어가게 되고 불신자는 처음부터 거부가 되니 누가 이 원리를 바로 깨달을 것입니까? 배격되는 이들 불신자들에 대하여 그 때는 동정과 연민의 정을 느낄지 모르나 이미 때가 늦었기에 도리가 없는 것입니다.

이것은 우리의 편견이나 편파성이 아니며 교회를 현실에서 다니고 있는 자들의 독단과 독식 싹쓸이 병이 역시 아닌 것입니다. 혹자는 여기에 대하여 반론을 제기하나 그런다고 해서 반론 제기의 여지가 있는 것이 전혀 못됩니다. 왜냐 하니 피난처 행은 전적 여호와 하나님께 속하여 있기 때문입니다.

3. 피난처로는 먼저 죽은 자가 들어가지 못함.

여호와께서 조성하신 피난처라 해서 먼저 달려가서 들어가기만 하면 저들의 소유가 되는 것은 아닙니다. 전항에서 이미 세계도처에 피난처가 예비 되어 있고 즐비하다고해도 아무나 들어 갈수 있는 그런 오열적 장소는 아님이 밝혀졌습니다. 누구든지 먼저 들어가 자리를 틀고 앉으면 임자인양 생각하는 것은 대 오산입니다. 피난처는 여호와께서 그 문을 닫으시고 계시니 누구의 눈에도 지금은 보이지 아니합니다. 천사들의 눈에도 보이지 아니하고 악한 자의 눈에도 보이지 아니하고 인간들의 눈에도 전혀 보이지 아니하고 있습니다. 눈에 보여야 뛰어가든지 말든지 할 터인데 도무지 보이지 않은데 누가 어떻게 들어 갈 것입니까?

피난처는 언제나 그 문이 열리는 것이 아니고 또 문이 항시 열려 있는 것도 아닌 만큼 대 환란의 시작전후에 잠시 그 문이 열릴 것입니다. 대 환란 시작과 동시에 그 문들이 활짝 열리기 때문에 그때 들어갈 자가 거의 들어가게 됩니다. 그러므로 대 환란 시작 이전에 이미 죽어서 저 세상으로 가버린 성도들은 피난처에는 갈 수가 없게 됩니다. 이미 가야할 곳으로 가 버렸기에 피난처에로 가는 것은 완전히 제외됩니다. 피난처로는 오직 이 세상에 대 환란의 시작 전후에 살아있는 자라야 하고 누구보다도 예수 그리스도를 잘 믿는 성도로서 생명책에 반드시 그의 이름이 기록되어져 있어야 하는 것입니다. 생명책에 그의 이름이 없는 자는 이유 불문코 제외가 됩니다. 이것이 바로 현실적 장애물입니다.

피난처로 가는 제 1차적 조건은 대 환란 시작 때에 살아있어야 하는 것이고 제 2차는 생명책에 이름이 기록된 그것입니다. 그럼에도 이 모두를 잊어버리고 아무나 또는 앞서간 자가 먼저 가서 자리를 틀고 앉으면 되는 양 오해하는 것은 아주 잘못된 착각입니다.

어떤 이들은 어리석게도 피난처와 공중휴거를 혼돈과 착각해서 마지막 대 환란이 일어나기 직전에 믿는다는 우리가 공중으로 휴거할 것인데 그 휴거가 바로 대 환란에서의 피난이 아닐까 하면서, 공중휴거로 인한 혼인잔치의 장소가 바로 피난처인양 철저히 오해하는 경우도 봅니다. 우리는 어떤 이유에서고 간에 이런 오도된 어리석음을 버려야 합니다. 분명하고 확실한 것은 성서적 공중휴거란 없는 것입니다. 그것은 잘못된 이기주의 종교지도자들의 전율적 오해에서 비롯된 것일 뿐입니다. 잘못된 자들이 성서에 나타나는 몇 구절을 잘못 지적하며 여기를 보라는 식의 성서해석 따위는 결코 성스럽지 못한 것입니다. 우리는 공중휴거란 망둥이들의 속임수과 성서적 피난처를 오해나 혼돈하지 맙시다.

4. 피난처로 순교자들은 들어갈 수가 없음.

"이 흰옷 입은 자들이 누구며 또 어디서 왔느뇨 내가 가로되 당신이 알리이다 하니 그가 나더러 이르되 이는 큰 환란에서 나오는 자들인데 어린양의 피에 그 옷을 씻어 희게 하였느니라"고(계시록 7:13~14)

지금 이후로 주 안에서 죽는 자들은 복이 있습니다(계시록 14:13). 여기에 대하여는 어느 누구도 부인이나 부정치 못할 것입니다.

대 환란이 일어날 직전까지, 그리스도의 몸 된 교회가 이 세상에 세워지는 그 날로부터 계속해서 세계도처에 박해는 여전히 있을 것이고 계속 순교자는 생겨날 것입니다. 왜냐하니 그리스도는 세상에 계시면서 하나님의 자녀가 되는 비결 7가지를 말씀하신 후에(마태복음 5:3~9) 뒤이어서 하나님의 자녀가 된 "자녀의 대접"을 받아야 한다고 강론했습니다. 이 강론에서 예수는 하나님이 자녀 된 대접이 바로 욕과 매 맞음과 위증… 등등이라 하시면서 매와 감옥과 죽임과(마태복음 5:10~12) 이 모든 것을 당하는 것은 너희가 하나님의 자녀 된 대접이라 했듯이 하나님의 자녀는 과거나 현재 그리고 미래에도 여전히 이 대접을 받게 될 것입니다.

그러다보니 기독교에는 끊이지 아니하고 순교가 따릅니다. 대 환란의 때가 오기 이전에 이미 순교를 당한 자는 누구도 피난처로 가지 못하고 대 환란 때 순교를 당할 자들 역시 피난처로 갈 수가 없습니다. 이들 이외에도 피난처행이 거부와 거절된 자도 상당수입니다.

20세기 초부터 시작하여 지금까지 그리스도 교인들은 매년 30~40여만 명씩 순교를(평균) 당하고 있고 어떤 해에는 수백만 명에 달한 경우도 있습니다. 순교자만 나오는 것이 아니고 기독교 국가마저 무너지고 쓰러져 버리는 것을 보기도 합니다. 왜 우리가 여기서 이를 상고해야 하느냐 하면 이런 것들이 우리에게 하나의 산 역사의 거울과 교훈이 되어야 되기 때문입니다. 다가오는 세대에서 역시 세계 어느 나라의 그리스도교회가 또 다시 압박과 핍박을 받고 넘어질지도 모르는 일입니다. 가까운 장래에 한국의 그리스도교회가 바로 여호와 앞에서 그 해당자일지도 모르는 일이므로 한치 앞도 못 보는 때입니다. 그럼에도 피난처로는 일단 대 환란 이전에 죽은 자는(순교자) 보내어질 수가 없는 것입니다.

또한 피난처에는 대 환란 시에 순교를 당해야할 성도도(마태복음 24:9, 계시록 13:8~10, 13:15, 17:6) 보내어질 수가 없습니다. 대 환란의 때에는 그 하나하나의 숫자로는 헤아릴 수 없는 성도들이 순교를 당하게 됩니다(계시록 7:9, 7:13~14, 다니엘 7:21). 이들은 모두 피난처로는 안내를 받을 수가 없습니다.

　막상 피난처의 문이 열려서 그곳에 성도를 보낸다고 해도 보내어지는 자의 수효는 순교를 당하는 자의 수효보다 여러 면에서 종합하건데 몇 배 아니면 몇 십 배가 적을지도 모를 일입니다. 여러 가지 상황이나 여건상. 순교자는 이미 생명책에 이름이 기록이 된(계시록 13:8~10) 자들이기에 순교자의 수에 이미 들어가 있습니다(계시록 6:11). 이들은 오직 하나님께 영광을 이미 얻은 자들입니다. 그럼에도 주어지는 하나님의 뜻과 섭리가 각기 다르기에 순교자는 순교의 영광으로, 피난처로 인도함을 받는 자는 그곳 피난처의 영광으로 환란을 통과해야할 자들은 환란 통과의 영광으로 하나님을 기쁘시게 할 것입니다(히브리서 11:6).

5. 생명책에 그의 이름이 기록되지 않은 자는 피난처로 못감.

　지금에서 각급 교회당에 외식과 형식 각종 틀을 갖추고 다닌다는 것과 생명책에 그의 이름이 기록이 되어 있는 것과는 다릅니다. 어떤 곳에서는 어느 돈 있는 그곳 유지가 교회당을 하나 지었다거나 몇 사람이 합심해서 대형 교회당을 하나 둘 지었다는 그런 것과 생명책에 그들의 이름이 기록 된다는 것을 혼동하는 것을 보는데 이 양자는 다른 차원에서 다루어져야 합니다. 외형적 관점에서 보면 시간성 안에서 교회당 하나를 짓는다 또는 지었다는 것이 굉장한 것 같으나 실상은 그렇고 그런 것입니다.

대형 교회당 건축자의 모델케이스가 대 헤롯이지만 그럼에도 그는 구원을 얻지 못한 악마의 모델케이스이기도 하잖습니까?(마태복음 2:16~19, 요한복음 2:20) 이런 것과 구원을 바꾼다거나 생명책에 그의 이름이 기록되는 것과는 근원부터 판이한 차이점이 남을 명심해야 합니다. 엘리트 부자 청년과 예수와의 대화를 보면 알 것이지만(마태복음 19:16~22) 교회당 건물 하나나 둘이 그렇게 굉장한 것은 결코 아닙니다. 앞에서 이미 논한바와 같이 헤롯왕은 예루살렘 성전을 지었어도 그는 못된 짓만 골라서 한 후 지옥의 벌레가 된 것을 보면 알만한 것입니다.

지금의 신앙과 대 환란시의 신앙도 양과 질적으로 상당한 차이가 날 것입니다. 내형과 외형적인 면에서 골고루 말입니다. 대 환란 시에 그의 이름이 생명책에 기록되지 아니한 자는 그가 누구이든 간에 이유 불문코 넘어집니다(계시록 13:8~10). 이것이 하나님 아버지의 요구사항이고 성서의 단호한 예고이고 그리스도의 가르침입니다.

성서의 예고대로 대 환란의 때에는 이 지상의 성전이나(에스겔 44:1~2, 계시록 11:2, 15:8) 교회당의 모든 문들이 완전히 닫히고 철폐케 됩니다(시편 74:4~9). 대개의 교회당들은 불에 타서 없어질 것입니다(제 1권 제 3편 45장 참조). 이 때 생명책에 그의 이름이 기록되지 않은 자는 이유 불문코 넘어져서 생명의 주를 버리고 적그리스도를(짐승) 경배하고 우상을 섬기게 됩니다(계시록 13:14~15, 데살로니가 후서 2:3, 2:9~12, 다니엘 11:30~34). 여기에는 목사나 장로 기타 누구를 보거나 따질 겨를이 없습니다.

그럼과 동시에 그들이 주는 표를 받고 의식주 문제를 해결하기 위해(계시록 13:16~17) 안면에 똥을 칠한 철면피들이 이리저리 수치스럽게 몰려다니며 살아갈 것입니다. 이런 경우는 저들이 믿음을 저버리고 의식주 문제를 해결하기 위해 구걸행각을 벌임으로 자연 나타나게 되는 것인데 이런 몰지각한 이율배반자와 배도자들이 피난처에 제외되는 것은 당연지사일 것입니다. 신앙의 눈이 있는 자는 다가오고 있는 환란의 현실을 직시해야 됩니다. 그리고 당신의 이름이 과연 생명책에 기록이 된 신자인지 아니면 하나의 종교적 바람잡이 들러리 꾼으로서 지금의 교회당 안에 자리를 틀고 앉아 타인의 신앙을 응원하는 응원자이거나 아니면 타인의 신앙을 구경하는 구경꾼은 아닌지와 아니면 자본주의적 종교 꾼인지도 깊이 반성해 보아야할 것입니다.

6. 잘못된 신앙꾼들은 피난처에서 제외가 됨.

"내가 주의 신을 떠나 어디로 가며 주의 앞에서 어디로 피하리이까?"(시편 139:7)

눈이 있으나 볼 수 있는 눈은 없고 감겨져 있으며, 옷은 입었으나 벌거벗었으며(계시록 3:17) 귀는 있으나 틀어 막혀 있어서 들을 수 없는 그런 신앙 구경꾼들은 기필코 피난처로 인도함을 받지 못합니다. 기존의 교회당에 다닌다는 것 따위는 그렇게 문제되지 아니합니다. 그리스도 당시에도 볼 것과 들을 것을 듣지도 보지도 못한 자는(마태복음 13:13~16) 자기들의 바로 앞에 나타나서 역사하시는 나사렛 예수가 오신 그리스도란 것을(메시야) 이해하기는커녕 오히려 잡아 죽여야 할 중죄인시 했습니다. 당연히 믿고 받아들여야할 존재론적 대상을 믿거나 받아들이지 아니하는 당시 성전과 회당 안에 있는 자들과 같은 신자는 반드시 피난처행이 거부되고 제외되는 것은 정한 이치요 원리요 원칙입니다.

　신앙이 차지도 덥지도 아니한 자로서 언제나 미지근한 자들은(계시록 3:15~16) 피난처 행에서 역시 금지됩니다. 또한 교회당에 나오면 신자이나 세상으로 나가면 도무지 아리송해서 분간치 못하는 자들과(반신불수신자) 항상 세상에 잘 동화되고 접목되며 비늘도 없고 지느러미도 없는 고기류형의 교인은 철저히 피난처 행에서 제외가 되는 것이 성서와 신앙적 상식선입니다.
　하루살이는 걸러내고 약대는 집어삼키는 교회당 안 지도자들도(마태복음 23:24) 피난처 행에서 단도직입적으로 거부가 되고 앞과 뒤가 다르고 말과 행동이 일치되지 못한 지도자도 피난처 행에서 완전 거부되며 교인들에게는 그들의 소유를 그리스도에게 바쳐야 한다고 외치면서 자기는 그렇지 못한 지도자들도 피난처행이 좌절됩니다.
　또한 교회의 지도자로서 마음이 길가와 같은 자들과 마음이 흙이 얇은 돌밭과 같은 자들과 마음이 가시떨기 밭과 같은 자는(마태복음 13:4~7, 13:19~22) 피난처 행을 꿈꾸거나 마음을 가져서는 결코 아니 됩니다. 피난처는 어중이떠중이들의(오합지졸) 소굴과 집단화 장소가 아니며 우부우녀의 놀이터가 아니며 종교적 야바위꾼들의 사기술 행각의 집합소도 아니며 동시에 피난처는 종교적 고등 사기꾼들의 활무대도 역시 아니고 그들의 독점물도 전유물도 특허품도 아닌 것입니다.

분명 그리스도가 현 역사의 "문 밖에 서서 계십니다"(계시록 3:20). 그럼에도 눈이 멀고 어두워서 영의 세계, 영원의 세계를 볼 수 있는 직관과 투시의 눈이 없으니 바로 눈앞에 서서 계시는 그리스도마저 보지 못하고 있습니다. 분명한 것은 현실적으로 문밖에 서 계시는 그리스도를 문을 열고 모셔 들여야 함에도 불구하고 문을 열지 아니하고 오히려 보다 더 문을 꼭꼭 닫아두고 있으니 도무지 찾아오신 주께서 들어 올 수가 없는 것은 고사하고 찾아오심 그 자체가 무색해졌습니다.
　그리스도가 우리들 가정에 들어오시면 회당장 야이로네 집마냥(마가복음 5:21~24) 그 가정의 주인이 되어줄 것임에도 불구하고(마가복음 5:35~43) 문을 닫고 있으니 큰일입니다. 삭개오의 가정마냥 그리스도가 찾아오시면 가정과 식구들 모두의 주인이 되실 것임에도 불구하고(누가복음 19:1~10) 그렇게 되지 못하고 있으니 신앙꾼으로 또는 반신반의자로 언제나 남게 되니 모름지기 피난처행이 거부되는 것입니다.
　그리스도가 가정의 주인, 개인의 주인이 아직도 아닌 자는 날마다 교회당을 다녀도 그리스도의 객이요, 그리스도는 그 사람의 주인이 아닌 손님이요 대문 밖 사람일 뿐입니다. 교회당에 다니는 것을 기화나 밑천으로 해서 천국이나 피난처를 사서 가지려는 속성은 아주 추하고 더러운 속물근성이니 버려야 합니다. 영광의 왕 되시는 그리스도를(시편 24:7~10) 마음속에 모셔야 피난처라도 가서 사는 영광을 얻을 것입니다.
　현금당대 교회당 안을 들여다보십시오. 기독교회당 안에서 출세와 성공을 했다는 소리가 나옵니다. 대형교회가 되고 교인이 많이 모이면 성공한 교회 출세한 목회자라 합니다. 그러다보니 왠지 교회당 안에 사팔뜨기가 많고 지나치리만큼 예수 신앙 구경꾼들로 초만원 사례상을 이루고 있습니다. 현대 교회당적 예수 신앙 구경꾼들은 어떤 때에는 서울의 여의도 5. 16광장으로 몰려가서 노래와 기도와 고함과 힘찬 아우성과 눈물의 응원단원이 되어 열렬히 신앙응원을 신명나게 해주고 어떤 때에는 강남의 운동장이나 학생 체육관 등지로 몰려가서 신이 나는 응원판을 펼쳐주기도 하고 어떤 때에는 금식기도원이나 각종 기도원이나 수도원, 수양관 등지로 몰려가서 신이 나게 고함을 치고 하나님이 주무시는지 아우성을 치며 무엇에 접선이 되었는지 박수 아멘 고함과 웃음을 지으며 땀을 흘리고, 때로는 몸을 비비꼬며 두 손을 마구 치켜세우거나 흔들어 가면서 야단법석이니, 영매접선 기초 동작과 같이 보이기도 하며, 때로는 신앙응원과 신앙응원부대 역할도 유감없이 해주는가 하면 어떤 때에는 자기들 교회당 안에서 부흥회를 한다거나 특수 신앙 간증, 집회 시에 부흥강사의 신앙응원과 신앙구경꾼으로서 들러리 역할도 단단히 해주기도 합니다. 이런 장소 일수록 어디를 가나 너무도 대동소이 하고 동시적 일목요연 현상이 나타나서 우스꽝스러울 지경입니다. 예나 지금이나 간에 교회당 안에서 어느 목회자의 신앙을 응원해 주는 응원자와(응원부대) 구경해 주는 신앙 구경꾼들은 피난처 행에서 모두 제외되는 것은 고사하고 대 환란의 날에 결코 죽임을 면키 어려운 대상임을 명심해야 합니다.

  지금의 상태에서 신자가 된 당신은 출석하는 그 교회당 안에서 예수 신앙 구경꾼은 아닙니까? 혹시나 신앙 응원꾼은 아닙니까? 아니면 이에서 좀 지나쳐서 교회당안의 목사나 장로 전도사나 권사 신앙을 구경하고 응원하는 부대원은 아닌지 생각해 보셨습니까? 그렇지 아니하면 당신은 신앙 치어걸이나 신앙 치어보이는 아닌지도 의문입니다. 당신의 현실적 신앙 위치는 어디이고 도대체 무엇입니까? 당신이 출석하는 교회당의 목사나 어느 집사나 장로가 예수를 믿는 그것을 열심히 구경하고 잘한다면서 신나게 박수치고 칭찬하고 웃으며 그것으로 마음의 위안을 받는 종속신앙의 소유자는 아닌지 그것도 의문입니다. 이런 자는 대 환란 시 죽임을 당할지언정 피난처로는 못 갑니다.

7. 피난처에는 대 환란을 통과해야할 자는 들어가지 못함.

성서를 통하여 보건데 피난처에로 보내어지는 것은 그렇게 어렵지 않다고 봅니다. 성서를 보십시오. 사도행전 10:18절을 보면 가이사랴에 고넬료라 하는 사람이 나옵니다. 이 사람은 이달리야 대대라 하는 군대의 백부장이므로 이방인입니다. 그러므로 그는 원래 로마 황제의 신을 섬기던 자였습니다. 그럼에도 그는 자기 국가의 법과 영을 어기고 나사렛 예수를 믿었습니다. 그는 그것이 위법임을 알지만 믿음의 대상이 무엇인지와 누구인지를 알기에 저들의 황제신을 섬기지 아니하고 오직 여호와를 섬겼습니다. 그는 자신이 여호와를 섬길 때 그것이 언제인가 외부로 나타나지 않는다고 보지는 아니했을 것이니 목숨을 그것에 건 것입니다. 분명 이런 신앙의 소유자가 피난처에로와 또는 순교에로 나아가게 되거나 대 환란을 통과하게(계시록 15:2~3) 될 것입니다.

하늘에 있는 생명책에 자기의 이름이 기록된 자로서 대 환란 시에 순교를 당하지 아니하고 위로부터 주어지고 임하는 환란을 끝까지 통과를 해야 할 성도는 이유 불문코 피난처 행에서 도외시 됩니다. 그들이 죄가 있어서 그런 것은 아닙니다. 각자가 가는 길이 다르고 주어진 현실이 다르기 때문입니다. 신자들도 이때에는 각기 가는 길이 다르기에 가야 할 길로 가게 됩니다. 피난처에로 가야할 자와 순교에로 가야할 자 그리고 대 환란의 통과에로 갈 자가 각기 있는가 하면 여기에 전혀 해당이 없는 자도 있는데 그런 자는 지금에서 교회당의 어떤 위치나 직분을 가졌다 해도 모름지기 그 때에는 예수를 모른다며 거부케 되거나 아니면 떼죽음을 당하는 길과 룰에 처하고 끼여서 개죽음을 당할 것입니다.

순교로, 피난처로, 통과로 나가지 아니하고 남겨진 자에게는 두 가지 현상이 마지막 때에 나타날 것인데
① 그리스도를 배신, 배반하고 적그리스도를 섬기거나 거짓선지자를 따르거나 아니면 적그리스도의 우상에게 경배하고 섬기는 자가 되는 것이고(계시록 13:13~15).
② 여호와의 허락 하에서 교회당 안이나 기타의 장소에서 사람들이 불문곡직하고 마구 죽임을 당할 것입니다(다니엘 8:24~25). 그들도 그 유에 속하여 죽임을 당하는(개죽음) 어리석은 자가 되고 마는 것이므로 이들이 비극적 인간이 되고 말 것입니다.

대 환란을 통과할 성도는 전반기의 환란이 너무 극심하여 (계시록 11:6) 1260일 동안은 누구도(계시록 11:3) 상상할 수 없는 저주와 고통과 고난이 쉬지 않고 계속된다고 해도 그리고 후반기의 대 환란이 42개월간(계시록 13:5~6) 아무리 혹독하고 고통스럽다 해도(계시록 13:4~6) 생명책에 이름이 기록되지 아니한 자는 가차 없이 다 넘어진다고 해도(계시록 13:8~10) 오직 믿음과 인내로서(계시록 13:10, 14:12)

참고 믿음으로 임하는 환란을 이기고 끝까지 남을 것입니다.
　성서는 정의하기를 우리에게 대 환란이 아무리 극심하고 어렵다 해도 그것을 이기고 끝까지 살아남아서 재림의 그리스도에게 영광을 돌릴 자가 있다는 것을 잊지 말라고 선언합니다(계시록 15:2~4). 이는 우리에게 하나의 좋은 경고요 힘이요 위안입니다. 엘리야 선지자 때에도 7000명의 남겨진 성도가 있었다는 기술은 (열왕기 상 19:18, 로마서 11:4) 만물의 마지막 때(베드로 전서 4:7) 당해야 할 대 환란을 목전에 두고 있는 성도들에게 하나의 용기와 결단, 힘과 능력과 믿음을 더 갖게 해주고 있는 것입니다. 환란을 이기고 (마태복음 24:21) 승리할 자는 결코 피난처행이 필요치 아니할 것입니다. 그리스도께서도 이 지상에 남아 대 환란을 통과해야 하는 무리가(성도) 있기 때문에 "그 날들을 감하지 아니할 것이면… 택하신 자들을 위하여 그 날들을 감하시리라"고 약속했습니다(마태복음 24:22). 이것은 무엇을 의미합니까? 이는 대 환란 끝 날까지 자기의 목숨을 걸고 통과하는 자들이 있다는 것을 가리키는 대목이 아닙니까?
　성서는 우리에게 대 환란을 통과해야할 성도와 피난처로 보내심을 받을 성도가 현실적으로 다름을 알립니다. 추운 겨울에 산에서도 눈과 추위를 이기며 살아가는 나무가 있는가 하면 이와는 달리 추운 겨울에 산에 두면 얼어서 죽을 온상안의 나무와 열대수가 있다는 것을 염두에 두면 이를 가히 짐작할만한 것입니다.

제 7장 피난처에로 인도함을 받는 자들 (받을 자들)

"여호와를 자기 하나님으로 삼는 백성은 복이 있도다"고(시편 144:15).

외형과 내형이 너무나 모호하고 달라서 지금의 상태로는 누가 피난처에로 인도함을 받고 누가 인도를 받을 수 없을지 그것조차 알지 못하고 있습니다. 오늘의 교회당 안은 가짜가 진짜를 대신하고 진짜가 가짜로 탈바꿈되는 현실로 바뀐 것임을 보지 않습니까? 심지어 교회당안 사람들이 목회자들에게
"우리에게 정직한 것을 보이지 말라. 부드러운 말을 하라. 거짓된 것을 보이라. 너희는 정로를 버리며 첩경에서 돌이키라. 이스라엘의 거룩한 자로 우리 앞에서 떠나시게 하라"고(이사야 30:10~11)요구하는 세태가 되었습니다. 그러니 어디에 있는 어느 교회당을 가보아도 성서의 원리에서 조금씩 빗나가있는 현 상황을 봅니다.
그래서 성서를 보면
"여호와의 규례를 지키는 세상의 모든 겸손한 자들아 너희는 여호와를 찾으며 공의와 겸손을 구하라. 너희가 혹시 여호와의 분노의 날에 숨김을 얻으리라"고(스가랴 2:3)
또한 성서는
"이에 저희가 그 근심 중에 여호와께 부르짖으매 그 고통에서 건지시고 또 바른 길로 인도하사 거할 성에 이르게 하셨도다"고(시편 107:6~7).
또한 성서는
"의로운 자를 의롭다 하사 그 의로운 대로 갚으시옵소서"라

고 (역대 하 6:23하반절).
  또한 성서는
"여호와는 나의 피난처시라 하고 지존자로 거처를 삼았으므로 화가 네게 미치지 못하며 재앙이 네 장막에 가까이 오지 못하리니"라고(시편 9:9~10).
  위의 성서는 하나같이 피난처에 대한 의미를 바르게 음미시켜주며 여호와가 어려움을 당하는 성도들을 "저의 모든 환란에서 건지신다"는 것과(시편 34:17) 자기 성도를 버리지 아니하신다는(시편 37:28) 의지를 그대로 나타내어 보이신 것 아닙니까?
  우리는 지금의 상황에서 교회당에 나오는 자 그들 모두를 여호와가 지키신다고 보아서는 아니 됩니다. 대 환란의 때가 되면 여호와가 특별히 보호하시는 자가 따로 있음을 알게 될 것입니다. 또한 피난처에로 아무나 보내어지는 것이 아니고 오직 여호와의 보호를 받는 자들만이 보내어진다는 것부터 깨닫고 여기에 대한 대비책을 미연에 세워야 할 것입니다. 그렇다면 그 누가 피난처에로 인도함을 받을 수 있는 자입니까? 성서를 보십시오.
  성서는
"이 곤고한 자가 부르짖으매 여호와께서 들으시고 그 모든 환란에서 구원 하셨도다"고(시편 34:6).
  이는 묵시적으로 피난처는 이미 준비가 되어져 있기에 기도하는 성도를 그곳에로 인도할 것임을 알리고 있는 것입니다.

  1. 생명책에 그의 이름이 기록된 자가 피난처로
     인도함을 받음.

폐일언하고 자기 이름이 일단 하늘에 있는 생명책에 기록이 되어져야 합니다. 예수께서도 사람은 누구나 자기 이름이 생명책에(누가복음 10:20) 기록되는 바로 그것이 지상 최대의 과제이고 지상 최대의 기쁨과 즐거움과 축복이라고 규정하셨듯이 사실이 그러합니다.

생명책에 자기의 이름이 기록되어야
① 피난처에로 인도함을 받기도 하고.
② 순교를 당하기도 하고.
③ 대 환란을 통과하기도 합니다(계시록 15:2~3).

그럼에도 자기 이름이 생명책에 기록이 되어 있지 아니하다면 모든 것이 무요 허요 비인입니다. 지금의 상태에서 그가 출석하는 교회당의 목사 장로 집사 권사 전도사 강도사가 되어져 있다고 해도 그것은 기존 교회당적 고상한 계급이거나 감투 또는 직분일 뿐이지 그런 것을 가지고 천국을 유업으로 얻거나 피난처에로 보내어지는 것은 결코 아닙니다. 자기가 지금의 교회당에서 이와 같은 직분을 가졌으니 피난처로나 순교로나 대 환란의 통과를 꿈꾸거나 마음 갖는 것은 고급스럽고 고상한 죄악이며 저주에 저린 찬란한 악에 불과한 것입니다.

자기의 이름이 여호와의 생명책에 아직도 기록이 없는 자가 피난처에로 보내어지려거나 순교를 당하려는 마음의 자세를 버리지 못하고 가지고 있는 것은 하늘에 대한 찬란한 도전행위요 성서에 대한 위선적 행위며 위헌적 결단이기에 반가운 것이 못됩니다. 우리는 종교적 고급스러움과 사치스러움을 버려야 합니다. 그리스도교의 이방적 습성과 암적 퇴폐성도 버려야하고 그럼과 동시에 여호와 하나님에 대한 후진적 도전행위와 선진적 신앙자유 우상도 벗어버려야 합니다.
　동시에 성서를 부정하고 거부하는 말세 기독교회당적 기만과 착각의 수난도 벗어나야 합니다. 어떤 경우에서든 간에 지금의 당신에게 이런 저질적이고 무분별적인 사고와 신앙을 가지도록 바람을 넣거나 종교적 유행성 독소를 유발시키거나 하는 자의 징벌과 심판도 결코 가볍지만은 아니할 것입니다.

　그래서 최 근래의 양식 있는 사람들의 입에서 현금당대 기독교회들이 왜 이렇게들 취하여 비틀거리며 걷느냐면서 빈정거리는 소리를 듣고 있는가 하면 여기저기에서 하나님의 아들 예수 그리스도의 교회들이 술에 취한 것 마냥 흔들거리는 것을 보니 "아마도 교회의 호주머니 속에 금은보화가 가득 채워져 있는 모양이지"라고 비꼬는가 하면 현자들은 제 2의 종교개혁이 유혈이든 무혈이든 바로 이 땅에서 일어나야 당연한 것 아닌가고 반문하는 것도 봅니다. 이는 어느 면으로 보나 종교적 위기가 위험 수위에까지 도달했다는 것을 단말마적으로 가르치는 것 아닙니까?
　그러므로 우리는 다음의 성서에 귀를 기울려 보아야 합니다.
　"그 선지자들은 위인이 경솔하고 간사한 자요. 그 제사장들은 성소를 더럽히고 율법을 범하였도다"고(스바냐 3:4).
　또한 성서는
　"이스라엘은 열매 맺는 무성한 포도나무라 그 열매가 많을수록 제단을 많게 하며 그 땅이 아름다울수록 주상을 아름답게 하도다"라고(호세아 10:1)
　또한 성서는
　"장차는 백성이나 제사장이나 일반이라. 내가 그 소행대로 벌하며 그 소위대로 갚으리라"고(호세아 4:9).

또한 성서는

"백성과 제사장이 일반일 것이며"(이사야 24:2) 이는 모두가 말세 기독교회에 대한 경고로서 이 정도이니(요엘 1:13 참조) 무엇을 현실적으로 바라고 요구할 것입니까?

위에 나타난 성서 중 전자는 교회들의 선지자와 제사장 곧 기존의 현실적 지도자들의 죄악과 타락상, 허상과 허세 그리고 잘못되어져 가는 현실을 지적 직시하심이고 후자는 교회당의 부흥과 마구잡이의 타락상을 꼬집고 파헤친 것입니다. 교회당들이 마지막 때가 되면 출석하는 교인의 수효가 좀 많아졌다는 것을 기화로 해서 "제단을 많게 한다"고 성서는 지적합니다. 제단을 많게 한다는 것은 주일날 튀김식 예배꼴을 (몇 부 예배) 탄식하고 있는 것입니다. 주일날 본당이 아닌 부속건물에까지 TV를 이용해서 예배드리는 망나니 꼴이 마지막 때에 나타날 것을 탄식한 것 말입니다.

또한 "그 땅의 아름다울수록 주상을 아름답게 한다"는 것이니 이는 전도가 잘되고 지역의 여건을 갖추거나 어떤 경우는 얼마 되지 아니해도 사람들이 많이 모인 경우를 비유함인데 그런 경우는 교회당도 아름답게 꾸미고 목회자도 아름답게 장식하게 되는 다시 말해서 목회자 우상과 교회당 우상이 등장한다는 것입니다.

교회가 대형화 되는 과정에서 사치화와 허영화 되고 그 과정에서

① 교회당이 우상화 놀음을 하게하고
② 목회자를 우상화 하게 된다는 것입니다.

목회자가 슈퍼스타화 되거나 영웅화와 의인화와 성인화 되

거나 아니면 굉장히 능력 있는 하나님 사자로 과대선전 되어 진다는 것입니다.

그런다고 해도 피난처나 순교나 통과와 연관성이 있는 것이 아닌 만큼 부끄러운 종교적 몰골과 비굴과 야비를 노출시켜서는 아니 됩니다.

그래서 성서는

"저희가 두 마음을 품었으니 이제 죄를 받을 것이라. 하나님이 그 제단을 쳐서 깨치시며 그 우상을 헐으시리라"고(호세아 10:2) 이는 현금당대 기독교회에 대한 도전이며 엄청난 충격을 가하는 하늘의 진리입니다. 어떤 이유나 경우에서도 피난처에는 생명책에 그의 이름이 기록되어져 있지 아니하면 갈 수가 없습니다. 세상에서 사람의 눈은 가리고 속일 수는 있으나 여호와의 눈은 속일 수가 없다는 것을 명심해야 합니다.

2. 피난처로는 하나님이 사랑하시는 자들이 인도를 받음.

"주께서 저희를 주의 은밀한 곳에 숨기사 사람의 꾀에서 벗어나게 하시고 비밀히 장막에 감추사 구설의 다툼에서 면하게 하시리이다"고(시편 31:20).

현금당대 교회당에 출석은 하고 있으나 그의 이름이 하늘에 있는 생명책에 기록이 되어있지 아니한 자는(계시록 13:8~10) 불가불 대 환란을 전후해서 다 넘어지게 되어져 있습니다. 그들은 모두 적그리스도를 경배하게 되고 우상을 섬기게 될 것입니다(계시록 13:14~15). 상당수는 도리 없이 거짓 선지자를 따르게 될 것입니다(계시록 13:11~14, 19:20). 이런 자는 처음부터 피난처 행에서 도외시 되었고 제외된 자들이므로 피난처에 대해 언제나 이방인이고 밖에 있는 자들입니다. 이런 자를 인간 편에서(인위적) 볼 때 경우에 따라 기존 교회당적 알곡과 같이 보이지만 하나님 편에서 보면 이 지상 교회당적 쭉정이요 지상 종교적 가라지에 불과하므로 이미 버려진 자요 여호와와는 상관이 전혀 없는 자들임을 유념해야 합니다. 이런 데에서 사람의 생각과 하나님의 생각이 전혀 다르다는 것을 알게 됩니다(이사야 55:8~9).

위에서 열거한 이런 종교적 가라지와 쭉정이들을 만약 피난처에로 보내어 놓으면 과연 그곳이 어찌될 것입니까? 그것도 하나님의 사랑을 앞세워서 말입니다. 그러면 그런 곳에는 무엇보다 먼저 주검의 그림자가 드리우기 때문에 뒤죽박죽화 되는 것은 고사하고 악한 자 마귀와 적그리스도와 거짓 선지자 그리고 그의 백성들이 어느 틈에 그곳으로 마구 넘어오게 되어 그곳에 피난 와서 숨어있는 다른 하나님의 백성들에게까지 막대한 피해를 입히고 모두를 죽음으로 몰아가는 모순의 새로운 악을 범하게 될 것입니다. 이런 경우는 질서와 법 규칙과 정의가 완전히 파괴되고 망가지는 불상사가 도처에서 나타나 이 땅을 혼미케 할 것입니다.

하나님은 사랑이다고 해서(요한 1서 4:8~9, 4:16) 아무나 사랑하시는 것은 아닙니다. 하나님의 사랑이 평화 시와 환란 시에는 엄연히 다른 차원에서 나타난다는 것도 명심해야 합니다. 이때는 어디까지나 환란의 와중이니 피난처 같은 곳에 죄를 회개치 아니한 자나, 악이 있는 자, 또는 그리스도의 피로 그의 옷을 씻지 아니하고(계시록 7:14) 들어온 자가 있으면 그곳은 이미 거부되고 난장판화 되었다는 것쯤은 익히 알아두어야 합니다.

왜냐 하니 그런 곳을 어찌 세 종류의 짐승들인 마귀와(짐승)(계시록 11:7, 17:8) 적그리스도와(짐승)(계시록 13:1~5) 거짓 선지자가(짐승)(계시록 13:11~12) 어디 모른 체하고 가만히 놓아둘 것입니까? 어림도 없는 소리입니다. 공의로우신(요한복음 5:30, 8:16) 여호와께서도 결코 가만히 있지는 아니할 것입니다.

자기의 이름이 하나님 나라에 기록된 자로서 대 환란을 통과하고 구원을 얻을 자들이 많은데(계시록 7:9, 15:2~3) 이런 자를 본장에서는 처음부터 제외시키고 있습니다. 그 이유는 각기 가야 할 길이 다르기 때문입니다.

① 대 환란 시에는 순교냐?
② 대 환란 시에는 환란을 통과하느냐?
③ 대 환란 시에는 피난처로 보내어 지느냐?
④ 아니면 보기 좋게 배도 배신하느냐?

하는 것 밖에 남는 것이 없습니다. 장래의 환란은 이미 성서가 철저히 제시하는 바이고 예언 성취이며 그리고 하나님의 아들 그리스도께서 예고하신 예고요 약속이니 어찌 그것을 모름지기 위배 위반할 것입니까?(마태복음 24장) 그렇다면 지금의 우리는 위에 나타난 이 4가지 조항 이 외에는 그 무엇도 생각하기 싫은 것은 사실입니다. 위의 4개항 외에는 다른 방법이 없으니 따르느냐 버리느냐 선택의 폭이 좁기는 마찬가지입니다.

피난처로 가게 되는 특권을 얻은 자는 무엇보다 하나님이 사랑하는 자가 되어야 합니다(계시록 3:9하반절). 하나님이 사랑하시는 자이어야 순교를 당하거나 대 환란을 끝까지 견디며 승리하거나 아니면 피난처에로 보내어질 것입니다. 인간은 자기의 능력이나 힘으로는 매사에 한도가 있기에 위에 나오는 것들 가운데 그 어느 것도 감당할 수가 없습니다. 여기에는 전적 하나님 아버지의 도우심과 보살피심이 있어야 합니다. 하나님이 이미 사랑하시는 자들은 반드시 이 가운데 그 어느 것도 이길 수가 있을 것입니다.

그러나 인간이 하나님을 사랑하는 그것만으로는 도저히 이 중에 그 어느 것도 이길 힘이 없습니다. 하나님이 우리를 사랑하시는 것과 우리가 하나님을 사랑하는 것은 다릅니다. 여호와께서 인간을 사랑하사 돌보시지 아니 하고서는 피난처 행이 철저히 거부되고 무산됩니다.

그래서 성서는
"여호와는 환란 날에 우리의 산성이시다"고 합니다(나훔 1:7). 여호와가 우리의 산성이시니 우리가 진토에 숨거나(이사야 2:10) 깊은 지하나 웅덩이에 들어가 숨을지라도 기필코 돌보아 주실 것입니다. 성서를 보십시오.

성서는
"의인이 외치매 여호와께서 들으시고 저희의 모든 환란에서 건지셨도다"고(시편 34:17).

피난처에는 하나님의 사람 엘리야와 같은 자가 들어갑니다(열왕기 상 19:1~4). 왜냐 하니 하늘의 천사들이 와서 보호하고 먹여줄 수 있는 자격이 되어야(열왕기 상 19:5~7) 하는 것 아닙니까?

3. 믿음의 인내를 가진 자가 피난처에로 인도를 받음.

"너희 믿음에 덕을, 덕에 지식을, 지식에 절제를, 절제에 인내를, 인내에 경건을"(베드로 후서 1:5~6)

평상시에나 대 환란 시에 변하거나 변절되지 아니하고 끝까지 믿음의 지조를 지킨다는 것은 매우 고귀합니다(계시록 13:10, 14:12). 변형과 변질되지 아니한 믿음은 언제나 하나님 마음에 합당하여 하나님의 사랑을 받습니다.

계시록 3:10절을 보면 "네가 나의 인내의 말씀을 지켰은 즉 내가 또한 너를 지키어 시험의 때를 면하게 하리니 이는 장차 온 세상에 임하여 땅에 거하는 자들을 시험할 때라"고 기술하고 있습니다.

위의 본문을(계시록 3:10) 어떤 이는 오해한 나머지 이는 공중휴거를 말하는 것 아닌가고 꼬리표를 붙이거나 달기도 하나 사실상 본문은 공중휴거와는 거리가 성서해석상 상당히 멉니다. 본문은 대 환란의 시험이 일어나기 직전에 하나님께로 어떤 성도는 가게 된다는 의미도 있지만 그 보다는 피난처 행이 가장 합리, 합법적인 해석인 듯합니다.

시험의 때 곧 대 환란의 때를 면하게 해주신다는 약속은 그것이 일방적이고 편무적 계약인 것이긴 하나 그럼에도 이는 어디까지나 약속인 만큼 우리는 오직 그분께 감사의 표시로 아멘 뿐입니다. 상하나 좌우나 전후 사정을 종합해 보건데 이는 우리의 요구나 요청에 의한 것이 전혀 아니고 전적으로 여호와편의 편무적 약속인 만큼 오직 고맙고 감사한 것입니다.

또한 계시록 14:4~5절을 보면 피난처로는 바로 이런 자들이 가게 된다고 보장하는데 그것을 보면 "신앙의 정절이 있는 자가 간다"고 합니다(계시록 14:4중반절). 여기서 정절이 있는 자란 어디까지나 "어린 양이 어디로 인도하든지 따라가는 자며 사람 가운데서 구속함을 받은 자"임이(계시록

14:4중반절) 확인되고 있습니다. 아무리 보아도 이런 자는 처음부터 하나님과 어린양에게 속한 자임이 알려지고 있습니다(계시록 14:4하반절).

 이런 자는 시작부터 때 묻지 아니하고 오직 어린양이신 그리스도에게 속해 있으니 그가 인도를 하는 곳이면 그곳이 어디이든 무엇을 하는 곳이던 간에 그것을 가리지 아니하고 따라가게 됩니다. 고로 이런 자는 입에 거짓말이 없고 점과(디모데 전서 6:14) 흠이 없는 자(데살로니가 전서 3:13) 일 수 밖에 없습니다. 이런 자가 직설적으로 말해서 피난처로 보내어질 자들입니다.
 원래부터 성서는 조성된 후 감추어져서 나타나지 아니한 피난처에는 인간의 수고와 노력, 자력으로 가는 것이 아니고 보내어지는 것이라 합니다. 피난처는 우리 스스로 가는 것이 아니고 그리스도에 의해 보내어지고 보내심을 받는 곳입니다. 우리가 스스로 갈 수 있는 곳이라면 그곳이 어디인 지에 대하여 사전에 어느 정도는 인지할 수가 있으나 그러나 조성자에 의해 보내어지는 곳이니 천군천사가 이끌고 인도하는 데로 따라 가기만 하면 들어가게 되는 곳이므로 그곳이 어디인 지에 대하여는 전혀 알 수 없고 보내어지는 자가 그곳에 가셔야 그곳이 어디인지 간혹 알 수 있을 것입니다.
 누구든지 피난처를 이편에서 알려는 과오를 범하지 맙시다. 왜냐 하니 여호와가 우리의 피난처요 요새요 의뢰하는 하나님이시니 말입니다.
 그러므로 성서는
 "저가 너를 새 사냥꾼의 올무에서와 극한 염병에서 건지실 것임이로다" 아멘(시편 91:3).

또한 성서는
"저가 너를 그 깃으로 덮으시리니 네가 그 날개 아래 피하리로다"고(시편 91:4).

그러면 위의 성서나 기타에서 과연 무엇을 가르치고 어떤 것을 우리에게 제공하고 있습니까? 하나님은 시작부터 전적 공의로우시다는 것과 피난처는 어느 한 지역에 집단화 형식이 되어 있는 것이 아니고 도처에 이미 준비되어 있으되 그 장소는 오직 여호와 하나님만이 아시고 계신다는 것과 그리고 지금에서 교회당에를 다닌다는 것과 피난처에나 대 환란의 통과나 순교를 당하는 것들과 결부시켜서는 절대로 아니되고 차이가 있고 난다는 것을 명심해야 됩니다. 하나님과 인간이 보는 교회관과 구원관과 현실관이 완전히 다르듯 피난처도 그러하다는 것을 여기서는 모름지기 밝히고 있습니다.

"오묘한 일은 우리 하나님 여호와께 속하였거니와 나타난 일은 영구히 우리와 우리 자손에게 속하였나니"(신명기 29:29).

제 8장 피난처에는 언제 들어가는가?

"다른 음성이 나서 가로되 내 백성아 거기서 나와 그의 죄에 참예하지 말고 그의 받을 재앙들을 받지 말라"고(계시록 18:4).

누가 무엇이라고 해도 본 과제는 신자와 불신자들 모두에게 비상한 관심을 집중시키게 하는 것임은 두말할 나위가 없는 것입니다. 지금의 모든 성도는 대 환란을 눈앞에 두고 이 대 환란 보다야 피난처를 더 사모하고 더 선호하고 그리워하는 것임은 사실입니다. 예로부터 이 세상에는, 여기서(현세) 구걸하면서 먹고 살아도 죽어서 가는 저 세상 보다야(저승) 낫다는 식의 인간들이 상상이외로 많다보니 순교를 당해서 또는 대 환란 이전에 죽어서 낙원으로 들어가는 것보다야(누가복음 16:19~22, 23:43) 대 환란 바로 직전에 피난처에로 보내어져서 그곳에서 사는 것이 더 반갑고 즐거운 것이 아니냐고 반문을 하면서 오히려 그것을 바라고 요구합니다. 이것은 어느 누구만의 요구사항이거나 소원이 아니고 모두의 요구사항입니다.

솔직히 본장에 대하여 구구한 이설이 많을 수도 있습니다. 어느 부분보다 제 8장은 이설이 많이 나올 수 있는 곳이기 때문에 어차피 상고하고 넘어가는 것이 가장 바람직할 듯합니다.

피난처는 보는 각자의 시각에 따라 다소의 차이와 융통성을 지닐 수도 있을 것이지만 성서를 보면 꼭 꼬집어서 피난처에는 언제 들어간다라고(일방적) 규정하기는 좀 어렵지 아니할까를 생각케 됩니다. 그럼에도 분명한 것은 피난처로는 때가 되어야 들어가고 피난처의 문이 일단 열려야 들어가며 여호와 하나님께서 무엇보다도 그곳에 들어가야 할 자들을 하나하나 이 세상으로부터 불러 주셔야(특별은총) 그곳에로 나아갈 수가 있는 것이니 문제입니다. 이 세상에서 여호와가 부르시사 가야할 장소로 보내어 주시고 그곳의 문을 여시사 들어가게 해야 그제야 실감을 느끼고 맛보게 되며 그전까지는 꿈이나 환상을 보는 것 같아서 뚜렷한 느낌을 가지지 못하게 될 것입니다.

누구를 부르시던 간에 필요에 따라서 부르시고 어느 산 어느 들, 어느 바위 쪽으로 오라고 하실 것입니다. 이 부르시는 방법은 여러 가지가 동원될 것입니다. 천사를 통하기도 하고 성령이 친히 하시기도 하고 사람을 통해서 하시기도 할 것입니다. 일단 부르셔서 가라는 명령의 장소 그곳에로 가면 다시 어디로 가라는 명령을 제차 내릴 것입니다. 동방의 박사들 마냥 말입니다(마태복음 2:1~11).

그 이유는 그냥 단번에 가게 되면 마귀와 그 일당이 눈치를 채고 알려고 할 것이기 때문입니다. 그럼에도 이 과정에서 어느 누구에게도 기회나 짬을 주지는 아니합니다. 인간은 조그마한 기회라도 주면 발설하거나 자랑과 호들갑을 떨어서 뒤에 진딧물이나 그림자나 꼬리표가 붙을 뿐 아니라 죽음의 그림자와 칼이 그 뒤를 따를 것이므로 어떠한 기회도 주시지 아니하시고 부르시는 그 순간에 따르고 인도를 받게 될 것입니다. 그래서 성서는

"여호와가 돕는 자 되어서"라고(시편 30:10) 인도하시는 날에 가게 된다고 하십니다.

여기서 반드시 유의할 것은 외국에는 피난처가 있을 것이지만 이 땅에도 피난처가 과연 있을까 하는 우려와 의심은 신앙적 사치와 호사이므로 버려야한다는 것이고 사전에 그곳

에로 보내어지는 시기를 알려는 모순의 악도 버려야 한다는 것입니다.

1. 두 증인이 나타날 때인가?

"여호와께 피함이 사람을 신뢰함보다 나으며 여호와께 피함이 방백들을 신뢰함보다 낫도다"고(시편 118:8~9).

이 부분은 성서를 연구하고 신학을 전공하는 사람에 따라 다소간의 차이는 있고 날 것입니다. 그럼에도 성서를 보면 마지막 대 환란의 전반기가 되면 하나님께서 보내신 두 증인 곧 두 감람나무가 나타나게 되어져 있습니다(스가랴 4:1~3, 4:11~14, 계시록 11:3~6). 이 두 증인이 나타날 때에는 지상에 엄청난 비극이 임합니다. 이미 제 1권 제 3편에서 마지막 때의 대 징벌에 대하여 상고했기에 다소는 이해가 되었을 것이지만 심히 우려할 일이 그 때 도처에 나타나게 될 것입니다.

두 증인 곧 두 감람나무는 한국에도 1950년대에 나타났다가 얼마 못가서 하나는 자기가 감람나무가 아니라는 고백을 하면서 회개하고 그만둔 N장로가 있습니다. 이 N장로는 그 후 목사가 되어 있는데 어딘지 모르게 모호한 곳이 많습니다. 또 다른 감람나무는 얼마 전에 지병으로 죽었습니다. 그러나 여기서 우리가 유의할 것은 두 증인 곧 두 감람나무는 절대로 이방인은 될 수가 없고 반드시 유대인(선민) 이기에(제 4권 제 8편에서 참조할 것) 이방인은 김칫국부터 마시는 잔꾀와 찬란한 오류와 사악한 범죄행위를 범해서는 아니 됩니다.

구약성서 스가랴 4:1~3절과 4:11~14절에 나타나는 것을 보면 이들은 이미 이방인이 아닌, 이방인과는 전혀 상관관계가 없는 유대인 가운데임을 알게 됩니다. 이런 과정에서도 성서 해석을 지나치치리만큼 이방적이고 한국적으로 하는 것은 언어도단이고 야바위이며 지엽말단적 잘못된 속임수들입니다.

분명 두 증인이 나타났다가 끝날 때가 되면 이 지상의 성전과 교회당들이 모두 여호와의 징계를 받아 문들이 닫히게 되고 일단 이방인의 때에로 넘어가게 됩니다(계시록 11:2, 13:4~5, 누가복음 21:24). 일단 성전이나 교회가 두 증인이 나타날 초기부터 문이 닫히는 것은 아니고 유대에서는 두 증인의 마지막 부분에 가서 닫히게 될 것인데 - 그 이유는 두 증인이 적그리스도와의(마귀:짐승) 전쟁에서 지고 죽임을 당할 그 때부터(계시록 11:7) 시작이 되어 엄청난 박해를 받을 것이지만 그와는 달리 이방 땅의 교회당들도 그 때에 가서 모두 문이 닫힐 것인지 좀 앞당겨질지는 알 수 없는 일입니다(다니엘 7:21, 8:11~12, 8:24, 계시록 13:7).

왜냐 하니 예루살렘에 있는 이방 신전이 파괴되고(스가랴 13:2, 에스겔 11:18) 이스라엘이 예루살렘에 여호와의 성전을 지으면서 이방으로 나갔던 성령이 다시 복귀하게 되면 이방에는 이제부터 성령도 성령의 역사인 각종 은사도 전혀 없는 공황 상태에 교회들과 교인들이 빠지게 되니 얼마 못가서 상당수의 교회당들은 문을 닫게 되는 때가 오는 것이 정상이니 여기에 대한 보다 더의 연구가 요구되는 것입니다.

페일언하고 우리가 아는 상식선에서는 피난처에로 먼저 가야할 자는 대 환란의 전반기 시작 이전에 가야하는 것이 정상이 아닌가 합니다. 그런다고 해서 피난처로 보내어질 자들은 이 때 모두가 하나같이 가게 된다고는 보지 않습니다. 대 환란 이전에 피난처에로 보내어진다고 해서 모두가 한날한시에 간다는 것은 아닙니다. 장소와 때에 따라 사람과 신앙에 따라 각기 다소의 융통성과 여유가 있을 것 입니다. 이왕 여호와께서 피난처를 조성하여 주셨고 생명책에 이미 기록된 그들을 하나하나 부르시사 피난처에서 여러 해 동안 죽이지 아니하시고 살게 하여 주시는 것이라면 이 땅에서 대 환란의 맛을 전혀 보지 아니하고서도 능히 그곳에 들어오게 하실 수 있는 것 아닙니까?

그런다고 해서 요즘의 잘못된 공중휴거론 주장자들의 주장과 같은 공중으로 일시에 휴거케 한다는 주장과 신앙은 철두철미 거부되고 배격되어 버려져야 마땅합니다.

피난처로 감에 있어서 각기 부르시는 그 장소와 경우 형편 상황 때 여건 등이 다르기에 부르심이나 떠나감. 그리고 그 장소에 도착하는 시간이 어느 것도 일치하지 못하고 다르다는 것을 먼저 유념해 두어야합니다. 요한 계시록 6:6절을 보면 먼저 피난처에 대한 기술이 나오는데 제 1차 피난처에로 보내어지는 자들은 그곳에 밀이 있고 보리가 있으며 감람유와 포도주까지 있다는 것을 명심해야 합니다. 이는 바로 각종 곡식과 기름과 과일류까지 있게 하신다는 여호와의 단호한 의지표명입니다. 그렇다면 제일 먼저 피난처에로 인도함을 받고 입은 자들은 대 환란에서 적은 손해와 피해를 입게 된다는 것을 알게 됩니다.

두 증인이 나타나기 이전에 피난처에로 보내어져야 안정된 상태에서 갈 것이 아닌가와 그리고 두 증인이 나타나 역사하고 있는 그 시기에도 피난처 행은 계속 연이어지는가도 의문시 하나 그럴 필요는 없습니다. 당연히 그러하고 그렇게 될 것이니 말입니다.

2. 대 환란이 시작되면서 피난처로 가는가?

"불의의 재물은 무익하여도 의리는 죽음에서 건지느니라"고 (잠언 10:2)

계시록 7:1절을 보면 피난처로는 대 환란이 시작됨과 동시에 가게 된다고 알리고 있습니다. 이미 이 지상에는 대 환란의 때로서 징벌의 전반기가 시작되었으니 모두가 심히 바쁜 시기입니다.

이 때 여호와께서는 자기 백성을 세계 도처로부터 부르시사 찾으시겠다는 의지를 분명히 보이고 있습니다. 우리가 성서를 보면 피난처가 유대인을 위한 곳이 있고 이방인을 위한 곳이 있음을 알게 되는데 이방 가운데에도 산악이 많은 나라와 먼지와 모래 등의 사막이 많은 나라 그리고 광야가 많은 나라 등이 있는데 각기 그 지역 특성에 따라 차이는 천차만별일 것입니다. 그래서 나라와 여건과 지역 환경에 따라, 각 민족에 따라 각기 약간씩의 차이가 있을 것으로 보고 있습니다.

성서가 지적하는 바로는 이때는 아직 짐승과(적그리스도) 거짓 선지자의 출현이 없을 때이니 그리스도교의 박해가 시작되지 아니한 두 증인의 때임을 알게 됩니다(계시록 11:3~6). 두 증인의 때가 시작되는 대 환란이니 이때에 많은 성도들이 피난처에로 보내어질 것으로 보고 있습니다. 아직은 그리스도교의 박해가 시작되기 바로 직전인 만큼 "땅의 사방의 바람을 붙잡아서"(계시록 7:1중반절) 땅과 바다와 각종 나무에 불지 못하게 하는 현실상이 나타날 것입니다.

다시 말해서 이런 경우는 대 환란의 시작과 동시에 아직은 두 증인의 일할 기간이 상당히 많이 남아 있음에도 불구하고 피난처행이 시작되고 있다는 것임을 알게 됩니다. 두 증인의 1260일의(계시록 11:3) 때가 오면 제일 먼저 두 증인이 해야 할 일은 하늘을 닫고 비를 땅에 주지 못하게 하는 일인데(계시록 11:6) 일단 비를 주지 못하게 하면 하늘의 천사가 나타나 땅의 바람으로 물도 나무도 풀도 모두를 말리게 할 것입니다. 여기 보니 물과 나무와 풀 등을 바람으로 말리게 할 때 피난처로 들어오는 성도를 위해 예비 된 장소에는 그것들을 말리지 못하게 천사를 동원하는 것은(계시록 7:1~3) 이미 그곳에 피난을 온 성도가 있다는 것을 증거함 아닙니까?

피난처에로 대 환란이 시작되기 직전과 직후에 그리고 두 증인의 때에까지 보내이지지 아니한 신사로서 그곳에 보내어질 자는 적그리스도가 나타나기 직전에 가도록 섭리되어져 있다는 것을 알게 됩니다.

성서를 보십시오.

"네가 말하기를 여호와는 나의 피난처시라 하고 지존자로 거처를 삼았으므로 화가 네게 미치지 못하며 재앙이 네 장막에 가까이 오지 못하리니"라고(시편 91:9~10).

대 환란이 시작되기 이전에 이미 여호와가 "장막"을 치실 것으로 나타나고 그곳에 자기의 백성을 이끌고 인도하사 보호하신다함을 알리고 있습니다.

또한 계시록 7:3절을 보니 여기서도 피난처행은 대 환란이 일단 시작되면서임을 강조하고 있습니다. 그래서 성서는

"우리가 우리 하나님의 종들의 이마에 인치기까지 땅이나 바다나 나무나 해하지 말라"고(계시록 7:3) 명하신 것을 보면 요한 계시록 7:1절과 동일한 태도를 보이고 있는 것입니

다. 종들의 이마에 인을 치시기까지인 만큼 그 기간이 언제까지이냐 하는 그것입니다.

　다시 말해서 계시록 7:1절과 7:3절을 보면 이미 대 환란의 전반기에 접어들어 갔는데, 아직도 상당수의 성도들이 피난처에로 보내어지지 아니한 상태인 만큼 - 계속 피난처에로 사랑하는 성도들이 가고 있는 중이므로 그곳의 푸른 풀이나 나무 등등은 천사를 동원해서-라도 천사들이 해하지 못하게 지키심임을 보인 것입니다. 힘 있는 천사들이 피난처를 해하지 못하게 하고 인침을 받은 백성들이 피난처에로 들어올 때까지 기다림이니 그 기간이 1260일 동안이(계시록 11:3) 될 것인지 아니면 대 환란이 일단 시작된 이후 그 어느 한 기간까지인지 그것을 우리는 알 수가 없는 것입니다. 좌우간 그 기간이 대개는 대 환란의 후반기로는 넘어가지 아니할 것입니다.

3. 피난처에는 장막을 치실 때 들어가게 되는가?

　"의인의 수고는 생명에 이르고"(잠언 10:16상반절).
　계시록 7:15절을 보면 이때에 보좌에 앉으신 이가 그 위에다 장막을 치신다고 합니다. 그렇다면 이때는 언제입니까? 성서의 여러 가지 여건과 상황판단상 이미 대 환란이 시작된 이후임을 알게 됩니다. 그리고 우리는 뒤이어 나타나는 계시록 7:16절에서 "다시 주리지도 아니하고 목마르지도 아니하고 해나 아무 뜨거운 기운에 상하지 아니할찌니"라고 기술하는 그것에 보다 더 유의하고 귀를 기울이지 아니하면 안 됩니다.

그렇다면 본 과제는 무엇을 의미합니까?

① 이때는 이미 대 환란의 시작이 되었다는 것을 알리고 있는 것입니다. 대 환란이 이때는 이미 시작되었으니 피난처에로 보내어질 것이 아닙니까?(계시록 7:15)

② 이미 피난처에는 이 때 상당수의 신자들이 나아갔다는 것을 알림입니다. 하나님께서 필요해서 부르신 무리가 광야나 모래사막 같은 지역에 상당수 몰려와 있으니 이를 어찌할 것입니까?(계시록 9:15)

③ 광야 같은 지역에 여호와가 부르신 무리가 와서 머물고 있는데 장막이 없다거나, 아니면 바람에 의한 모래와 먼지 등에 성도가 이리저리 시달리고 견딜 수 없는 어려움을 당한다면, 그것은 하나님의 뜻이 아니므로 성도를 위해 여호와는 장막을 치신다는 것입니다(계시록 7:15).

④ 그들은 그곳으로 피난오기 이전에 이 세상에서 심한 배고픔을 당한 자들임을 알게 됩니다. 이를 성서는 뒷받침하기 위하여 "저희가 다시 주리지도 아니하며 목마르지도 아니하고"라 하고 있습니다(계시록 7:16 상반절). 다시 말해서 대 환란이 시작되면서 하늘이 닫혀(계시록 11:6) 비가 오지 아니한 탓에 먹을 양식을 구하지 못해 온통 세상이 뒤죽박죽화 되고 갈팡질팡화 되며, 그런 와중에서 윤리와 도덕이 사라지니 사람들은 이웃과 형제와 어린 자녀와 노부모를 마구 잡아들 먹는데 성도된 자가 그런 일을 자행할 수가 없으니 배고픔과 심한 허기짐을 당했다는 것입니다. 그래서 여호와는 피난처에서는 성도가 불이익을 당하여 주리지도 목마르지도 않게 (계시록 7:16) 보상해 주신다는 약속입니다.

이렇게 본다면 요한 계시록 7:15~16절은 이미 대 환란이 시작되어서(전반기) 상당기간이 흘렀다는 것을 알리고 있는 바입니다. 다시는 주리지 아니한다, 목마르지도 아니한다는 것은 대 환란이 시작된 이후 성도가 너무 많이 주렸고 목말랐다는 것을 입증하는 좋은 본보기입니다. 그 뒤를 이어 "해나 아무 뜨거운 기운에 상하지 아니 한다"는 보장은 이미 대 환란 가운데 성도들이 큰 어려움을 겪었다는 것을 알림입니다.

다시 말해서 대 환란의 때가 되어 하늘에서 비가 전혀 오지 아니하니 사람들은 도처에서 예수를 믿는 신자들 때문에(두 감람나무) 비가 오지 아니 한다고 트집을 잡거나, 경우에 따라서는 믿는 성도를 끌어다가 비 오게 하라며 억지 기도를 시키거나 갖은 수모나 고통을 안겨다줄 것입니다. 이때의 세상은 심히 악하게 되고 민심이 예상 이외로 이상야릇해지니 믿는 성도들을 보고 사람들은 옛날 엘리야 선지자는 흉년들어 비 오지 않던 곳에 기도하여 비 오게 했는데(열왕기상 18:41~45) 너희는 왜 그런 능력을 행치 못하느냐며 윽박지르고 갖은 고통과 고역을 다 안겨주어서 오열과 병이 나게 할 수도 있다는 것을 사전 예고로 보이는 것입니다.

그 때는 이미 검과 흉년과 기근과 온역과 사망과 땅의 사나운 짐승 등으로 인해(계시록 6:8, 에스겔 5:17, 6:11) 땅의 수많은 사람들이 죽고 병들어 쇠진하며 남은 자들도 갖은 고통과 고난을 받았으며 계속해서 일어나는 천지이변의 이상도 맛보았으며(계시록 6:12~14) 갖가지의 형언키 어려운 여호와의 진노를 겪었고 받고 당했으니(계시록 6:16) 요한 계시록 7:16절과 같은 여호와의 확신이(보장) 거두절미하고 요청 될 법한 것입니다. 왜냐 하니 이때의 성도들은 바로 그런 것을 요구할 것이니 말입니다.

우리가 현시점에서 계시록 7:16절이 다가올 대 환란 때의 현실적 요구사항이고 고백이라 한다면 알 법한 것입니다. 성서대로는 이때가 이미 대 환란을 시작한 이후 상당기간이 지난 후임을 알리고 있습니다. 그럼에도 현 시점에서 요한 계시록 5장에서 7장의 마지막까지를 종합하여 분석해보니 이때는 대 환란의 전반기의(1260일) 중반이 지난 그 때가 아닐까 여겨집니다. 그 이상의 것은 여호와만 아실 일입니다.

피난처에로 늦게 들어온 자들이 지상의 대 환란 가운데 이미 이런저런 뜨거운 맛을 보았고(징벌에서) 그리고 광야로나 기타의 지역으로 나오는 과정에서 형언키 어려운 맛을 본 것 아닌가 여겨집니다. 그래서 여호와는 그들 위에 장막을 치시고 다시는 이전과 같은 해나 아무 뜨거운 기운이 상하게 하지 못하게 하시겠다는 보장을 하는 듯합니다.

유의하고 넘어가야할 것은 대 환란이 임하면 지금까지 양식을 비축한 나라는 그래도 좀 낫지만 그 반대인 나라는 그 타격이 너무나 극심하기에 - 주로 그런 나라는 비기독교 국이기에 - 저들은 믿는 자를 이때부터 마구잡이로 가두고 박해를 시작할 것은 앞을 보듯 훤한 것 아닙니까? 그들은 믿는 성도들을 잡아다가 이 지상에 비 오게 하라 그렇지 아니하면 불속에 넣거나 생매장 시킨다고 협박할 것입니다. 그 이유는 지상에 비 오지 못하게 한 것은 하나님이 보낸 두 증인이니 그들은 기독교와 무관하지 아니할 것이다 면서 말입니다. 할 말이 없고 속수무책이 될 것입니다. 이 때 신자는 사드락 메삭 아벳느고를 생각해야하고(다니엘 3:13~23) 그리스도를 생각해야 삽니다. 저들은 뜨거운 불속에 던지거나 물이나 전기 따위의 악랄한 고문을 가하거나 아니면 심한 구타도 마다하지 아니할 것입니다.

풀무나 각종 열기 속에 던져지는 성도는 순교를 대 환란 초나 초의 중반에 당하게 될 것이고 기타의 뜨거운 열기에 던져지거나 각종 고생을 심하게 한 성도들 가운데에는 피난처에로 보내어질 자가 혹 있으나 그렇게 많지는 아니할 것입니다.

본 과제에서 "보좌에 앉으신 이가 그들 위에 장막을 치신다"고 하는데(계시록 7:15) 이를 우회해 보면 이는 장막이 성전을 의미하기도 하기에 예루살렘 성전이 건축되는 때와 어떤 연관성이 있는 것 아닌지? 또한 제4 예루살렘 성전 건축의 완공이 이루어지면 환란의 전반에 돌입되는 것을 포함시킨 것이 아닌지 등도 의문입니다.

4. 피난처에는 대 환란 전반의 중반쯤에도 가게 되는가?

"존귀에 처하나 깨닫지 못하는 사람은 멸망하는 짐승 같도다"고(시편 49:20).

성서를 보면 "여호와는 환란 날에 피난처"로서(시편 59:16 하반절) 성도들을 자기의 산성으로(시편 59:16중반절~17) 인도하시되 경우와 편의에 따라, 환경과 여건과 처지에 따라서 인도하게 될 것임을 밝히고 있습니다. 이는 우리가 본 과제를 연구하는데 하나의 도움이 되고 있습니다.

신약성서 계시록 9:4절을 보면 이때에 피난처로 보내어지는 자는 이미 지상에서 대 환란을 상당히 겪고 당한 자들임을 알게 됩니다. 계시록 9:4절을 보면 여호와께서 "땅의 풀이나 푸른 것이나 각종 수목은 해하지 말라"고 천사에게 지시를 하십니다. 그렇다면 이는 무엇을 의미하고 있는 것입니까? 이는 여호와 하나님께서 대 환란이 시작되기 이전에 이미 세계의 도처에다 환란을 위해 피난처를 준비해 놓으시고 그곳의 풀이나 나무 등을 징벌하는 천사들에게 징벌치 못하게 명하실 것을 약속하는 대목입니다.

뭐니 뭐니 해도 피난처에서는 땅의 풀이나 푸른 것 그리고 각종 수목은 여러 면에서 도움이 됩니다. 공기를 위해서도 그렇고 피난처의 이런저런 음식물을 위해서도 이것들이 얼마나 필요한지 모릅니다. 성서에서 보니 하나님께서 예비해두신 피난처의 푸른 것이나 풀 나무 등은 대 환란 전반기의 중반에도 고스란히 보호하여 두셨다가 그 때에 가서 그곳에로 보내어지는 성도들에게 주시겠다는 여호와의 단호한 의지를 보인 것이니 감사할 뿐입니다. 그리고 뒤이어서는 "오직 이마에 하나님의 인 맞지 아니한 사람들"이 나오는데(계시록 9:4 하반절) 이들에게는 징벌로 여호와가 응징하시겠다는 의지도 아울러 보입니다.

여기서 여호와는 이마에 여호와의 인을 받지 아니한 그들은 뒤에 나타날 적그리스도에게(짐승) 넘어지게 하고 반드시 죽임을 당하게 할 것입니다. 짐승이 나타나서 권세를 42개월간 받아 가지는데(계시록 13:4~5) 이 짐승과(적그리스도) 거짓 선지자의 힘과 능력에 의해(계시록 13:11~13) 우상을 만들게 되고(계시록 13:14) 지상의 모든 인간들에게 이 조작된 우상을 섬기고 경배케 할 것이며(계시록 13:15) 무론대소하고 그들의 표를 받지 아니하거나(계시록 13:16~17) 우상에게 경배치 아니한 자는 지상에서 떼죽음을 당케할 것이지만(다니엘 8:24~25, 계시록 13:15하반절) 이 때 상당수의 성도들은 이미 피난처로 가고 없기 때문에 성도는 조금도 두려워할 것이 없습니다. 경우에 따라 대 환란을 통과해야할 신자들은(계시록 15:2~3) 반드시 통과를 하게 될 것이고, 순교자도 역시 그 수효가 엄청나서 능히 셀 수가 없게 될 것이며(계시록 7:9, 7:13~14) 피난처에로 보내어지는 자도 세계적으로는 상당수에 달할 것입니다. 그러므로 선한 행실을 더럽히는 악한 자들은(고린도 전서 15:33) 가까이하거나 사귀지를 말아야합니다. 그들은 교회당에 나오든지 그 반대이든지 간에 언제나 피난처를 무시하고 지상 낙원만을 영구 획책할 것이니 악한 자들입니다.

5. 피난처에는 대 환란이 지나가기 이전에 가게 될 것인가?

"이 날은 여호와의 정하신 것이라 이 날에 우리가 즐거워하고 기뻐하리로다"고(시편 118:24).

우리가 가지고 있는 성서를 보면 피난처는 누가 무엇이라 해도 시간과 공간을 초월하거나 벗어난 지역이 아님을 알게 됩니다. 이 지구권 넘어 피안의 세계도 아니고 흔히들 말하는 하나님의 나라 곧 제 3차원의 세계라는 천국도 역시 아닙니다. 어떤 이는 저 푸른 창공을 쳐다본 후에 생각하거나 믿는 바의 공중개념(창공개념)에서도 철저히 벗어나야 하고 이 세상이 끝난 이후에 가는 어떤 특수 세계도 아니기에 이 또한 염두에 두어야할 것입니다.

분명 피난처들은 이 지상 안에 있기 때문에 지상에 임하는 대 환란을 전후해서 그리고 대 환란이 끝나기 이전에 성도들은 그곳으로 가게 될 것입니다. 그래서 기독교 성도들은 이 피난처를 바라보면서 한 가닥 소망을 가지게 되는 것입니다.
　계시록 18:4절을 보면
"내 백성아 거기서 나와 그의 죄에 참예하지 말고 그의 받을 재앙들을 받지 말라"고 합니다.
　단말마적으로 이는 무엇을 의미합니까? 지상에 장차 나타날 대 환란의 마지막 순간까지를 받지 말고 그곳에서 어느 정도만 받고 나오라는 부르심인 것입니다. 불신자들의 각종 죄악이 이미 하늘에 사무쳐서 재앙과 심판과 저주를 받아야 하며 하나님이 저들의 불의한 일을 다 아시고 계시는데(기억)(계시록 18:5) 어떻게 하여 끝까지 그들과 동숙하면서 그들의 각종 죄악과 더러움에 항상 참예할 수가 있느냐는 반문입니다. 하나님의 백성들은 이유 불문코 죄인과 악인이 받는 심판의 틈바구니에서 벗어나서 피난처로 보내심을 받아야 된다는 선언입니다. 이때는 대 환란의 전반기의 중반 이후임을 알리고 있습니다. 성서는 이때에도 성도가 피난처행이 가능하다고 가르칩니다.
　이렇게 놓고서 보니 피난처에도 언제 들어가는가가 자명해집니다. 사실 사람에 따라, 그의 신앙심 여하에 따라 다소의 차이는 있을 수 있으나 그것은 지엽말단적 사건이기에 그렇게 신경 쓸 이유가 없습니다. 또한 나라와 민족에 따라서도 약간씩 차이는 날 것입니다. 기독교 신자들이 많은 나라와 적은 나라, 인구에 비해 기독교인들이 절대 다수를 차지하는 나라와 극소수를 차지하는 나라, 특히 마호멭교가 극성을 부리고 국교화 된 나라에서 기독교인이 된 경우는 완전한 차이가 날 것입니다. 회교국가에서는 피난처로 보내어져야할 성도는 대 환란의 시작 나팔(요엘 2:1, 아모스 3:6) 바로 직전에 보내어지지 아니 하고서는 피난처 행은 거의가 불가능할 것입니다. 그리고 그리스도교가 기성을 부리며 전진하는 나라에서는 대 환란의 나팔 소리와 동시에 또는 전반전의 중간 지점까지는 그런대로 상관이 없을 듯합니다. 나라와 민족, 지역, 형편과 처지에 따라 이 때 다소의 차이는 날 것으로 봅니다.

  분명 피난처 행은 지상에 임하는 환란이 끝나기 전까지 : 그곳으로 보내어져야할 자는 어떤 수단과 방법에 의해서도 보내어질 것입니다. 그것이 성서의 가르침이고 아버지의 요구사항입니다.

제 9장 피난처에는 무엇이 준비되어 있는가?

"저희에게 이르시되 땅의 풀이나 푸른 것이나 각종 수목은 해하지 말고"(계시록 9:4상반절).

이제 우리는 여기서 장차 믿는 성도들이 보내어져야할 피난처에는 과연 무엇이 준비되어 있는가에 대하여 상고하게 되었습니다. 아무리 보아도 본 9장은 의미 있는 무엇인가를 우리에게 가르치려는 장임이 분명합니다. 피난처를 생각할 때 많은 사람들이 이것저것을 알고 싶어 하듯 이 시점에서 우리 역시 가장 알고 싶어 하는 것은 바로 그곳에 과연 무엇 무엇이 인간을 위해 준비되어 있는가 하는 그것입니다. 인지상정이라고나 할까? 솔직히 말해서 우리는
 ① 피난처에 보내어진 성도는 그곳에서 무엇을 먹을 것인가?
 ② 피난처에 보내어질 우리는 그곳에서 과연 무엇은 먹을 수가 없는가?
하는 것도 의문이며 피난처가 장차에 다가올 것이라는 그것 하나 때문에 막연히 넘어가려 하는 자도 있으나 결코 막연하게 넘어갈 그런 성질의 것은 아니고 못되는 듯합니다. 질서와 정의, 법과 규칙의 하나님께서 어찌 그곳을 막연한 상태에서 처리할 것입니까? 피난처는 누구든지 들어가기만 하면 되는 곳이기는 하나 그럼에도 무엇이 그곳에 들어오는 인간을(성도) 위해 준비되어 있는지 그것은 이편에서 상고하여 미리 알아보는 것도 바람직한 일 가운데 그 하나입니다.
 성서에 보면 피난처에는 분명 준비되어 있는 것들이 있습니다. 그것이 이 시간 성안에서 크고 작고의 부피와 무게적인 것에서는 상당한 차이가 나고 있을 수 있다고 봅니다. 그

런다고 해도 그것의 많고 적고의 부피와 무게적인 것은 그렇게 문제될 것이 하나도 없다고 봅니다. 근본적으로 가장 문제가 되는 것은 바로 피난처가 성도를 위해 준비되어 있다는 것과 이미 준비되어 있는 그 피난처에 무엇인가를 여호와께서 사랑하시는 자녀들을 위하여 준비해 두고 있다는 그것이 무엇보다 가장 복되고 아름다우며 중요하다는 것입니다.

1. 피난처에는 천상의 음식물들이 예비 되어 있는가?

상당수의 사람들이 이때는 대 환란의 때이고 이미 환란의 전반전에 돌입된 상태이기에 대 환란 시작 나팔과 동시에 이미 하늘은 문이 닫혔으니(계시록 11:6) 비가 오지 아니하는 때인 고로 지상에는 먹을 수 있는, 마실 수 있는 것들이 거의 바닥이 나버렸으니 혹시 천상의 음식물들을 여호와가 피난처에다 마련하여 두신 것이 아닐까하고 보는 자들이 상상 이외로 많습니다.

피난처에는 천상의 음식물들이 준비 될 수도 있을 것인가? 솔직히 어떤 이들은 대 환란시의 피난처인 만큼 혹시 먹거나 마시는 것이 전적 모자라므로 여호와께서 생명수와(계시록 21:6, 22:1, 22:17)생명과일 등을(계시록 22:14, 22:2) 천상으로부터(계시록 22:1~2) 가져오게 해서 먹이고 마시게 하시는 것이 아닐까 반문도 합니다. 그러나 여기서는 어느 한 상식과 룰과 정의와 법에서 벗어나서는 아니 됩니다.

생명나무 열매인 생명과실이나 생명수 등은 영원한 천국에 있는 것이니(계시록 22:1~2, 22:14, 22:19) 이때 피난처에는 없습니다. 있을 수도 없고 있어도 아닙니다. 생명나무 열매는 에덴동산에도 있었으나(창세기 3:22) 그럼에도 여호와는 그것을 아담과(남자) 이브가(여자) 따 먹지 못하게 하시려고 이들을 그곳에서 내어 쫓으신 것입니다.

　상식적으로 생명수와 생명과일은 피난처에는 없다고 보는 것이 합리적이고 성서적이라 보는 것이 현명한 판단입니다. 피난처에 이런 천상의 것들이 있어서는 결코 아니 됩니다. 그럼 그 이유는 무엇이고 어디에 있는 것입니까? 그 이유는 바로 피난처란 여호와의 장중에서 외지거나 후미진 곳이 아니며 이 세상을 벗어난 다른 곳 즉 별천지가 아니기 때문입니다. 피난처란 언제까지든 이 세상권에서 벗어난 곳이 아닌 전적 이 세상권 안에 있는 곳이므로 그곳에 보내어지는 자들도 이 세상 사람들은 모두가 아직 부활을 입지 못한(아니한) 현금당대의 우리와 동일한 자들이기에… 여기에 바로 문제의 핵심이 주어져 있는 것입니다.
　무엇보다 우리는 여기서 잘못된 오류와 오산을 범해서는 아니 됩니다. 은연중에라도 피난처를 생각하는 성도들은 천국적인 생명과일과 생명수의 개념에서 철저히 벗어나야합니다. 이런 것을 구상 또는 생각하게 되면 행위와 의식과 입이 지나치리만큼 고급화 되고 사치스러워 집니다. 원래적으로 피난처에는 입이 사치스럽거나 몸이 고급스러워서 고급 의복을 입으려는 자나 마음이 요사하고 허영에 찬 이들은 항상 지나친 것만 쳐다보기에 이런 자는 결코 피난처를 갈 수가 없습니다.
　또한 피난처 행을 바라는 자들은 그들이 시간과 공간 안에 있는 것이고 유한에 속하는 것임에도 이를 잊어버리고 고차원적인 것에로 마음과 행위가 돌아가고 있는 것은 대단한 착각입니다.

피난처에는 현실적으로 생명나무와 생명수가 있는 것이 아닌 만큼 호화스럽고 사치하고 요사스러운 곳이 못됩니다. 또한 그곳은 사람의 비위나 맞추는 곳도 아니고 못됩니다. 먹고 마심에서 바른 정의와 바른 자세설정이 그래서 필요한 것입니다. 피난처에 생명수와 생명과일이 없기 때문에 이곳을 천국이나 낙원화 해서는 아니 되고 영구화나 영원화 해서도 아니 됩니다. 또한 피난처에서 그런 것을 먹고 마실 오산적 개념을 갖거나 그런 의식에 사로 잡혀서도 역시 아니 됩니다. 피난처로 가려는 자들이 먼저 이 헛된 개념들을 벗어버리지 못하고서는 설령 그곳에 간다고 해도 이질적 투성이로 가득 채울 뿐이기에 박차고 나와 버릴지도 모릅니다.

2. 피난처에도 이 지상의 음식물들이 준비되어 있는가?

앞에서 우리는 피난처는 그것이 어디에 있는 곳이든 간에 그곳에는 하늘에 있는 생명나무 과일과 생명수는 없다고 정의를 했습니다. 왜냐 하니 피난처는 이 세상 안에 속한 곳이지 밖에 속한 곳이 아니며 시간성 안에 있지 영원성 안에 있는 것이 아니며 유한성 안에 있지 무한성 안에 있는 것이 아닌 만큼 잘못된 오해에서 벗어나야 합니다. 생명과일과 생명수도 무한과 영원 그리고 천국에 예속된 것이니 시간성 안에 있는 것과 착각해서도 아니 됩니다.

그럼에도 피난처에는 먹고 마실 수 있는 것들이 반드시 준비되어 있어야하고, 있을 것입니다. 그곳이라고 해서 먹고 마실 것이 없으면 어떻게 됩니까? 그곳에로 보내어질 성도들이 있는데 말입니다. 여기서 우리가 먼저 유의해야 할 것은 바로 피난처란 이 지구권을 벗어난 곳이 아니기에 그곳에도 반드시 인간이 먹고 마실 수 있는 것들이 예비 되어 있기 마련입니다. 그렇지 아니하고서는 그곳도 피난처의 구실을 할 수가 없을 것이니 말입니다.

솔직히 그곳에 먹고 마실 것이 예비 되어 있다면 그것은 하늘의 것도 천국의 것도 아닌 어디까지나 이 지상의 것임을 (계시록 3:20하반절) 잊어선 아니 됩니다. 여기서 우리는 여호와 하나님의 은총과 사랑과 자비에 다시 한 번 감탄하고 감사드려야 됩니다. 폐일언하고 그곳에 보내어질 성도를 위하여 먹고 마실 수 있는 것을 예비해 두셨으니 지금에서도 감회가 깊고 고맙고 감사한 것뿐입니다. 금강산도 식후경이라는데 그 어느 것도 먹고 마실 것이 없고서야 어찌 이루어질 수가 있습니까? 인간이 사는 세상에서 먹고 마시는 것보다 더 귀하고 복되고 사랑스럽고 아름다운 것은 그 어디에도 없습니다. 그럼에도 여기에는 이 지상적 함정이 하나 둘 있는 것이 아닙니다.

피난처에는 지역과 나라와 민족에 따라 각기 다른 음식물이 준비 될 것입니다. 그것도 땅의 음식물로서 말입니다. 그럼에도 예비 된 그것을 배부르게 먹으려거나 마시려 해서는 결코 아니 됩니다. 배부르게 먹고 마실 수가 그곳에서는 없습니다. 피난처에 보내어져서 먹고 마심에 문제가 있고 함정이 있는 것은 바로 지금까지 일생을 살아옴으로써 과연 그리스도나 이웃을 위해 신자 된 그 자신이 얼마나 헐벗고 굶주려 보았느냐 하는 그것입니다. 몇 달이나 몇 년간을 굶주리거나 걸식을 해보지도 못했고 하루에 단 한 끼씩만 먹고서도 1~2년간씩 견딜 수 있는 훈련이나 단련도 못해 보았는데 막상 피난처에로 보내어져서 하루에 겨우 한 끼니 정도를 때우니 그것이 그렇고 그런 정도일진데 그것을 먹고 마시며 어떻게 살 것인지 그것이 현 기독교적 최대 의문이며 한 벌의 의복을(단벌) 가지고 2~3년씩 입어보지도 못한 형편과 처지의 신자들인데 과연 4~7년 동안을 견딜 수 있는지도 의문입니다.

 현금당대 기독교 신자들도 하루에 한두 벌씩을 입고 벗으며 사는 것을 요구하는 사람들인데 과연 피난처에로 보내어질 때 입고 간 그 옷 한 벌로 6~7년 가까이 견딜 수가 있을 것인지 또는 4~5년간 견딜힘과 능력과 저력이 있는 것인지 그것이 의문입니다. 현재의 신자 중 피난처를 원치 아니할 자는 없을 것입니다. 그럼에도 피난처 행에서 부수적인 것에는 전혀 신앙도 관심도 없는 현실이니 이율배반도 이만저만이 아니며 언어와 행동의 불일치를 어떻게 해야 할지 의문입니다.

 하루나 이틀에 한번은 내의와 겉옷을 갈아입어야 속이 시원한 세상, 2~3일에 한번은 필히 목욕을 해야 건강하다고 하는 세상에서 피난처에 보내어지면 그 날부터 대 환란이 끝나는 날까지 길면 7년이고 짧아도 4~5년 정도일 것인데 그 기간에 단 일회의 목욕도 없고 세수도 없으며 의복도 입은 그대로 4~7년을 보통 견디어야 되는데 과연 그것을 견딜힘과 용기, 결단력이 준비되어 있느냐 하는 것입니다. 당신은 기독교 신자나 지도자로서 이를 위해 한번쯤 실습이라도 해보신적이 있느냐 입니다. 의복이 입은 그 한 벌 밖에 없어서 그 하나를 입고서 2~3년 정도는 참고 견디어 보았으며 신도 신은 그 하나를 3~4년 정도 신어 보았으며 목욕은 최소한 2~3년 이상 한 번도 해보지 아니할 저력과 안내를 가져 보았으며 믿음을 가진 신자로서 그 무엇보다 자기 자신을 건축하기 위하여(유다서 1:20) 이 정도는 인생살이에서 한번쯤은 이미 실습해 보았어야 되는데 과연 실습해 보았느냐 하는 것입니다.

초대 그리스도의 교회와 중세 그리스도의 교회 안에서는 수도원 교육이 성행한 적이 있는데 이들 수도원에서는 수도사들에게 여러 해씩 고행과 난행 극기를 시키면서 자기를 건축하게 한 적이 있었습니다. 어떻게 보면 의미심장한 일이라 하겠습니다.

오늘의 목회자들도 정말 다가오고 있는 대 환란을 위해 입은 옷 한 벌로 4~7년은커녕 그 절반인 2~3년간 입어본적이 있느냐 입니다. 2-3년 동안 한 벌을 자나 깨나 그대로 입어본 후에 그 옷에서 어느 정도의 냄새가 나는지, 입은 옷이 낡고 찢어지고 했는지 그리고 그것에서 무엇을 얻고 배웠는지… 그 정도는 먼저 실습해 보았어야 했을 것이고 신이나 기타등도 역시 마찬가지이며, 음식물 역시 스스로 대 환란을 준비키위해서 걸식을 몇 달 또는 1~2년 정도를 해 본다거나 무엇인가의 의지를 여호와에게 보이는 보임이 있어야할 것입니다. 이 과정에서 엘리야를 연상하고 세례요한을 기억하며 특히 이사야를 눈여겨 보아야 합니다(이사야 20:2~3, 누가복음 1:80).

기독교 신자로서 우리 앞에 나타날 피난처를 바라보면서 목욕만 하더라도 목욕탕에 2~3년 정도 가보지 아니하고 참고 견딜 수 있는 저력을 가져 보셨습니까? 굳이 견디지를 못하면 비 오는 날 밖에 나가 비를 맞아서 빗물목욕을 하는 의지와 저력을 가져 보셨습니까? 과연 당신은 피난처에 가고 싶다라는 신앙 고백을 이런 데에서도 할 수가 있습니까? 그렇다면 4~7년 정도는 머무를 각오가 있어야 하는데 그 기간을 위해 무엇을 얼마나 실습해 보고 용기와 결단력을 가져 보셨습니까? 여기에 대한 아무런 준비와 대비책이 없고서는 피난처행이 거절 된다는 것 정도는 상식선이니 이를 사전에 생각해 보셔야합니다.

당신은 피난처를 위해 무엇을 연구했고 무엇을 준비하고 있습니까? 그리스도를 믿는다고 큰소리를 치는 당신은 그리스도를 보십니까? 아니면 지금의 자본주의 실상을 보시고 계십니까? 당신은 정말로 피난처 행을 준비하고 계십니까? 준비하고 계신다면 그것은 무엇의 준비이십니까? 입입니까?(음식물을 위해) 몸 관계입니까?(의복을 위해) 발관계입니까?(신과 양말류를 위해) 기타 관계들입니까?(목욕과 기타를 위해) 이에서 심사숙고를 요망할 뿐입니다.

그곳에서는 몇 일에 식빵 한 개씩 주어질 수도 있습니다. 로뎀나무 아래 누워서 배가 고파 견디지 못하여 죽기를 구하는 선지자 엘리야를(열왕기 상 19:4) 생각해야 합니다. 얼마나 배가 고팠으면 그랬을 것이며 그를 여호와가 얼마나 가상히 보았으면 천사를 보내어 친히 먹였을까를 말입니다(열왕기 상 19:5~7). 이는 현금당대에서 피난처를 바라보고 있는 모든 성도들의 귀감이며 보라고 주어진 선물꾸러기입니다.

3. 피난처에는 만나도 준비되어 있는가?

이미 앞에서 수차 논한바 있거니와 피난처라고해서 전부가 같지는 아니합니다. 지역과 국가 민족의 환경과 여건에 따라 차이가 납니다. 우리나라 마냥 지리적 여건과 환경에 처한 나라에서는 만나 등을 요구하거나 생각해서는 아니 됩니다. 우리나라는 산세가 좋고 해서 깊은 산중에도 능히 푸른 것이나 초목이나 나무들이 경우에 따라 피난 오는 성도를 위해 얼마든지 준비될 수가 있을 것입니다. 그러므로 대 환란 때의 만나를 생각할 필요가 없습니다.

이 땅의 잘못된 거짓자들이 흡사 자기만 믿고 바라고 따라오기만 하면 만나가 있는 오아시스로 그들을 이끌고 인도하겠다는 감언이설은 하나의 인질화 작업은 될지 모르나 그 자신도 피난처에로 보내어질 것인지 그것조차 모르는 처지입니다. 그런데 누가 누구를 인도할 것이며 누구를 피난처에로 보낼 것입니까? 기독신자 된 자들은 잘못된 이 사이비 종교꾼들의 경거망동과 신앙적 거짓 행각의 잠꼬대에서 기필코 벗어나야 합니다.

계시록 2:17절을 보면 마지막 때에는 여호와께서 사랑하시는 성도들을 위하여 만나를 예비한다고 약속하십니다. 이 만나는 하늘로부터 내려오는 것이지만 천국에 그 공장이나 창고가 있지는 않습니다. 다만 하나님의 능력에 의해 하늘로부터 조성이 되어 땅에 내려지는 것 뿐 입니다. 만나는 이스라엘의 영도자 모세 당시 백성들이 광야에 거할 때 여호와가 (출애굽기 16:4~5. 16:13~20) 40년간이나 이것을 먹고 살도록 주신 것입니다.

그럼에도 광야생활이 끝나자마자 어디론가 감추어지고 말았습니다(계시록 2:17). 그러던 것이 신약시대 그리스도에 의해 다시 나타나기는 했으나 그 만나는 모세 당시 광야에 내렸던 만나와는 완전히 달랐습니다. 나사렛 예수에 의한 만나는 5병2어로(마태복음 14:13~21, 요한복음 6:5~13) 나타나기도 했고 7병 2어로 나타나기도(마태복음 15:32~38, 마가복음 8:1~9) 했습니다. 그뿐이 아니고 경우에 따라서는 나사렛 예수 자신이 하늘로서 내려온 산 떡 또는 생명의 떡이므로(요한복음 6:35) 예수(민자) 자기를 먹는 자는 영생하리라고도 했는데(요한복음 6:53~58) 예수의 이 가르침은 의미심장한 가르침입니다.

 우리가 알기로 모세 때에 나타난 만나는 감추어졌지만 그것이 대 환란의 때에 필요한 지역에 다시 내릴 것으로 압니다. 그런다고 해서 모세 당시 마냥 백성이 살고 있는 그 넓고 넓은 지역 전체에(광야) 내리는 것은 아닐 것입니다. 그것은 대단히 위험하기에 소수지역 그러니까 어느 특정지역에 소수가 내려서 며칠씩 먹게 할지도 모릅니다. 이렇게 만나가 내릴 수 있는 지역은 그 때 사막과 광야를 제외하고는 그렇게 많지는 아니할 것입니다. 한국에 사는 우리는 이해할 수가 없지만 중동이나 아프리카 그리고 광야와 모래사막이 많은 국가에서는 반드시 만나가 아니고서는 피난처로 오는 자를 다 먹일 수가 없을 것입니다. 그래서 만나는 특정 지역의 양식으로 등장될 듯합니다.

 구약 성서 열왕기 상 17:8~16절에 나타난바 그대로 "기름과 가루"는 비록 적은 것일지라도(열왕기 상 17:12) 그것이 하늘의 만나의 역할을 하여(열왕기 상 17:13~14) 대 가뭄이 끝날 때까지(열왕기 상 17:1) 먹고 살 수 있듯이(열왕기 상 17:15~16) 피난처는 이런 경우와 곳도 있을 것입니다.

4. 피난처에는 감람유도 준비되어 있는가?

"모든 눈물을 그 눈에서 씻기시매 다시 사망이 없고 애통하는 것이나 곡하는 것이나 아픈 것이 다시 있지 아니하리니"고(계시록 21:4).

계시록 6:6하반절을 보면 피난처에서 필요한 것은 무엇보다 기름이라고 합니다. 이 기름은 유대인의 입장에서는 여러 면에서 유용하게 쓰입니다. 유대인뿐만이 아니고 이방인의 입장에서도 역시 기름은 유용하게 쓰임을 받는 것 또한 사실입니다. 여기서 지적되고 나타나는 기름은 감람유입니다.
이를 분석해 보면
① 감람유는 경우에 따라서 식용유로도 쓰인다는 것입니다. 보통 때에는 쓰임을 다른 각도에서 받으나 극소수의 경우에는.
② 감람유는 먼 길을 갈 때에 의약품으로 쓰이기도 합니다. 특히 광야나 모래사막을 거닐 때는 얼굴이나 손, 발등에 바르기 위하여 그 어느 것보다 유용한 것입니다.
③ 감람유는 하나님의 제단에서 제사를 드릴 때 쓰임을 받기도 합니다. 특히 감람유를 야곱이 벧엘에서 여호와께 드린 것은 무엇보다 제사였습니다(창세기 28:18~19).
④ 사실 이 기름은 가난한 자에게 자기의 재산이요 재산증식의 일종이기도 하고 경우에 따라서 인간에게 부를 제공하기도 했습니다. 그럼에도 계시록 6:6절에 보면 피난처에 있는 것이 감람유인 만큼 어떤 이는 그것이 피난처에 왜 필요한가고 의문을 제기하는 이도 있으나 이는 조금도 이상할 것이 없는 것입니다.
⑤ 그것이 경우에 따라 그곳에 꼭 필요한 것이라면 신자로

서 현실 상황 윤리에 그것이 요구되는 것인지도 모릅니다. 그리스도께서 다시 오실 때까지 자기의 목숨을 보호 보존하기 위해서는 그것이라도 사용해서 목숨만이라도 구하고 건지기 위해… 여호와가 그곳에 이를 마련하여 둔 것이 아닐까고 반문하는 자도 있습니다. 어찌되었던 간에 피난처에 감람유가 예비 되어 있다는 것이 고맙고 감사한 일입니다.

여호와께서 피난처에 감람유라는 기름을 준비하신 이유는 그럼 무엇입니까? 이를 한번 상고해 보기로 하십시다.
① 선민을 위해서는 무엇보다 감람유가 필요할 듯합니다. 저들은 여호와께 제사를 드릴 때마다 반드시 기름이 필요했습니다. 야곱 때부터 드려진 감람유는 제사드릴 때 약방의 감초라 했습니다. 성서대로 이때는 선민들이 예수를 그리스도로(메시야) 받아들인 그 이후이지만 예배보다는(기독교) 제사가(유대교) 더 익숙해져 있으니 감람유는 피난처에서도 필요하다는 것입니다.
② 한국등지에서는 감람유가 피난처에서 그렇게 필요한 것이 아닐지 모르지만 모래사막 같은 곳에서 4~7년 사이를 견디어야 할 그리스도인들에게는 무엇보다 감람유가 필요한 것입니다. 뜨거워지는 모래위에서는 감람유가 없고서는 살이 타므로 도저히 견디거나 살아갈 수가 없습니다. 이때는 식용유보다 의약품으로 사용이 되는데 약간 마셔서 목과 입을 축이거나 몸에, 특히 손과 발 얼굴 등에 발라서 의약품으로 사용해야 되기에 대단히 필요한 것입니다.
③ 광야나 사막 같은 곳의 피난처에서는 경우에 따라 감람유가 자기의 목숨을 구하기도 합니다. 광야나 사막 등지에 숨어있는데 박해자가 그것을 알고 찾아왔을 때 그리고 성도

를 죽이려 할 때 약간의 감람유는 그들의 목숨을 살리는데 유용합니다. 박해자들에게 감람유와 목숨을 교환하는 경우도 있을 것입니다. 사실 이 때 박해자의 경우 성도를 깊은 광야 등지에서 찾아내기는 했으나 그럼에도 저들은 본대로 돌아가야 하는데 감람유가 모자라면 도저히 본대에까지 돌아갈 수 없는 처지에 다다를 때 1~2명의 박해자인 경우는 감람유 얼마를 받으므로 자기들 목숨을 구하고 성도의 목숨도 구하고 일거양득의 현실을 선택할 수도 있다는 것입니다.

④ 광야나 사막이 아닌 경우에 감람유는 식용유로도 사용이 가능할 것입니다. 이때는 이미 이 지상의 식용유가 다 떨어져서 바닥난 이후이니 피난처에서 감람유가 식용유를 대신하기도할 것이나 경우에 따라 피난처에 온 성도가 실수라도 해서 그곳이 발각되어 1~2명의 박해자들이 잡으러 왔을 경우 그의 목숨과 감람유 얼마와 교환도 상호 가능할 것입니다. 박해자들은 식용유와 양식이 거의 바닥났으니 산이나 바위 톱, 진토 깊은 토굴 속에 숨어 있는 신자들에게 약간의 식용유를 받고 눈감아 주는 경우도 생길 수 있다는 것입니다.

어떻게 보면 그래서 성서는 "감람유는… 해치지 말라"고 했는지도 모를 일입니다. 경우에 따라 그것이 유용하게 쓰이고 신자의 목숨을 구하고 살리는 일익을 담당케 될 것이니 말입니다.

5. 피난처에는 포도주도 준비되어 있는가?

계시록 6:6하반절을 보면 피난처에 여호와께서 포도주를 예비하여 놓으시고 그것을 누구도 해치 말라고 경고 하십니다. 그 이유는 무엇입니까? 이때도 대 환란의 때인데 어디가서 포도주를 구경하거나 그것이 있을 만한 일입니까? 그럼에도 대 환란의 와중에 포도주가 예비 되어 있다는 것은 누군가가 이미 어디라는 그곳 등에 오시게 될 것임을 미리 아시고 포도주를 예비하여 놓으셨다 또는 포도주를 만드시사 그곳에 가져다 두셨다하는 표현이 옳을 듯합니다. 이는 여호와가 사랑하시는 성도들을 위하여 어느 누구도 피난처 그 주변에 감히 얼씬하거나 침범하지 못하게 하신다는 확실하고 단호한 보장적 선언을 하시고 계심입니다.

하나님께서 자기의 능하심과 은총 그리고 다가올 때 환란의 사태를 미리 염두에 두신 나머지 피난처에 오실 자기 백성들을 위해 기름도 포도주도 예비하실 뿐 아니라 밀도, 보리도(계시록 6:6) 준비하시고 나무들도(계시록 7:1, 7:3, 9:4) 준비하셨는데 그 나무를 보면 이는 보통의 나무가 아닌 과일나무 일듯하니 이래저래 그에게 감사할 것 밖에 없는 것입니다. 전능하신 여호와께서 아셔서 하나하나를 필요적절한 곳에 예비해 놓으신 것은 돋보이는 사건입니다.

그럼 여기에 나타나는 포도주는 무엇에 사용될 것입니까? 이 포도주는 단도직입적으로 이야기해서

① 음료수로 사용이 됩니다. 경우에 따라 목이 심이 갈할 때 이 포도주를 마시게 할 것입니다. 어느 나라 어느 민족에 서고 있는 일입니다.

② 포도주는 의약품으로도(내복약) 때때로 사용합니다. 사람의 몸이 허약하다거나 위장이 좋지 못하고 소화가 잘 되지 아니할 때 포도주는 위장약으로 또는 건강 약으로 사용이 됩니다. 사도 바울이 믿음의 아들 디모데에게 위의 병을 위해 포도주를 조금씩 마시라고(디모데 전서 5:23) 권면한 것을

보면 좋은 포도주는 좋은 의약품이기도 합니다.

③ 포도주는 소독제로도(의약품) 때로는 사용합니다. 사람의 몸 외부가 상하거나 칼등에 찔리거나 총탄을 맞았을 때 환자에게 포도주를 먹이기도 하지만 탄환을 끄집어내려고 할 때 또는 상처 난 부분을 치료하려할 때 소독제가 없으면 응급처치 방법으로 상처 부위에 포도주를 붓거나 불에 달군 쇠를 포도주에 약간 씻어서 상처 부위속이나 겉을 치료하는 경우도 있습니다.

④ 포도주는 성전에서 여호와께 제사로 드리기도 합니다. 여호와께 제사를 드릴 뿐 아니라 기독교회에서는 성찬 예식에 이를 사용도 합니다. 지금도 교회에서는 성찬예식에 포도주가 없으면 아니 됩니다.

⑤ 포도주는 경우에 따라 사기도 하고 팔기도 합니다. 어떤 때에는 물물 교환을 하기도 하고 때에 따라서는 사람의 목숨을 구하는 귀중한 보물이 되기도 합니다.

⑥ 포도주는 경우에 따라 영양을 공급하기도 합니다. 포도주는 적당히 마시면 영양분이 되어 몸에 건강과 유익을 가져다줍니다. 그래서 상당수의 사람들은 반주로 포도주를 마시기도 합니다.

포도가 음료나 예배의 성찬식용으로, 경우에 따라서는 의약품으로 사용된다는 것은 좋은 의미를 제공할 것입니다. 그렇다면 이것이 대 환란의 때에 피난처에서 왜 필요합니까? 이 때에 피난처의 포도주는 과연 무슨 역할을 할 것입니까?

① 포도주는 그곳에서 음료수로 사용될 것입니다. 극심한 환란 때이니(마태복음 24:21, 계시록 11:5~6) 모두가 지

극히 목이 갈할 것입니다. 지나치게 목이 갈하니 어찌합니까? 샘의 근원이 침을 받았고 강의 근원도 징벌을 받아 말랐으니(계시록 8:10~11) 물을 어디서 누가 구할 것입니까? 설령 물을 구한다고해도 물이 침을 받아써서 먹을 수가 없거나 피가 되어 마실 수가 없는데(계시록 16:4~5) 어찌합니까? 이런 경우 포도주가 제일 아닙니까? 이 때 어느 피난처에서도 포도주는 반드시 요구되나 너무나 한정될 것입니다.

② 피난처에서 포도주는 성도들의 건강을 위해서 필요할 뿐 아니라 적절한 의약품으로서도 일익을 담당할 것입니다. 여러 날씩 굶고, 조금씩 먹거나 경우에 따라서 흙 종류나 나무껍질 풀들 나뭇잎들도 뜯어서 먹는 경우가 생기는데 그것을 그냥 어떻게 먹습니까? 그것은 그냥 먹으면 배탈이 나서, 병에 걸려서 죽기 십상이나 나뭇잎이나 풀의 경우는 제일이 포도주에 일단 담갔다가 건져내어서 먹으면 균들도 죽고 배탈도 잘 안 납니다. 이것은 의학의 기술방식들 입니다. 그러니 피난처에서 포도주가 안성맞춤입니다.

③ 피난처에서 포도주는 소독제나 의약품으로서 일익을 담당하는 경우가 있을 것입니다. 바위틈이나 토굴 암혈 등지를 깊은 밤에 오고가다가 보면 발이 날카로운 돌에 찍혀서 피가 흐르는 경우도 있고 다치는 경우도 있으며 때로는 박해자들의 총탄에 맞아서 쓰러지는 경우도 있을 것입니다. 그런 경우 포도주는 의약품이나 소독제의 역할을 단단히 하게 될 것입니다. 포도주를 상처 부위에 붓고서 치료를 하는 경우도 있고 이를 불로 뜨겁게 해서 응급처치를 하는 경우도 있고, 나무나 쇠에 포도주를 약간 붓거나 바르고 상처부위에도 좀 붓고서 약간의 수술을 하는 경우도 생길 것임으로 자기 몫을 단단히 할 것입니다.

④ 피난처로서 모래사막과 광야등지에서는 경우에 따라 포도주가 엄청난 힘을 과시케 될 것입니다. 갑자기 바람이 불어서 모래와 먼지가 여러 날씩 앞을 바라볼 수 없게 했다가 지나가고 나면 얼굴이나 머리 몸 등은 고사하고 입 속이나 목구멍 뱃속까지 먼지나 모래 같은 것이 들어가(숨으로) 호흡장애를 일으키게 되는데 이런 것을 그냥 가만히 두면 위의 장애를 일으켜 얼마 후면 병들게 됨으로 이런 경우 포도주는 더러운 먼지를 위에서 씻어내 주는 위 세척제 역할을 단단히 해줄 것이고 동시에 뜨거운 햇빛 등에 거슬리거나 살이 익는 경우 포도주는 기름 역할을 단단히 하기도 할 것입니다. 그 외에도 포도주는 영양도 공급해서 성도가 허약하여 넘어지지 않게 하는 일도 감당할 것입니다. 그래서 피난처의 포도주는 필수적입니다. 이점을 유의해야 합니다.

⑤ 피난처에서 포도주는 유대인에게도 이방인에게도 반드시 요구될 것입니다. 유대인은 여호와께 제사를 드리기 위해 포도주가 필요하고 이방에 있는 기독교신자들에게는 예배 시 성찬예식용으로 반드시 필요하게 될 것입니다. 어쩌면 그래서 이를 해치지 말라한지도 모를 일입니다.

6. 피난처에는 밀도(식량) 준비되어 있는가?

"대저 나를 얻는 자는 생명을 얻고 여호와께 은총을 얻을 것임이니라"고(잠언 8:35).

한국을 중심한 아시아의 여러 나라에서는 쌀을 주식으로 하고 있으나 보편적 입장에서 세계의 판도를 보면, 국가적으로 밀을 주식으로 하는 나라가 훨씬 더 많습니다. 요즘 한국

의 경우도 식생활이 상당히 개조되어 갑니다만,

계시록 6:6중반절을 보면 하나님께서 만세전부터 이미 피난처를 인간이 알지 못하는 장소에 예비해 두시고 그곳에다 세계인의 주식인 밀을 예비해 두신 것이 나타나고 있습니다. 여호와께서 이때가 대 환란의 때임에도 불구하고 밀은 인간이 알지 못하는 장소 곧 피난처에다 예비해 놓으신 것에는 이유가 반드시 있을 것입니다. 이것은 그 때나 지금에서 어느 면으로 보나 의미심장한 일입니다.

어느 모로 보나 피난처란 장소는 들이 아니므로, 해서 농사를 지을만한 그런 성질의 장소는 못됩니다. 혹시 피난처 주위에 조그마한 밭 정도가 있어서 푸른 야채를 가꿀 수 있을지는 모릅니다만 전반적으로 농사를 지을만한 그런 장소는 아닙니다.

그렇다면 우리가 단도직입적으로 말할 수는 없지만 누군가에 의해 피난처에다 밀을 가져다 놓았다는 결론입니다. 농사를 지을만한 그런 들판도 없고 아닌데 그곳에 밀이 있다는 것은 아이러니컬한 일이기는 하나 그러함에도 누구에 의해서든 간에 이미 예비가 되어져 있다는 것이 놀랍습니다. 그러면 왜 그곳에다 밀을 준비해 두신 것입니까? 밀은 보편적으로 상당 국가의 주식인데 그리고 이때는 대 환란의 때인 만큼 밀가루 등이 이미 바닥나서 거의 없어지고 대단히 귀한 때인데 그 밀이 피난처에 예비 되어 있다면 놀랍고 기이한 일이 아닐 수 없습니다.

그리고 그 밀은
① 보편적으로 여호와께 제사 드리는 제물로 쓰입니다. 무교병이나 기타의 떡을 구워서 여호와께 드릴 때 가루가 쓰입니다.

② 식량으로도 쓰입니다. 세계인의 상당수가 밀가루를 주식으로 하고 있습니다.
③ 경우에 따라서 밀가루는 의약품으로 사용되기도 합니다. 엘리사는 독이 있는 음식물에 밀가루를 넣고서 먹게 했는데 그것은 밀가루가 해독제의 역할을 하기 때문입니다(열왕기하 4:39~41). 또한 의학이 발달되기 이전에 이 땅에서도 밀가루로 반죽을 해서 상처가 나서 곪아터진 부위에 발라 독소를 빼내게 하는 의약품으로도 사용했던 것입니다.

그럼 대 환란 시에 피난처에 밀을 간수해 두시는 이유는 무엇입니까?
① 밀은 세계의 상당수 나라에서 식사의 주식으로 삼고 있듯 유대도 예외는 아닙니다. 주된 식사이니 여호와가 자기 백성을 사랑하시사 어떤 곳에서는 그곳으로 나오는 성도를 결코 배고프고 허기지게는 하지 아니한다는 의지 표명입니다. 능히 있을 법한, 능히 있을 수 있는 일들입니다.
② 경우에 따라 밀가루를 의약품으로도 사용케 하신다는 것입니다. 먹어서 배부르게 하시고 만약 상처가 나는 부위가 있으면 가루로 반죽을 한 후 그 위에 발라 독소를 제거케 하신다는 의지를 보인 것입니다.
③ 그곳에서도 유대인들과 신자들은 여호와께 끊임없는 제사를 드린다는, 드려야 한다는 것을 밝혀두는 대목입니다.
④ 경우에 따라서 밀과 밀가루가 자기의 생명을 구하는 보화가 될 수도 있음을 반영시킨 것입니다. 이때는 대 환란의 때이니 먹을 양식이 지상에서 완전 거덜이 나고 없어서 귀한 때입니다. 먹을 것이 없어 사람을 닥치는 대로 잡아먹을 수밖에 없는 사악한 때요 살인자들만 우글거리는 때이니 밀과

가루의 얼마와 상대를(신자) 교환할 수도 있을 것입니다. 실수하여 피난처에서 성도가 폭군들에게 잡혔을 때 수효가 많으면 몰라도 1~2명인 경우에는 얼마를 드리고 신자의 목숨을 구하고 살리는 계기 마련이 될 것 입니다. 이 때 성도의 목숨과 바꿀 수 있는 것이라면 어떤 희생도 익히 각오해야 될 것입니다.

7. 피난처에는 보리도 준비되어 있는가?

"여호와여 주는 의로우시고 주의 판단은 정직하시니이다"고(시편 119:137).

과거 유대나라에서는 중산층 이상은 밀을, 하류계층에서는 보리를 그 주식으로 사용했으며 경우에 따라 보리는 가축사료용으로 사용하기도 했습니다.

과거 우리나라에서는 중산층 이상은 쌀을 사용했고 하류계층은 보리를 그 주식으로 사용했는데 최근에 와서는 그 역현상이 나타납니다. 하류계층에서는 쌀을, 중산층 이상에서는 점차 보리를 더 주식으로 사용하는 역현상이 나타나기 시작했습니다. 요즘은 현대인의 문화병이라는 당뇨와 고혈압이 상상이외로 극성을 부리기 때문에 당뇨병과 고혈압을 미연에 예방이라도 하려고 모두가 안간힘을 다쓰다보니 부자들은 쌀보다 보리와 콩 율무 등을 더 많이 주식으로 사용하게 되었습니다. 이와는 달리 빈민층에서는 그럴 여건과 여유가 못되다보니 보리보다는 자연 쌀을 더 많은 주식으로 사용하는 기현상이 나타납니다.

과거에는 보리떡이 밀떡보다 형편없는 것으로 간주되어 값도 반값 이었습니다만 최근에 와서는 완전 역전이 되었습니다. 요즘은 밀떡(밀가루 빵) 보다 보리떡이(보리빵) 더 비쌉니다. 그리고 영양이나 기타 모든 면에서 더 나을 뿐 아니라 특히 고혈압과 당뇨병 환자에게 좋다고 해서 야단법석인 것을 봅니다.

 성서에 보면 대 환란 때에는 피난처의 식사 가운데 보리로 만든 것이 나타납니다. 피난처에 왜 보리가 필요한가 하는 그것보다 피난처에 보리가 반드시 필요하다는 그것이 더 중요합니다. 피난처에 밀과 보리가 있을 것이지만 그럼에도 이 때에는 방앗간이 없으니 고운 가루를 만들기란 어려울 것입니다. 돌과 돌 사이에 놓고 필요한 분량만큼은 가루로 낼 수 있을 것이지만 모두를 그렇게 하기란 심히 어려울 것입니다.
 보리가 피난처에 등장하는 경우 그것은 결코 그곳이 부하다거나 음식을 자유로이 그리고 마음껏(양껏) 먹을 수 있다는 것을 보장한 것은 아닌 듯합니다. 솔직히 보리는 과거 유대 사회에서는 동물의 사료와 가난한 이웃들의 주식이듯이 피난처에서는 성도들이 보리를 미숫가루로 만들어 마시거나 죽을 만들어 먹거나 빵을 만들거나 구워서 먹거나 아니면 날 것으로(생식) 먹게 한다는 것입니다.
 피난처에 보리를 가져다주신다는 것은 여러 면에서 의미와 음미하는바가 크며 피난처는 경우와 형편, 지역과 환경, 국가와 민족에 따라 상당한 차이점이 난다는 것을 명심해야 합니다.
 이유 불문코 굶고 헐벗고 허기지고 목이 갈한⋯ 여러 면에서 어려움을 당해야할 그리스도인들을 위해, 여호와의 예비하신 피난처에다 먹을 수 있는 보리를 예비해 주신 것을 감사해야 합니다. 피난처에 보내어지는 성도들에게는 보리도 감지덕지 입니다. 보리보다 더 못한 채소나 나무껍질 등으로 주식을 하게 하시면 어찌할 것입니까? 그래도 하는 수 없는 것 아닙니까? 지금에서 피난처로 보내심을 받으려거나 피난처를 깊이 생각하고 마음에 두려는 자는 보리로 밥을 짓거나 보리 미숫가루를 만들거나 보리떡을 만들거나 보리의 날것이거나 보리로 죽을 끓여서 그것 한 가지 놓고라도 먹고 진심으로 감사할 수 있는 용기와 믿음, 능력과 힘을 가져야 합니다. 이 시점에서 그리스도를 믿는다는 당신의 입은 고급만 찾고 맛있는 것만 생각하는 신앙적 어리석은 자는 아닌지 반성해 보아야 할 것입니다.

8. 피난처에는 각종 나무가 준비되어 있는가?

여기서 가르치고 있는 나무는 전적 산에 있는 일반적 나무라고 보기는 어렵고 곤란합니다. 대 환란의 피난처이니 그곳을 가리고 보이지 않게 하기 위해서는 각종 나무가 필요할 것입니다. 그러나 그것이 전부라 하면 안 될 듯합니다. 여기에 나타난 나무에는 각종 과일 나무와 산열매 나무등도 포함된 것이 아닐까 합니다.

계시록 7:1절과 7:3절을 보면 땅이나 바다 옆의 그 어느 지역에다 "각종 나무를" 준비해 두시고 이 세상을 징계 징벌하려는 천사를 향해 이미 여호와께서 자기가 사랑하는 성도들을 위해 피난처에 예비해두신 각종 나무는 해하지 말라고 명하십니다. 이는 놀랍고 기이하고 신기한 일이며 여호와 하나님이 아니고서는 어느 누구도 감히 흉내조차 낼 수 없는 민첩한 행동임을 알게 됩니다. 어느 면에서 볼지라도 이는 고맙고 감사하고 값진 일입니다.

여기에 나타나는 각종 나무로 지금의 산에서 산림이 되거나 울창해서 산을 푸르게 하거나 산소와 이산화탄소를 마시고 내어뿜는데 필요한 그런 나무를 의미하는 것이 아니고 상당수는 각종 과일 나무와 관계가 있고 되는 것들이니 감사할 뿐입니다. 누가 무엇이라 해도 이때는 대 환란의 때로서 산과 바다와 배들과 고기와 모든 것이 이미 하나님의 대 징벌을 받아 깨어지거나 불에 타거나 죽거나 망가져버린 만큼 그렇게 하지 아니하면 안 되는 현실임을 명심해야 됩니다.

이 때 피난처에 과일나무를 심는다고 하면 이는 분명 일석이조일 것입니다. 과일은 따서 먹고 나무와 잎으로는 위를 가리워 대적들이 멀리서 바라볼 수 없게 하시니 안성맞춤의 장소가 아닌가 합니다.

또 한 가지 우리가 여기서 유의하고 넘어가야할 것이 있습니다. 그것은 바로 계시록 9:4절에 나타나는 "땅의 풀이나 푸른 것"등인데 여기서의 풀이나 푸른 것은 먹을 수 있는 각종 풀과 채소 유형을 의미하는 것이 아닐지? 그 한 실례로서 피난처 주위에 쑥이나 토끼풀 그리고 각종 산나물로서 더덕과 도라지, 무나 배추, 시금치, 상추 등의 채소 유형을(푸른 것) 의미 시키는 것이 아닐지? 피난처에 이런 것들도 예비되어 있다고 생각할 때 의미심장한 일입니다.

여기서는 아래의 성서가 새롭게 생각나게 됩니다.

"여호와는 나의 반석이시요, 나의 요새요. 나를 건지시는 자시요, 나의 피할 바위시요…"라고(시편 18:2)

또한

"의인의 구원은 여호와께 있으니 그는 환란 때에 저희 산성이시로다"고(시편 37:39)

또한

"여호와께서 저희를 도와 건지시되 악인에게서 건져 구원하심은 그를 의지한 연고로다"고(시편 37:40)
또한 성서는
"여호와께 피함이 사람을 신뢰함보다 낫도다"고(시편 118:8)
위의 성서는 하나같이 피난처와 대 환란을 목전에 두고 있는 성도들에게 하나의 위안과 용기, 힘과 소망을 던져 주시는 것들입니다.

9. 피난처에는 주리거나 목마름이 없도록 준비되어 있는가?

상당수의 사람들은 그곳 피난처에서도 행여나 주리거나 목마름이 있으면 어떻게 하느냐고 근심에 찬 어조로 반문하는 것을 봅니다. 그러나 그럴 이유나 필요가 전혀 없습니다.
성서에 보면
"이 곤고한 자가 부르짖으매 여호와께서 들으시고 그 모든 환란에서 구원하셨도다"고(시편 34:6)
또한 성서는
"너희는 여호와의 선하심을 맛보아 알지어다. 그에게 피하는 자는 복이 있도다"고(시편 34:8)
또한 성서는
"의인은 고난이 많으나 여호와께서 그 모든 고난에서 건지시는도다"고(시편 34:19).
상술한 성서를 보면 모두가 하나같이 여호와께 완전히 맡기거나 의지하면 여호와께서 반드시 책임지시고 보호하신다는 약속이지 버리거나 외시 외면하는 것은 결코 아니란 것입니다. 그렇다면 피난처에서도 목마르거나 주리지 아니하도록 보호해야 되는 것이 아닌가고 다시 반문들을 하지만 여기서 잘못된 개념의 오해와 차원적 오해는 버리고 풀어야 합니다.

　그리스도를 믿는 자가 왜 환란의 와중에서 여호와의 도우심을 받아 피난처에로 보내어 진다는 그것 자체가 이미 보호와 은총이요 도와주심의 근본입니다. 이미 여호와의 도우심을 받은 자이므로 비록 그가 어느 곳을 간다고 해도 그곳에서 무엇을 먹고 마신다하는 그것이 그렇게 문제가 되는 것이 아니고 보내어져서 보호를 받고 있다는 그것이 핵심적 문제입니다. 그곳에서 우리가 만나를 먹거나 아니면 보리와 밀을 먹거나 하는 것은 이미 그렇게 중요하지 아니합니다. 성도가 피난처에로 보내어지는 그것에 오직 만족하지 아니하고 그곳에서 자기들에게 여호와가 하늘의 만나를 주실 것인가 아니면 밀과 보리를 주실 것인가 아니면 푸성귀를 주시거나 목마르고 배고프게 할 것인가고 질문하는 것은(행위) 여호와를 향한 인간의 어리석음과 위험의 시위를 노출시키고 벌리는 꼴불견이 됩니다. 그럼에도 성서는 이런 어리석고 우둔한 인간을 위해 계시록 7:16절에서
　"저희가 다시 주리지도 아니하고 목마르지도 아니하고 해나 아무 뜨거운 기운에 상하지 아니할지니"로 보장을 하십니다.
　이렇게 하여 피난처에서의 보호와 보살피심이 고스란히 나타납니다. 본문의 말씀을 요약해 보면 누구든지 피난처에는 일단 들어오기만 하면 그곳에서는 전적 여호와께서 보호하시니 어떤 해도 받지 아니하며 어떤 곳에서는 주리거나 목마름마저 없게 한다는 약속입니다. 다시 말해서 피난처는 고양진 미를 차려서 그곳에 동참자가 된 그들을 먹이고 마시게 하거나 귀한 의복을 철마다, 날마다 지어서 입게 하시지는 아니해도 여호와가 책임을 지고 먹여는 줄 것인 만큼 결코 목마

름이나 배고픔만은 면케 할 것임을 암시함입니다.
 그래서 성서는
"저희 영혼을 사망에서 건지시며 저희를 기근 시에 살게 하시는도다"고(시편 33:19)
 또한 성서는
"여호와는 나의 반석이시요 나의 요새시요 나를 건지시는 자시요 나의 하나님이시요 나의 피할 바위시요"라고(시편 18:2).
 참으로 의미심장함들 입니다. 지역적 여건에 따라 피난처는 각기 다른 것이지만 그곳이 여호와의 장중이고 보호권 안에 있는 곳이라고 할 때 오직 그분께 감사할 것뿐입니다.

 성도들이 여기서 반드시 유의하고 넘어가야할 것은 이때는 마귀와 적그리스도와 거짓 선지자의 때인 만큼 저들은 시간과 장소, 여건과 환경 등을 가리지 아니하고 닥치는 대로 죽이고 파괴하고, 대항을 하고 항복과 굴복을 시키며 나올 것인데(다니엘 7:21, 7:25, 8:23~25) 또한 저들은 자기들을 섬기게 함과 동시에 여호와의 피난처를 찾아내어 그곳에 있는 성도를 잡아가두거나 죽이려고 혈안이 되어 자기의 백성들과(다니엘 9:26상반절) 군대를 동원한 후(다니엘 11:31) 수단과 방법을 가리지 아니하고 나설 것인데 이 와중에서 저들의 칼을 피하여 나온 신자들이 종교적 사치스러운 생각을 하거나 과거마냥의 호화스럽고 안정된 생활을 이상적으로 꿈꾸거나 즐기려할 수는 없습니다.

※ 독자 여러분에게 대단히 죄송한 말씀을 드리려 합니다. 피난처가 제 2권에서 다 수록되지 못하고 일부가(약73여 페이지) 제 3권에 수록이 되게 되었습니다.

　제 3권에 수록이 된 것은
　1. 제10장 피난처에는 누구와 더불어 가는가?
　2. 제11장 피난처의 주인은 누구인가?
　3. 제12장 피난처에 모일 자는 어떤 자들인가?
　4. 제13장 피난처로는 누가 인도하는가?
　5. 제14장 피난처에는 언제까지 머물 것인가?
　6. 제15장 피난처에서는 언제 나올 것인가?
　하는 것 등입니다. 이점을 양해하시고 기도와 성원을 부탁 드립니다.

저자 및 발행인

송기호목사 출간저서들 110권

【종말론 13권】

번 호	책 명	페이지
대환란 제1권	대 환란의 서막	426쪽
대환란 제2권	피난처	434쪽
대환란 제3권	적그리스도의 출현	416쪽
대환란 제4권	666의 비밀	416쪽
대환란 제5권	대 환란의 시작	416쪽
대환란 제6권	최후의 그날들	406쪽
대환란 제7권	두 감람나무	442쪽
대환란 제8권	성서적 종말사	440쪽
대환란 제9권	종말에 나타난 대사들	432쪽
대환란 제10권	메시야의 선포식	434쪽
대환란 제11권	순교자	420쪽
대환란 제12권	공중휴거냐 환란통과냐?	451쪽
대환란 제13권	천년왕국이 있는가? 없는가?	404쪽

【마가복음 연구, 전12권】

번 호	책 명	페이지	가 격
1	마가복음 연구 제1권	364쪽	4,500원
2	마가복음 연구 제2권	396쪽	6,000원
3	마가복음 연구 제3권	470쪽	7,000원
4	마가복음 연구 제4권	426쪽	7,000원
5	마가복음 연구 제5권	429쪽	7,000원

번 호	책 명	페이지	가 격
6	마가복음 연구 제6권	413쪽	7,000원
7	마가복음 연구 제7권	429쪽	7,000원
8	마가복음 연구 제8권	417쪽	7,000원
9	마가복음 연구 제9권	419쪽	8,000원
10	마가복음 연구 제10권	416쪽	8,000원
11	마가복음 연구 제11권	419쪽	9,000원
12	마가복음 연구 제12권	367쪽	8,000원

【천국의 메시지(4복음 설교집 11권) 계속됨】

번 호	책 명	설교 편수	페이지	가 격
1	천국의 메시지 [제 1권]	26편	343쪽	12,000원
2	천국의 메시지 [제 2권]	18편	308쪽	18,000원
3	천국의 메시지 [제 3권]	15편	304쪽	18,000원
4	천국의 메시지 [제 4권]	14편	314쪽	18,000원
5	천국의 메시지 [제 5권]	13편	324쪽	18,000원
6	천국의 메시지 [제 6권]	14편	314쪽	18,000원
7	천국의 메시지 [제 7권]	14편	324쪽	18,000원
8	천국의 메시지 [제 8권]	12편	321쪽	18,000원
9	천국의 메시지 [제 9권]	13편	319쪽	18,000원

번 호	책 명	설교편수	페이지	가 격
10	천국의 메시지 [제 10권]	13편	315쪽	18,000원
11	천국의 메시지 [제 11권]	13편	311쪽	18,000원

【마태복음 설교 4,000편연구, 전60권】

번호	책 명	설교편수	페이지	가 격
1	마태복음설교3000편연구[제 1권]	89편	546쪽	15,000원
2	마태복음설교3000편연구[제 2권]	86편	547쪽	15,000원
3	마태복음설교3000편연구[제 3권]	83편	561쪽	15,000원
4	마태복음설교3000편연구[제 4권]	87편	561쪽	15,000원
5	마태복음설교3000편연구[제 5권]	88편	561쪽	15,000원
6	마태복음설교3000편연구[제 6권]	92편	550쪽	15,000원
7	마태복음설교3000편연구[제 7권]	86편	556쪽	15,000원
8	마태복음설교3000편연구[제 8권]	85편	556쪽	15,000원
9	마태복음설교3000편연구[제 9권]	85편	558쪽	15,000원
10	마태복음설교3000편연구[제10권]	86편	555쪽	15,000원
11	마태복음설교3000편연구[제11권]	84편	559쪽	18,000원
12	마태복음설교3000편연구[제12권]	84편	559쪽	18,000원
13	마태복음설교3000편연구[제13권]	84편	557쪽	18,000원

번호	책 명	설교 편수	페이지	가 격
14	마태복음설교3000편연구[제14권]	83편	559쪽	18,000원
15	마태복음설교3000편연구[제15권]	82편	562쪽	18,000원
16	마태복음설교3000편연구[제16권]	83편	557쪽	18,000원
17	마태복음설교3000편연구[제17권]	80편	560쪽	18,000원
18	마태복음설교3000편연구[제18권]	83편	557쪽	20,000원
19	마태복음설교3000편연구[제19권]	82편	568쪽	20,000원
20	마태복음설교3000편연구[제20권]	81편	559쪽	20,000원
21	마태복음설교3000편연구[제21권]	83편	556쪽	20,000원
22	마태복음설교3000편연구[제22권]	81편	559쪽	20,000원
23	마태복음설교3000편연구[제23권]	80편	560쪽	20,000원
24	마태복음설교3000편연구[제24권]	78편	560쪽	23,000원
25	마태복음설교3000편연구[제25권]	80편	557쪽	23,000원
26	마태복음설교3000편연구[제26권]	82편	554쪽	25,000원
27	마태복음설교3000편연구[제27권]	78편	561쪽	25,000원
28	마태복음설교3000편연구[제28권]	77편	562쪽	25,000원
29	마태복음설교3000편연구[제29권]	78편	558쪽	25,000원
30	마태복음설교3000편연구[제30권]	80편	556쪽	25,000원
31	마태복음설교3000편연구[제31권]	80편	544쪽	25,000원
32	마태복음설교3000편연구[제32권]	81편	559쪽	25,000원
33	마태복음설교3000편연구[제33권]	80편	559쪽	25,000원
34	마태복음설교3000편연구[제34권]	78편	559쪽	25,000원
35	마태복음설교3000편연구[제35권]	75편	559쪽	25,000원
36	마태복음설교3000편연구[제36권]	78편	559쪽	25,000원
37	마태복음설교3000편연구[제37권]	77편	562쪽	25,000원

번호	책 명	설교편수	페이지	가 격
38	마태복음설교3000편연구[제38권]	75편	560쪽	25,000원
39	마태복음설교3000편연구[제39권]	77편	557쪽	25,000원
40	마태복음설교3000편연구[제40권]	76편	561쪽	25,000원
41	마태복음설교3000편연구[제41권]	75편	562쪽	25,000원
42	마태복음설교3000편연구[제42권]	73편	557쪽	25,000원
43	마태복음설교3000편연구[제43권]	76편	562쪽	25,000원
44	마태복음설교3000편연구[제44권]	77편	560쪽	25,000원
45	마태복음설교3000편연구[제45권]	75편	562쪽	25,000원
46	마태복음설교3000편연구[제46권]	79편	563쪽	25,000원
47	마태복음설교4000편연구[제47권]	76편	560쪽	25,000원
48	마태복음설교4000편연구[제48권]	76편	565쪽	25,000원
49	마태복음설교4000편연구[제49권]	75편	558쪽	25,000원
50	마태복음설교4000편연구[제50권]	75편	559쪽	25,000원
51	마태복음설교4000편연구[제51권]	78편	559쪽	25,000원
52	마태복음설교4000편연구[제56권]	78편	557쪽	25,000원
53	마태복음설교4000편연구[제53권]	74편	562쪽	25,000원
54	마태복음설교4000편연구[제54권]	75편	562쪽	25,000원
55	마태복음설교4000편연구[제55권]	81편	563쪽	25,000원
56	마태복음설교4000편연구[제56권]	74편	561쪽	25,000원
57	마태복음설교4000편연구[제57권]	78편	564쪽	25,000원
58	마태복음설교4000편연구[제58권]	75편	558쪽	25,000원
59	마태복음설교4000편연구[제59권]	221편	594쪽	25,000원
60	마태복음설교4000편연구[제60권]	567편	598쪽	25,000원

【핫 이슈 저서들 10권 계속됨】

번호	책 명	페이지	가 격
1	죽음의 세계[상권]	384쪽	18,000원
2	죽음의 세계[하권]	401쪽	18,000원
3	사후의 세계[제1권]	439쪽	18,000원
4	사후의 세계[제2권]	453쪽	18,000원
5	사후의 세계[제3권]	433쪽	18,000원
6	사후의 세계[제4권]	449쪽	20,000원
7	사후의 세계[제5권]	459쪽	20,000원
8	사후의 세계[제6권]	460쪽	20,000원
9	사후의 세계[제7권]	454쪽	20,000원
10	사후의 세계[제8권]	461쪽	20,000원

【총회회보에서 사후의 세계 연구】

편	제 목	비 고
제 1편	목사나 성도가 "천국이나 낙원으로 갈 그 때"에 가져갈 것이 있는가?	총회회보 1-8호
제 2편	천국(낙원)은 어떤 곳인가?	총회회보 9-16호
제 3편	천국은 어떤 자가 들어가는가?	총회회보 17-24호
제 4편	천국에 있는 것들은?	총회회보 25-33호

【믿음에 대한 설교】

번호	책 명	설교 편수	페이지	가 격
1	믿음에 대한 설교[상권]	36편	437쪽	20,000원
2	믿음에 대한 설교[하권]	46편	438쪽	20,000원

【종말론 13권 재출판 계속됨】

번호	책 명	페이지	가 격
1	대 환란 [제1권] 서막	444쪽	20,000원
2	대 환란 [제2권] 피난처	436쪽	20,000원

대환란 [제2권] 피난처

1989년 11월 15일　인쇄
1989년 11월 20일　발행(절판)
2023년　1월 30일　재인쇄
2023년　2월　6일　재발행

정가 20,000원

판권소유

■ 저　자 / 송　기　호
■ 발 행 인 / 오　영　순
■ 발 행 처 / 정 오 출 판 사
■ 서울 동대문구 천호대로9가길 10(2층)
■ 대표전화 / 963-0331, 2254-0691
■ 등록번호 / 제300-2005-125호
■ 등 록 일 / 2005년 7월 25일

※ 파본은 언제나 교환해 드립니다.